고구려, 전쟁의 나라

고구려, 전쟁의 나라

서영교 지음

7백 년의 동업과 경쟁

글항아리

차례

　사실 나는 군대생활을 거의 해보지 못했다. 1987년 5월 창원 39사 훈련소에서 방위병이 되어 시골집으로 돌아갔다. 그리고 군청의 병무계 보조병으로 17개월간 공무원 생활을 했다. 점심때가 되면 자전거를 타고 집에 가서 어머니가 해준 따뜻한 밥을 먹었고 5시가 되면 칼퇴근을 했다.

　마지막 한 달은 군청을 떠나 대대에 불려 올라갔다. 부대에서는 한참을 지나 시계를 봐도 10분 정도밖에 지나지 않았다. 지겨운 방위 말년에 유일한 낙은 사격훈련에 참여하는 것이었다. 그것도 어느 순간 중대장의 제지를 받았다.

　"너는 안 해도 돼! 군청에 가서 복사나 해오라고."

　당시 부대에서 사용하는 인쇄 · 복사물은 모두 내가 맡았다. 그 이유는 군청에서 공짜로 인쇄 · 복사를 할 수 있는 사람은 나밖에 없었기 때문이었다. 마지막까지도 군청 내 사무보조 여직원들, 인쇄소 아저씨들과 관계를 돈독히 하는 데 시간을 보내야 했다.

군대에서 심한 고생을 했다면 군대에 대한 향수도 없고 전쟁사에 대한 관심도 가지지 않았을 것이다. 성불구자가 연애소설을 잘 쓰듯이 군생활에 대한 결핍이 나를 전쟁사로 이끌었던 것 같기도 하다. 총 들고 람보처럼 사진 찍는 일을 우리 대대에서 내가 제일 좋아했다.

제대할 때에도 부대에 워커와 야상군복을 반납하지 않고 챙겨왔다. 그걸 내가 없는 사이에 대대 군수과 병장이 집에 와서 찾아갔다고 한다. 부대와 집이 가까운 방위병의 비애였다. 민간인이 되어 부산 보수동 헌책방에 있는 일본 군사 잡지를 사서 읽었고, 전쟁 관련 영화는 다 보다시피 했다. 영화 가운데 스코틀랜드 장창보병이 나오는 〈브레이브 하트〉는 많은 영감을 줬다. 지금도 나는 전쟁 관계 다큐멘터리를 외장하드로 1000기가바이트 정도 소장하고 있다.

이 책은 근 10년간 나의 연구가 집약된 것이다. 이 글들을 나 혼자 작성했다고 보기는 힘들다. 그 출발은 10년 전 동국대 박물관에서 시작되었다. 당시 관장이셨던 이기동 선생님은 「신라장창당에 대한 신고찰」이란 내 첫 논문의 제목과 목차, 서문의 연구사 정리를 모두 지도해주셨다. 당시 선생님은 위험한 수술을 앞둔 상태였지만 제자에게 마지막 정열을 쏟아내셨다. "어! 이것 말 되네." 선생님으로부터 이런 말을 들을 때 힘이 났다.

장창당에 대한 논문은 내가 전쟁사를 연구하는 출발점이었다. 신라 장창당은 당에 이끌려 신라를 침공해온 대규모 말갈·거란 기병을 저지하기 위해 672년에 만들어진 대騎 기병 군대였다. 여기서 잘 조직된 보병의 위력도 알게 됐고, 동시에 유목민 기병에 대한 개념을 인지하게 됐다.

박사논문을 작성하기 시작할 무렵 이기동 선생님은 논문 지도의 많은 부분을 젊으신 정병준 선생님에게 부탁하셨다. 수술 직후 어떻게 될지도 모르는 선생님의 건강 때문이었을 것이다. 당대사唐代史 전문가인 정병준 선생님은 현재 동국대 사학과 교수로 계신다. 그와의 만남으로 중국의 전쟁사 사료에 접근할 수 있었다. 지금도 사료를 보시다가 내게 필요한 것이 있으면 체크를 해두신다.

그 가운데 금나라 기병 17명이 송나라 보병 2000명을 궤멸한 기록은 기병의 위력을 증명하는 아주 좋은 사례였다. 839년 대구에서 장보고의 기병 3천이 민애왕의 정부군 10만을 격파한 사실은 누구도 믿지 않았고, 기록상 오류로 볼 정도였다. 하지만 조직에서 통제되지 않은 사람은 없는 것이 낫고, 군대에서 훈련되지 않은 오합지졸들은 식량만 축낸다.

신라 전쟁사에서 출발한 연구는 2002년 이후 고구려로 옮겨가게 되었다. 당시 전쟁사 연구에 있어 사람들의 관심은 고구려 중장기병에 쏠려 있었다. 실물을 연구 대상으로 삼는 고고학계에서 특히 그러했다. 국영방송에서 다큐도 두 작품이 만들어진 것으로 기억한다. 고구려 중장기병은 일반 사람들에게도 많이 알려지게 됐고, 그것이 고구려 군대의 총아로 떠올랐다. 뭔가 상식적이지 않은 생각이 당연한 통설로 자리잡고 있다는 느낌이 들었다. 만일 고구려 중장기병이 기온의 차이가 큰 초원으로 나가 유목민 기병과 싸우면 어떻게 될까.

어느 날 완전무장한 중장기병이 초원을 행군한다고 생각해봤다. 하중 때문에 말도 사람도 심장에 부담을 느낄 것이다. 전투시기가 빛이 내리쬐는 여름이라면 갑옷을 입은 사람이나 짐승은 스팀을 받아 퍼질 것이고, 겨울이라면 추워서 갑옷 속에 더 많은 옷을 입어야 할 것이다. 유목민들은 분명히 든든한 갑옷을 입고 있는 중장기병들이 지치기를 기다린 후에야 덤벼들 것이다. 그렇다면 그들이 유목민을 상대로 어떻게 이길 수 있을까. 유목민들이 바보가 되는 길밖에 없다.

같은 시기에 나의 관심은 중국과 유목민의 관계로 옮겨지고 있었다. 고구려 중장기병에 대한 나의 견해를 문헌적으로 증명하기 위해서였다. 초기 당은 유목민을 제압하고 초원을 지배한 강력한 나라였다. 중장기병을 사용한 사례가 거의 없다. 단 8세기 중반에 안사의 난을 일으킨 사사명의 아들 사조의 휘하에 10만의 중장기병이 있었다. 결론만 말하면, 그들은 소수의 회흘족 유목기병의 공격에 너무나 무력했다. 말이 기병이지 땅에 내려 보병의 진을 치고 싸웠고, 결코 말위에 올라 위력을 발휘하지 않았다. 그들은 결국 궤멸했고, 안사의 반란도 이 사건을 고비로 진정됐다. 이 사례는 중장기병과 유목기병의 전투 결과를 여실히 보여주고 있다.

어느 날 논문을 쓰면서 생긴 지식과 자료를 고구려에 대한 총체적인 관점으로 만들어보고 싶은 생각이 들었다. 그것은 바로 북방 초원 유목민과의 관계 속에서 고구려를 바라보는 것이다. 유목민이라는 존재는 고구려의 영토 확장과 축소, 무역의 성격이나 내부 정치의 원리를 규정 짓는 데 무관하지 않기 때문이다. 유목민은 중국사를 객관적으로 이해하는 데도 핵심적인 키워드다. 이러한 관점은 중화주의적으로 동아시아 고대사를 바라보는 관행에서 벗어나려는 학계의 최근 동향이기도 하다. 나는 최신 연구들을 섭렵해가며 내 개인적인 전쟁에 관한 지식들을 그 속에 녹여 700년 고구려 흥망사를 유목민과의 동업과 경쟁으로 재구성하는 데 지난 1년 총력을 기울였고, 이제 한 권의 책으로 나오게 됐다.

선학들의 연구가 없었다면 이 책은 결코 나올 수 없었다. 그 가운데서도 특히 많이 참고한 책은 다음과 같다.

『고구려사 연구』(노태돈), 『고대 동몽고사 연구』(이재성), 『중국동북 아세아사 연구—모용왕국사』(지배선), 『중국중세사』(미야자키 이치사다), 『유목민이 본 세계사』(스기야마 마사아키), 『중국통사(상)』(부락성), 『칭기즈칸, 잠든 유럽을 깨우다』(잭 워터포드), 『유라시아 유목제국사』(르네 그루쎄). Arthur F. Wright, *The Sui dynasty(581~617)*, *The Cambridge History of China Vol. 3*, Cambridge University Press, 1979.

2007년 10월

저자 씀

중장기병에 대한 오해

〈주몽〉이란 드라마에서 한나라의 철갑기병은 부여가 가장 두려워하는 첨단 군대였다. 한나라 기술자를 초빙한 부여는 철갑의 개발에 혼신의 힘을 기울였다. 드라마에서 주몽도 그 철갑옷을 입고 나왔다. 주몽에게 털가죽옷을 입히면 산적의 이미지를 줄 것이고, 가벼운 천이라면 너무 초라해 보일 것이다.

결론부터 말하자면 주몽은 결코 철갑옷을 입지 않았다. 그는 기사騎射의 명수였기 때문이다. 말 위에서 엉덩이춤을 추면서 빠르게 움직이는 목표물을 적중시키는 최고의 기예를 지녔다. 이 경지에 이르려면 열 살 이전에 말을 타고 질주할 수 있어야 하고 10년 이상 지속적으로 활을 쏘아야 가능하다. 그것은 훈련보다는 유목이나 수렵과 같은 생활 속에서 함양되는 것이다. 중무장은 기사 능력이 없는 자들이 하는 것이다. 말 위에서 적을 향해 활을 발사한다고 하더라도 적중력이 떨어지게 되면 창을 겨누고 적진에 돌격하는 횟수가 늘어날 수밖에 없다. 원거리에서 적을 향해 활을 쏘는 것이 안전하다는 것은 그들도 잘 알고 있다. 움직이는 상태에서 움직이는 목표를 맞추기란 정말 어려운 일이다. 기병이 적진에 돌격하는 것에는 위험이 따른다. 상대편이 유목기병이라면 도망가면서 원거리에서 지속적인 화살 공격을 퍼부을 것이고, 농경민 보병이라 해도 견고한 진을 치고 활을 쏠 것이다. 원거리에서 돌격해오는 기병의 수를 줄여야 단병접전 전투에서 유리해지기 때문이다. 적진을 향해 돌격하는 기병은 활에 대한 공포가 생겨나게 되고, 안전도를 높이기 위해 중장을 하게 된다. 말 타고 활 쏘는 기량의 감퇴가 중장을 낳은 셈이다.

고구려 고분벽화는 세계적인 문화유산이다. 그 가운데서도 〈안악 3호분〉은 서양학자들이 고중세 중국의 벽화를 분석하는 기준 텍스트다. 여기서 단연 우리의 눈길을 끄는 것은 말과 기수가 중무장을 하고 있는 중장기병의 모습이다. 기수와 말이 입은 갑주甲冑와 마갑馬甲의 이미지는 강력하고 압도적이다.

고고학계를 중심으로 한국 고대 전쟁사 연구자들은 중장기병이 광개토왕대와 장수왕대에 고구려 영토 확장에 크게 기여했으며, 상대적으로 중장기병이 빈약했던 백제와 신라를 제압할 수 있었다고 말한다. 중장기병의 보유 숫자에 따라 전투의 우위가 결정된다고 여겼으며, 중장기병이 경기병에 비해서 더 정예병이었다고 여겨졌다. 중장기병이 고구려군의 총아로 인식됐고, 중장의 정도가 기병의 성능을 결정했다고 보기도 했다. "철갑을 두르고 발에 등자鐙子를 건 기병이 그렇지 못한 기병보다 더 우수한 것이 확실하다"라고 보는 것이 학계의 인식이다.

물론 중장이 방어력을 증가시키며, 등자의 사용이 기병의 역량을 높이는 것도 사실이다. 하지만 마갑·갑옷·마구에만 주목한 결과 그것을 걸친 기수와 말의 기량에 대해서는 전혀 생각조차 시도하지 않았다. 철

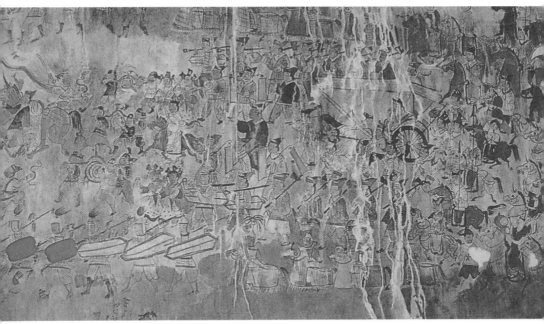

10미터가 넘는 벽면에 250명의 사람이 그려진 안악 3호분의 고구려 벽화(부분). 보병은 도끼와 창, 칼, 기병은 활과 창을 지녔다. 강력한 고구려 군대의 편제, 무기체계 등을 살펴볼 수 있는 중요한 사료다.

제갑옷과 등자의 유용성에 주목한 나머지 그 무거운 물건을 착용한 사람과 말이 겪어야 할 노고 역시 생각하지 않았다.

말에는 '한계중량pivotal point'이 있다. 한계중량이란 짐이나 갑옷 등의 무게가 말의 능력을 저하시키는 지점을 말한다. 절대적 기준은 아니지만 경주마의 경우 말 체중의 13퍼센트다. 가령 400킬로그램의 말이라면 52.5킬로그램이 한계중량이다. 중장기병의 갑옷이 극도로 무거워졌을 때 그들은 기병이 아니라 '보병'이 되었다. 가령 토번(티벳)의 중장기병에 관해 기록하고 있는 『통전』(권190, 변방 6 토번전)을 보면, 두 눈을 제외하고 모두 쇠사슬 갑옷을 걸치고 있어 어떠한 활이나 칼로도

16세기 오스만투르크 기병

죽이거나 상처를 줄 수 없을 정도였다.

하지만 중장은 그들의 자산이자 걸림돌이었다. 평소에 말과 기수가 모두 갑옷을 입고 다니지 못했다. 수레로 갑옷을 옮겼고, 전투에 임박해서 갑옷을 입었다. 토번 중장기병의 경우 기병전 자체를 할 수 없었다. 말 위에서 싸우는 것이 아니라 땅 위에 내려 싸우는 보병이었다. 그들은 비만의 성인병을 앓고 있었다.

왜 우리는 드라마에서 주몽이 그토록 무거운 갑옷을 입어야 멋있게 보이는 것인지 질문할 필요가 있다. 갑옷이라는 외형적인 물건에만 초점을 두는 현대인들의 인식은 어디에서 비롯됐을까.

18세기 산업혁명은 인류에게 엄청난 변화를 가져왔다. 스팀 엔진의 발달과 공장의 등장은 생산에 혁명을 가져다주었고, 대량생산된 물건을 팔기 위한 시장의 개척과 원료의 공급을 위해 아시아, 아프리카, 아메리카에 식민지가 설치됐다. 제국주의는 발달된 무기를 도구로 삼아 땅을 넓혔다.

하지만 유목민도 인류사에서 위대한 발명을 했다. 문명사가 아놀드 토인비는 다음과 같이 지적하고 있다.

"사막과 초원에 사는 유목민들은 자
신의 생명을 유지하기 위해 사육하는
가축 외에도 말과 낙타와 개를 기르
고 있다. 이들의 역할은 양이나 소처
럼 식량이나 의류를 공급하는 것이
아니고 목축 일을 돕는 것이다. 말·
개·낙타의 힘을 빌리지 않으면 유목
민의 놀라운 재주는 발휘되지 않는
다. 양이나 소는 인간에게 도움이 되
기 위해서 길들이기만 하면 되지만,
말·개·낙타는 길들일 뿐만 아니라
훈련을 시켜야 한다. 비인간적인 협
력자를 길들일 뿐만 아니라 훈련시키
는 기술의 개발은 유목민의 최대 업
적이다."

『삼조북맹회편』

　그렇게 발명된 유목민 기병의 위력은 우리의 상상을 초월한다. 단적
인 예를 들어보자. 1126년 정월에 금나라가 북송의 수도 개봉開封을 공
격하고 이어 양국 사이에 강화가 맺어진 직후의 일이다. 그해 2월, 북송
에 온 금의 강화사절단은 본국과의 연락을 위해 17명의 기병을 본국에
급파했다. 그들은 문서를 가지고 하북河北의 자주磁州를 달리고 있었다.
그런데 송나라의 장군 이간李侃이 보병 2000명으로 그들을 막았다. 그
러자 금의 17명의 기병은 즉시 좌·중·우 3대로 분열하고 활을 쏘며 돌
진했다. 순간적 행동에 놀란 송군 2000명은 동요하여 흩어지기 시작했

다. 송군의 거의 절반이 전사했다. 그러나 금의 17기는 단 1기도 죽지 않았다. 이 내용이 패배한 북송 측의 기록에 남아 있다.(『삼조북맹회편三朝北盟會編』)

산업혁명 이후 무기의 발달로 초원의 유목제국은 사라졌고, 과거 몽골의 지배를 받던 러시아인들이 몽골을 지배했다. 문명의 도구에 패배한 유목민 기병의 위력은 망각되었고, 새로 발명된 도구의 힘에 대한 사람들의 맹신이 굳어졌다.

기존의 도구와 물질 중심의 관점은 기병을 '중장기병'과 '경기병'으로 구분하는 것에도 여실히 반영되어 있다. 기병이 쇠를 둘렀다면 중장기병이고 그렇지 않다면 경기병이었다. 기수와 말의 자질과 기량을 전혀 생각하지도 않은 구분이었다. 근대의 관점이 전근대의 진실을 장살杖殺했다.

유목민에게 동물을 훈련시키는 기술만 있었던 것은 아니었다. 그들은 인간을 훈련시켜 자신의 보조자로 만들어내는 기술도 있었다. 전쟁을 하면 할수록 힘이 소진되는 것이 아니라 배가됐다. 가령 몽골제국의 경우 남중국과 고려를 정복하고 그 병력을 일본 정벌에 동원했다. 앞서 그들은 금나라 치하에 있던 유목민 거란족을 자기편으로 만들어 금나라를 정복했고, 그 병력들을 조직화해 남송 정복에 동원했다. 몽골이 그들을 일방적으로 이용만 한 것은 아니다. 가령 고려가 흉년이 들자 몽골 원제국 황제 쿠빌라이는 선박으로 10만 섬의 곡물을 무상 원조했다(『고려사』식화지). 몽골제국은 고려를 관리했지 결코 일방적인 복종을 강요하지 않았다. 원조에 쓰인 곡물은 다작이 가능한 그들의 정복지 양자강남의 남송지역에서 부담하게 했다.

그러나 고구려인들은 분명 유목민이 아니다. 초기에 그들은 가난한 숲속에서 사냥을 하며 살아가는 수렵민이었다. 생태적으로 '유목민' 보다 '수렵민'이 더 거칠고 싸움을 잘했다는 점을 상기할 필요가 있다. 고구려인들에 비해 넓은 초원지대에서 살아가는 유목민들은 고기와 우유를 정기적으로 먹을 수 있는 윤택한 사람들이었다. 유목민들은 가축을 길러 먹고살았지만 고구려인들은 움직이는 짐승들을 사냥해야 했기 때문에 더욱 힘들었다. 고구려인들은 훈련이 아니라 생활 속에서 전투능력을 길렀다. 정기적으로 초원으로 나아가 유목민의 가축을 몰아오거나 중국인들의 재물을 약탈해야 먹고살 수 있었다. 고구려가 부유해진 광개토왕대나 장수왕대에도 그것은 지속됐다.

물론 고구려인들도 건국 초기부터 멸망할 때까지 유목민들을 휘하에 복속시켜 자신을 보조하게 했다. 기원전 8년에 유목민인 선비족의 일파가 고구려에 복속된 바 있었고(『삼국사기』), 49년 봄에는 그들과 함께 북평, 어양, 상곡, 태원 등 북중국의 깊숙한 곳까지 들어가 약탈했다. 나아가 거란족과 말갈족 기병을 이끌고 동몽골까지 진출하기도 했으며, 한반도 북부와 남만주를 지배했다. 이는 고구려의 옛 영토에서 살던 수렵민인 여진족의 경우를 봐도 알 수 있다. 그들이 세운 금나라와 청나라는 유목민을 휘하에 두고 기병으로 활용해서 각각 북중국 또는 중국 전체를 정복했다. 그들은 과거 고구려 휘하에 있던 말갈인들의 후손이다.

몽골제국을 세운 칭기즈칸도 유목민이 아니라 수렵민 출신이었다. 그는 스무 살이 돼서야 유목을 배웠으며, 가난한 숲속의 사람들을 이끌고 초원으로 나와 유목민들을 결집해 세계를 지배했다(잭 워터포드). 어쩌면 역사상 유목제국의 최상층은 숲속의 수렵민 가운데서 나왔는지도 모른다. 내가 이 책의 1장에서 고구려인들의 사냥 습속을 상세하게 다루는 이유는 여기에 있다.

만성적인 전쟁과 그 긴장 속에 살아가는 고구려인들에게 '선입관' 이란 사치였다. 이익이 되면 무엇이든지 받아들이는 '유연함' 이 있었다. 그것이 없었다면 고구려는 700년간 생존하지 못했을 것이다. 휘하의 유목민들은 고구려가 북방 유목제국이나 중원의 세력들과 대결할 수 있게 해주는 버팀목이었다. 이러한 관계는 동물사회에도 존재한다.

사우디아라비아의 북부 어느 도시 부근의 음식물 쓰레기장에는 망토개코원숭이 무리와 들개 무리들이 산다. 두 무리는 전쟁을 할 때도 있지만 공존한다. 원숭이들은 때때로 들개들의 둥지에 들어가 강아지들을 납치해온다. 잡아먹기 위해서가 아니다. 납치된 강아지들은 원숭이 무리와 함께 보살핌을 받으며 자라난다. 원숭이들은 심지어 개의 털을 골라주기도 한다. 영장류는 종족끼리만 털에서 이를 잡는 몸단장을 하기 때문에 이는 원숭이가 개를 무리의 일원으로 받아들였다는 증거다. 강아지들은 원숭이 무리의 가족으로 '강제 입양' 된 것이다. 차별은 전혀 없다. 입양된 개들은 대접을 받으며, 원숭이사회에서 새끼를 낳고 아무런 불편 없이 대를 이어 살아간다. 물론 원숭이사회에서 입양된 개들의 중요한 역할도 있다. 밤에 들개 무리들이 침입해올 때 짖어서 조기 경보를 내려주기도 하며, 직접 나아가서 싸우기도 한다. 입양된 개들은 자신의 가족인 원숭이 무리를 위해서 충성을 할 뿐이다(내셔널 지오그래픽 채널NGC 〈동물아카데미-입양〉).

휘하의 유목민들 규모는 고구려가 발전함에 따라 불어났다. 대체로 고구려의 국가시스템은 주변 나라와 전쟁을 하면 그 힘이 쇠진하는 것이 아니라 오히려 강해지게 돼 있었다. 전쟁과 정복으로 문화가 다른 사람들을 '강제 입양' 할 수 있었기 때문이다. 고구려는 '다문화' 국가였다. 선비족, 거란족, 말갈족, 낙랑인, 북중국인, 동예인, 옥저인 등은 고구려의 병력으로 동원되거나 외교·상업·행정·농업생산에 종사했다.

그렇다고 해서 고구려가 무조건 전쟁을 하는 '사자형' 국가는 아니었다. 이익이 되지 않는 무용한 전쟁은 피했고, 주변 유목제국의 힘을 자신에게 유리하도록 이용하는 '여우형'의 교활함도 겸비하고 있었다. 전쟁을 하지 않을 시 막대한 손해가 오고, 전쟁으로 국력을 신장시킬 수 있다면 과감한 결단을 내렸다. 사자의 위엄으로 이리를 쫓아버릴 수 있었고, 여우의 교활함으로 덫을 피할 수 있었다. 고구려의 진정한 힘은 전쟁에 승리해 영역을 확장하는 데 있었던 것이 아니라 타문화를 가진 종족을 흡수해 자신의 힘으로 이용했다는 데 있었다.

물론 처음부터 그러한 힘이 성숙해 있었다는 것은 아니며, 항상 강했던 것은 더욱 아니었다. 고구려는 유목민들과의 동업과 처절한 전쟁의 역사 속에서 배우고 성숙해져갔다. 표현하지 못할 아픔도 있었다. 전쟁에 패해 왕이 연해주 부근까지 도망가는 경우도 있었고, 왕모王母와 수도의 사람들이 모두 포로로 잡혀가기도 했으며, 심각한 내분에 휩싸여 많은 영토를 잃고, 외국 사신에게 국왕이 구타당하는 비참함의 역사도 있었다. 고구려가 태동하여 망할 때까지 유목민과 어떠한 관계를 가졌는지 살펴보려는 이유는 여기에 있다.

제1장
약탈전쟁의 동업자 선비족

도망자 주몽

주몽은 부여의 왕궁에서 태어났다. 그곳은 풍요로워 보이지만 후계
구도를 놓고 치열한 암투가 벌어지는 곳이었다. 주몽은 어릴 적부터 부
여 왕자들이 언제 자신을 죽일지도 모르는 상황에서 살아야 했다. 부여
의 왕자들은 천부적으로 활을 잘 쏘는 이 소년을 시기했다. 부여 왕자
대소는 주몽의 비범함을 알고 그를 죽이자고 했다. 하지만 금와왕은 주
변 사람들의 눈이 있어 그 말을 듣지 않았다. 대신 주몽에게 목장에서
말을 기르게 했다.

주몽은 강렬한 생존력과 자기보존본능을 보여줬다. 주몽은 부여 왕
실의 목장에 배속됐다. 그는 자신이 보기에 가장 좋은 말에게 먹이를 적
게 줘 마르게 했다. 반대로 그보다 둔한 말은 잘 먹여 살찌게 했다. 주몽
이 예측한 그대로 부여의 왕은 살찐 말을 타고 마른 말을 주몽에게 줬
다. 주몽은 목동 신분으로 떨어졌지만 그곳에서 자신의 사람들을 만나

저 멀리 주몽이 처음 자리를 잡았다고 전해지는 오녀산성이 보인다.

고 멀리 도망갈 수 있는 좋은 말을 골랐다. 갖은 수모와 목장에서의 머
슴생활이라는 괴로운 환경에서 그는 권력을 향한 긴 계단을 밟아 올라
가기 시작했다.

후에 들판에서 부여 왕실의 사냥이 있었다. 부여의 왕자들은 주몽에
게는 화살을 일부러 적게 줬다. 주몽이 그들보다 활을 잘 쏘기 때문이었
다. 하지만 결과는 예측과 달랐다. 주몽은 말에 대해 너무나 잘 알고 있
었고, 말 타고 활을 쏘는 기사騎射에 명수였다. 주몽이 왕으로부터 받은
말은 주인이 활을 쏘기 좋은 위치에 자리를 잡고 속도를 조절해 주인과
한 몸으로 호흡하는 명마였다. 많지 않은 화살로 좋은 성과를 내기 위해
서는 사격의 집중도를 높여야 했다. 흔들리는 말 위에서 움직이는 짐승
들을 쏘아 맞추기 위해서는 그래야만 했다. 빗나가는 화살이 거의 없었
는지 다른 누구보다도 많은 짐승을 잡았다. 부여 왕자들의 질투는 더욱

깊어졌다. 이규보는 「동명왕편」에서 부여에서 탈출을 앞둔 주몽의 심경을 이렇게 표현하고 있다.

"스스로 생각하니 천제의 손자가 천하게 말 기르는 것 참으로 부끄러워 가슴을 어루만지며 항상 혼자 탄식하기를 사는 것이 죽는 것만 못하다 했다. 마음 같아서는 장차 남쪽 땅에 가서 나라도 세우고 성시도 세우고자 하니 사랑하는 어머니가 계시기 때문에 이별이 참으로 쉽지 않구나. 그 어머니 이 말 듣고 흐르는 눈물 씻으며 너는 내 생각하지 말라. 나도 항상 마음 아프다."

신변에 위협을 느낀 주몽은 탈출을 감행했다. 오이·마리·협보 등의 친구가 동행했다. 주몽이 달아나자 부여 왕자들은 정당하게 그를 죽일 수 있는 기회가 왔다고 생각했다. 왕자들이 보낸 자객의 추격을 받았고 여러 위기가 찾아왔다. 갑자기 닥쳐온 위험이나 기회에 대해 자연발생적인 대응을 해야 했다. 주몽은 영리한 머리에 의지해 싸움을 하거나 달아났다. 이렇게 살벌한 환경에서 주몽은 욕망, 야망, 잔혹 등 인간 감정의 전 영역을 샅샅이 목격했다.

414년에 세워진 「광개토왕비문」의 첫머리를 보면 주몽은 부여에서 도망가다가 엄리대수奄利大水 앞에서 멈춰 섰다. 신중하게 생각하고 치밀하게 행동하는 계획을 짜야 했다. 이 결정이 평생을 좌지우지할 수도 있었다. 말하자면 자신의 운명을 선택해야 했다.

주몽은 자연의 무수한 영적인 힘들을 섬겼다. 자연의 세계는 하늘과 땅 둘로 나뉘어져 있다. 인간의 영혼이 몸속의 움직이지 않는 부분이 아니라 피, 숨, 냄새 등 움직이는 요소에 담겨 있듯이 땅의 영혼도 엄리대수와 같은 물에 잠겨 있었다. 피가 몸을 흐르듯 강은 땅을 흘렀다. 그 물에 사는 거북과 갈대의 정령들에게도 기도를 올렸다.

부여인들에게 정치적이고 세속적인 권력은 초자연적인 힘과 떼어놓을 수 없었다. 둘 다 천제天帝(하늘)에서 나왔기 때문이다. 성공을 거두고 다른 사람에게 승리를 거두려면 먼저 영적인 세계에서 초자연적인 힘을 얻어야 했다. 주몽은 그를 특별히 보호해주는 엄리대수라는 흐르는 강과 오랫동안 내밀한 영적 관계를 유지하게 됐으며, 이 강은 향후 그에게 힘의 원천이 됐다.

이동을 할 때도 주로 밤을 이용했고, 고립된 상황에서 기아 선상의 짐승처럼 살았으며, 작은 짐승과 물고기를 사냥해 가리지 않고 먹어야 했다. 그것은 부여의 풍요한 벌판에서 사람이 살기 힘든 궁핍한 곳으로 들어온 그에게 닥친 현실이었다. 도망가는 과정에서 매복해 있는 적들을 피하는 방식과 많은 적들 사이를 뚫고 지나가는 방법을 터득하게 됐다. 도망생활은 주몽을 더욱 철저하고 빈틈없는 인간으로 단련시키고, 누구도 잡을 수 없는 강인한 인간으로 만들었다. 주몽은 부여에서 온갖 위험을 넘기고 고구려의 숲속으로 들어왔다. 목적을 갖고 온 것은 아니었지만 쫓기고 몰리다보니, 일단 생존을 위해 가난하고 척박한 그곳으로 숨어들게 됐다. 숲속에는 부여에서 온 귀인 주몽에 관한 소문이 퍼졌다.

주몽의 전사로서 뛰어난 능력은 주위에 추종자들을 모여들게 했다. 그가 모둔곡毛屯谷에 도착했을 때였다. 각기 다른 옷을 입은 세 사람이 주몽에게 다가왔다. 그들은 주몽에게 조아리면서 각자 자신의 이름을 밝혔다. 재사, 무골, 묵거라는 사람이었다. 주몽은 그들에게 성을 내려주고 말했다.

"나는 하늘의 큰 명령을 받아 나라의 기틀을 열려고 하는데 마침 그대들을 만났으니 이 또한 하늘의 뜻이다."

주몽이 거슬러 올라갔던 비류수(혼강).

　주몽은 부여 왕실에서 쫓겨난 비극을 견디면서 그 위협에 도전하고, 자신의 운명을 주도하며 가족보다 신임하는 동료들과 연대를 맺어 일차적 지지 기반으로 삼았다.

　고구려의 숲속에서 만난 그들은 주몽의 충실한 부하가 됐다. 주몽은 능력에 따라 그들 각각에게 일을 맡겼다. 그들은 함께 비류수가에 자리를 잡았다. 작은 초막을 지은 것이 전부였고 그것이 고구려의 모체가 됐다. 당시 주몽의 나이 22세에 불과했다. 주몽이 비류수에 자리잡았다는 소문을 듣고 사람들이 모여들었다. 그들은 주몽의 소중한 인적 기반이 됐다.

가난한 숲에 들어오면 조용한 삶을 살 수 있다고 생각할 수도 있다. 하지만 그 세계에도 말갈인들의 노략질과 약탈이 심했다. 항상 물자가 부족한 고구려의 산림지대는 평화로운 일상이 언제든지 비극이나 죽음으로 바뀔 수 있는 살벌한 부족의 세계였다. 서로 상대를 습격해 살인을 하고 여자와 가축을 약탈하고 노예로 삼는 일이 비일비재했다. 조용한 삶이 가능하지 않은 세계였다. 추방당한 자로서 궁핍한 삶을 살고 싶지 않다면, 본거지를 습격하는 침략자들에게 휘둘리고 싶지 않다면, 숲속 전사들의 위계 속에서 자기 자리를 차지하기 위해 싸워야 했다. 이미 주몽과 그의 부하들은 가혹한 환경에 단련이 돼 있었다.

그는 숲속에 들어와서도 거친 게임에 가담해 늘 전쟁을 치러야 했다. 힘이 필요했다. 먼저 주몽은 부하들과 함께 사람들을 모아 하나의 명령 체계 안에 규율 잡힌 군대를 만들어야 했다. 주몽은 사람들을 습격하고 약탈을 일삼는 말갈족을 공격했다. 물론 그들의 근거지를 공격해 완전히 항복을 받아낸 것은 아니다. 하지만 말갈족의 약탈을 근절시킬 수는 있었다. 이는 지역민들에게 깊은 인상을 줬고, 더욱더 많은 사람이 주몽과 그의 부하 주변으로 모여드는 계기를 마련했다.

주몽은 비류수 상류에 있는 송양이 다스리는 비류국을 통합하려는 계획을 세웠다. 원한이 있거나 감정이 있어서가 아니었다. 조직의 덩치를 키우기 위해서였다. 주몽은 비류수 강가에서 채소 잎이 떠내려오는

평양시 왕릉동에 위치한 동명왕릉. 발굴을 토대로 한 것이 아니라 북한 정부가 임의적으로 세운 무덤이다.

것을 보고 상류에 사람이 있는 살고 있다는 것을 알았다. 주몽은 그의 부하들과 함께 비류국을 향해 행군을 했다. 보급품이란 것은 따로 없었다. 식량은 행군을 하면서 사냥을 통해 자급자족했다.

군대 자체가 사냥을 위한 조직이나 다름없었다. 허기가 지자 주몽은 부하들을 풀어 어느 지역을 포위하고 사냥감을 몰았다. 그리고 포위된 짐승들을 잡아 분배해 먹었다. 남은 것은 말려 육포로 만들어 휴대했다. 사냥이 일상화돼 있지 않으면 그것은 불가능했다.

주몽 일행이 비류국에 도착했다. 유혈 충돌은 없었다. 먼저 주몽은 비류국의 왕 송양을 만났다. 『동명왕편』이 인용한 『구삼국사』에 따르면 비류국왕 송양은 사냥을 나갔다가 주몽을 만났다. 송양은 주몽의 비범한 외모를 보고 끌렸다. 그는 주몽과 이야기를 나누기 위해 자리에 초대했다.

"이러한 벽지에서 군자의 용모를 가진 자를 만나다니 행운입니다. 하지만 그대가 어디서 왔는지 나는 모릅니다. 말을 해주시오."

주몽이 대답했다.

"나는 천제의 자손이요! 지금 서쪽에 나라를 세웠소."

갑자기 자신이 천제의 자손이라고 주장하는 청년을 송양은 어떻게
봤을까. 사람이 허황되거나 정신이 나갔는지 의심이 들 만도 하다. 송양
이 말했다.

"나는 우리 조상 대대로 이 지역에서 왕을 해왔소이다. 그대는 지금
나라를 세운 지 얼마 되지 않았소. 지금 나에게 와서 부하가 되는 것이
어떠하오?"

주몽은 자신이 천제의 자손이라
는 것을 믿어주지 않는 송양에게 화
가 났다.

"나는 천제의 자손이지만, 그대
는 신의 후예가 아닌데 왕을 칭하고
있소. 지금 나에게 귀의하지 않으면
필히 하늘이 다하게 할 것이요."

송양이 듣기에 그것은 협박이었
다. 그는 주몽을 시험해보기로 작정
했다. 활쏘기를 했지만 주몽을 당해
내지 못했다. 송양은 주몽의 실력에

광개토대왕비문 첫 줄을 보면 "옛 시조 추모왕이 나라를 세웠는데
(왕은) 북부여에서 태어났으며, 천제의 아들이었고 어머니는 하백
의 딸이었다"라고 되어있다.

겁을 집어먹었다. 자신이 항복하지 않는다면 주몽과 그의 부하들이 필시 무력으로라도 모든 것을 빼앗을 것이다. 송양은 신진 세력인 주몽의 휘하에 들어가기로 마음먹었다. 그 이듬해 송양은 스스로 나라를 들고 주몽에게 헌납했다. 그에게 속했던 지역의 지배권과 자치권은 그대로 주어졌다. 대신 일정량의 세금과 전쟁시 병력 지원을 약속받았다. 그때가 기원전 36년이었다. 그로부터 17년 후 아들 유리가 부여에서 아버지를 찾아 고구려로 왔을 때 주몽은 송양의 딸을 며느리로 맞이했다. 이혼인은 주몽과 송양 간의 신뢰를 보여준다.

기원전 34년에 주몽은 작은 성곽과 궁실을 지었다. 성벽이라지만 곧은 나무를 나란히 땅에 박고 그 끝을 깎은 나무 목책이었고, 궁실이라는 것도 규모가 상당히 큰 오두막 몇 개를 연결해 만든 것에 불과했다.

기원전 32년에 주몽은 오이·부분노 휘하의 군대를 행인국으로 보냈다. 행인국은 태백산(백두산) 동쪽에 위치한 나라였다. 그들은 주몽의 군대에 항복하는 것을 거부했다. 행인국에 대한 공격이 시작됐고 치열한 전투가 벌어졌다. 주몽은 그곳을 무력으로 빼앗았다. 적지 않은 사람이 죽었고, 노예가 됐다. 이듬해에 북옥저를 공격해 멸망시켰다. 주몽은 주변의 나라를 병합하거나 점령해 영역을 확장해갔다. 그 과정에서 고구려의 군대는 규모가 커졌고, 체계적이고 규율 잡힌 조직으로 변모해갔다. 주몽의 말년에는 고구려가 위치한 숲속에 약간의 질서가 찾아왔다. 기원전 19년 주몽은 부여에서 찾아온 아들 유리에게 강건하고 훌륭한 지도자 집단을 남겨주고 죽었다. 이는 고구려가 외침에 대항할 수 있는 저항체였다.

유리왕의 선비족 격파-사냥 습속과 군사력

주몽의 아들 유리왕이 고구려를 다스릴 때였다. 기원전 8년 초원에서 선비鮮卑족이 고구려와 가까운 지역으로 이동해왔다. 건국된 지 얼마 되지 않은 고구려는 이 유목민과 싸움을 벌이게 된다. 사건은 오래된 것임에도 불구하고 『삼국사기』에 상세하게 남아 있다.

"유리왕 11년(기원전 8) 여름 4월에 고구려 조정에서 군신 회의가 열렸다. (유리왕이 먼저 말을 꺼냈다.) 선비족이 험악한 지세를 믿고 우리와 화친하려 하지 않고, 이로우면 나와 노략질抄掠을 하고, 불리하면 들어가 수비하고 있다. (심히 선비족은) 나라의 걱정거리가 된다. 과연 선비족을 어떻게 소탕해 꺾을 수 있겠는가. 그러한 사람이 있으면 내가 크게 상을 내릴 것이다."

대신 가운데 한 사람인 부분노扶芬奴가 대답했다.
"선비는 험고險固한 나라이며 사람들이 용감하나 어리석습니다. 정면 대결을 벌이기보다는 계략을 꾸며 굴복시키기는 것이 더 쉽습니다."
"어떠한 방법이 있단 말인가?"
"우선 사람을 보내서 고구려가 약하기 때문에 겁을 먹고 군대를 움직이기 어렵다는 거짓 소문을 내야 합니다. 이러한 소문이 계속 들리면 선비는 우리 고구려를 쉽게 볼 것이고 경계를 하지 않을 것입니다."
이어서 부분노는 선비족을 공격하는 구체적인 작전에 대해 상세하게 정리하기 시작했다.
"신이 적당한 시기에 샛길을 통해서 정병精兵을 거느리고 선비족의 근거지에 접근해 산림에 숨어 망을 볼 것입니다. 이때 왕께서는 약한 병사를 성의 남쪽으로 보내시면 됩니다. 성루에서 선비족이 우리 고구려의 약한 병사들을 보고, 성문을 열고 나올 것입니다. 그들이 성을 비우고 멀리까지 우리를 추적할 때 신이 정병을 거느리고 선비족의 성안으로 들어갈 것입니다. 이때 왕께서는 용감한 기병을 거느리고 저와 함께 그들을 협격하면 이길 수 있습니다."

왕이 그 말을 따랐다. 고구려의 약졸들을 본 선비족은 과연 성문을 열고 모두 출병했다. 이때 부분노가 군사를 이끌고 선비족의 성안으로 들어갔다. 선비족이 이 광경을 보고 크게 놀라 허겁지겁 방향을 돌려 자신의 성으로 돌아오기 바빴다. 성을 장악한 부분노의 고구려 군대가 성문 앞에서 그들을 기다리고 있었다. 부분노가 성문에서 적을 막았다. 이 싸움에서 많은 선비족이 전사했다. 유리왕도 정예기병을 이끌고 깃발을 흔들고 북을 올리며 성문 앞으로 전진해왔다. 선비족은 앞뒤에서 고구려군에게 포위됐다. 사기가 저하되고 아무런 대책이 없던 선비족은 고구려에 항복했다. 그리하여 그들은 고구려의 속국이 됐다. 고구려는 선비족과의 전쟁에서 승리해 그들을 복속시켰다. 그후 선비족은 고구려의 중요한 군사적 조력자로 대외전쟁에 동원됐다.

원래 선비는 오환烏桓과 함께 동호東胡의 후예다. 선비는 3세기 이전에 오환과 함께 계절마다 수초를 따라 이동하며 천막에 거주하던 전형적인 유목민이다. 그들은 흉노의 지배에서 벗어나기 위해 남하하던 중 서남으로 오환에 가로막혀 가지 못하고 동남으로 내려와 고구려의 인접지역에 정착하게 된 듯하다.

선비족은 살기 좋은 초원을 벗어나 산림으로 들어왔다. 가축을 키울 수 있는 풍요한 초지를 버리고 척박한 숲으로 들어온 것은 선택이 아니라 강요된 상황이었다. 초원에서 패배한 자는 언제나 궁핍한 숲으로 쫓겨났다. 앞서 기원전 206년 동호부락연맹東胡部落聯盟이 흉노의 공격을 받고 와해됐을 때도 그러했다. 원주지에 남아 흉노의 지배를 받게 된 자들도 있었지만, 나머지는 눈강嫩江 유역 산악지대에 들어가기도 했고, 흑룡강 유역 산악지대에 자리를 잡기도 했다.

산림에 적응해 살기 위해서는 성책을 만들어야 한다. 탁 트인 초원이 아니기 때문이다. 적이 매복하기 쉬운 산림에서 성이 없는 특정 공동체는 위험에 처하게 된다. 그것은 습속의 문제가 아니라 환경 적응의 문제다.

고구려 부대는 셋으로 나뉘어 있었다. 선비인의 성에 잠입하기 위해 숲속에서 대기하던 정예병들, 선비족을 성 밖으로 유인하기 위한 미끼 역할을 했던 약체의 부대, 그리고 성 밖으로 나온 선비족이 돌아갈 때 그들의 뒤를 공격한 유리왕의 정예기병 부대 등이 그것이다. 고구려인들은 협동해 숲속에 들어온 선비족을 사냥감처럼 중앙의 도살 지점으로 몰았다. 그곳은 선비인 자신들이 만든 성문 앞이었다.

고구려인들에게는 정교한 전술이 있었다. 그것은 군사적인 훈련보다 숲속 생활에서 단련된 사냥기술이었다. 그들은 사냥기술을 전쟁기술로 바꾸는 기량을 발휘했다. 고구려인들이 선비의 본거지인 성을 점령하자, 선비인들은 본능적으로 자신의 둥지를 향해 뛰어들었다. 고구려인들은 둥지를 잃고 허둥대는 짐승처럼 선비인들을 다뤘다. 사전에 계획된 작전이었다. 본래 사냥이란 작업은 기획의 산물이며 여러 팀의 협동 작업이다. 사냥꾼들이 짐승을 도살 지점으로 유인하고 몰아갈 수 있는 것은 짐승이 본능적으로 향할 지점을 정확히 알고 있기 때문이다.

전투 양상에서 초원과 산림은 다르다. 초원에서는 움직임 속에서 화살을 주고받는다. 말을 타고 적을 향해 빨리 몰려가며 활을 쏘고 이어 방향을 틀어 돌아갈 때도 활을 쏜다. 그러나 숲이 우거진 지역이라면 급조한 통나무 바리게이트 뒤에서 활을 쏠 수도 있으며, 잠복한 상태에서 창이나 칼을 사용하는 단병접전도 벌어진다. 숲속에서는 은폐물이 많기 때문에 적에게 들키지 않고도 다가갈 수 있는 것이다.

한군현과의 전투를 보면 고구려인들의 사냥꾼 면모가 드러난다. 121년 고구려 태조왕은 한군현을 심하게 약탈했다. 그는 앞서 동생 수성遂成에게 병력 2천을 주었다. 수성이 병력을 이끌고 출전하자 요동 태수 요광이 이를 막기 위해 나왔다. 양군이 대열을 갖추고 대진한 상태에서 수성은 사자를 보내 요광에게 항복하겠다는 서신을 보냈다. 수성은 고구려 왕위를 약속받았지만 형인 태조왕이 죽지 않고 너무 오래 왕위에 있어 그도 같이 늙어버렸다. 수성의 불만을 요동 태수는 잘 알고 있었다. 이에 따라 수성의 항복 제의는 요동 태수와 그의 수뇌부에게 설득력을 얻었다.

하지만 그것은 시간을 벌기 위해서 단행한 계책이었다. 그 사이에 수성 휘하의 고구려군은 싸우기 용이한 험요지險要地를 선점했다. 그리고 중국인 군대를 막아섰다. 같은 시간 고구려 본진에서 태조왕은 3천 명의 군사를 출동시켜 현도와 요동을 공격하고 있었다. 그 결과 2군의 성곽이 불탔고 주민 2천여 명이 살상됐다. 수성이 험지를 점거해 태수 요광의 병력을 묶어놓고 본진에서 출동한 고구려군이 현도와 요동을 습격한 것이다. 역시 치밀한 기획이 뒷받침된 후방 급습이었다. 한 팀의 사냥꾼들이 짐승의 어미를 밖으로 유인하고 다른 한 팀이 그 둥지에 있는 새끼들을 포획하는 것과 같은 이치다.

까마귀 전쟁

물론 고구려인들의 전술이 항상 성공한 것만은 아니다. 서기 21년 12월 주몽의 손자인 대무신왕은 부여를 침공하기 위해 군대를 움직였다. 고구려 대무신왕과 부여 대소왕(과거 주몽을 괴롭히던 부여의 왕자) 사이에 '까마귀 전쟁'이 시작되려 하고 있었다. 부여 사람이 머리가 하나요 몸이 둘인 까마귀를 대소왕에게 바쳤다. 그후 까마귀는 검은색에서 붉은색으로 변했다. 부여의 신하들이 대소에게 말했다.

"까마귀의 머리가 하나인데 몸이 둘이니 왕께서는 두 나라를 아우를 징조입니다. 왕께서 고구려를 정복해 차지하실 징조입니다."

부여왕 대소가 이 말을 듣고 매우 기뻐했다. 그리고 그 까마귀를 고구려에 보냈다. "이러한 까마귀가 나타났으니 고구려는 부여의 속국이 되는 징조다"라고 고구려 대무신왕에게 주장하기 위해서였다. 하지만 이 까마귀를 본 고구려 신하들의 해석은 달랐다.

"까마귀는 본래 검은색으로 오행에서 말하는 북쪽의 새입니다. 그렇다면 북쪽의 부여가 우리 고구려를 병합할 징조입니다. 하지만 까마귀의 색깔이 남쪽의 색깔인 붉은색으로 변했으니 우리가 부여를 쳐서 병합할 징조입니다."

그 붉은 까마귀는 고구려의 승리를 상징한다는 말을 전해 들은 부여의 대소왕은 그것을 고구려에 보낸 것을 몹시 후회했다.

22년 봄 고구려 군대가 부여의 평야지대에 도착했다. 전군을 모집해 고구려군의 침공에 대비하고 있던 부여왕 대소는 기병을 이끌고 출동했다. 고구려의 대무신왕은 평지에 군영을 쳤다. 병사들에게 말에서 내려 무기와 안장을 풀고 쉬게 했다. 부여의 기병이 언제 기습할지도 모르는 평지에서 너무나 안일한 태도였다.

대소왕은 기병을 이끌고 고구려 대문신왕의 진영을 향해 질주했다. 봄이 왔다고 하지만 만주는 아직 쌀쌀했다. 말의 입에서 수증기가 뿜어져 나왔고, 말발굽이 일으킨 누런 먼지가 만주의 들판을 뒤덮었다. 대소왕은 이 한 번의 기습 공격으로 고구려왕과 군대를 전멸시킬 수 있다고 확신했다. 부여 기병의 노도와 같은 공격에 고구려 군대는 휩쓸려버릴 것만 같았다.

하지만 그것은 함정이었다. 고구려 진영 주위는 온통 진창이었다. 부여 기병의 말들은 이것도 모르고 늪으로 뛰어들고 있었다. 앞발굽이 진창에 빠지자 말이 뒤집어졌다. 말은 목이 길어 무게중심이 앞에 쏠려 있는데 진창에 발굽이 빠지자 뒷발이 들리면서 전복됐고 기병들도 떨어졌다. 땅이 물러 충격은 완화됐겠지만 움직이지 못했다. 오도 가도 못하는 상황이 됐다. 진창에 빠진 부여 군대의 지휘체계는 완전히 마비됐다. 사냥꾼이 파놓은 함정에 짐승이 걸려든 것이다. 고구려 군대가 칼과 창을 번득이며 새까맣게 몰려왔다. 사냥이 시작됐다. 공포에 휩싸인 부여군은 자신들의 왕도 제대로 경호할 수 없을 정도로 혼란에 빠졌다. 고구려군은 늪에 빠진 부여군을 학살하기 시작했다. 고구려의 장군 괴유가 칼을 들고 소리를 지르며 부여왕에게 달려갔다. 대소는 즉시 잡혔고, 그 자리에서 머리를 베였다. 주몽을 그토록 괴롭혔던 부여왕은 주몽 손자의 손에 그렇게 죽어갔다.

그러나 부여의 병사들은 국왕이 죽어도 무너지지 않았다. 그것은 끈질긴 투지라기보다도 고구려군이 늪으로 인해 그들에게 치명적인 공격을 할 수 없었기 때문이었다. 부여군은 고구려군을 여러 겹으로 포위했다. 가두어 굶겨 죽일 작정이었다. 부여군이 그냥 그들의 위치만 지키고 있으면 고구려군은 자리에서 빠져나오기 힘든 상황이었다. 짐승을 잡기 위한 함정에 그들 자신이 둘러싸였다. 대무신왕과 고구려군은 순순히 항복해 포로가 돼야 할 판이었다.

하지만 고구려 대무신왕의 운은 여기서 다하지 않았다. 지척을 구분할 수 없는 안개가 자욱하게 피어나더니 7일 동안이나 지속됐다. 대무신왕과 그의 군대는 가짜로 인형을 만들어 부여군을 속이고 야밤을 타 빠져나올 수 있었다. 좁은 샛길로 빠져나왔는데, 탁 트인 그곳에서 샛길이란 지뢰밭과 같은 늪을 피해 가로지르는 좁은 통로였다. 대무신왕은 고구려까지 먼 행군을 해야 했다.

"이물림利勿林에 이르러 군사들이 굶주려 일어나지 못하므로 들짐승을 잡아서 급식을 했다."(『삼국사기』권14, 고구려본기2 대무신왕 5년 2월 조)

대무신왕과 그의 군대는 야밤을 타고 부여군의 포위망을 빠져나올 수 있었지만 굶주림이 그들을 괴롭혔다. 이미 후퇴할 때 군량이 떨어진 고구려군은 이물림에 도착했을 때 힘이 없어 걷지도 못했다. 부여와의 전쟁에서 고구려인들이 겪었던 고통은 이루 말할 수가 없었다. 부상당한 병사들은 완전히 녹초가 된 말을 타고, 지치고 아픈 몸을 이끌며 원형 대형을 만들어 짐승들을 사냥해야 했다. 그들은 먹을 수 있는 모든 것을 구하는 데 사력을 다해야 했다. 잡은 짐승들의 고기는 병사들에게 균등하게 나누어졌다. 고구려군은 야전에서 사냥을 통해 식량을 자급할 수 있는 능력의 소유자였다. 고구려인에게 사냥은 군사훈련의 장이었으며, 식량을 해결하는 생활 수단이기도 했다.

교활한 사냥꾼

고구려가 약탈을 위한 전쟁만을 했던 것은 아니다. 한군현과 고구려 사이에 보복전이 지속되기도 했다. 그것은 어느 정도 정치적인 것이었다. 105년 고구려 태조왕은 한나라가 차지하고 있는 요동의 6개 현을 공격했다. 하지만 요동 태수 경기耿夔의 반격으로 고구려군은 크게 패했다. 나아가 그해 9월에 태수 경기가 예맥인으로 이뤄진 고구려 군대를 다시 격파했다. 6년 후인 111년에 고구려는 예맥과 함께 현도군을 공격하기도 했으며, 118년 6월에 고구려 태조왕은 현도군을 치고 낙랑동부도 위의 화려성華麗城(함남)을 공격했다. 121년 후한의 보복전이 감행됐다. 그해 봄에 후한의 유주자사 풍환馮煥, 현도 태수 요광姚光, 요동 태수 채풍蔡諷 등이 군사를 이끌고 쳐들어와 예맥의 우두머리를 쳐 죽이고 병마와 재물을 모두 빼앗아갔던 것이다. 이에 고구려도 휘하의 예맥집단이 공격을 당하자 즉각적인 반격을 가했다. 태조왕은 동생 수성遂成에게 병력 2천을 내줬다.

출전한 수성은 사자를 보내 태수 요광에게 항복 의사를 전달했다. 요광이 이 말을 듣고 미적대는 사이에 고구려군은 싸우기 용이한 험요지를 선점하고 후한군을 막아섰다. 그러는 동안에 고구려 본진에서 3천 명의 군사를 출동시켜 현도와 요동을 공격해 성곽을 불태우고 2천여 명을 살상했다. 고구려는 필요 이상의 살상을 저지른 느낌이 들었다. 이 싸움은 유주자사 풍환이 예맥의 거사를 살해하고 약탈한 것에 대한 보복의 일환이었다.

후한은 북중국의 광양·어양·우북평·탁군 등의 속국에게 기병 3천을 출동하게 했다. 그러나 뒷북을 쳤다. 후한의 원군이 올 것을 앞서 직감하고 있던 고구려군이 그 자리에 가만히 있을 리 없었다. 원군이 현장에 도착했을 때 고구려군은 떠나버리고 없었다. 고구려인들은 교활한 사냥꾼이었다. 중국의 군현들은 고구려에 비해 물자도 많았고 무기도 좋았다. 따라서 고구려인들이 그들과 싸워서 이기려면 더 머리를 써야 하고, 더 빨리 움직여야 했다.

고구려인들에 비해 넓은 초원지대에서 살아가는 유목민들은 윤택한 사람들이었다. 유목민들은 가축을 길러 먹고살았지만 고구려인들은 움직이는 짐승들을 사냥해야 했기 때문에 더욱 힘들었다. 사육된 가축을

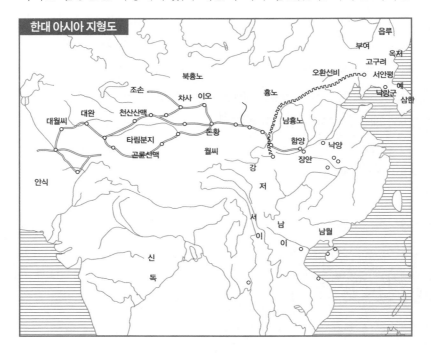

한대 아시아 지형도

먹는 자들보다 야생의 짐승을 먹는 자들의 생존 확률이 떨어진다.

> "호수戶數가 3만이 되고 이곳은 큰 산과 깊은 골짜기가 많고 넓은 곳이 없다. (…) 좋은 밭이 없어 아무리 농사를 지어도 백성들은 구복口腹을 채울 수 없다."(『삼국지』 고구려전)

초기 고구려인들은 거친 음식을 먹어야 했다. 사슴이나 영양을 사냥할 수도 있지만 그것은 운이 좋은 경우다. 사슴이나 영양은 고구려인들이 사는 숲보다 풀이 많은 초원에 더 많이 서식한다. 고구려인들은 작은 짐승을 사냥하려고 이리와 경쟁하는 상태였다. 고구려전은 고구려인들이 길을 걸을 적에는 모두 달음박질하듯 빨랐으며, 힘이 세고 전투에 익숙하다고 기록하고 있다.

주몽의 아들인 유리왕대의 기록을 보면 고구려 왕실에서 사냥은 일상적으로 지속됐다. 서기 3년 12월이었다. 왕이 질산의 북쪽으로 사냥 나갔다가 5일이 지나도 돌아오지 않았다. 그러자 대보大輔 협보가 왕을 향해 엄중하게 충고했다. 고구려가 국내성으로 새로 도읍을 옮긴 후 백성들의 삶이 안정되지 않았는데 왕이 국정은 돌보지 않고 말을 타고 사냥하고 있다면 정치가 황폐해지고 백성이 흩어질 수 있다는 우려였다.

유리왕은 아버지 주몽의 중신이었던 협보의 말을 듣지 않았다. 협보의 관직을 빼앗고 한직에 좌천시켰다. 협보의 간언 사건은 왕이 얼마나 많은 시간을 사냥터에서 보냈고, 그 일에 열중하고 있는지 단적으로 보여주고 있다. 유리왕의 사냥은 그후에도 계속됐다.

고구려왕들의 사냥이 『삼국사기』 고구려본기에 모두 기록돼 있지는 않다. 어떠한 특별한 사건과 연계돼야만 기록에 남았다. "왕은 기산 벌판에서 사냥하다 이상한 사람을 만났다. (그는) 양 겨드랑이에 깃이 달려 있었다"와 같은 기록은 유리왕이 특별한 사람을 우연히 만났기 때문에 남겨진 것이다. "9월에 (유리왕이) 서쪽으로 사냥 가서 흰 노루를 잡았다"라는 것 역시 흰 노루라는 특이점과 연계돼 있다. 또 "기산으로 사냥 나가 7일 동안 돌아오지 않자 두 여자가 다투었다"는 기록도 마찬가지다.

물론 특별한 일이 없는 경우도 있다. 『삼국사기』권13, 고구려본기 유리왕 21년 조를 보면 "4월에 왕은 위중림에서 사냥했다"는 기록이 있다. 사실 국왕의 사냥 기록은 『삼국사기』 백제본기에도 적지 않게 보이며 신라본기와 열전에도 없지는 않다. 하지만 그 횟수가 고구려본기에 가장 많다. 유리왕대보다 훨씬 후대의 것이지만 〈덕흥리 벽화 수렵도〉〈약수리 벽화 수렵도〉〈장천 1호분 사냥도〉〈무용총 수렵도〉는 초기 고구려인들의 습속을 반영하는 것으로 생각된다.

국왕 주최 사냥대회

고구려군이 비상시에만 사냥을 했던 것은 아니다. 대체로 성공적인 군사작전은 식량의 현지 조달을 가능하게 한다. 「광개토왕비문」 영락 5년(395) 조를 보면, 대왕이 거란 유목민의 일파인 패려의 600~700개 영을 공격해 엄청난 가축 무리를 노획했다고 한다. 하지만 광개토왕은 귀환할 때 사냥을 했다.

고구려는 유목민인 패려에 대한 성공적인 약탈로 많은 식량을 확보한 상태였음에도 사냥을 계속했다. 이는 군량을 보충하기 위한 목적이라기보다 일상적으로 군대에서 군량 자급을 위해 사냥을 해왔던 습속

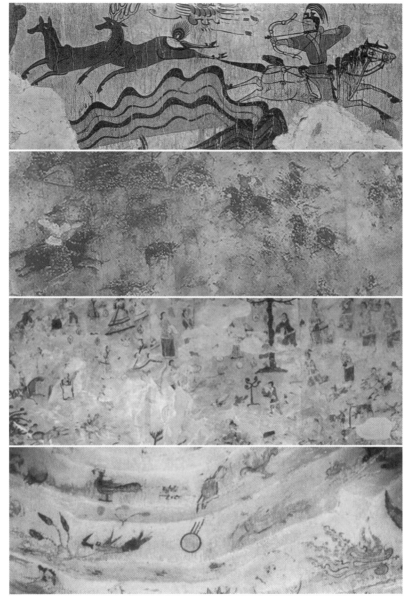

고구려 벽화에 나타난 사냥 모습.

을 반영하는 것이며, 군대의 훈련 상태를 점검하는 것이다.

『북사北史』 권94 고려전에는 "봄가을에는 전렵을 하는데 왕이 직접 참석했다"라고 해 고구려에서 매년 봄과 가을에 국왕이 친히 임하는 사냥대회가 열렸음을 알수 있다. 『수서』 권81, 고려전에도 같은 기록이 보인다. 봄과 가을, 1년에 2회 실시하는 고구려 국왕 친임 사냥대회가 6세

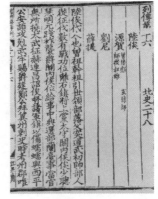

『북사北史』

기 이전 어느 시기에 정기적인 행사로 자리잡았다. 중국의 문헌『정훈격언庭訓格言』을 보면 황제가 1년에 두 번 사냥대회를 개최하는 이유에 대해 다음과 같이 설명한다.

"옛날에는 숙달되기 위해 1년에 네 차례나 훈련했지만 그것은 너무 과도하다. 사냥꾼들이 지치고 짐승들도 새끼를 낳고 기를 기회를 갖지 못하기 때문이다. 1년에 두 차례 정도 사냥을 통해 훈련하는 것이 보다 적절하다. 봄에는 강을 따라 사냥하면서 배를 다루는 훈련을 하고, 가을에는 야영하면서 기마궁술을 익히도록 한다. 그러면 동물들도 번창할 것이고 우리 병사들도 대항할 자가 없는 불굴의 용사가 될 것이다."

고구려에서는 봄철 3월 3일이면 낙랑樂浪 언덕에 모여 전렵을 하고, 잡은 산돼지·사슴으로 하늘과 산천신에 제사를 지내는데, 그날이 되면 여러 신하와 5부의 병사들이 모두 왕을 따라 나섰다. 국왕 이하 신료 귀족과 5부의 병사가 모두 사냥에 참여하는 국가적 사냥대회로 중앙의 핵

심 군대가 모두 참여했다. 이토록 큰 규모의 사냥대회를 1년에 두 번 정기적으로 개최한 것은 사냥이 전쟁 훈련이며, 말과 기수의 훈련 상태와 조직에 대한 점검이었기 때문이다.

사냥이 지니는 군사적 의미는 크다. 사냥은 가장 자연스러운 전투 훈련이다. 사냥꾼의 분대는 군사 원칙에 따라 조직돼 철저히 팀 작업으로 움직이기 때문이다.

상급 장교들이 일단의 부대를 이끌고 가서 광활한 사냥터를 조사한다. 산과 언덕 그리고 개활지의 위치를 조사하고 그곳에 표시를 남겨두었다. 각각의 사냥 부대가 출발한 지점과 사냥을 끝마칠 지점에 깃발을 꽂아놓았다. 사냥 전에 치밀한 계획이 수립돼 각 팀의 움직임과 매복 지점에 대한 지침이 하달된 것이다.

부대원들은 사냥에 대한 기대감으로 흥분해 있었다. 하지만 지시에 따라 대기하고 있어야 한다. 고구려왕과 고위 귀족들이 도착함에 따라 그들은 곧 울려 퍼질 출발 나팔소리를 기다리고 있었다. 병사들은 수십 리에 달하는 반원형 대열로 정돈돼 있었다.

고구려의 국왕과 고위 귀족들이 도착했을 때 고구려 병사들은 말을 타고 밀집 대형으로 전열을 갖추고 있었다. 사냥 훈련에 있어서도 전사들은 실전과 똑같은 무기와 장비를 소지했다. 장교들의 명령이 떨어지자, 기마 전사들은 흙먼지를 일으키며 달려나가기 시작했다. 드디어 짐승몰이가 시작됐다. 대열 사이로 짐승이 빠져나가는 것은 매우 수치스러운 일로 여겨졌다. 전사들은 덤불숲을 뚫고 계곡과 언덕을 지나 짐승몰이를 하다가, 호랑이나 늑대라도 나타나는 날이면 일제히 떠들썩한 소리를 지르곤 했다.

시간이 지나면서 기마 전사들의 반원형 대열 앞에는 엄청난 수의 동

물들이 모였다. 밤이면 전사들은 야영지에 모닥불을 지피고, 여느 때와 다름없이 보초를 세웠다. 심지어 암호까지 평상시와 다를 바 없었다. 장교들의 순찰도 정상적이었다. 맹수의 눈이 번쩍이고, 늑대가 울부짖고 표범이 으르렁거리는 곳에서 보초를 서는 것은 결코 쉬운 일이 아니었다.

날이 밝고 사냥 대열이 점점 좁혀들었다. 동물들은 포위된다는 것을 알아차렸다. 사냥의 엄격함은 조금도 누그러지지 않았다. 여우가 땅속으로 숨으면 곡괭이로 파내고, 곰이 바위동굴 속에 숨으면 그 속까지 쫓아들어갔다. 물론 곰이 전혀 다치지 않게 했다. 사냥 훈련은 젊은 전사들이 자신의 재주와 용기를 과시할 수 있는 좋은 기회였다. 특히 어금니가 날카로운 멧돼지가 방향을 바꿔 전사들에게 달려드는 것은 그들에게 다시없는 좋은 기회였다. 고구려 국왕은 고위 귀족들을 대동하고 현장 곳곳을 다니며 전사들의 활동을 지켜봤다.

도살 지점에 이르자 전사들은 반원형 대열의 입구를 서서히 닫았고 야수들은 압박감을 느끼기 시작했다. 공중으로 뛰어오르는 사슴은 바들바들 떨었고, 이쪽저쪽으로 뛰어다니며 어쩔 줄 몰라하는 호랑이는 상채를 낮춘 채 으르렁거렸다. 원형의 포위망이 완전히 닫힌 후 본격적으로 짐승들을 조이기 시작했다. 전사들의 함성이 점점 더 크게 울려 퍼졌다. 대열은 더 두터워지고 사냥터는 포위당한 짐승과 전사들의 소리로 광란의 도가니가 됐다.

고구려 국왕은 도살 지점이 훤히 내려다보이는 언덕 위의 막사에 있었다. 그는 그곳에서 고위 귀족과 장교들의 솜씨를 구경했다. 장면은 검투사끼리 난투극을 벌이던 로마의 투기장을 연상케 했다. 적지 않은 전사들이 실려 나왔다. 모든 전사에게 살육을 시작하라는 신호가 떨어졌다. 그것은 노도와 같았지만 질서정연한 전투였다.

사냥감이 맹수일 경우 기수들은 먼저 넓은 곳으로 유인해, 일격을 가하기 좋은 두 언덕 사이의 좁은 지점으로 몰아갔다. 이때 말을 탄 전사들은 일정 거리를 유지했다. 기수들이 사냥감에 사격을 가하는 시점도 명령에 따랐다. 맹수가 화살을 맞고 쓰러진 후 창을 들고 접근해 마지막 숨통을 끊을 때도 마찬가지였다.

기수들은 보통 커다란 원을 그리다가 점차 좁히면서 도망치는 초식동물들을 포위하기도 하는데 어느 정도 포위망이 좁혀졌을 때 명령을 내리면 비로소 활을 쏜다. 누구라도 그들 소속 부대에 머물러야 하며 앞으로 뛰쳐나가다가 뒤로 처지면 안 된다. 부대는 방향을 선회하는 데 있어서도 지휘자의 명령에 따라 움직여야 한다. "좌향!" 하면 왼쪽으로 가고 "우향!" 하면 오른쪽으로 가야 한다.

전사들 사이에도 기수와 말의 훈련 정도에 따른 차이는 있었다. 노련한 기수들은 언제나 사냥감을 쫓기에 적당한 곳에 자리를 잡는다. 그리고 잘 훈련된 말은 기수의 뜻을 알아차리고 그의 의지에 따라 적절하게 움직여 사냥감에 직접 접근하거나 우회해 최선의 결과를 가져다준다. 노련한 기수와 잘 훈련된 말은 서로가 최고의 기량을 발휘하게 한다.

본격적인 살육이 하루 종일 계속됐다. 마침 고구려 국왕이 사냥의 종료를 선언하고 전사들은 동물들의 시체를 모으기 시작했다. 좋은 사냥감들은 천신에 제사를 지내기 위해 제단에 바쳐졌다.

〈장천 1호분 사냥도〉를 보면 고구려인들이 사냥감을 도살 지점에 몰아넣고 일격을 가하는 장면이 나온다. 여기서 기마궁수들은 놀라운 사냥 솜씨를 발휘하고 있다. 사냥꾼들은 폭풍을 몰고 오는 구름처럼 모여 있고, 말을 탄 궁수들은 말과 한 몸이 돼 있다. 말과 함께 나는 듯이 달리며 그들의 화살은 도망가는 사냥감을 쓰러뜨린다. 기마궁수들은 쓰러지는 사냥감을 직시하고 있다. 그 장면은 역동적이다 못해 격렬하다.

선비족과 연합해 한군현을 약탈하다

고구려는 초기부터 유목민들을 받아들였고, 121년에 고구려는 유목민인 선비족과 함께 후한을 공격하기도 했다. 유목민들은 고구려와 함께 군사작전을 펼쳤으며, 후대에 와서는 고구려의 중요한 군사적 기반으로 활용됐다. 유목민은 고구려 기병 전력의 하나로 자리잡았으며, 고구려의 영토 팽창이나 외침에 대한 자기 방어에 동원됐다.

기마전에 능숙하고 호전적인 강력한 유목민들을 고구려는 자신의 의지대로 작전에 동원하고 제어할 수 있었다. 과연 고구려와 유목민들은 어떤 관계였을까? 한 가지 확실한 것은 힘과 이익이, 부용附庸관계를 매개로 한 이종족 지배 방식의 지렛대 구실을 해, 고구려와 유목민 사이의 관계가 일방적인 지배-피지배나 착취-피착취관계로 일관할 수 없었다는 점이다.

고구려는 전통적으로 영농정착문화를 향유하고 있는 한족漢族 세력과 이에 대립하는 유목문화권에 속한 선비, 유연, 돌궐, 거란과 동북 만주에 산재한 말갈 계통의 부차적 세력 등과 부단히 접촉하면서 자체의 우월한 군사 역량을 바탕으로 그들과 관계를 지속해나갔으며, 고구려는 유목과 농경의 점이지대에 위치함으로써 양측의 정치사회 구조를 숙지하기 좋은 환경에 있었다. 고구려에게 힘이 있고, 유목민족에게 줄 수 있는 이익이 있다면 그들을 제어할 능력도 있었다.

하지만 이 모든 것을 가능하게 한 것은 '고구려의 우월한 군사적 역량'이었다. 그것 없이는 유목민을 제압하고, 나아가 유목민을 자신의 군사 역량으로 조직하고 관리하는 것이 불가능하다. 그렇다면 이러한 군사적 폭발력을 가능하게 한 고구려의 내적인 힘의 원천은 무엇인가?

고구려인들이 살아간 지역은 숲이 우거진 험한 산악지역으로 농사를 지어 배를 채울 수 없었다. 흉년이 들거나 사냥이 잘되지 않으면 그들은 약탈을 위한 사냥대를 조직해야 했다. 49년 봄, 고구려는 선비족과 동업하여 후한의 북평·어양·상곡·태원을 약탈했다. 앞서 48년 8월에 고구려에 대홍수가 나서 20여 군데의 산이 무너지는 등 대규모 산사태가 발생했고 이는 고구려의 생산력에 엄청난 지장을 줬다. 사실 이 시기의 자연재앙은 고구려지역에만 국한된 것이 아니었고, 또한 이전부터 계속된 것으로 보인다. 같은 시기 북방 초원에서도 극심한 자연재해가 발생했기 때문이다.

46년 이후 초원에서도 해마다 가물거나 병충해가 발생해 초목이 고갈되고 사람과 가축이 반 이상 굶거나 병들어 죽는 재앙이 발생했다. 정치적 내분과 자연적 재앙이 겹쳐 세력이 급격히 약화된 흉노匈奴를 오환이 공격해, 흉노가 북방으로 밀려나고 사막의 남쪽(막남)은 공백 상태였다.

고구려에도 자연재해는 계속돼 49년에 폭풍으로 나무가 뽑히고 서리와 우박이 내렸다. 이는 기근으로 이어졌다. 고구려인들은 굶주려야 했다. 그런 시기에 약탈을 위한 군대를 조직했던 것이다. 『삼국지』 고구려전은 "고구려 사람들은 성질이 흉악하고 급하며 약탈하기를 좋아한다"라고 하고 있다. 고구려인들은 기회만 생기면 유목민이나 부여의 목축민, 중국의 문명인들로부터 가축이나 사람, 곡물 등을 약탈해야 했다.

무용총 벽화에 나오는 뿔나팔을 부는 고구려인.

중국인들은 고구려인들을 이렇게 묘사했다.

"고구려인들은 읍락마다 밤에 남녀가 모여서 서로 노래하고 유희를 즐기는데 술을 아주 잘 만든다."

고난의 연속인 삶과 불리한 자연환경 때문인지 고구려인들은 여유만 있으면 잔치를 여는 관습이 있었다. 자주 마시는 것이 술이니 고구려에서 그 제조기술이 발달할 수밖에 없었다. 고구려인들을 정확히 이해하려면, 그들이 웃음을 즐기는 사람들이었다는 사실을 알아야 한다. 그들을 잔인하기만 한 사람들로 볼 수는 없다. 그들의 축제는 약탈 습속만큼이나 대단한 천성이었다. 하인들은 소나 돼지를 잡아 요리하느라 분주하게 뛰어다니고, 아낙들은 고구려 전사들과 함께 노래하면서 박수를 치며 흥에 취해 춤을 추었고, 술을 따라주는 하인은 여기저기 정신없이 다니느라 바빴으며, 다른 한편에서는 악사들이 악기를 연주하고 있는 모습이 그려진다.

대체로 고구려의 한군현에 대한 약탈은 후한이 망하기 직전까지 지속됐던 듯하다. 고구려가 유목민의 공조를 얻었을 때 그것은 효과를 발휘했다. 고구려와 선비가 한군현을 공격한 121년의 사건을 보자. 그해 여름에는 고구려가 요동선비 8천 명을 데리고 (요동군의) 요대현遼隊縣에 나타나 약탈했다. 후한의 관리들이 신창현新昌縣에서 전사했다. 채풍은 고구려군을 신창에서 추격하다 전사했으며, 그의 부하들도 운명을 같이했다. 하지만 죽은 자는 100여 명에 불과했다. 선비족의 군사 8천이 동원됐고 고구려도 이에 상당하는 병력을 투입했다. 양군 합쳐 최소 1만 이상의 병력이 요대를 공격했는데 죽은 자들은 100여 명밖에 되지 않았고, 희생자의 대부분은 후한의 관리들이었다.

사실 이 싸움에서 고구려와 선비에게 가장 중요한 것은 물자 확보였다. 때문에 달아나는 사람들을 추적하기보다는 재산을 약탈하거나 사람과 짐승을 몰아왔다. 이런 싸움에서는 사상자가 별로 나오지 않는다. 하지만 그 후한의 관리들도 배를 채우고 물러나는 고구려와 선비를 추격하지 않았다면 죽지 않았을 것이다.

2세기 중후반기에도 한군현에 대한 선비와 고구려의 약탈은 지속됐다.『후한서』권51 교현橋玄열전을 보면 후한 환제(146~167) 말에 선비와 남흉노 및 고구려왕 백고(신대왕)의 약탈이 있었다. 이 시기는 후한의 환제와 고구려 신대왕(165~178)의 즉위년과 겹치는 165년에서 167년 사이다. 168년 12월 선비족과 고구려(예맥)가 유주와 병주 2개 주를 약탈했다. 약탈의 규모에 대해서는 알 수 없다. 다만『후한서』권9 오환

선비열전을 보면 그해에 선비가 유주, 병주, 양주 등 변경의 제군을 약탈했고, 그들이 살해한 사람의 수를 헤아릴 수 없었다. 고구려가 단순히 중국을 괴롭히기 위해 사람들을 죽이고 약탈을 감행한 것은 아니었다. 그 이상의 경제적 이익이 있었던 것이다.

앞서 49년 봄에도 고구려 기병은 북평, 어양, 상곡, 태원 등 북중국의 비교적 깊숙한 곳까지 급습해 약탈했다. 그것이 가능할 수 있었던 것도 유목민인 만리滿離(선비족의 지류)의 도움에 힘입었기 때문이다. 그해 북중국의 약탈은 단순 약탈에 머무르지 않았다. 그것은 중국과의 정기적인 불평등 교역을 목적으로 한 것이었다.

건무 25년(49) 요동 태수 제융은 사람을 보내 선비인들을 불렀다. 그는 여러 가지 진귀한 물건을 보여주면서 한나라의 재력을 과시했다. 그러자 선비족의 대도호大都護 편하偏何라는 자가 사신을 보냈다. 사신은 형식적으로나마 중국에 복속한다는 의례적 절차를 치렀다. 유목민들은 현실적으로 이익이 된다면 무엇이든 하는 사람들이었다. 태수 제융은 선비족에게 후한 선물을 전달했다. 그러자 선비족의 추장 편하가 직접 현도군을 방문했다. 고구려와 만리도 이 소식을 듣고 현도군으로 사람을 보냈다. 고구려와 만리는 담비 가죽으로 만든 외투와 좋은 말을 현도군에 증여했다. 그러자 중국은 황제의 이름으로 그 두 배의 가치에 해당하는 대가를 주었다.

49년 하북과 산서지역에 대한 고구려의 약탈이 감행된 직후, 요동 태수 재융은 선비에게 유화책을 썼고, 그 손길은 고구려에까지 미쳤다. 『삼국사기』 권13, 고구려본기 모본왕 2년 봄 조의 표현 그대로 제융은 고구려를 은혜와 신뢰로 대우했다. 고구려와 만리는 후한과 조공 형식을 띤 사여와 증여를 지속했다.

몽골의 북쪽 절반은 산림과 초원이 뒤섞인 경관을 이룬다.

그해 오환족의 대인 이하 922명도 후한과 교역했다. 오환족은 후한에 노비와 우마, 활, 가죽 제품을 주었고, 여기에 상당하는 대가를 받았다. 후한으로서는 엄청난 손해를 보는 출혈 교역이다. 하지만 중국 변경에 대한 유목민의 약탈을 방지하기 위해서는 이러한 교역을 해야 했다. 왕창 당하지 않기 위해 조금씩 지속적·정기적으로 주는 것이다. 후한이 변경에 군대를 계속 주둔시킨다면 약탈을 근절하는 효과를 볼 수도 있지만 적지 않은 수의 군대를 상주시켜야만 했다. 재웅 자신도 후한의 병력이 증강되면서 요동에 태수로 파견된 것이었다.

변경의 병력 증강과 주둔으로 엄청난 비용이 지속적으로 소요됐다. 후한은 어떻게든 그 비용을 감소시켜야 했으며, 화친을 원했던 것이다. 고구려와 만리가 후한의 협상 대상이 될 수 있었던 것도 과감한 약탈전을 감행해 그 위력을 보여줬기 때문이다. 후한과의 교역으로 고구려와 만리 양자는 상당한 이익을 봤다. 그것이 고구려가 유목민과 연합해 싸운 결실이며 공존의 이유였다.

중요한 것은 고구려가 유목민과 동업이나 공존을 해야 살아남을 수 있다는 교훈을 이때부터 배웠다는 데 있다. 초기 고구려의 성장 과정에서는 유목민[胡族]과 비슷한 역동성이 하나의 특징으로 간파될 정도였다. 그 역동성은 이동과 정주의 문제를 떠나 고구려와 유목민, 이 두 사회의 공통 습속인 수렵에서 찾아야 되지 않을까 한다. 유목제국이 태어나는 요람의 땅인 몽골고원의 자연환경을 보자. 몽골고원의 남쪽은 세계 최대·최량의 대초원이지만 북쪽의 절반은 산림과 초원이 뒤섞인 경관을 이룬다. 그 때문에 여기를 근거지로 해서 살았던 유목민들은 유목과 수렵의 요소를 겸비할 때가 많아 유목수렵민이라고 말해도 좋다. 칭기즈칸의 경우 원래 고구려인과 같은 수렵민이었다. 당나라 장군 이정李靖의 지적대로 "(번인番人은) 땅이 멀고 황막荒漠하여 반드시 수렵으로 살아가야 하기 때문에 항상 전투에 익숙하게 된 것이다."

사실 고구려인들과 유목민들이 지속적으로 중국을 약탈하고 괴롭혔던 것은 이러한 출혈 교역을 위한 것이었다. 중국의 입장에서는 손해를 보는 교역이지만, 그들과 전쟁을 하는 것보다는 비용이 적게 들었다. 이는 다음 기록에서도 확인된다.

"호시互市를 설치하는 것은 (이적들을) 회유하는 데 목적이 있다. 한초漢初부터

(호시를 설치하자는) 의논이 있었다. 이에 호시의 주집지지走集之地를 정하고 관시지법關市之法을 만들어 그들의 물품을 통관시켰는데 이것이 그들과의 신의를 돈독히 했다. 역대 왕조는 호시를 준수했는데 이것은 역시 융戎과 화평을 이루는 하나의 방책이다."(『책부원귀』 권999, 호시 조)

납치와 인신매매

고구려와 선비는 납치한 자들을 중국으로 송환하는 조건으로 몸값을 받아내기도 했다. 122년이었다. 고구려 태조왕의 동생 수성이 한군현의 하나인 현도군에 도착했다. 수성은 한나라 포로들을 데리고 왔다. 당시의 상황을 말하고 있는 한나라 황제의 조서詔書를 보자.

"고구려의 수성 등이 포악하고 무도해 목을 베고, 그 살은 젓갈을 담아서 백성에게 보임이 마땅하다. 허나 다행히 용서함을 얻어 죄를 빌며 항복을 청했다. 선비·고구려(예맥)는 해마다 노략질을 하고 우리 백성을 잡아갔다. 그 수는 수천에 달한다. 그러나 고구려의 수성이 귀환시킨 수는 겨우 10~100인에 지나지 않는다. 우리 한나라를 존경하는 마음이 조금도 없다. 이번에 포로를 귀환시킨 이후 (우리 후한의) 현관들과 싸우지 말 것이며, 앞으로 스스로 포로를 돌려보낸다면 모두 돈으로 대가를 지불할 것이다. (속전의 금액은) 한 사람당 비단 40필을 주고 어린아이는 그 반으로 한다."(『후한서』 권85, 동이 고구려전)

이전부터 고구려의 인신 약탈은 만성적이었다. 그들은 선비와 함께 매년 중국인들을 잡아가서 매매했고, 그 이익을 일정하게 분배했다. 중국 정부의 포로 몸값 지불은 한편으로 고구려의 인신 납치를 더욱 부추겼다. 납치는 계속됐고, 몸값이 높은 귀인들도 표적 대상에서 벗어날 수 없었다. 126~167년 사이 고구려는 요동의 신안新安과 거향居鄉을 약탈했다. 적지 않은 사람이 잡혀갔다. 146년 8월에는 서안평을 공격해 대방령을 죽이고 낙랑 태수의 처자를 납치하기도 했다. 서안평은 중국 한나라의 유주·요동과 낙랑·대방군을 육로로 이어주는 지점이다. 현재 압록강 입구에 있는 중국 단동과 신의주 부근이다. 낙랑군과 대방군 등 한군현의 병력과 물자가 이곳을 통해 이동했다. 그것은 치밀하게 계획된 것이었다. 요동에 잠입해 활동하고 있던 고구려의 첩자가 정보를 보내왔기에 가능했다고 여겨진다.

"지금 요동군에는 낙랑으로 갈 병력이 집결해 있고, 여기에 새로 부임한 낙랑군 태수의 아내와 아이들이 포함돼 있다. 이 병력과 사람들을 책임지고 있는 자는 대방군의 수령이며, 146년 8월경 서안평지역을 통과할 예정이다."

그들 가운데 낙랑군 태수의 처자가 포함돼 있다는 것은 고구려에게 매력적이었다. 고구려군은 서안평이 훤히 바라다보이는 지점에 매복을 했고, 기다렸다. 멀리서 대방군 수령이 이끄는 병력이 서안평으로 접근하는 모습이 보였다. 고구려군은 도로상에서 그들을 습격했다. 갑작스런 습격을 받은 대방령의 군대는 당황했다. 고구려군의 공격이 이어졌다. 대방령과 그 병력이 저항했지만 만반의 준비를 하고 덤벼든 고구려군을 당해낼 수 없었다. 하나둘씩 숫자가 줄어들었고, 대방령까지 전사하고 말았다. 수레에서 낙랑 태수의 처자는 끌어내려졌고 고구려로 잡혀갔다. 서안평 전투는 호위병들과 그 책임자가 죽음을 당하고 귀인이 유

덕흥리 고분 벽화에 그려진 13명의 태수 중에는 낙랑태수도 포함돼 있다.

괴되는 납치극이었다. 대체로 납치된 귀인들은 편지를 쓸 것을 강요받는다. 수신자는 구금생활의 어려움과 배고픔 그리고 납치자들의 협박에 관한 내용을 받게 된다. 처자가 고구려에 억류된 상황에서 낙랑 태수는 강경책을 취할 수 없었다. 고구려는 이로써 낙랑군과의 외교에서 우위를 점할 수 있었다. 낙랑 태수는 저자세를 취할 수밖에 없었고, 얼마간 고구려에게 어떠한 조치도 단행할 수 없었다.

고구려가 유목민(선비)과 연합해 한군현에 대한 전쟁을 수행했던 역사적 경험은 소중한 것이었다. 이로 인해 고구려군 수뇌부는 초원지역의 전쟁과 유목민 특유의 심리에 대해 정통한 지식을 소유하게 됐다.

당시 선비는 북흉노의 잔류 세력을 흡수해 최강 세력이 돼 있었다. 2세기 중반 선비족에서 단석괴檀石槐라는 영웅이 나타났다. 북흉노의 일부도 흡수하고, 고원의 여러 세력을 합쳐 동쪽은 만주에서 서쪽은 준가

르까지 이르는 대판도를 실현했다. 선비제국이라 말해도 좋다. 그러나 단석괴에 의한 초원세계의 재편은 한순간의 일이었다. 그가 죽자 선비족은 단숨에 와해됐다. 모처럼 통합됐던 선비계의 제 집단도 제각기 스스로의 길을 선택했다. 선비의 각 부마다 세습왕이 출현했다. 선비 제족에는 탁발부, 우문부, 모용부, 단부, 걸복부가 있었다. 그 가운데 모용부가 향후 고구려에 가장 위협적인 존재가 된다. 고구려와 선비족 모용부사이의 전쟁은 촉한의 승상 제갈량의 사망 직후의 시기로 거슬러 올라간다.

제2장

선비족, 골리앗으로 성장하다

조위의 침공과 용병 선비족

239년 조조가 세운 위나라의 장군 사마의는 요동을 침입해 공손연을 일거에 무너뜨리고 여세를 몰아 바닷길로도 군대를 보내 공손씨 지배 하에 있던 낙랑·대방 2군을 단숨에 접수했다. 이와 함께 조위의 세력은 한반도 서북단까지 미치게 됐다.

고구려도 조위의 공손씨 정벌에 가담했다. 동천왕은 고구려 대가 족 장들과 수천 명의 병력을 파견했다. 무역으로 부유해진 공손씨 정권이 외압으로 해체되는데, 거기서 생기는 떡고물을 놓칠 고구려가 아니었 다. 사마의가 이끄는 조위 군대는 서쪽에서, 고구려는 동쪽에서 공손씨 를 공격했다. 참전 대가로 고구려는 약탈 기회를 얻었다. 적어도 사마의 는 고구려가 약탈한 사람과 재물을 가져가는 것을 묵인했다. 고구려는 공손 정권의 해체 작업에 개입해 톡톡한 이익을 보았다.

하지만 그것은 눈앞의 이익이었고, 전략적으로 악수惡手였다. 공손씨는 조위와 고구려 사이에서 완충제 역할을 해왔다. 하지만 고구려가 그 완충제를 제거하는 데 일익을 담당하는 실수를 저질렀다. 고구려는 공손씨를 도와 조위 군대를 막아내는 것이 전략상 이익이었다. 이로써 고구려는 거대한 중원의 세력 조위와 국경을 접하게 되었다. 이후 고구려는 조위의 장군 관구검의 공격을 받고 위기에 처한다. 여기서 조위가 군대를 요동과 고구려로 돌릴 수 있었던 상황에 대한 설명이 필요하다.

234년 8월 관중분지가 멀리 보이는 오장원에서 촉한의 승상 제갈량이 북벌의 꿈을 이루지 못하고 눈을 감았다. 그는 정직한 사람이었다. 촉한을 세운 유비의 아들 유선을 지극정성으로 받들었을 뿐 아니라 조조가 세운 위나라(조위)의 장군 사마의와의 전투에서도 항상 정정당당하게 겨루었다. 전쟁이란 투기이며, 적이 어떠한 공세를 취할지 예측이 불가능해야 한다. 하지만 제갈량은 예측이 가능한 사람이었다. 그의 죽음 이후에 펼쳐질 일들도 너무나 확실했다. 촉한은 조위와의 전쟁을 중단했다. 조위는 서쪽에서 자유로워졌다. 제갈량의 죽음은 요동에 있는 공손씨에게 재앙이 되었다.

공손씨는 요동의 지방 정권이었다. 후한 말 중국은 무정부 상태였다. 황건적이 들고 일어나 전 국토를 휩쓸었다. 무기력한 후한의 중앙정부는 이를 진압할 수 없었다. 자위를 위해 지방 세력들이 일어났다. 황건적의 반란이 진압되고 평화가 찾아온 것은 아니었다. 반란 진압에 실력을 발휘한 지방 세력들 사이에 내전이 일어났다. 그것이 크게 정리돼 위·촉·오 삼국지의 시대가 열리게 된다.

군웅할거시대에 공권력이 무너지자 공손도公孫度라는 자가 요동에서 세력을 얻어 한반도 북부 황해안의 중국인 식민지 낙랑군을 장악하고 204년경에 그의 아들 공손강公孫康은 그 남쪽에 새로이 대방군을 세웠

3세기경 중국대륙의 삼국분열도

다. 그 결과 한반도에서 중국의 식민지는 황해도까지 확산되었다. 공손
강의 아들 공손연公孫淵의 시대가 되자 강남의 손씨 오나라와도 융성한
무역을 이루었다. 이것은 공손씨의 세력이 남쪽으로 뻗어 한반도 남단
의 마한을 누른 결과이다. 강남에서 중국의 해안을 따라 북상하는 항로
는 위험했지만, 직접 동지나해를 횡단해 한반도의 서남쪽으로 향하는
길이 오히려 안전했기 때문이다(미야자키).

공손씨의 영토는 발해·황해의 해안을 따라 남쪽으로 뻗었는데 그 배
후 일대는 압록강 중류의 고구려를 비롯해 한반도 동남부의 마한·진
한·변한 등의 토착민족이 있고 바다 건너 왜가 있었다. 이들이 서로 복

잡하게 무역하는 과정에서 공손씨는 이익을 누렸고, 중국의 문화를 수입했다. 제갈량이 죽자 조위에 대한 촉한의 침공은 중단됐고, 조위는 서쪽에서 자유로워졌다. 이제 동북쪽으로 고개를 돌려 공손씨를 정복할 수 있었다. 공손씨가 멸망한 후 조위는 고구려에 대한 공격을 개시한다.

조위(220~265)의 장군 관구검이 중국의 동북지역에 위치한 유주의 자사로 재직할 때였다. 246년 1월 그는 고구려를 공격하라는 명을 받았다. 앞서 242년 증조부 태조왕을 꼭 닮은 고구려 동천왕이 압록강의 입구인 서안평을 공격했기 때문이다. 그곳은 중국에서 낙랑군으로 통하는 길목이었다. 태조왕은 중국인들을 집요하게 괴롭혔던 고구려왕으로 중국인들의 머리에 각인되어 있었다. 물론 고구려는 서안평을 점령하려고 한 것이 아니다. 오고가는 물품만 약탈할 목적이었다. 만일 그곳을 고구려가 점령한다면 물자가 흐름이 막히고 약탈도 불가능해진다.

조위의 병력은 유주를 출발할 때 얼마 되지 않았다. 하지만 고구려 부근의 현도군에 도착했을 즈음에 현지인들로 대거 보충됐다. 246년 5월 대략 1만 2천의 병력이 고구려 본거지를 향했다. 그곳은 광활한 평지가 아니라 산림이 울창한 지역이었다. 1만 이상의 병력이 하나의 길을 따라 행군을 한다면 줄이 길어지고, 이때 측면을 공격당하면 위험하다. 긴 행군 대열의 꼬리가 가장 치명적이다. 때문에 병력을 여러 단위로 분산시켜 행군을 해야 했다.

여러 기록을 종합해보면 조위 군대는 3천, 3천, 5천으로 분산하여 각기 다른 길로 고구려의 본거지에 접근했다(『삼국지』 고구려전). 비류수 방면으로 3천의 조위 군대가 행군하고 있었다. 여기서 첫 전투가 벌어졌다. 병력을 분산하지 않은 고구려군 2만이 조위 군대 3천을 덮쳤다. 기세에 눌린 조위군은 전멸했다. 또 다른 조위군 부대 3천이 양맥으로

조위 군대는 3천, 3천, 5천으로 분산하여 각기 다른 길로 고구려의 본거지에 접근했다.

이동하고 있다는 사실을 안 고구려 동천왕은 급히 군대를 양맥 쪽으로 이동시켰다. 양맥의 어느 골짜기에서 고구려군이 조위 군대를 급습했다. 위군 3천이 죽거나 포로가 되었다. 3개로 분산된 조위 군대가 각개격파 당하고 있었던 것이다.

동천왕은 자신감이 생겼다. 고구려의 여러 장군을 모아놓고 말했다. "소문으로 들었던 위나라(조위) 군대가 우리 군대보다 나은 것이 없다. 관구검이란 자가 명장이라 들었지만 오늘 그의 목숨은 내 손에 있어!" 동천왕은 직접 기병 5천을 이끌고 조위 군대를 향해 달렸다.

하지만 중국대륙에서 삼국지의 쟁투를 벌였던 조위 군대는 백전노장이었다. 앞서 그들은 두 개의 부대가 각개격파 당한 소식을 이미 접해 알고 있었다. 사기가 떨어질 만도 한데 그들은 생존을 위해 굳게 뭉쳤다. 고구려 기병이 어디로 접근해오더라도 그 공격을 막아낼 수 있는 사각형의 방진을 쳤다.

기세가 올라간 고구려의 기병들이 몰려오자 조위군은 먼저 활을 쏘았다. 자신들에게 다가와 비수를 꽂을 적의 숫자를 최대한 줄여야 한다. 달려오는 기병은 너무나 높고 빨라 공포감이 엄습했지만 지휘관의 신호에 따라 일제히 사격을 해야 했다. 개인적인 단발사격은 효과가 적다. 화망을 구성해 일제히 사격해야 효과적이다. 적지 않은 고구려 기병이 쓰러졌다. 위군의 화살을 피해 방진에 뛰어든 고구려 군대도 통나무를 연필처럼 깎은 빽빽한 거마책에 걸렸다. 앞 대열의 피해가 컸다. 고구려 기병은 어쩔 수 없이 후퇴해 대열을 재정비하고 다시 공격해야만 했다. 하지만 조위 군대는 그러한 여유를 주지 않았다. 조위 군대 5천 명 가운데 상당수의 기병이 있었는데 이들이 무너진 고구려 기병들을 공격했다. 고구려 기병들은 너무나 짧은 순간에 궤멸했다. 기병이 사라지자 고구려 보병들은 사기가 뚝 떨어졌다. 그들은 조위 군대의 반격을 받았고 많은 사람이 전사했다.

기록에 의하면 고구려군의 전사자가 1만 8천이 된다고 한다. 조위 군대 5천 가운데 상당수 기병이 있었다는 것은 여러 자료에서 드러난다. 이전부터 관구검은 휘하에 상당수의 오환과 선비 기병을 보유하고 있었다. 『북사』권93 모용외慕容廆전을 보자.

> "모용외의 할아버지 목정木廷이 관구검을 따라서 고구려 정벌에 공을 세워 이 때부터 좌현왕이라 했다."

후에 고구려와 사투를 벌이게 될 모용외의 할아버지가 관구검의 고구려 침공에 종군해 공을 세운 것이다. 물론 그는 혼자 가지 않았다. 휘하의 선비족 부락민들을 데리고 갔다. 유목민의 수장이 중국인에게 대우를 받는 것은 그들이 보유한 기병들 때문이었다.

조위는 선비족이나 오환족, 나아가 흉노족을 자신의 기병으로 활용했다. 그렇게 할 수 있었던 배경은 무엇일까. 유목민이 본격적으로 중국에 유입되기 시작한 것은 전한前漢 시기부터였다. 선제宣帝는 호한사呼韓邪가 휘하의 흉노족 부락을 오원五原·삭방朔方 등 여러 지역에 거주하는 것을 허락했다. 후한대에 가서 남흉노라 불리던 집단은 후한에 신속하게 접근했다. 그들은 후한의 영토 내에 자리를 잡았다. 엄밀히 말해 장성지대에 거주했다. 그리고는 중국의 본토 산서 일대까지 들어갔다. 후한 정부의 경제적 원조를 받으면서 후한제국 변경 방위의 청부를 맡게 됐다. 그들은 후한의 기병이 됐던 것이다. 흉노는 한으로 다가가고, 한은 스스로 흉노를 몸 안으로 유인했다. 이러한 결과를 가져온 원인이 후

흉노 일파인 훈족 기병의 모습.

한사회에 존재했다.

중국에서는 후한시대에 호족에 의해 장원의 개발이 진행됐는데, 이는 토지에 국한시켜 말한다면 새로운 자원의 개발을 의미했다. 그러나 그 노동력은 국가의 평민을 빼앗아 사적으로 예속된 농민을 만들어 일으킨 것이다. 인구는 그다지 증가하지 않을 뿐 아니라, 오히려 악정과 천재 때문에 감소하고 있을 때에 장원이 성행한다면 그만큼 국가가 가용할 평민을 감소시키는 것이다.

이것은 두 가지 결과를 초래했다. 하나는 국가재정 빈곤으로 조세 부담자가 적어지면서 그만큼 세입이 감소하는 것은 당연한 일이었다. 다른 하나는 병력의 감소였다. 이것도 너무나 당연한 결과였다. 이에 정부는 중국인을 사용하는 것보다 효율이 높은 방법으로 이민족을 군대에 채용했다. 그들은 생활수준이 낮으므로 적은 급여로 채용하는 것이 가능했다. 또한 방목생활을 했던 터라 말을 타고 달리면서 활을 쏘는 데 능해 전사로서 우수한 소질도 가지고 있었다. 이렇게 해서 군대가 우선 이민족화됐다. 후에도 흉노인들은 한으로 들어왔고, 후한 영제 말기에 농민반란군(황건적)의 반란을 진압하는 데 대거 동원됐다. 중평연간

(184~189)이었다. 황건적의 반란을 진압하기 위해 선우 강거羌渠는 아들 어부라於扶羅에게 출격을 명했다. 어부라는 흉노 기마군단을 이끌고 반란을 진압해 한 왕실을 구했다. 황건적의 난으로부터 동탁董卓에 의한 동란을 거쳐 화북의 권력자로 상승했던 조조는 위험하고 강력한 이 흉노 기마군단을 결정적인 전력으로 끌어들였으며, 흉노왕국을 다섯 개로 나누었다. 어부라의 아들 표豹는 좌부의 수장이 됐다. 나머지 중·우·남·북 4부의 부장은 흉노왕족이 차지했다. 물론 제각기 조위 조정에서 파견된 감독이 있었다.

그렇다고 조조 휘하에서 흉노집단이 재편되고, 흉노집단이 강력하게 통제·관리된 것은 아니었다. 그것은 조조의 중앙 정권이 본 측면으로 다분히 원칙과 현실을 타협한 외형적인 것이다. 종래 흉노왕국의 체제가 크게 변함없이 온존하고 있었다.

진晉 무제시기에 와서도 흉노의 5부 체제는 그대로였고, 북쪽에서 흉노의 투항은 계속됐다. 물론 흉노 외에 다른 유목민들의 유입도 지속됐다. 5개의 종족에 이르는 그들을 5호라 부르며, 진 혜제 말기에 이르러 대규모 반란을 일으키기 시작해 북위가 북중국을 통일하기 이전까지 136년간 10개국을 세웠다. 이 시기에 중국대륙은 살벌한 전쟁터였다. 오호십육국시대가 열린 것이다.

그들의 남하는 유목민이라는 인적 자원에 대한 중국 측의 수요 때문이기도 했다. 후한 이후 중국인들은 심약해져 군인으로 동원하기 어려웠고, 강건한 유목민들이 그 자리를 차지했다. 삼국시대의 쟁란기에 이러한 현상은 더욱 가속화됐다. 조위와 유촉은 항상 유목민을 이용해 상대방과 싸웠다(스기야마).

전한부터 시작해 300년에 걸친 흉노족의 남하는 초원의 인구압을 현

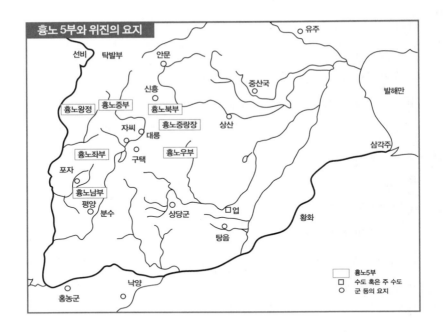

흉노 5부와 위진의 요지

유주
선비   탁발부   안문
중산국
신흥   발해만
흉노왕정 흉노중부 흉노북부
자씨   흉노중랑장 상산
대릉
흉노좌부 구택 흉노우부   삼각주
포자
흉노남부
평양   분수   상당군   업   황화
탕음
흉노5부
□ 수도 혹은 주 수도
낙양   ○ 군 등의 요지
홍농군

저히 떨어지게 했다. 선비족은 흉노의 옛 땅에서 자유롭게 번성하고 발전했다. 숫자가 늘어난 선비족의 부락이 점차 분립돼가는 것은 자연스런 현상이었다. 선비족 가운데 모용慕容·탁발拓拔·우문宇文·단段 등은 전쟁을 통해서든 동업자의 관계로서든 고구려와 직접적으로 접촉했다.

추격자 선비 기병과 도망자 동천왕

다시 본론으로 돌아가자. 만약 관구검의 조위 군대가 보병으로만 구성됐다면 방진을 무너뜨리는 데 실패한 고구려 기병이 대열을 정비해 다시 재공격을 할 수 있었을 것이다. 조위 보병이 움직이게 되면 대열이 무너져 역습을 받을 수 있기 때문이다. 하지만 조위군 방진의 좌우에는 선비족 기병이 버티고 있었다. 선비족 기병이 없었다면 고구려 기병을 거의 전멸시키고, 나아가 고구려군 1만 이상을 전사시키는 반격은 상상도 할 수 없었다.

그해(246년) 10월 조위 군대는 환도성으로 쳐들어가 고구려를 함락시켰다. 약탈과 폭행, 살인이 자행됐다. 1천 명 이상의 고구려인이 학살당하거나 포로가 됐다. 현재 환도성이 위치한 집안골짜기에 들어왔을 때 관구검의 눈은 놀라서 커졌다. 그는 거기서 세상의 끝을 봤다. 점령해본들 군대를 주둔시키는 것이 불가능하다는 것을 단번에 알았다.

"한 국가의 수도라는 장소가 이렇게 험한 구석에 처박힌 깡촌일 줄이야. 환도성은 그야말로 첩첩산중이요 아무것도 없는 서글픈 벽지 중의 벽지구나."

그곳은 짧은 여름에는 물가에 나아가 고기라도 잡을 수 있지만 긴 겨울이 오면 아무것도 할 수 없을 듯했다. 먹을 것이라도 많으면 겨울을 넘기겠지만 좁아터진 이곳에서 무엇이 생산될 수도 없었다. 있는 밭뙈기라는 것도 개미 얼굴만 하고 돌이 많고 척박해서 아무리 일을 해도 가랑이만 찢어지고 소출은 희박하기 십상이었던 것이다. 골짜기가 깊어 물은 풍부하고 청정도가 1급수이지만 물만 먹고살 수는 없었다. 게다가 이 험한 곳까지 식량을 날라 먹는 것도 문제였다. 식량 가격보다 운반 가격이 훨씬 더 들 것이 확실했다. 관구검의 입에서 저절로 흘러나오는 말이 있었다.

"여기에 눌러 있다가는 딱 굶어죽기 좋겠군. 고구려인들은 약탈을 하지 않고는 도저히 먹고살 수 없겠어." 관구검은 압록강을 건너 함경도 쪽으로 도망간 고구려 국왕과 족장들을 추격하기로 결정했다. 후한대부터 중국의 군현과 요동·요서를 지속적으로 약탈해온 고구려 국가 핵심부의 뿌리를 뽑을 작정이었다.

선비 기병은 현도 태수 왕기王頎의 추격군에 편성됐다. 기병 1천과 함께 도망 중인 고구려왕을 체포하려면 보병만으로는 어려웠다. 쫓고 쫓기는 추격전이 시작됐다. 동천왕은 결코 평탄치 않은 개마고원을 가로질렀다. 수많은 고개를 오르락내리락하면서 그들을 수행하던 기병들의 말이 지쳐갔고, 자신의 목숨을 부지하기 위해 하나둘씩 사라져갔다. 동해안이 내려다보이는 고개를 넘으려고 할 때 주위에는 많은 수가 남아 있지 않았다. 왕기가 이끄는 선비족 기병이 동천왕 일행을 거의 따라잡고 있었다. 이대로 가다가는 왕이 잡힐 것이 확실했다. 동천왕의 충직한 부하 동부의 밀우가 결사대를 조직해 선비족 기병을 막았다. 그 사이에 동천왕은 위기에서 빠져나갔다. 치열한 싸움이 벌어졌다.

하지만 동천왕은 자신을 위해 싸우다 죽기로 한 밀우를 그냥 두고 갈 수 없었다. 만일 그렇게 한다면 다음에 누가 그를 위해 충성할 것인가. 그의 마음이 성마름에 달아올랐다. 동천왕은 산골짜기에 흩어져 있는 병사들을 모으기 시작했다. 그들을 한자리에 모아놓고 말했다.

"누가 밀우를 구출해올 것인가? 그렇게 하는 사람에게는 후한 상을 주겠다."

거금의 상금이 걸리자 지원자가 나왔다. 고구려 하부의 유옥구劉屋句라는 자였다.

"신이 가보겠습니다."

유옥구는 곧장 전장으로 달려갔다. 운이 좋게도 그는 부상당해 쓰러

져 있는 밀우를 찾아내 등에 업었다. 그리고는 전장을 뚫고 빠져나왔다. 동천왕은 자신을 위해 희생을 감수한 충신을 무릎에 눕혔다. 진실로 안쓰러운 표정이었다.

한참 후에 밀우는 깨어났다. 동천왕은 만신창이가 된 밀우와 함께 험한 산길을 꼬불꼬불 돌아 남옥저에 도착했다. 하지만 그곳까지 선비의 기병은 추적해왔다. 몸과 마음이 지칠 대로 지친 상태였다. 앞으로 어떻게 더 도망을 다닐 수 있을지도 막막했고, 추격에서 빠져나오는 길도 보이지 않았다. 그때 한 사람이 나타났다. 고구려의 동부 사람 유유紐由였다. 그가 말했다.

"형세가 매우 위급합니다. 하지만 왕께서는 여기서 헛되이 죽어서는 아니 되옵니다. 저에게 하나의 방법이 있습니다."

유유는 적진으로 향했다. 음식을 갖고 가서 그는 적장에게 항복 의사를 밝혔다. 동천왕과 그 일행을 추격하느라 배고프고 지쳐 있던 그들에게 좋은 소식이었다. 유유의 말이 믿고 싶어졌다. 유유는 가지고 간 음식을 조위 장수 앞에 꺼냈다. 음식에 눈이 팔려 있는 적장에게 유유는 음식 그릇에서 단검을 꺼냈다. 그리고 가슴을 찌르고 자신도 할복했다. 너무나 순식간에 일어난 일이었다. 조위 장교들과 선비족 기병대가 혼란에 빠졌다.

동천왕은 군대를 세 그룹으로 나누어 사냥하듯이 반격을 개시했다. 지휘관이 죽어 사기가 떨어진 적의 군사들은 즉시 꼬리를 뺐다. 하지만 왕기가 이끄는 본대가 도착하면서 추격은 계속됐다. 동천왕은 하염없이 도망을 가야 했다. 왕기는 숙신족이 사는 지역(간도)까지 추적했지만 동천왕을 잡을 수 없었다. 왕기도 독했다. 선비족의 기병을 이끌고 되돌아간 것이 아니었다. 지금의 간도를 지나 만주를 가로질러 부여에 들러서 그의 본거지로 돌아갔다. 그것은 고구려왕을 추격하는 것이지만 미지의 세계에 대한 탐험이기도 했다. 이로써 조위의 고구려와 주변 세계에 대한 지식도 크게 넓혀졌다. 그 지식과 안목이 『삼국지』 권30, 위서 동이전에 고스란히 남아 있다.

『삼국지』 위서 동이전의 세계

　여기에는 정치적인 힘도 작용했다. 『삼국지』는 사마司馬씨 진晉나라 때 만들어진 역사서다. 저자는 '진수陳壽'라는 자다. 그는 촉한의 승상 제갈량의 직속부하 마속의 부장이었던 진식의 아들이다. 진수도 삼국 쟁란기의 역사를 살아간 인물이었다. 자신의 아버지가 참전한 전쟁에 진나라의 시조인 사마의(179~251)가 적군의 사령관으로 있었고, 아버지의 패전은 그의 인생에 어떠한 형태로든 큰 영향을 주었다. 사마의란 인물이 어릴 적부터 그의 뇌리에 박혀 있었고, 수차례에 걸친 제갈량과

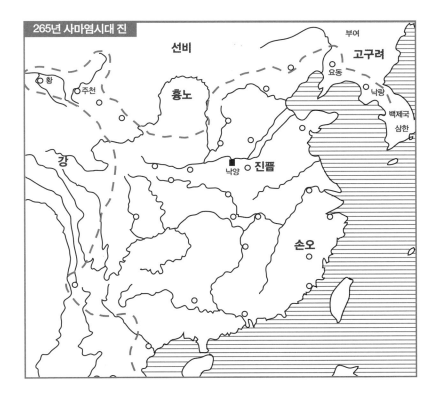

진 무제 사마염. 삼국 분열시대를 종식하고 중국을 통일한 강성한 진나라의 위세를 상징하듯 왕은 크게 신하는 작게 그렸다.

의 전쟁에 대해서 누구보다 잘 알고 있었다. 하지만 자신이 재직하고 있는 조정의 시조에 대해 좋은 기록을 남겨야 했다. 이것은 당시의 현실이었다.

하지만 사마의는 제갈량과 전투를 벌이는 데 있어 오로지 방어에만 전념한 사람이었다. 사마의가 진지를 구축하고 만전의 방어책을 취해 굳이 결전을 시도하지 않았던 것은 조위 내부에서 자신의 지위 보전을 생각했기 때문이었다. 즉 당시 그에게 있어서는 가능한 한 오래도록 촉한군과 대치하고, 그러는 사이에 가능한 한 많은 군대를 자신의 손아귀에 장악하는 것이 바람직했다. 촉한의 제갈공명은 방심할 수 없는 강적이라며 위의 조정을 협박해 많은 군대를 보내게 함으로써 군인들 간에 친밀한 관계를 만들어주었다. 또 군사비 일부를 가로채 그것으로 조정의 동료를 매수하고자 했다. 이렇게 해 자연히 그의 권력은 증대돼갔다.

『삼국지』의 저자 진수가 보기에 사마의는 창과 칼을 잘 쓰는 무인이 아니라 전략가였고, 자신이 녹을 먹는 국가보다 자신의 가문을 더 생각하는 음모꾼이었다. 하지만 사마의가 혁혁한 공을 세운 전투가 있었다(239년). 요동의 공손씨를 토벌한 전쟁이 그것이었다. 사마의의 공손씨 공격에 고구려도 협조를 한 바 있다. 사마의는 동이지역 정벌에 첫 문을 연 사람이었다. 그러니 진수는 사마의의 공적을 알리는 동이전에 대해 상세히 다루는 수밖에 없었다.

　사마의는 요동을 정벌했을 때 이전과 같이 자중하지 않고 속전속결 전략을 썼다. 그 이유는 조위 명제의 수명이 얼마 남지 않았기 때문이었다. 황제가 죽고 등극하는 자리에 그가 없다면 어떠한 일을 당할지 모른다. 과연 이듬해인 240년 정월 위의 명제가 죽고 10세의 어린 황제 조방이 즉위했다. 후견인은 황족인 조상이었다. 조상은 사마의를 황실에 장애가 되는 자라 생각해 그의 관위를 높이는 척하면서 한직으로 쫓아내고, 조정의 권력을 독점했다. 마침 남쪽의 손오와 촉이 쇠퇴기에 접어들고 있어 중원에 태평의 기운이 감돌았고, 산업도 부흥의 길로 나아갔다.

　어쩔 수 없이 은둔해온 사마의가 10년 후 갑자기 쿠데타를 일으켰다. 아무런 대의명분도 없는 완전한 권력투쟁이었다. 그럼에도 불구하고 쿠데타는 저항 없이 성공했다. 사마의가 오랜 세월에 걸쳐 길러온 관료와 군대의 개인적인 친분관계가 효과를 나타낸 것이다. 그로 인해 난세의 영웅 조조가 세웠던 위 왕조의 실권은 또 다시 사마의의 손아귀에 장악됐다. 쿠데타 다음해에 사마의가 73세의 나이로 죽었지만 사마씨의 권력은 미동도 하지 않았고 점점 강해져갔다. 사마의의 아들 사마사(208~255)와 사마소(211~265)가 권력을 이었다. 이를 전후해 사마씨의 전권을 탐탁지 않게 여긴 지방장관들이 잇따라 병사를 일으켰는데, 모두 평정됐다. 고구려에 쳐들어왔던 관구검도 그들 중 한 사람이었다.

　진왕晉王 사마소가 죽고 왕태자인 사마염司馬炎(236~290)이 그 자리를 이어받았다. 그가 진 무제다. 265년 예정된 각본대로 위·진 사이에 선양이 이루어졌다. 조위 조정에서 실권자로 있었던 사마씨가 진을 세웠다. 앞서 263년에 촉이 망했고, 280년에는 오가 진군의 침공에 무너졌다. 마침내 중국이 재통일된 것이다. 진 무제는 위 왕조가 일족을 정권에서 멀리해 일찍 멸망한 것을 거울삼아 그 반대되는 정책을 취했다. 대대적으로 봉건을 행해서 일족 모두에게 영토를 배분한 것이다. 이는 후에 진을 공중분해한 '팔왕의 난'의 구조적 배경이 됐다.

동천왕과 그 부하들

이제 이야기 방향을 고구려로 돌리자. 조위군에게 쫓기던 동천왕이 돌아왔다. 그는 먼저 자신을 위기로부터 구한 유유와 밀우 등에 대한 포상을 했다. 그는 부하들의 죽음 때문에 살아났다는 걸 잘 알고 있었다. 그는 자신이 살기 위해 부하에게 희생을 강요하는 사람이 결코 아니었다. 유유를 구사자로 추증하고 아들 다우에게 대사자의 자리를 주어 감사의 뜻을 표했다. 동천왕의 표정은 너무도 진솔하고 따뜻했고, 진심으로 아버지를 잃은 아들을 위해 슬퍼했을 것이다.

동천왕은 적의 공격으로 황폐해진 수도 환도성에 머물러 있지 않았다. 수도의 백성들과 종묘사직을 평양으로 옮겼다. 왕에서 도망자로 전락한 후 너무나 지독한 고생을 했기 때문인가. 그는 오래 살지 못했다. 248년 그가 죽자 동고동락했던 많은 부하들은 삶의 의미를 잃었다. 그들이 스스로 목숨을 끊는 일이 이어졌다. 여기서 동천왕의 인격을 읽을 수 있다. 그는 적에 대해서는 맹수와도 같지만 그의 부하들에게 상냥하고 부드러운 사람이었던 것 같다. 위기에 모든 것이 드러난다. 위나라 군대에 추격을 받을 때 그의 부하들은 목숨을 걸어야 했고, 도망자를 경호하는 가운데 즐거움이란 전혀 없는 생활 속에서 고통받았다. 동천왕의 부하들은 인仁에 굶주려 있었다. 그래서 동천왕의 부드러움과 따뜻

동천왕양위교서벽비東川王讓位敎書壁碑(246년). 위나라와의 전쟁에서 패한 동천왕이 양위한 것을 알 수 있다. 국왕으로서 책임을 지고 파훼된 성에서 창에 엎드려 자살을 계획했다.
비문 내용은 다음과 같다. "정시전쟁(246년)이 끝나고 위나라의 침입으로 피신한 동천왕은 (피신처에서 영원히 은거해서) 쑥이나 뜯어먹다가 죽자는 신하들의 충간을 따르지 않고, 망명에서 돌아와 고도에서 스스로 자살해 불내성에 살신 치성을 바치려 했다." 하지만 발굴된 이 기록은 진위 여부가 아직까지 밝혀지지 않았다.

한 배려를 느낄 때 푸근한 정에 감싸였으리라.

그의 부하들은 왕을 위해서라면 목숨을 버려도 아깝지 않다는 생각을 하게 되었다. 그러던 왕이 죽었을 때 부하들은 허무해졌고, 동천왕의 묘에서 장례식이 치러지던 날 자살이 이어졌다. 『삼국사기』는 "장례일이 되어 묘에 와서 스스로 죽은 자가 매우 많아 나라 사람들이 땔나무를 베어 그 시체를 덮었으므로, 마침내 그 땅을 시원이라고 이름하였다"라고 전한다.

고구려는 당시 고도화된 문명을 가진 국가가 아니었다. 만일 그랬다면 관구검의 침입에 타격을 입고 멸망했을 것이다. 덜 완성되고 덜 발달돼 있었기 때문에 회복이 훨씬 빨랐다. 판잣집 군락에 불이 번져 모든 것을 태웠다고 한들 금방 다시 지을 수 있었다. 초호화 고층빌딩에 불이 난다면 폐허가 남고 철거 비용도 만만치 않아 예전으로 돌아가기 쉽지 않다. 뒤에 언급하겠지만 고구려는 342년에 모용씨의 침입을 받고 한 번 더 수도가 초토화됐다. 선비 모용씨가 성을 허물고 값어치 있는 물건

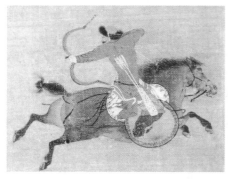
유목민 기병.

과 인간을 다 잡아갔는데도 고구
려는 말끔하게 회복했다. 모용씨
도 고구려의 회복력이 매우 빠르
다는 것을 잘 알고 있었다.

"고구려 땅은 지킬 수 없습니다. 지
금 그 왕이 도망하고 백성이 흩어져
산골짜기에 숨어 있으나, 대군이 돌

아가면 반드시 다시 모여들어 나머지 무리를 모아 오히려 근심거리가 될 것입
니다."(『삼국사기』 권14, 고국원왕 12년 조)

그것은 분명 원시성이 주는 장점이었다. 발달되지 않았기 때문에 중
추신경이 머리에만 집중되지 않았고, 팔과 다리에, 몸통에 골고루 퍼져
있었다. 그래서 일부가 파괴돼도 금방 복원이 되었다.

동천왕의 아들 중천왕이 왕위에 오른 지 12년(259)이 지난 시점이었
다. 그해 12월 왕은 부하들과 함께 두눌골짜기에서 사냥을 하고 있었
다. 전령이 급히 달려와 보고했다.

"위나라 군대가 쳐들어왔습니다."

왕은 곧바로 군대를 소집했다. 중천왕은 자신의 아버지가 위군을 얕
보고 덤비다 크게 패했던 것을 잘 기억하고 있었다. 수도 환도성이 적의
손에 넘어가고 아버지가 위군에게 쫓겨 개마고원을 넘어 연해주로 도
주할 당시 중천왕이 어디에 은거하고 있었는지는 알 수 없다. 하지만 하
루하루를 아버지의 안위를 걱정하면서 지냈으리라. 그는 위나라 군대
의 공격과 그로 인해 겪은 고통을 너무나 생생하게 기억하고 있었다. 같

은 일이 두 번 반복되는 것은 그에게 가장 큰 두려움이었다. 아마도 위군의 재침하지 않을까 그는 긴장하고 살았으며 대비하기 위해 착실하게 기병을 양성했다고 생각된다.

위나라 장군 위지慰遲라는 자가 병력을 이끌고 왔다. 역시 선비족 기병을 대거 동원했다. 고구려의 중천왕도 정예기병 5천을 모았다. 양곡에서 치열한 전투가 벌어졌다. 1만에 가까운 위군의 시신이 양맥의 골짜기를 뒤덮었다. 위나라 군대가 패배해서인지 몰라도 싸움 장면에 대해선 구체적인 기록이 없다.

폭군 봉상왕과 모용씨의 공세

293년 8월 중천왕의 손자가 다스리는 고구려였다. 봉상왕(292~299)은 신성으로 몸을 피하고자 서둘렀다. 왕이 탄 수레와 호위 기병으로 이루어진 행렬이 출발했다. 고구려왕이 선비족 모용부의 수장 모용외에게 쫓기는 상황이 벌어졌다. 그것은 고구려와 선비족 모용씨 사이에 벌어진 치열한 투쟁의 서막이었다.

봉상왕은 어려서부터 교만하고 방탕했다. 많은 사람의 미움을 살 수밖에 없었다. 봉상왕에 대한 귀족들의 불신은 그의 마음에 의심을 낳았고, 화해할 수 없는 지경에 이르렀다. 앞서 봉상왕은 근친 왕족이자 양맥과 숙신의 반란을 평정한 안국공을 죽였다. 그가 백성들에게 존경받고 있다는 점 때문이었다. 많은 귀족과 일반 백성들이 안국공의 죽음을 애도했다.

왕과 그를 호위하는 행렬이 곡림鵠林이라는 곳에 이르렀을 때였다. 신성과 그렇게 멀지 않은 거리였다. 모용외와 그의 기병이 고구려왕을 목격했다. 고구려왕의 행렬은 먼지를 일으키며 격렬하게 도망쳤다. 하지만 모용외는 고구려왕을 생포할 수 있는 절호의 기회를 놓치기 싫었다. 죽어라 도망하는 고구려왕, 그리고 이를 잡으려는 모용외 사이의 쫓고 쫓기는 추격전이 벌어졌다. 모용외는 고구려왕과 그 일행을 거의 따라잡았다. 생포되기 직전이었다. 그는 두려움에 벌벌 떨면서 겁 많은 비겁자의 전형적인 모습을 보였다. 다른 사람에게 잔인했던 봉상왕은 자신에게 위기가 닥치자 의연하지 못했다.

그때 갑자기 원군이 나타났다. 고구려 신성의 재宰 고노자高奴子가 기병 500명을 이끌고 나타난 것이다. 봉상왕이 온다는 소식을 접하고 마중 나오다 모용외에게 쫓겨 먼지를 일으키는 왕과 그 일행을 목격했다. 고노자의 기병은 추격전을 오래 벌인 모용외의 군사들보다 훨씬 싱싱했다. 고노자의 기병은 옆으로 돌아 왕을 거의 따라잡은 모용외 기병의 측면을 공격했다. 갑작스런 고구려 기병의 공격에 모용외는 무너졌다. 모용외는 크게 저항하지 못하고 물러나야만 했다.

모용부의 수장 모용외는 수차례 고구려를 공격했다. 그는 고구려의 내부 사정에 대해 잘 알고 있었다. 당시 고구려왕은 신하들의 불신을 받고 있었으며, 이것이 고구려 상층의 단결을 저해하고 있었다. 귀족 대가大加들이 일심 단결해 봉상왕을 보호하려고 들었다면 밝은 대낮에 모용외가 고구려 땅에서 봉상왕을 추격하는 사건은 일어나지도 않았을 것이다.

잠깐 고구려 귀족인 대가들에 대한 설명이 필요하다. 고구려는 5개의 부로 나뉘어 있었다. 대가는 5부의 부장이나, 유력한 부의 부내부장部內部長, 예컨대 왕을 배출하는 부나 왕비를 배출하는 명림씨, 우씨를 중심으로 한 연나부 내부의 소부장이었다. 대가의 세력 기반은 휘하 읍락민에 대한 지배권에 있었다. 부여의 경우 제가(여러 대가)들이 전쟁에 나가 싸우고 그들 휘하의 읍락민[下戶]들이 식량을 운반했다. 이는 각지에서 따로 읍락을 지배하던 제가가 그 휘하의 읍락민에 대한 동원권을 지니고 있었음을 말해준다. 물론 병력 동원은 왕실에 의해 통제를 받았지만, 일차적인 권한과 부대 지휘권은 제가들에게 있었다. 병력 동원권은 노동력 동원권과도 밀접히 연결돼 있다. 제가들은 자치권이 있었다. 가령 고구려 태조왕 20년과 22년에 관나부 패자 달가와 환나부 패자 설유를 파견해 조나와 주나를 정벌했는데 이때 정벌군은 관나부와 환나부의 군사였다. 그들에 대한 일차적인 지배권은 관나부와 환나부의 대가들에게 있었다.

대가들은 읍락민에 대한 재판권도 행사했다. 『삼국지』동이 고구려전에는 "고구려에는 감옥이 없으며, 죄를 지은 자는 제가들이 의논해 곧 죽이고 그 처자를 노비로 삼는다"라는 내용이 있다. 따로 형률이 있는 게 아니라 관습법에 따라 제가가 직접 처결했던 것이다. 고구려 수도에서는 여러 대가가 이에 관여했고, 지방의 부에서는 부장과 그 아래의 소부장들이 모여 휘하 집단에서 발생한 사건들을 처리했다. 당연히 대가들은 읍락민으로부터 세금도 거뒀다. 징수된 세금은 관원과 무사들을 양성하는 재원이 됐다.

대가들은 재물과 토지, 노비 등을 소유한 부유한 자들이었다. 그들은 탐욕가였다. 전쟁에 참여해 포로를 잡아 자신의 노비로 만들었고, 재화를 축적했다. 전쟁은 그들이 재원을 획득할 수 있는 중요한 기회였다. 물론 대가의 지휘는 세습됐다.

고구려 봉상왕은 고노자의 도움으로 위기를 간신히 모면했다. 하지만 고구려 고위층들에 대한 의심은 더욱 깊어갔다. 그들이 자신의 위기를 알면서도 방관했다고 생각했다. 사건 한 달 후인 9월에 왕은 자신의 동생 돌고咄固에게 할복을 명했다. 친동생이 왕위를 위협할 수 있는 최고의 경쟁자라 여겼던 것이다. 돌고의 아들 을불乙弗은 들판으로 달아나 몸을 숨겼다(293년).

대가 중에는 왕족 출신이 있었다. 그들은 휘하에 관리들을 거느렸다. 왕족 대가들 가운데 왕의 형제들은 세력이 강대하다. 태조왕의 동생 수성의 경우 왕의 동생으로 국정 운영에 깊이 관여했다. 고구려 초기에는 왕위가 형제에게 상속됐다. 왕의 동생과 친족들이 유력한 세력가임은 당연했다.

3년 후인 296년 모용외가 또다시 고구려를 침공했다. 그는 봉상왕의 아버지 묘지가 있는 고국원까지 진격해왔다. 목적은 분명했다. 서천왕(270~292)의 무덤을 도굴하는 것이었다. 그러나 왕의 무덤이 파헤쳐지는 과정에서 인부가 갑자기 죽었다. 불길한 징조가 보이자 그는 군대를 이끌고 물러났다. 고구려왕의 묘지까지 모용외가 와서 도굴을 자행했던 것이다. 앞서 고구려군이 모용외 군대와 싸우다 패했거나 혹은 방관했다고 볼 수 있다. 사실 당시 고구려 병사들은 의심 많고 잔인한 폭군을 위해 목숨을 바칠 의지가 없었다. 봉상왕은 모용외의 군대가 너무나 날렵하고 강해서 막아내는 것이 어렵다고 걱정하고 있었지만 사실이 아니었다.

국상 창조리의 추천으로 대형大兄 고노자가 신성의 태수로 임명됐다. 부하들에게 존경받는 군사적 카리스마의 소유자였다. 모용외는 고노자의 고구려 기병에 호되게 당한 경험이 있다. 고노자가 고구려 북부의 군정책임자로 임명되자 그의 고구려 침공에는 일단 제동이 걸렸다.

소금장수 미천왕

300년 9월 고구려 왕경에서 그렇게 멀지 않은 후산 북쪽 사냥터의 어느 갈대밭이었다. 국상 창조리 이하 고위 신료들이 모여 있었다. 뭔가 일을 꾸미는 것이 분명했다. 국상 창조리가 말을 꺼냈다. "나와 생각이 같은 자는 나를 따라하시오" 하고 갈댓잎을 관모에 꽂았다. 그러자 모든 사람이 함께 갈대를 머리에 꽂았다. 이로써 고구려 고위 신료들이 봉상왕을 폐위하고자 하는 마음이 일치한다는 것이 확인됐다. 봉상왕은 그의 신하들에게 사냥터의 짐승처럼 포획됐다. 그리고 왕경으로 압송돼 왕궁의 별실에 감금됐다.

을불이 미천왕(300~331)으로 즉위했다. 그는 봉상왕의 동생 돌고의 아들이다. 아버지 돌고가 큰아버지인 봉상왕에게 죽임을 당한 후 을불은 목숨을 부지하기 위해 변장을 하고 도망쳤다. 좋은 음식을 먹고 좋은 옷을 입고 나인들을 부리고 귀하게 자랐던 왕실의 자손은 험악한 세상으로 스스로 걸어나갔다. 『삼국사기』 고구려본기는 그의 고생스런 삶에 대해 기록하고 있다. 그가 처음 자리를 잡은 곳은 수실촌이란 곳이었다. 아마도 고구려의 수도인 국내성에서 어느 정도 떨어진 압록강 하류의 어느 지역으로 생각된다. 그곳에서 '음모'라는 사람의 집에서 머슴살이를 시작했다. 음모는 사람을 쥐어짜는 욕심이 많은 사람이었다. 을불은 밤낮으로 일을 해야 했다. 낮에는 많은 나무를 해야 했다. 땔감을 모으기 위해 산야를 누볐고 나무를 지고 집으로 돌아오기를 반복해야 했다. 잠시도 쉴 틈을 주지 않았다.

음모의 집 옆에는 늪이 있었는데 개구리들이 밤마다 울었다. 시끄러워 잠을 잘 수 없었던 주인인 음모는 밤마다 을불을 시켜 돌을 던지게 했다. 돌을 던지면 개구리들이 울음을 멈추었지만 잠시 후면 다시 울었다. 그때마다 돌을 던져야 하니 늪에서 밤을 지샐 수밖에 없었다. 이렇게 밤낮없이 일을 해야 하는 고된 생활이 1년 동안 지속됐다. 머슴으로 숨어 살아야 목숨을 부지할 수 있으니 할 수 없는 일이었다. 하지만 그동안 세상에 대해서 알아갔다. 음모의 집을 나와 독립하기로 했다. 동촌의 사람 '재모'를 만나 소금장수를 시작했다. 을불은 재모의 배를 타고 압록강 하구를 나와 바닷가에 있는 염전에서 소금을 대량 구입했고, 소금을 가득 실은 배는 압록강 입구에 도착하여 밀물 때 강을 타고 올라갔다. 『대전회통大典會通』을 보면 그 물빛이 오리머리 빛과 같아[水色如鴨頭] 압록강이라 이름을 지었다고 전해진다. 실제 압록강에는 상당한 수의 오리 철새 떼들이 서식하고 있다. 길이는 803킬로미터에 이르는 압록강은 하구에 이르러 위화도威化島를 비롯한 대규모의 범람원을 형성하고, 신의주와 중국의 단동丹東을 지나 용암포龍巖浦의 서쪽에서 황해로 유입된다. 하류는 유속이 느리고 수량이 많음에도 곳곳에 작은 섬이 나타나고 여울도 많다.

과거 고구려의 수도였던 길림성 집안현 앞에 압록강이 흐르고 있다. 현재는 강의 경사가 있어 물살이 빠르다. 그곳까지 무동력선으로 거슬러 올라가는 것은 쉽지 않은 일이다. 다만 집안과 바로 인접한 남서쪽의 미천왕릉 부근에서 압록강의 흐름은 완만해지기 시작한다. 아마도 압록강 하구를 출발한 배는 이 부근에서 배를 정박시켜 물건을 하역하고 육로를 통해 집안으로 접근했던 것으로 생각된다.

하구에서 강을 거슬러 올라온 을불은 국왕인 큰아버지가 있는 국내성까지 가지 않았던 것 같다. 자신을 체포해서 죽이려는 자가 있는 곳을 심리상 꺼려할 것이기 때문이다. 다만 이보다 하류에 있는 비류수(혼하)와 충만강을 통해 내륙으로 들어가 소금 장사를 했다. 지류에는 많은 마을들이 있었다.

을불은 압록강의 동쪽, 지금의 북한 쪽에 있는 사수촌의 어느 집에서 자취를 했다. 그 집에 음흉하고 욕심이 많은 할멈이 살았다. 할멈이 소금을 청하자 을불은 소금 한 말을 주었다. 그 뒤 할멈은 다시 소금을 청했다. 염치가 없는 할멈이라고 생각한 을불은 거절했다. 그러자 할멈은 자신의 신발을 을불의 소금 자루에 몰래 넣었다. 아무것도 몰랐던 을불은 소금 자루를 매고 장사하러 떠났다.

길을 가고 있는데 할멈이 쫓아왔다. 그리고 불렀다.

"이봐 소금 총각 내 신발이 없어졌어! 당신이 가져간 것 아니야?"

할멈은 을불의 소금 자루를 뒤졌고 신발을 찾았다. 할멈은 을불을 절도범으로 몰아 관가에 고발했다. 을불은 포졸들에게 체포돼 그 지역을 관할하던 수령 압록재鴨綠宰 앞으로 끌려갔다. 물증이 너무나 확실했다. 더구나 을불은 가난한 소금장수가 아닌가. 개연성은 충분했다. 압록재의 판결대로 을불은 소금으로 신발값을 변상하고 형틀에 묶여 볼기를 맞았다. 누명을 쓰고 처벌을 받은 그는 방면됐지만 몸의 상태가 말이 아니었다. 얼굴은 야위어갔고 옷은 다 떨어져 너덜너덜했다. 하지만 먹고 살기 위해 소금 장사는 그만둘 수가 없었다.

봉상왕을 폐위시키려고 작정한 국상 창조리는 사전 작업으로 적당한 왕위 계승자를 물색했다. 전에 봉상왕에게 억울하게 죽은 돌고의 아들이 떠올랐다. 창조리는 조불과 소우 등을 시켜 산과 들을 다니면서 을불을 찾기 시작했다. 머슴으로 숨어 지낸다는 소식을 직접 들은 것은 아니지만 충분히 있을 법한 일이었다. 조불과 소우는 왕제인 돌고를 잘 알고 지내 그의 아들 을불의 어린 시절 얼굴을 기억하고 있었기에 그러한 임무를 부여받았을 것이다.

　조불과 소우가 비류수가에 있을 때였다. 소금배가 압록강에서 지류인 비류수를 거슬러 올라오고 있었다. 배를 바라보니 을불 또래의 사람이 타고 있었다. 둘은 그를 주목했다. 옷은 남루하나 사람의 몸가짐이 보통 사람과는 달랐고 죽은 왕제 돌고를 닮았다. 둘은 그가 을불이라고 직감하고, 을불의 배로 다가갔다. 사람들을 대동한 귀족 두 명이 다가왔으니 을불이 얼마나 떨렸을까. 잡혀가 왕에게 죽임을 당할 수도 있다. 『삼국사기』는 그들 사이에 주고받은 이야기까지 상세하게 전하고 있다.

　소우가 말했다.

　"지금 국왕은 무도하여 국상 창조리님께서 여러 신하들과 함께 왕을 폐위시키려고 계획을 꾸미고 있습니다."

　"왕손이신 을불님께서는 행실이 검소하고 인자하시며, 사람들을 사랑하셨습니다."

　"국상께서 선왕의 업(왕위)을 이을 수 있다고 하시어, 저희들을 보내 맞이하게 하였습니다."

　을불은 그들을 의심했다. 나를 꾀어 잡아가 죽이려고 하는구나.

　"저는 야인이지 왕손이 아닙니다. 다시 찾아보시지요."

　소우가 말하였다.

　"지금의 임금은 인심을 잃은 지 오래여서 나라의 주인이 될 수 없으므로 여러 신하들이 왕손을 매우 간절히 바라고 있으니 청컨대 의심하지 마십시오."

　말이 끝남과 동시에 을불은 잡혀가다시피 연행됐다. 을불이 간 곳은 왕경과 멀지 않은 조맥 남쪽의 어느 집이었다. 지금으로 말하면 안전가옥이다. 그곳에서 을불은 다른 사람의 눈에 띄지 않기 위해 연금된 채

살아야 했다. 어느 날 국상 창조리가 사람을 보냈다. 을불은 그들을 따라 또 어딘가로 이동됐다. 도망자로 어렵게 살았던 을불은 남을 믿지 못하는 관성이 붙어 있었다. 타인이 하는 어떠한 말도 믿지 않았다. 그런데 사람들이 정말 자신을 왕궁으로 옮겨 왕좌에 앉히니 믿지 않을 수 없었다. 강가에서 만났던 소우의 말이 사실이었다는 것을 알게 됐다.

300년 소금장수 미천왕이 즉위한 후 고구려 지배층은 재상 창조리를 중심으로 뭉쳤다. 마침 고구려에게 영토를 확장할 수 있는 기회도 왔다. 한사군의 힘이 극도로 약해지고 있었다. 그것은 본국인 사마씨의 진나라가 내란 상태에 빠졌기 때문이다.

진의 내란과 한사군의 멸망

거의 동시에 중국은 황족 사이의 끝이 보이지 않는 내란 상태로 접어들었다. 사마씨의 진은 일족의 자제에게 대대적으로 토지를 나눠주는 봉건정책을 취했다. 사마씨 일족은 토지뿐만 아니라 군대도 소유하고 있었다. 그들은 모두 나이가 어리고 황실의 일족이라는 자존심이 보태져 성질이 거칠었다. 황제 일족이 강력한 군대를 장악하고 있는 상태에서 저능아인 혜제가 황제의 자리에 올랐다. 문제는 황비가 여성 특유의 시기심과 의심, 남자 못지않은 결단력을 갖고 있는 데서 시작됐다.

황비는 먼저 혜제의 동생 초왕 사마위를 부추겨 시어머니 양태후와 그 일족을 죽였다. 나아가 양씨를 대신해 황제의 후견인이 된 여남왕 사마량도 제거했다. 사마위가 형수의 말을 들었던 것은 그가 황태제로 황제의 자리에 오르겠다는 희망 때문이었다. 이를 간파한 황비는 사마위를 죽이고 자신이 낳지 않은 황태자도 죽였다. 하지만 지방에는 군사력을 가진 황족이 많았다. 황비의 지나친 포악을 본 황족 조왕 사마윤이 군대를 이끌고 왕궁으로 쳐들어가 혜제를 감금하고 황비와 대신들을 학살했다. 사마윤이 황제가 되자 그 일족들이 들고 일어났다. 일족끼리의 살인은 화약고에 불이 붙는 것처럼 계속 옆으로 번지고 이윽고 폭발할 지경에까지 이르렀다.

여남왕에서 동해왕까지 여덟 명의 종실왕이 번갈아가면서 권력을 장악하거나 장악하려고 싸웠는데, 그때마다 대규모의 무력이 동원됐다. 이를 소위 '팔왕의 난'(291~306)이라 한다. 16년 동안 이들 '별들의 전쟁' 여파는 현재의 산동, 하북, 하서지역까지 파급됐다. 중국대륙이 분열돼 만신창이가 되자 고구려에게 기회가 왔다. 302년 9월 고구려는 군대 3만을 소집해 현도군을 공격했다. 현도군은 고구려 군대의 약탈 장소가 됐다. 현도군의 고위 관리나 부호들은 고구려 군대의 문초와 고문을 이기지 못해 그들의 숨긴 재산을 다 내놓아야 했다. 고구려는 현도군민 8천을 잡아 남쪽으로 이동시켰다. 그들은 고구려의 소중한 인적 자산이 되었을 것이다.

중국에서 내란의 불길은 수그러들 기미가 없었다. 군사를 일으킬 때 어떤 왕은 20만 명, 어떤 왕은 7만 명을 동원했다. 전쟁이 일어날 때마다 죽은 사람이 1만 명이 넘었다. 피붙이 간에 서로 먹고 먹히는 사마씨 일족의 내란이 순식간에 서진 왕조를 공중분해했다. 여덟 왕의 진영으로선 한 발짝도 양보할 수 없는 싸움이었기에 모든 방법을 동원해 병력을 극대화하려 했다.

여기에 오호五胡라 불리는 5종족의 유목민이 동원됐다. 눈앞의 일을 해결하지 못하면 미래가 없기 때문에 먼 장래일은 고려할 수도 없었다.

성도왕 사마영이 흉노족을 병력으로 끌어들였다. 유연劉淵이라는 흉노 선우의 자손이 그 중심에 있었다. 유연은 사마영의 권유에 의해 부락 안에서 병사를 모집했다. 사실 그는 이를 기회로 자신의 왕국을 건설하려는 속뜻을 품었다. 5만의 군대를 모아 팔왕의 난에 본격적으로 개입해 순식간에 그는 세력을 확대했다. 유연은 307년경 석륵石勒 휘하의 갈족과 중국인 도둑떼의 항복을 받아들여 산서성

357년 고구려시대 귀족의 모습. 중국에서 온 사람으로 추정된다.(안악 3호분 묘주)

대부분을 차지하고 스스로 황제의 자리에 올랐다. 당시 중국 영토 안에서 흉노족 외 네 개 족의 유목민들도 봉기했다(미야자키). 중국이 무정부 상태에 돌입한 것이 확실해지자 311년 고구려는 모용외의 본거지인 요동으로 쳐들어가서 대대적인 약탈을 감행했다. 모용외는 고구려군을 막아내지 못했을 뿐만 아니라 정면승부를 회피했다. 선비족 모용부는 고구려에 역공을 당했다. 고구려에 새로운 왕이 등장해 지배층이 단결하자 힘이 역전됐다. 그리고 고구려는 압록강의 입구인 서안평을 차지해 낙랑군과 중국 본토 사이의 통로를 완전히 차단했다. 313년 4월 고구려는 본격적으로 낙랑군을 공격했다. 10월에는 낙랑군 사람 2천 명을 잡아왔다. 고구려의 낙랑·대방군에 대한 공격은 수년간 지속됐다. 요동에서 장통張統이라는 사람이 와서 고구려군과 대적했다. 하지만 본국

인 사마씨 진나라의 지원이 없는 상태에서 고구려군에 밀릴 수밖에 없었고, 수장 왕준王遵은 결국 낙랑군과 대방군을 포기하고 그 유민 1천여가와 함께 배편으로 탈출했으며, 선비족 모용외가 그들을 받아들였다. 모용외는 장통을 낙랑과 대방 유민을 관할하는 태수로 임명했고, 왕준은 참군사에 봉했다.

315년 2월에는 고구려가 현도군을 관할하는 성을 함락시켰다. 많은 사람이 죽고 포로로 잡혀 고구려로 끌려왔다. 이로써 한반도에 400년 동안 존재했던 중국의 군현들은 완전히 소멸됐다. 하지만 한군현의 축출을, 중국 세력을 한반도에서 몰아내기 위한 독립투쟁으로만 봐서는 안 된다. 한군현의 소멸은 고구려가 황금알을 낳는 거위를 잡은 것이나 마찬가지였다.

한반도와 요동에 등장한 중국 군현들은 가난한 숲속의 고구려인들에게 물질문명의 혜택을 맛보게 했다. 전한이 쇠퇴하는 시기에 주몽이 고구려의 숲속으로 들어와 통합을 이루어냈다. 중국의 군현이 세워진 약 100년 후의 일이었다. 고구려는 문명의 섬인 군현을 약탈해 적지 않은 것을 취했다. 약탈이 심해지자 중국의 군현들은 책구루라는 공간을 만들어 비단 등 값이 나가는 물건들을 증여했다. 고구려의 약탈 규모를 줄이기 위해서였다. 가진 자와 가지지 못한 자 사이의 싸움에서는 항상 후자가 유리했다. 군현에 있는 중국인들에게 전투는 가진 것을 지켜내기 위한 힘든 투쟁이었지만 고구려인에게 있어 전투는 부자가 될 수 있는 기회였다.

『삼국지』 위서 동이전은 고구려에서 일하지 않고 앉아서 먹는 좌식자坐食者 1만여 명의 존재에 대해 특기하고 있다. 경제적 활동은 피정복민인 하호들이 담당했다. 전투가 없는 기간에 그들은 사냥하면서 지냈으나 그 외에는 아무 일도 하지 않는 자들이었다. 고구려의 좌식자들에게 약탈은 생산이었다. 소비적인 좌식자들에게 전쟁은 부담이 아니고 기회였다. 부를 가질 수 있으니 지속된 전쟁을 두려워하지도 않았다.

"고구려인들은 성질이 급하고 약탈하기를 좋아한다(『삼국지』 동이 고구려)"라고 역사는 기록하고 있다.

하지만 고구려가 한사군을 상대로 약탈전쟁만 했던 것은 아니었다. 낙랑은 고구려에게 이용가치가 있는 상대였고, 그것의 존재는 유용했다.

실로 한군현의 중심지인 낙랑군의 문화적, 경제적 영향은 대단한 것이었다. 지금의 평양에 위치한 낙랑군은 고구려와 삼한에 중국의 제품을 공급하는 PX 역할을 했다. 낙랑군의 상류층 중국인들은 중국 본토의 가구와 장신구 등을 사용했다. 칠기장 가운데는 멀리 사천성의 국영공장에서 제작한 것도 있었다. 0.5톤이 넘는 거대한 목관도 본토에서 실어와 사용해 퇴폐 관리라는 악명까지 듣는 사람도 있었다. 중국의 화려한 비단과 쌀, 밀가루, 식용돼지, 거대한 서역산 군마가 들어왔다. 그들의 생활은 원주민인 고구려인이나 삼한(진한·변한·마한)인들에게 무한한 경이와 선망의 대상이 됐던 것은 당연하다. 그들은 낙랑을 통해서 처음으로 금은을 보고 유리구슬을 만져봤다.

『삼국지』 위서 동이전을 보면 삼한인들이 제멋대로 사절을 자칭하며 낙랑군으로 몰려들었다고 기록하고 있다. 문명의 맛을 본 사람들은 금방 취했다. 그들은 낙랑이란 외국 시장에 보따리장수를 하러 왔고, 기술을 배우기 위해 유학을 오기도 했다. 그러한 사절들이 많은 것은 당연했다. 당시 삼한지역엔 100개 정도의 소국들이 존재하고 있었기 때문이다. 낙랑은 한반도에 많은 선물을 주기도 했다. 보다 발달된 벼 재배기술, 금은 광산의 개발기술과 제련기술, 탄탄하고 깔끔한 회도토기 제조

기술이 들어와 생활에 큰 변화를 줬다.

후한 말 황건적의 반란으로 중원이 끝이 보이지 않은 무정부 상태에 들어서 기존 철 생산이 마비되었다. 위촉오의 삼국이 들어서자 철의 수요는 급증했다. 그것은 한반도에 바로 파급되었다. 철산을 찾아 한반도를 다니는 중국인들이 늘어났고, 드디어 김해지방에 철산이 터졌다. 중원의 무한한 철의 수요는 김해의 금관가야를 철산지로 변모시켰다. 김해에서 대방군과 왜국으로 철이 수출되었고, 철덩어리가 화폐가 됐다. 여기에 낙랑의 채광기술과 제철기술이 크게 기여했고 한국 고대의 본격적인 철기 사용은 이 시기에 시작됐다.

낙랑의 문화는 고구려의 묘제에도 큰 변화를 줬다. 낙랑이 병합된 이후 고구려에 거대한 봉토분이 생기기 시작했고, 무덤의 방을 벽화로 장식하기 시작했다. 세계적으로 유명한 고구려 고분벽화가 여기서 탄생했다. 낙랑인들은 단검이 아니라 장검을 사용했다. 고구려와 삼한인들은 처음에 청동단검을 알고 있었지만 철제장검은 몰랐다. 단검은 가까이 다가가서 찔러야 하지만 장검은 그보다 떨어져서도 큰 상처를 줄 수 있었다. 여기서 전투 양상이 크게 바뀌었다.

300년대에 들어가면서 중국 본토의 내란으로 낙랑군의 역할은 점점 줄어들었다. 발전된 중국의 문화가 들어오지 않았고, 많은 낙랑의 유민들이 고구려, 백제 등으로 흡수됐다. 313년 최후의 날을 앞두고 낙랑군은 전혀 이용가치가 없는 그러한 곳이 됐다. 고구려가 낙랑과 대방을 합병한 이유는 여기에 있다.

미천왕대 낙랑군과 대방군이 멸망한(313년) 후 많은 중국인들이 남았다. 중국문명을 체화한 그들은 고구려에게 소중한 존재였다. 고구려는 그들을 차별한 흔적이 거의 없으며, 오히려 우대한 느낌이 강하다. 낙랑인들은 고구려의 해외 상업과 외교 나아가 정교한 가공을 필요로 하는 수공업에 종사했다. 세계에 존재하는 벽화 가운데 가장 우수하다고 정평이 나 있는 안악 3호분의 벽화의 주인공은 중국인 관리 출신이었으며, 357년에 그것을 그린 사람들도 낙랑계 장인이었을 가능성이 높다.

고구려, 선비족의 내전에 개입하다

319년 12월 고구려가 선비의 우문부, 단부와 연합해 모용부의 극성棘城을 포위했다. 모용부에 대한 이러한 연합 공격을 기획한 사람은 최비라는 중국 관인이었다. 최비는 진이 양자강 이남으로 밀려간 이후에도 요동에서 여세를 갖고 있으면서 한족 유민의 보호자로 자처하던 자였다. 그런데 요동에 거주하는 한족의 많은 수가 모용외에게로 갔다. 최비는 모용외에게 여러 번 사신을 보내 항의했다. 하지만 모용외는 최비를 상대해주지 않았다.

그러자 최비는 고구려와 단부·우문부에 사신을 보내 제안했다.

"지금 삼국이 연합해 모용부를 공격하면 반드시 전연을 멸망시킬 수 있습니다. 모용부를 삼국이 함께 공격해 차지하면 그 땅을 나누어 가지면 됩니다."

모용부는 자체의 영토도 있었지만 많은 중국인을 휘하에 두고 있었다. 이러한 최비의 제안을 받아들여 고구려·단부·우문부가 각각 군대를 이끌고 왔다. 삼국의 각 진영은 이익을 챙길 수도 있다는 희망에 부풀었다. 하지만 이익으로 뭉친 연결 고리는 약했다.

모용부의 수장 모용외는 이를 정확히 알고 있었다. 모용외가 그의 수

하늘에게 말했다.

"저들은 최비의 제안에 끌려 이익을 바라보고 왔다. 지금 군세는 강하니 맞서 싸우는 것은 불리하다. 성문을 굳게 닫고 시간을 끌어야 한다. 그들이 함께 몰려왔지만 도둑의 심보를 가지고 있기 때문에 각각 다른 생각으로 통일됨이 없다. 그들은 서로를 믿지 않는다. 하나는 나와 최비가 (사전에 계획을 짜고) 이를 뒤엎을 것을 의심하고, 다른 하나는 고구려와 우문부를 시기한다. 그들이 분열되는 것을 기다리다가 공격을 하면 반드시 이길 수 있다."

고구려가 유목민 선비족 우문부·단부와 연합해 같은 선비족인 모용부를 공격하기 위해 왔다. 고구려는 유목민들 사이의 싸움에 주도적으로 가담했던 것이다. 물론 고구려가 유목민들과 동등한 기병 전력을 가지고 있지 않다면 이는 불가능했다. 더욱이 우문부와 단부는 초원이나 그 근처에 근거지를 두고 있는 유목 전사들이었다.

고구려는 전에 낙랑과 대방 2군을 모용외 휘하의 장군들로부터 빼앗았다. 고구려는 선비족 모용부에 대한 무력적 자신감으로 넘쳐 있을 수밖에 없었고, 우문부와 단부도 이를 알고 모용부를 얕보았다. 모용부의 본거지를 차지하자는 최비의 제안에 고구려를 비롯한 우문부와 단부가 즉각 호응했던 것도 이러한 분위기에서였다.

극성이 포위된 상태에서 모용외는 사신을 우문부의 군영 쪽으로 보냈다. 사신의 행렬에는 식용 소와 술을 가득 실은 수레가 있었다. 우문부는 모용외가 보낸 술과 안주를 거절하지는 않았다. 고구려와 단부는 이 광경을 의심의 눈초리로 쳐다보았다.

"설마 모용부와 우문부가 같은 무리란 말인가!"

전쟁 자체를 의심하는 분위기가 걷잡을 수 없이 확산됐다.

고구려는 단부와 함께 군대를 이끌고 철수했다. 하지만 정작 의심을 받았던 우문부는 끝까지 남았다. 우문부의 우문실독관字文悉獨官은 모용부를 쳐부수겠다고 다짐했다. 믿는 구석이 있었기 때문이다. 우문부는 고구려와 단부의 군대를 합친 것보다 많은 병력을 이끌고 왔다. 병력이 십만에 이르고 군영의 길이도 40리에 달했다.

모용외의 아들 가운데 모용한이라는 자가 있었다. 그는 지략과 재주가 뛰어난 사람이었다. 우문부를 격파하는 묘책은 그의 머리에서 나왔다. 모용외는 아들 모용광과 함께 주력부대를 구성했다. 그리고는 우문부의 군영을 향해 나아갔다. 하지만 거대한 우문부의 군대를 정면으로 공격하지 않았다. 밤이 되자 모용외는 아들 모용한의 계책대로 기병 수십 명을 특공대로 조직했다. 물론 그들은 단부의 사신으로 위장해 우문부의 군영에 투입됐다.

이미 군을 이끌고 후퇴한 단부였지만 그 사신이 도착하자 우문부는 기다렸다는 듯이 그들을 군영으로 들어오게 했다. 그러자 단부의 사신이 갑자기 돌변했다. 횃불을 들고 있던 그들이 흩어져 우문부의 군영을 종횡하면서 불을 질렀다. 불이 나자 군영은 혼란에 휩싸였다.

소수의 병력으로 그것이 가능한 것은 우문부의 가축 떼를 혼란에 빠뜨렸기 때문이다. 말들이 우리를 넘어 우문부의 군영을 무질서하게 휩쓸고 다녔고, 그것은 순식간에 전체로 파급되었다. 대게 유목민의 군대는 1인당 3~4마리의 말을 가지고 다닌다. 지치면 갈아타기 위해서다. 여유분의 말은 행군 속도를 그만큼 높여준다. 야전의 베이스캠프에는 말들을 모아놓은 거대한 '우리'들이 있고, 그 옆에 마초더미들도 있다. 그곳에 불을 질렀던 것이다. 그렇게 되면 그곳은 한순간에 난리가 난다. 유목민들이 상대를 야간에 기습하는 전통적인 전술 중의 하나였다.

여담이지만 가축 떼가 별로 없었던 농경지대를 공격할 때도 이 전술이 응용되었다. 칭기즈칸은 농민들을 가축으로 간주하고 그들을 공격하여 혼란에 빠뜨렸다. 놀란 농민 무리를 상대의 성으로 몰려가게 하기 위해서였다. 성안으로 몰려간 무리들은 유목민인 몽골군에 대한 공포의 씨앗을 뿌렸고, 성안의 식량도 축냈다. 만일 이러한 의도를 알아채고 성문을 열어주지 않는다면, 농민 무리는 적군의 화살을 소비하게 하는 총알받이가 되거나 성을 둘러싼 해자를 채우는 재료가 되었다.

우문부의 군대가 공황에 빠져 우왕좌왕하는 사이에 모용외의 주력 기병이 들이닥쳤다. 우문부의 군대는 포위됐고, 모두 포로가 됐다. 우문실독관만이 겨우 몸을 피했다. 순식간에 일어난 일이었다.

우문부와 모용부의 세력 판도가 바뀌었다. 이를 동진에 자랑하기 위해 모용외는 사신을 양자강 남쪽에 보냈다. 그 사신은 우문부의 수장 대인의 옥새를 지참하고 있었다. 동진의 황제 사마예는 그 옥새를 보고 모용부가 동북방의 패자로 부상하고 있음을 인식하게 됐다.

이해를 돕기 위해 동진의 건국에 대해 잠깐 짚고 넘어가자. 312년 석륵에 의해 진나라 주력 군대 10만이 고현(苦縣, 현재 하남 녹읍현鹿邑縣)에서 전멸했다. 이로써 진의 무력은 완전히 상실되었다. 그로부터 5년 후 겨울에 진의 민제愍帝가 살해되자 이듬해인 318년 3월 양자강남 건업에서 사마예가 진왕의 자리에 올랐다. 그는 사마의의 증손이었다. 당시 황실과는 상당히 소원한 관계에 있었다. 그는 회제 초기 어느 시기에 과거 손씨 오나라의 수도인 건업에 도독부를 열었다. 진이 거의 쓰러져가는 상태에서 많은 인재들이 난리를 피해 남방의 사마예에 의탁해왔다. 사마예는 그들 중에서 정부요원을 확보했고, 토착 호족의 환심을 얻어 양자강 하류지방에서 기반을 다졌다. 역사서에서 동진이라 부르는 나라다.

동진은 망명정권으로 정통 왕조를 자처하고 그 군주와 고급 관료, 군대의 중핵도 북방인이었다. 조정에서는 북방어를 사용하고 남방어는 오어吳語라고 하여 경멸했다. 토착호족은 불만을 품으면서도 참고 견디었다. 그렇게밖에 할 수 없었던 것은 동진 망명정부가 북방으로부터 강력한 군대를 끌고 왔기 때문이다. 그 군대는 양자강 북안의 광릉(현재 양주)과 남방의 경구(현재 진강鎭江)에 주둔해 있으면서 세습적인 군인으로 정부에 사역되고 있었다(미야자키).

우문부의 추락과 모용부의 부상은 향후 고구려에 기나긴 시련을 주게 된다. 모용부의 승리에 가장 놀란 사람은 모용외를 멸망시키기 위해 삼국의 연합을 기획하고 제안한 최비 자신이었다. 제발이 저렸던 그는 모용외에게 사람을 보내 승리를 축하했다. 모용외가 최비를 얼마나 가증스럽게 보았을까. 최비의 사신은 그의 형자兄子 도燾라는 사람이었다.

그후 고구려는 물론 우문부와 단부도 모용외에게 각각 사신을 보냈다. 그들은 하나같이 승자인 모용외에게 말했다.

"모용부를 공격하려고 한 것은 우리의 본의가 아닙니다. 평주자사 최비에게 속아 그렇게 한 것입니다."

최비가 모용외의 승리를 축하하는 상황에서, 고구려·우문부·단부도 사신을 보내 그 책임을 모두 최비에게 떠넘기는 연극의 한 장면이 연출됐다. 이유야 어떻든 모용외는 최비를 가만히 둘 수 없었다. 최비를 체포하기 위해 군대가 파견됐다. 하지만 이를 직감한 최비가 미꾸라지처럼 도망갔고, 남아 있는 최비의 사람들은 모두 모용외에게 투항했다. 모용외는 아들 모용인과 병력을 최비의 근거지에 주둔시켰다. 이로써 요동이 모용외의 손에 들어갔다.

최비가 망명처로 선택한 곳은 고구려였다. 이는 고구려가 모용외의 침공을 받는 구실이 됐다. 최비는 요동의 사정에 정통한 사람이었다. 고구려는 요동을 차지하기 위해 그를 필요로 했다. 고구려는 이듬해인 320년 요동을 공략하기 위해 군대를 보냈다. 하지만 성과가 없었다. 동북방의 강자가 된 모용부는 역사서에서 전연前燕이라 불리는 큰 나라가 됐된 것이다.

압록강으로 들어온 곡물 운반선

338년 겨울, 압록강으로 곡물을 가득 실은 배 300척이 들어왔다. 그 곡물은 후조後趙의 왕 석호石虎가 고구려에 보낸 군량이었다. 석호는 연합하여 전연을 공격하자고 고구려에 제안했다. 그해 석호는 전연에게 패한 바 있다.

338년 4월 석호가 모용외의 아들 모용황慕容皝이 지배하고 있던 전연의 극성을 포위했다. 당시 중원에는 사마씨의 진이 남으로 밀려나고 유목민인 흉노계 갈족이 세운 후조가 그 자리를 차지했다. 후조는 대부분의 북중국을 차지한 강국이었다. 성을 지키려는 자와 성을 빼앗으려는 자의 치열한 공방전이 벌어졌다. 10여 일이 지났지만 성은 함락되지 않았다. 후조의 석호는 군대를 이끌고 퇴각했다. 모용황은 퇴각하는 석호의 군대를 가만히 두지 않았다. 아들 모용각慕容恪이 극성의 성문을 열고 나왔다. 충분히 휴식을 취한 3천의 기병도 함께했다. 모용각의 기병이 퇴각하는 석호의 군대를 덮쳤다. 석호의 군대는 혼비백산해 달아나기 시작했고, 그 자리에서 수없이 죽어나갔다.

석호는 후조를 세운 백부인 석륵에게 양육됐다. 석륵은 흉노족의 지도자 유연의 휘하에서 몸을 일으킨 불세출의 영웅호걸이었다. 그는 진의 주력부대 10만을 한차례의 전투로 붕괴시켰다. 이로써 진은 무력을 완전히 상실했다. 조카인 석호의 군사적 역량은 대단했다. 그는 아이 때부터 매우 흉포했기 때문에 석륵도 주체하지 못하고 장래를 고려해 죽여버리려고까지 했다. 하지만 어머니의 간청으로 생각을 고치고 말았는데, 군사 업무를 맡기자 용맹 과감해서 누구도 할 수 없을 것 같은 일을 태연하게 해냈다. 드디어 석륵에게 없어서는 안 될 존재가 됐다. 석륵이 죽고 그 아들 석홍이 즉위했다. 석홍은 사촌인 석호에게 눌려 지냈다. 석호는 자신의 경쟁자를 모조리 죽이고 석홍까지 살해한 후 즉위했다. 그러던 석호가 전연에게 참패를 당했다. 돌이켜보면 이 싸움은 후조와 전연의 운명을 결정지었다(미야자키).

패배의 쓴맛을 봤지만 후조의 석호는 다시 전연에 대한 공격을 감행하기로 했다. 석호는 먼저 군량선 300척을 고구려로 보냈다. 그 배에는 곡물 300만 곡이 실려 있었다. 곡물을 가득 실은 거대한 선단이 압록강 입구로 들어왔다. 그 곡물은 고구려에 창고에 비축됐다. 후조의 석호가 전연과의 전쟁에 고구려의 참전을 열렬히 원했던 것이다. 적어도 석호는 요동에서 장기전이 벌어질 상황에 대비해 고구려가 후조군의 군량

을 지원해주는 역할을 맡는 약속은 받아냈을 것이다.

하지만 한번 액운이 끼면 아무리 몸부림을 쳐도 벗어날 수 없는 것일까? 석호의 계획은 너무나 빨리, 그것도 비참하게 끝이 났다. 338년 12월 단요段遼의 배신으로 많은 병력과 물자를 상실했다. 병력의 6할 이상을 잃은 석호는 패배했다. 이 사건은 전연 모용황에게 고구려가 후조의 배후 기지가 될 수 있다는 가능성을 각인시켰고, 전연의 군대가 고구려를 침공하는 직접적인 계기가 됐다.

그로부터 4년 후인 342년 10월 전연의 조정에서 고구려를 침공하기위한 작전 회의가 열렸다. 고구려의 수도인 환도성으로 진입하는 길은두 가지였다. 북쪽으로 가는 길은 평평했고, 남쪽 길은 험준했다. 유목민인 그들은 대규모 기병을 보유하고 있어 당연히 북쪽으로 가는 평지

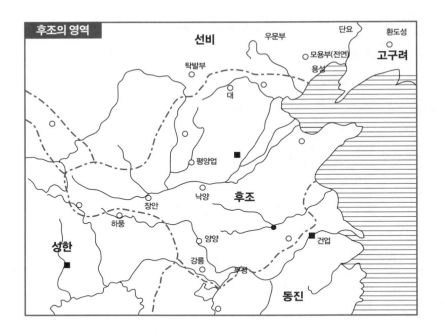

후조의 영역

선비
우문부 · 단요 · 환도성
모용부(전연) · 고구려
탁발부 · 용성
대
평양업 ■
낙양 · 후조
장안
하풍
양양 ·
성한 ■ 강릉 · 건업 ■
동진

길을 선호할 수밖에 없었다. 그것이 대신들의 대체적인 견해였다. 하지
만 모용황은 그러한 사실은 고구려도 알고 있으니 차라리 남도를 택하
자고 주장했다. 의견의 차이를 보이는 가운데 모용황의 배다른 형제인
모용한이 절충안을 들고 나왔다. 그는 고구려 지형에 대해 누구보다도
잘 알고 있었고, 군사작전 수립에 능하다는 평판을 가진 자였다. 모용한
이 말했다.

"알다시피 고구려 수도로 가는 길은 두 가지가 있습니다. 저는 왕의
견해대로 남쪽에 주력을 보내는 것이 옳다고 생각합니다. 다만 북쪽 길
에도 병력을 보내야 합니다. 양동 작전을 써야 고구려 군대의 병력을 분
산시킬 수 있습니다."

모용황은 모용한의 제안을 전적으로 받아들였다. 342년 11월 전연의

군대가 고구려에 도착했다. 모용황은 강병 4만을 직접 거느리고 남쪽 길로 나아갔다. 모용한이 선봉 부대를 맡았다. 북쪽의 평평한 길로 모용황의 신하인 왕우王寓가 병력 1만 5천을 거느리고 나아갔다.

전연으로 간 소금장수 국왕의 사신

고구려 조정에서도 방어병력 배치를 놓고 회의가 열렸는데, 북쪽 평지에 주력을 배치하고 남쪽 험지에 나머지 병력을 배치하는 것으로 결정됐다. 고구려 고국원왕의 아우 무武가 병력 5만을 이끌고 북쪽 길의 방어를 맡았다. 고국원왕은 직접 군대를 거느리고 남쪽 길을 방어했다. 고국원왕은 전연 군대의 주력이 북쪽 길로 오리라고 생각했다. 하지만 고구려 수뇌부의 예측은 완전히 빗나갔다.

초기에 남쪽 길에서 전연의 군대를 만난 고구려군은 선전했다. 고구려 군대가 험요지의 길목을 장악한 상태에서 전선이 교착된 것이다. 하지만 이러한 교착 상태는 얼마가지 않아 깨졌다. 전연의 장군左常侍 선우량鮮于亮이 기병 수기를 이끌고 고구려 진중으로 돌진했다. 고구려군의 방어를 뚫고 군진 한가운데 들어가 그야말로 묘기를 부렸다. 많은 고구려군이 있었지만 기병 몇 명을 당해내지 못했다. 그들의 영웅적인 분투는 당하는 고구려군에게는 두려움을 주었고, 반대로 전연군의 사기를 올렸다. 고구려군의 진에 금이 가자 전연군은 노도와 같은 물결처럼 돌격해들어왔다. 그 기세는 대단한 것이었다. 이러한 상황에서 고구려의 장군 아불화도가阿佛和度加가 전사했다. 더욱 기세가 등등해진 전연의 군대는 계속 밀려왔고, 여기서 고구려군은 결정적으로 밀렸다. 고구려

집안 부근에 위치한 서대총의 모습. 파헤쳐진 미천왕릉이라고도 전해지기도 한다. 능 앞으로 미천왕이 배를 타고 소금장사
를 했던 압록강이 흐르고 있다. ⓒ김용만

군은 도망가고 전연의 군대가 이를 끈질기게 추격해왔다. 그들은 고구려군이 정신 차릴 시간을 주지 않았다.

남쪽 길을 막던 고구려군이 괴멸되고 주력은 북쪽 길에 가 있었다. 고구려의 수도 환도성에는 병력이 거의 없었다. 이러한 상태에서 전연의 군대가 환도성으로 밀려들어왔다. 고국원왕은 그의 어머니 주씨와 처를 데리고 말을 타고 도주했다. 하지만 전연군의 끈질긴 추격을 받았고, 어머니와 처는 포로가 되고 말았다. 어머니와 처를 남기고 단기로 도주하던 고국원왕은 어떠한 생각에 잠겼을까.

고구려군이 패배만 했던 것은 아니었다. 북쪽 평지의 고구려군은 우세한 싸움을 벌이고 있었다. 주로 기병전이 벌어졌다. 고구려군 5만은 전연군 1만 5천을 전멸시켰다. 이 소식을 접한 모용황은 당황했다. 고국원왕에 대한 추격도 중지됐다. 고구려군 5만이 다시 환도성으로 밀려온다면 전연군의 안위를 장담할 수도 없었다. 그러니 환도성에 수비군을 남겨두는 것은 더더욱 어렵다. 모용황은 북쪽 길을 지키던 고구려군 주력이 환도성에 도착하기 전에 군대를 전면 철수할 것을 결정했다.

철수 작업이 시작됐다. 모용황은 먼저 고국원왕의 아버지인 소금장수 미천왕의 무덤을 발굴하라고 명령했다. 전연의 병사들이 개미 떼처럼 달라붙어 삽질을 했다. 능이 파헤쳐지고 목제 관 뚜껑이 열리고 비단으로 포장된 시신이 나왔다. 그 시신은 보물처럼 잘 포장돼 수레에 실렸다. 왕실의 창고에 있는 보물도 약탈 대상이 됐다. 그것은 고구려에서 대대로 물려 내려온 신기들이었다. 물론 환도성에 있는 귀족과 부호들의 창고도 약탈을 면치 못했다. 전연군은 환도성에 거주하는 남녀 5만을 줄줄이 묶었다. 그리고는 험준한 남로로 그들을 끌고 갔다. 고구려의 골짜기에는 사람의 울부짖음으로 가득 찼다. 전연군의 주력이 혹시 있을지도 모를 고구려군의 공격에 대비해 행렬의 후미에 배치됐다. 고구려의 수도는 북서쪽으로부터 전연의 침공을 받아 함락당하고, 왕모와 왕비가 포로로 잡혀갔다. 전연은 고구려 국왕 이하 고관 귀족과 일반 병사에 이르기까지 핵심 인물들을 볼모로 잡아갔다. 고구려는 전연에 대해 전혀 힘을 쓸 수 없는 상황이 되고 말았다.

전연군은 궁궐을 불태웠고 환도성을 해체했다. 그야말로 고구려는 만신창이가 됐다. 고국원왕의 액운은 여기서 시작되었다. 고구려의 이러한 어려운 상황을 간파한 남쪽의 백제가 가만히 있지 않았다. 역시나 백제는 대방(황해도)지역으로 세력을 확장해왔고, 고구려는 이를 막아내느라 힘겨운 싸움을 벌여야 했다.

환도성이 무너진 다음해인 343년 2월 고구려 사절이 전연의 수도에 도착했다. 사절단장은 고국원왕의 동생이었다. 고국원왕의 국서가 모용황에게 전달됐다. 내용은 고구려 고국원왕이 전연왕 모용황의 신하로서 이 국서를 보낸다는 것이었다. 고구려왕이 전연왕에게 스스로 신하라 칭했다. 사절들은 빈손으로 가지 않았다. 1천 가지 종류의 진기한 보물을 모용황에게 바쳤다. 모용황은 그 대가로 시신 한 구를 주었다. 불과 수개월 전에 고구려에서 파내온 미천왕의 것이었다. 사절단장의 아버지이자 왕의 아버지 시신을 돌려받은 것은 무엇보다 큰 수확이었다.

무덤을 잃어버리고 구천을 떠돌 미천왕의 기나긴 고통을 생각하면서 고구려왕과 그 가족들은 얼마나 괴로웠을까. 하지만 살아 있는 고국원왕의 어머니는 방면되지 못했다. 모용황은 그녀를 인질로 삼아 고구려왕의 의지를 계속 억압하려 했다. 345년 10월 모용황은 고구려를 침공해 남소南蘇를 빼앗고 그곳에 전연의 군대를 주둔시켰다. 하지만 어머니가 볼모로 가 있던 상황에서 고국원왕은 반격을 할 수도 없었다. 끊임없이 전연에게 환심을 얻기 위해 노력할 따름이었다.

전연의 모용황이 죽고 모용준慕容儁이 즉위했다. 349년 12월 고구려는 전연에 사신을 보냈다. 여기에는 송황宋晃이라는 자도 동행했다. 그는 338년 4월 후조의 석호가 전연의 수도인 극성을 포위하자 고구려로 피신했던 자다. 고구려가 송황을 모용준에게 송환했던 것은 전연에 정성을 보이려고 했던 때문이다. 모용준이 전연왕에 즉위한 후 관계 개선을 위한 시도였다. 하지만 전연은 고국원왕 어머니의 송환에 대해 아무런 언급도 하지 않았다.

이로부터 6년이 흘렀다. 그동안 전연 세력은 팽창해 하북의 일부를 후조로부터 빼앗고 수도를 지금의 북경 부근인 계薊로 옮겼다(350년). 352년에 모용준은 후조의 석씨 왕조를 찬탈해 위를 세운 염민冉閔을 공격하고 패퇴시켰다. 염민은 전연의 군대와 현 하북의 묵극현 동북인 위창魏昌에서 싸우다가 패해 포로가 됐고, 용성(조양)에서 만인이 보는 앞에서 참수됐다. 이로써 전연은 관중을 제외한 하북을 차지하게 됐고, 수도를 업鄴으로 옮겼다.

비운의 고국원왕

355년 12월 고구려 사절단이 업에 도착할 당시 전연은 강력한 제국으로 변모해 있었다. 고구려 사절단은 많은 공물과 함께 인질도 데리고 갔다. 인질은 누구인지 정확히 알 수 없지만, 고구려 왕족이었을 가능성이 높다. 어머니를 송환받기 위해 데려간 인질이기에 그는 고국원왕과 가까운 혈연일 수밖에 없었던 것이다. 고구려 사절단은 모용준에게 왕

모의 송환을 극진히 부탁했다. 모용준은 이에 대한 화답으로 왕모 주씨를 고구려 사절과 함께 귀국하도록 조치했다. 주씨는 전연에 볼모로 붙잡혀간 지 꼭 13년 만에 고구려에 돌아올 수 있었고, 전연과 고구려는 원만한 관계를 유지하게 됐다.

두 나라 사이에 평화관계가 이어질 수 있었던 것은 국제 상황의 변화 때문이었다. 이 시기 고구려는 황해도 대방지역을 두고 백제와 국지전을 벌이고 있었고, 전연은 서쪽에서 부견의 전진前秦이 팽창하자 이에 신경을 곤두세우고 있었다. 367년에 상황이 급변했다.

그해 모용평慕容評이란 자가 전연의 섭정이 됐다. 그의 사람됨이 욕심이 많고 모자랐다. 모용평은 전연의 명장인 모용수慕容垂를 시기했다. 모용수는 모용황의 아들로 뛰어난 인재였다. 전연 군대의 선봉이 동진의 주둔군을 격파하고 낙양을 점령한 시기였다. 369년 동진은 여기에 반격을 가했다. 동진의 장군 환온桓溫이 이끄는 군대 5만이 출동해 회수淮水의 수계를 따라서 산동 방면으로부터 황하평야에 진출했다. 환온 군대의 위용에 전연의 모용위는 두려움을 느껴 북쪽으로 퇴각하려 했는데, 그를 말리고 스스로 전쟁을 자원한 것이 모용수였다. 모용수도 5만의 군사를 이끌고 동진군과 방두枋頭에서 접전했다. 환온은 전연의 군대가 지리적으로 유리한 곳을 차지해 완강히 저항하며, 여러 번 동진의 군대에게 타격을 입히는 것을 보고 식량이 떨어지지 않았을 때 급히 퇴각하려 했다. 모용수는 동진군이 국경 부근까지 퇴각해 피로해 지칠 것을 예상하고, 기병을 보내 포위 공격을 했다. 동진의 군대는 여기서 대패해 3만 명을 잃고 물러났다. 이로 인해 전연은 국세를 크게 떨쳤고, 모용수의 위엄과 명성도 올라갔다.

하지만 이 승리는 결과적으로 모용수와 전연제국 모두에게 재앙이 됐다. 전투에서 무훈을 세워 인기가 높아지자 그의 친척들이 질투했고, 의심도 짙어져 그를 죽이려고 했다. 모용수의 조카들 중 하나인 모용해가 그 음모를 알고 모용수에게 알렸으며 선수를 쳐서 쿠데타를 일으킬 것을 권했다. 그러나 모용수는 "혈육을 죽일 생각은 조금도 없다. 차라리 외국으로 망명하는 게 낫다"라면서 자식들과 조카들을 데리고 사냥하러 나간다고 하고는 그대로 전진의 부견 밑으로 망명했다(미야자키). 이로써 전연의 군사와 정치에 관한 모든 것을 전진의 수뇌부가 알게 됐다.

그해 겨울 전진은 전연을 정벌하기 위해 군대를 보냈다. 전진군의 최고 지휘자는 왕맹王猛이었고, 망명한 전연의 장군 모용수도 종군했다. 370년 전진의 군대는 낙양과 진양晉陽(산서의 태원)을 연속으로 함락시키고 노천潞川(지금의 탁장하濁漳河)에서 모용평이 이끄는 전연의 군대를 크게 물리쳤다. 여기서 전연군 15만이 죽거나 사로잡혔다. 전진군은 계속 진군해 전연의 수도 업을 포위했다. 수도가 함락되자 섭정인 모용평은 용성(요서 조양)으로 도망갔다. 하지만 전진군이 이를 추격하자 모용평은 고구려로 망명했다.

모용평이 고구려로 쫓겨왔을 때 고국원왕은 어떤 생각에 잠겼을까. 과거의 치욕이 떠올랐을 것이다. 자기 아버지의 시체를 파내갔을 뿐만 아니라 어머니와 아내 그리고 대대로 내려온 왕실의 보물을 약탈하고 고구려를 그토록 철저히 유린한 전연이 이렇게 한순간에 무너질 줄은 몰랐다. 고국원왕은 그 망한 나라의 섭정을 잡아 전진에 송환해주었다. 감정 때문만은 아니었다. 이제 북중국의 최강국으로 부상한 전진과 우호적인 관계를 가질 필요가 있었던 것이다.

전연의 급속한 멸망을 본 고국원왕은 안도감이 들었다. 서북방의 공포스러운 대상이 사라졌다. 이제 고구려는 남쪽 백제와의 전쟁에 전념할 수 있게 됐다. 하지만 운명의 여신은 나이가 들어 누추해진 고국원왕을 향해 문을 열어주지 않았다. 이듬해인 371년 고국원왕은 백제와의 전쟁을 위해 평양성에 머물고 있었다. 이보다 2년 앞서 368년에 서북의 강적이던 전연이 내정 혼란을 겪자 고국원왕은 군대 2만을 남쪽으로 돌릴 수 있는 여유가 생겼다.

그는 황해도지역을 잠식해오고 있는 백제군을 몰아내야 했다. 당시 황해도지역은 언제 어디서 싸움이 일어날지도 모르는 곳이었다. 치양으로 나아갔다. 치양은 현재의 황해도 연백군 은천면이다. 그 지방은 과거 요동의 중국인 지방 정권 공손씨가 설치한 대방군이 있었던 자리였다. 대방군은 7개 행정단위의 현을 거느리고 있었고, 4900호에 2만 5천 이상의 사람들이 살았다(『진서』). 그러나 중국 본토가 끝이 보이지 않은 전쟁에 휩싸이고, 고구려와 백제가 그곳을 서로 차지하기 위해 싸우는 전쟁터가 되었다.

고국원왕은 병사들에게 약탈을 허용했다. 고구려군의 난포亂捕가 시작됐다. 치양지역의 마을들이 백제군에게 군량을 보급하고 지원했기 때문이 아니다. 고구려군 대부분이 자신의 식량을 스스로 해결해야 했기 때문이었다. 고구려 병사 2만이 흩어져 아무런 힘이 없는 사람들의 곡식과 재물을 강탈하고 반항하는 남정네들은 죽이고 여인네들에게 폭행을 가하는 그러한 일이 벌어졌다. 약탈은 병사들의 사기를 올리는 데 특효약이지만 그 순간 기강이 엉망이 된다는 치명적인 약점이 있었다.

백제의 태자 근구수가 이끄는 군대가 다가오고 있었다. 그들은 지름길을 통해서 빠른 속도로 와서 약탈에 정신이 팔려 있는 흩어진 고구려 군대를 급습했다. 5천 명 이상이 죽거나 포로가 되었다. 백제왕은 포로가 된 자들을 노비로 만들어 장군들과 병사들에게 재분배해주었다. 이 전투에 참여한 대가였다. 근초고왕에게 있어 당당한 과시였지만 고구려 고국원왕에게 그것은 치욕이었다.

371년 고국원왕은 군대를 소집했다. 백제군과 다시 전쟁이 시작되었다. 군대를 이끌고 진군하던 고국원왕은 패하에서 백제군의 매복에 걸려 많은 병력을 잃고 평양성으로 철수했다. 다시 군대를 모아 '반걸양'에서 백제군과 대진했다. 그곳은 지금의 황해도 백천이다. 황색 깃발을 든 백제군의 대열은 빈틈이 없었다. 반면 거듭된 패배로 정예병들이 감소되자 고국원왕은 할 수 없이 평양 주변의 농민들을 급하게 소집하여 병력을 보강했다. 백제군은 고구려 군대의 약점을 정확히 간파하고 있었다. '사기'라는 사람이 정보를 제공했다.

사기는 본래 백제왕실에서 일하던 마부였다. 그는 근초고왕이 타던 말의 발굽을 상하게 했다. 발을 상하게 한 것은 백제에서 중죄였다. 하물며 국왕의 말을 그렇게 했는데 온전할 리 없었다. 그는 고구려로 망명을 했다. 그곳에서 떠돌며 살다가 고구려군에 들어갔다. 백제군이 승기를 잡고 고국원왕이 수세에 몰려 있는 가운데 사기는 백제로 돌아가 전에 지었던 죄를 탕감받을 수 있는 정보를 제공했다. 백제 군영으로 다가간 그는 백제군에게 포박되었다.

"나는 본래 백제인이요. 소중한 정보가 있으니 태자를 만나뵙게 해주시오."

백제의 태자 근구수에게 어느 고구려군이 투항해왔는데 뵙기를 청한다는 전갈이 도착했다. 근구수는 그를 불렀다. 사기가 말했다.

"고구려군은 군사가 많아 보이기는 하지만 그것은 숫자만 채운 것입니다. 날래고 용감한 병사들은 오직 붉은 깃발을 든 부대뿐입니다. 그 부대를 먼저 공격하여 격파하면 나머지는 치지 않아도 저절로 무너집니다."

당시 고구려군은 멀리서 보아도 부대를 구분할 수 있도록 각기 다른 색의 깃발을 사용했던 것 같다.

고구려군과 대치한 상태에서 그것은 너무나 소중한 정보였다. 작전을 단순 명확하게 금방 짤 수 있었다. 그것을 몰랐다면 백제군은 전력을 한 곳에 집중시킬 수 없었다. 근구수는 백제군의 대형을 공격형으로 바꾸고 붉은 깃발의 고구려 부대에 집중적인 공격을 개시했다. 고국원왕은 악! 하고 놀랐다. 어떻게 백제군이 그것을 알았단 말인가? 붉은 깃발의 부대가 격파되니 다른 부대는 흩어져 달아나기 바빴다. 병사들은 갑옷을 벗어던지고 무기와 방패를 버리고 뛰기 시작했다. 백제군은 추격하여 학살을 시작했다. 현재의 황해도 백천에서 신계에 이르기까지 고구려군의 시신이 널려 있었다.

앞서 북쪽의 모용선비에게도 참패를 당했는데 남쪽 백제에게까지 연이어 당할 줄은 몰랐다. 당시 백제는 만만치 않은 강국이었다. 고구려군을 추격하던 태자 근구수는 신계에서 멈췄다. 그리고 자신만만하게 말했다.

"지금 이후에 누가 여기에 이를 수 있을까."

백제군에게 참패를 당한 고국원왕은 힘없이 평양성으로 들어갔다. 백제는 고국원왕에게 여유를 주지 않았다. 고구려군이 다시 보강되기 전에 보다 확실한 승리를 거두려고 했다.

그해 겨울 백제의 근초고왕은 태자 근구수와 함께 병력 3만을 동원하여 평양성으로 향했다. 급격히 조여들어오는 백제의 공세에 고국원왕은 힘이 부쳤다. 그래도 평양성을 백제에게 내줄 수는 없었다. 그것을 상실하면 고구려의 남쪽 곡창지대는 사라지게 되고, 북쪽에 있는 본국의 5부인들은 물론이고 휘하의 유목민들에게 공급할 수 있는 재원이 사라진다. 어떻게든 평양성을 사수해야 했다. 평양성이 백제군에게 포위된 가운데 치열한 공방전이 지속되었다. 언제 성의 어느 한 곳이 뚫려 함락될지도 모르는 상황이 계속됐다. 전투가 한창인 순간에도 노인이 된 고국원왕은 성의 여기저기를 다니면서 군사들을 독려했다. 그의 어조는 매우 절박했다.

"너희의 두려움을 내가 안다. 백제군이 강하고 우리가 수세에 몰려 있는 것도 확실하다. 그들이 성으로 몰려들어와 우리 모두를 죽일 수도 있다. 하지만 오늘은 아니다."

화살이 비 오듯 쏟아지는 가운데에도 고국원왕은 몸을 아끼지 않았다. 그러다 결국 화살에 맞았고, 세상을 떴다. 정확히 음력 371년 겨울 10월 23일이었다. 하지만 고구려군은 끝내 평양성을 사수했다. 백제군이 물러나고 그의 시신은 수레에 실려 국내성으로 향했다. 그리고 고국원이란 들판에 장사를 지냈다. 고구려 전체가 비탄에 잠겼다. 여기에 대한 고구려의 보복이었을까. 475년 고국원왕의 증손인 장수왕이 백제의 한성을 함락시키고 그 왕과 왕실 사람들을 모조리 학살한다. 하지만 104년 후에 일어난 미래의 일이었다.

후연의 부활과 모용수

386년 고국원왕의 아들 고국양왕이 다스리는 고구려의 궁정에선 태자 책봉식이 있었다. 태자의 이름은 담덕이고 미래의 광개토왕이다. 그해 고구려 궁정의 분위기는 어두웠다. 고구려의 든든한 우방이었던 전진의 부견이 패망하고, 고구려를 그렇게 괴롭혀왔던 모용씨의 연나라가 다시 부활했기 때문이다. 역사에서는 그것은 후연이라 부른다. 후연은 모용수가 북중국에 흩어져 있던 선비족 계통의 사람들을 규합하여 세운 나라이다. 이야기는 383년 비수(淝水-안휘성 합비현)의 전투로 거슬러 올라간다.

전진의 부견은 한때 북중국을 통일한 불세출의 영웅이었다. 그는 남쪽의 강적 동진을 정복하여 중국의 완전한 통일을 이루려고 했다. 그의 선조는 현재의 감숙성 진안현 저족氐族(티베트계 유목민)의 족장이었다. 부견은 전진을 세운 부건의 동생 부웅의 아들이다. 부건이 죽자 사촌인 부생이 즉위했는데 포악했다. 부생은 성인이 되자 비길 데 없는 힘을 소유해 빨리 달리는 말도 미치지 못했고, 맹수와 격투해도 패하지 않았다. 전장에서 남보다 갑절이나 잘 싸웠고 단신으로 적중에 깊숙이 들어가 적장을 찔러 죽이는 일이 10여 차례나 있었다. 난폭해서 사람 죽이는 것을 아무렇지 않게 생각했다. 난세라고 해도 부생은 천자로서의 자격이 없었다. 사촌인 부견은 본래부터 명성이 있었으며, 부생의 평판이 떨어지는 것에 반비례해 세간에서는 그에게 기대를 걸었다. 때마침 강족의 추장 요양과 싸워 그를 죽이고 그의 동생인 요장을 항복시켜 장안으로 돌아온 부견의 위엄과 명성은 더욱 높아졌다. 부생은 부견을 증오했다. 부견은 선수를 쳐서 거사해 궁중에 들어가 부생을 죽이고 즉위했다. 과거 부견은 후조의 수도인 업에 인질로 있으면서 성장한 사람으로 중국적 교양이 있었다. 그는 장안 출신 왕맹을 기용해 재상으로 삼고 국정을 위임했다.

부견이 동진과의 전쟁을 결심했다. 당시 전진의 승상 왕맹은 임종의 침상에 누워 있었다. 부견이 그를 마지막으로 보기 위해 찾아왔다. 부견이 그의 머리맡에서 후사를 물었다. 그는 "동진에게 먼저 싸움을 걸지 않으시는 편이 좋습니다. 제가 보기에 그것보다도 국내에서 선비족과 강족 등이 기회를 노리며 모반을 계획하고 있기 때문에 그 세력을 약화시키는 작업이 우선입니다"라며 부견에게 자중을 권했다. 부견은 왕맹의 말을 들었다. 그후 그는 양주涼州의 군주 장천석張天錫을 항복시키고 그 나라를 멸망시켰으며, 산서성에 새로이 일어난 선비족의 대국代國(북위의 모체)을 평정했다. 이제 화북에서는 부견에게 대항할 적이 없어져버렸다. 이렇게 되자 전진의 부견은 다시 동진을 평정해 통일된 천하의 천자가 되고자 했다.

382년 부견이 지배하는 전진의 조정에서 동진과의 전쟁 결정 여부를 놓고 회의가 열렸다. 당시 부견의 전진은 화북을 완전히 통일한 상태였다. 그는 동진을 멸망시키기 위해 군사를 일으킬 결심을 했다. 신하들의 많은 충고가 있었다. 넓은 양자강을 그리 쉽게 건널 수 없다고 말하는 자도 있었다.

그런데 마음속에 한 가지 흉계가 있었던 망명객 모용수는 남쪽 정벌에 찬성했다. 그는 어떻게든 기회를 잡아 조국을 부흥시키려고 했다. 부견의 원정이 만약 실패한다면 그것은 자신에게 더이상 바랄 수 없는 행운이었다. 모용수의 말에 넘어가 부견은 마침내 결심을 굳혔다.

"우리 군대 한 사람 한 사람이 채찍을 던져넣기만 해도 양자강의 흐름 정도는 막을 수 있다."

　오만스럽게 말을 내뱉었지만 실제로 부견은 양자강을 본 적이 없었다. 양자강은 채찍 정도로 막을 수 있는 물의 흐름은 아니었다.

　모용수의 지지에 힘을 얻은 부견은 모든 반대 의견을 물리쳤다. 그는 반드시 승리할 수 있다는 확신을 가졌다. 383년 부견은 출병했다. 선봉은 모용수가 맡았고, 부견도 친히 군대를 이끌었다. 병력의 규모는 보병 60만과 기병 25만이었다. 전례가 없던 대군이었다. 전진은 수적 우위라는 가장 비효율적이고 값비싼 것에 목을 매고 있었다. 그 선택에는 국내 정치도 한몫을 했다. 전쟁을 반대했던 많은 부견의 부하도 일단 결정이 되자 전과를 올리고 싶어했다. 부견이 휘하에 병력을 거느린 충신들을 후대해주다보니 병력이 급증한 것이다. 천하의 부견답지 않은 병력 동원이었다. 사람이 많다보니 장수도 많았고 그들 사이에 작전을 놓고 말도 많았다. 전진의 수뇌부는 격론을 거듭해 회수 경계선에 도달해 강을 건넜고 마침내 그 지류의 하나인 비수를 사이에 두고 동진 군대와 대치했다.

　전진의 북군은 늦여름부터 행동을 개시했으므로, 오는 도중 더위를 먹어 병에 걸린 병사들이 많았고 따라서 기세가 몹시 꺾여 있었다. 특히 그 군대는 여러 민족을 모아놓은 부대였기 때문에 처음부터 대단한 투지를 지니고 있지 못했다.

　동진에서는 일류 귀족인 사석謝石을 총사령관으로 하는 8만 명이 전진의 대군을 막기 위해 출동했다. 전진의 군대가 85만이라는 사실을 알고 동진 사람들은 공포에 휩싸였다. 하지만 사석은 사람들의 마음을 안정시켰다. 동진은 시간을 들여 소중히 양성한 광릉廣陵 주둔의 정예부대, 이른바 북부北府 군대를 출동시켰다. 그들에게는 자신의 가족과 고향을 지켜내려는 투지가 있었다.

동진군의 사령관은 사석이었지만 실제로 전투를 지휘한 것은 장군인 유뢰지劉牢之 등이었다. 동진군은 적극적으로 나아갔으며, 비수를 건너 전진군을 공격했다. 지금 안징성의 정원현 부근에서 전진군의 선봉 1만 5천을 궤멸시켰다. 동진군은 승리의 여세를 몰아 서진했다. 전진군의 주력이 비수 서쪽에서 동진군을 기다리고 있었다. 동진군이 결사적으로 강을 건너자 전진군은 뒤로 물러섰다. 이에 응전하라는 부견의 명령은 먹혀들지 않았다.

도하한 동진군은 급습을 가했다. 부근의 일족인 부융이 피살되고 주서라는 장군이 진 뒤에서 이미 크게 패했다고 외쳤다. 그 외침 소리가 울려 퍼지자 오합지졸의 전진군은 도망치기 시작했다. 소리를 듣지 못했던 병사들도 다른 병사들이 도망하자 연쇄적으로 따라갔다. 부견 자신도 타던 수레를 버리고 말을 잡아타고 달아났다. 전진 측에 패전은 과장되게 선전됐고, 그로부터 생겨난 결과는 정치적으로 중대한 것이었다.

모용수의 3만 병력만이 온전하게 남았다. 모용수는 싸울 생각도 하지 않고 관망만 했기 때문이다. 모용수는 도망쳐온 부견을 호위해 낙양으로 갔다. 길에서 이산됐던 병사들을 수습하니 10만여 명이 됐다.

수가 너무 많다는 것이 오히려 큰 약점이 됐다. 지나치게 많은 병력은 운용의 탄력성을 죽인다. 전선에서 일어난 상황은 사령관에게 보고됐을 때 이미 달라져 있고, 사령관은 그 전의 상황으로 판단해 명령을 내리게 된다. 이미 전황이 바뀌었는데 엉뚱한 명령이 하달되는 것이다. 전진의 황제 부견도 후진에서 이러한 실수를 저질렀다. 개인적인 판단으로 후퇴 명령을 내렸던 것이다. 비수의 패전으로 부견의 전진은 급격하게 붕괴됐고, 3년 동안 7개의 독립 정권이 난립했다. 이는 모용수가 재

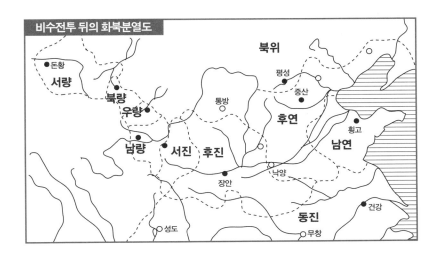

비수전투 뒤의 화북분열도

기할 기회를 만들어줬다.

낙양에 도착한 모용수는 업으로 돌아가 조상들의 제단을 청소하고 제사를 지내겠다고 부견에게 요청했다. 부견은 이를 허락했다. 당시 업은 부견의 아들 부비가 지키고 있었다. 모용수에 대한 감시도 철저했다. 하지만 그때에 마침 정령丁零의 추장이 반란을 일으켰다. 부비는 모용수에게 병력 2천을 줘 이를 진압하게 했다. 그러나 모용수는 반란을 진압하지 않고 정령의 추장과 연합했다. 그리고 하남에서 연왕燕王을 칭했다. 그러자 앞서 전연을 따르고 있던 선비족들이 각지로부터 모여 큰 세력이 됐다. 그때 모용수의 나이 58세였다. 모용수는 한창 일할 나이인 장년시대를 불우하게 보내고 겨우 행운의 기회를 만나서 돌아와 꽃핀 시기에는 노년이 다 된 것이다.

384년 모용수는 흩어진 선비족들을 규합해 병력은 20만으로 불어났고, 386년에 가서 모용수는 하북의 중산(정현)에서 황제를 칭하고 정식으로 국호를 연이라 했다. 사서에서 말하는 후연이다. 전진의 부견이 패망하고 연이 다시 일어났다. 고구려는 우방을 잃고 다시 강력한 적을 맞이하게 됐다.

이보다 1년 앞서 385년 6월 고구려는 요동을 공격했다. 군대 4만이 동원됐다. 부견의 전진이 붕괴된 상태에서 고구려는 요동을 차지해야 했던 것이다. 모용수가 이를 구원하기 위해 장군 모용좌慕容佐를 보냈다. 하지만 고구려군에 패했다. 이 전투의 승리로 고구려는 요동과 현도를 차지했다. 전쟁의 결과는 고구려에게 많은 이익을 가져다주었다. 영토도 차지했지만 유주 등에 사는 백성 1만 명이 고구려에 이입됐다.

선비 탁발부의 부상과 고구려

그해 7월 후연 무읍武邑에서 반란이 일어났다. 후연의 장군 서엄이란 이가 주동자였다. 서엄의 반란군은 북경 부근 계薊에 들어가서 약탈을 자행한 후 영지令支에 주둔했다. 영지로 모용농慕容農의 후연군이 몰려와 서엄의 반란군을 궤멸시켰고, 서엄 등 반란군의 수뇌부도 모두 처형됐다. 서엄의 반란은 고구려의 지원과 사주에 의해 일어났을 가능성이 있다. 서엄의 반란군을 진압함과 동시에 후연군이 고구려로 쳐들어왔기 때문이다.

385년 11월 고구려는 현토와 요동을 모용농에게 빼앗겼다. 고구려가 그 지역을 점령한 지 6개월도 되지 않아 다시 후연에게 넘어간 것이다. 하지만 후연은 전연보다 강력하지 않았다. 고구려와 일진일퇴의 적수였다. 후연의 선비족들은 이리가 개가 되듯이 중원에 들어와 몇 세대를 살면서 이미 야성을 잃어갔다. 그들은 이미 숙번熟蕃이 돼버렸던 터다.

후연은 초원에서 대두된 강력한 선비족 탁발부(북위)와 마주쳤다. 탁발부는 문화 수준이 낮았기 때문에 가장 용감한 전사였다. 탁발부는 무한정에 가까운 인적 자원을 외몽고에서 획득하고 이들을 신속히 동화시켜 전선에 보충할 수 있었다. 외몽고에서 온 그들은 야생성이 강한 생번生蕃이었다. 숙번은 생번이 전장에 나오면 싸우기도 전에 무서워 벌벌 떠는 상태였다.

모용수의 마지막 남은 생애는 탁발부 북위와의 전쟁에 바쳐졌다. 그 후 후연은 고구려를 침공할 여력을 상실하기 시작했다. 이는 고구려에게 더없는 행운이었다. 395년 3월 모용수는 북위에 대한 정벌을 결심했다. 북위가 후연에 대항하던 서연을 지원했기 때문이다. 후연의 장군들 가운데 북위와의 전면전을 반대하는 목소리도 있었다.

"북위의 병마는 매우 강합니다. 북위의 왕이 용감하고 지혜가 있으며, 그 군대도 정예입니다."

북위의 군대가 강성한 원인은 장성 밖에 유목민집단들이 있어 그곳으로부터 끊임없이 유목전사와 전마들을 보급받을 수 있었기 때문이다. 그들은 그야말로 초원에 사는 호전적인 유목기병들이었다.

395년 11월 내몽고의 참합피 부근에는 누런 안개가 자욱하게 끼어 있었다. 해도 달도 볼 수 없을 정도로 어두웠

북위의 무사.

북위는 인류사의 위대한 유산인 용문석굴과 운강석굴을 남겼다.

다. 후연군은 북위 2만의 정예기병이 접근하고 있는데도 이를 알 길이 없었다. 밤이 되자 북위군이 갑자기 몰려왔다. 급습에 놀란 북연군이 흩어졌고, 많은 병사가 싸우지도 못하고 그 자리에서 즉사했다. 후연의 모용보는 수천 명의 기병을 이끌고 겨우 도주했다. 이 패전에서 살아온 후연의 병사는 열 명에 한둘이었다.

확실히 국제관계의 균형을 뒤엎는 예상 밖의 결과였고, 이에 의해 탁발부와 후연은 공수의 입장이 뒤바뀌었다. 같은 선비족이라 해도 탁발부의 예리하고 사나운 유목민 기병의 공격으로 그토록 강성해 보였던 후연의 정권은 밀렸다.

이듬해인 396년 3월 모용수는 다시 군대를 일으켰다. 북위의 평성을 함락하기까지 했지만 후연군은 퇴각하지 않을 수 없었다. 그때 모용수가 죽었기 때문이다. 그의 나이 70세였다. 노망이 들었다는 평가는 있었을지언정 역시 모용수가 살아 있는 동안에는 그의 이름만으로도 주위를 위협하는 힘이 됐다. 일단 그가 죽자 후연의 국력은 엉망이 돼 일시에 동요하기 시작했다. 그후 후연은 급격히 쇠퇴했고, 후연의 최대 적인 탁발부의 북위는 상승세를 타기 시작했다. 당시 동방의 고구려에서 즉위한 나이 10대 후반의 군주에게 이는 더없는 행운이었다. 후연이 그힘을 잃지 않았다면 광개토왕이 초원으로 진출하고 백제를 공략하는 것은 쉽지 않았을 것이다.

제3장

광개토왕의 강소국 고구려

378년 백제군 3만이 평양성을 공격했다. 살벌한 전투가 벌어졌고, 고구려군은 겨우 성을 지켜냈다. 소수림왕은 힘겨운 반격을 가했다. 백제가 고구려의 남쪽지방을 잠식해왔지만 막아내는 데도 힘이 부쳤다. 아버지 고국원왕은 평양성에서 백제군과 싸우다 화살을 맞고 전사했다. 부왕을 죽인 백제는 그에게 증오심도 주었지만 마음 깊은 곳에 두려움도 남겼다.

　영혼의 상흔은 그를 불가에 귀의하게 했다. 중국에서 승려들이 오자 그는 초문사를 세우고 순도라는 승려를 주석하게 하고, 또 이불란사를 세워 아도라는 승려를 머물게 했다. 소수림왕은 불교신앙에서 고난을 견디는 힘을 길러오고 있었고, 그의 영혼은 이미 부처의 경이로운 세계에 가 있었다. 마음의 평정이라 불리는 힘이 필요했고 자신에게 닥친 운명의 파란을 지배해야 했다.

담덕의 무기력한 아버지들

소수림왕은 어린 나이에 전연군의 침공으로 패배한 나라의 비극을 샅샅이 목격했다. 아버지 고국원왕은 목숨을 부지하기 위해 도망쳤고, 어머니와 할머니는 침략군에게 잡혀 개처럼 끌려갔다. 죽은 할아버지 미천왕의 무덤이 파헤쳐졌고 시신도 볼모로 잡혔다. 고구려 수도에 있는 거의 모든 사람은 줄줄이 묶여가 침략군의 노예로 전락했다. 아버지 고국원왕은 그렇게도 고구려에게 몹쓸 짓을 한 전연의 모용황에게 굽신거려야 했고, 모든 것을 다 잃고 거지가 됐지만 남은 재정을 털어 할아버지의 시신을 찾아와야 했다. 하지만 전연은 더욱더 강해졌고, 중원을 차지한 제국이 됐다. 자신이 왕태자에 책봉이 된 그해 (355년) 할머니가 전연에서 돌아왔다. 그동안 굴욕적으로 저자세를 취하고 재물과 인질을 바친 결과였다. 그래도 세상은 돌고 돌았다.

370년 전진의 부견이 노천에서 모용평이 이끄는 전연의 군대 15만을 궤멸시키고 그 수도 업을 포위했다. 수도가 함락당하고 전연은 멸망했다. 중국대륙에서 숙적이 사라지고 전진이라는 우방을 얻었다. 하지만 이듬해 아버지 고국원왕이 백제 근초고왕의 아들과 싸우다 전사했다. 자신의 운명에 떠밀려 그는 왕으로 즉위했다. 전진의 왕 부견은 이러한 소수림왕의 처지를 알고 고구려에 불상과 승려를 보냈다(374년).

　당시 고구려의 주변 여건은 점점
악화돼갔다. 377년 겨울, 고구려에는 눈이 내
리지 않았다. 녹을 눈이 없는 봄이 찾아오자 가뭄이 들었다. 전염병이
고구려를 휩쓸었고, 기근이 찾아왔다. 굶주림은 무엇보다 무서운 것이
었다. 그것은 백성들을 짐승처럼 만들어 서로 잡아먹게 했다. 거란이 고
구려의 어려움을 정확히 간파하고 달려들었다. 북쪽 변경을 침범해 8개
부락을 함락시키고 많은 사람을 잡아갔다. 잡혀간 이들은 고구려의 북

유목민 몽골 궁사.

쪽 변경 초지에 살던 유목민이었다. 그들은 고구려에 전마와 가축, 육류를 공급하고 기병 전력까지 제공하던 사람들이었다. 대가로 고구려는 생필품과 겨울을 넘기는 데 필요한 곡물을 정기적으로 공급했다. 하지만 계속 밀려온 가뭄과 지독한 흉년 그리고 영양실조로 인한 전염병의 확산은 고구려의 경제력을 고갈시켰다.

유목민은 누구도 막을 수 없는 자유의지를 가진 자들이었다. 그들은 고구려에 기대할 것이 없는 상황에서 거란이 다가오자 미련 없이 고구려의 영역에서 이탈했다. 고구려는 자신의 유목민들을 데리고 간 거란에 어떠한 손도 쓸 수 없었다. 소수림왕은 절망에 빠졌다. 남쪽에서 백제와 전쟁을 하고 있는데 말과 기병 전력을 제공해줄 많은 유목민이 사라졌다. 종교적 열의도 소수림왕으로 하여금 현실의 책임감에 귀먹고 눈멀게 할 수는 없었다.

나쁜 일은 겹치는 법이다. 중국대륙에도 큰 변화가 있었다. 383년 전진 부견의 85만 병력이 비수의 전투에서 동진군 8만에게 대파됐다. 누구도 예측하지 못했던 결과였다. 그후 전진은 급속도로 멸망의 길을 걸었다. 이듬해에 전연 모용씨의 일족인 모용수는 흩어진 선비족들을 규합해 병력은 20만으로 불어나 큰 세력이 됐다. 고구려를 그토록 괴롭혀 왔던 선비족 연나라가 기적적으로 부활했다. 우방을 잃고 다시 강력한 적을 맞게 된 소수림왕의 마음은 어떠했을까. 고난의 삶에 지쳤고 왕 노릇에 신물이 나 있었다. 남쪽에 숙적 백제가 노리고 있는데 모용수가 다시 선비족을 결집시켰다. 절망은 그를 죽음으로 몰고 갔다.

그해(384년) 11월 소수림왕은 고구려의 앞날을 걱정하면서 세상을 하직했다. 동생 이련이 고국양왕으로 즉위해 무거운 짐을 지게 됐다. 소수림왕이 염려했던 대로 모용수는 세력을 급격히 확장했다. 고구려와 인접한 요서지역의 거점인 용성(조양)을 접수해 일족인 모용좌를 요서지역 관할 책임자로 임명했다. 385년 고구려가 일시에 차지했던 요동지역이 모용농의 반격으로 다시 후연에게 넘어갔다. 유주 등 북경 인근 방면에서 요동으로 많은 사람이 몰려왔고, 요동 태수 방연이란 사람이 그들을 받아들였다. 방연이 요동 태수에 임용된 것은 유민들과 같은 방면의 사람이었기 때문이다. 이듬해 모용수는 후연의 황제로 즉위했다.

고구려에는 가뭄과 흉년이 겹쳤고, 백제와의 싸움은 계속됐다. 388년 여름, 비가 오지 않아 몹시도 가물었다. 가을걷이에 지장을 주는 재해였다. 이듬해 사람들은 어김없이 굶주렸다. 거기다가 그해 가을 백제가 남쪽 국경에 쳐들어와 약탈을 했다. 이듬해인 390년 가을에도 이 약다구니는 되풀이됐다. 백제의 장군 진가모가 현재 개성 부근의 도압성을 공격해 쳐부수고 200명의 사람을 잡아갔다. 아쉽게도 분쟁이 끊이지 않은 백제와의 접경지역이 고구려에서 곡물을 생산하기 가장 좋은 지역이었다. 비참한 시대, 한 치 앞도 내다볼 수 없는 상황일지라도 거기서 태어난 자는 어디까지나 그 속에서 살아야 한다. 담덕도 그 가운데 한 사람이었다.

행동의 천재, 광개토왕

메마르고 얼어붙은 땅에서도 새싹이 돋아나게 마련이다. 고구려의 위대한 군주가 될 인물이 자라나고 있었다. 386년 고국양왕은 아들 담덕(광개토왕)을 왕태자로 임명했다. 담덕은 373년에 태어났다. 백부인 소수림왕이 즉위한 지 3년밖에 되지 않은 시기로 당시에는 왕위 계승이 약속돼 있지 않았을 터다. 소수림왕의 나이는 기록이 없어 알 수 없지만 왕비나 후궁이 아들을 낳는다면 이야기가 달라질 수도 있었다. 어쨌건 소수림왕은 세상을 떠날 때 아들이 없었고, 따라서 태어날 당시 담덕은 소중한 왕손이었다.

담덕은 그늘진 백부와 아버지의 얼굴을 바라보며 자랐고, 무엇이 어른들을 그토록 힘들게 하는지도 알게 됐다. 그 무게감으로 일찍 철이 들었고, 왕좌는 누리는 자리가 아니라 천근과 같은 짐을 지는 자리임을 깨달았다. 담덕은 그의 백부나 아버지와 달리, 모용선비(전연·후연)나 백제에 대한 공포심은 없었다. 직접 겪지 않았기에 갖는 자신감은 치명적인 약점이 될 수도 있었으나 항상 그런 것만은 아니었다. 공포란 마음의 상처이며 정확한 판단을 방해한다. 담덕은 태자시절 아버지가 후연에 대해 소극적이고 백제에 대해 힘들어하는 것을 답답하게 느꼈었다.

391년 5월 아버지가 죽고 광개토왕이 즉위한 두 달 후였다. 광개토왕과 그의 4만 군대는 남하하고 있었다. 목적지는 임진강 남쪽에 있는 석현성이었다[池內宏]. 이 성을 중심으로 9개의 요새가 군락을 이루고 있었다. 일찍이 백제의 왕경을 원거리에서 활의 모양으로 둘러싸고 있는 방어기지들이다. 그곳을 손에 넣는다는 것은 광개토왕이 백제의 수도권을 바로 위협하여 향후 벌어질 전쟁에서 아주 유리한 고지를 점령한다는 것을 의미한다.

백제군은 생각지도 못한 급습에 당황했다. 고국양왕이 죽은 지 2달밖에 되지 않았는데 그 아들이 이렇게 즉각적으로 도발해올지는 몰랐다. 그것도 백제의 심장부로 곧바로 진격한 것이 아닌가. 서로 근접 지원을 해야 할 백제의 요새들이 제 기능을 발휘하지 못했다. 어- 어- 하는 사이에 10개 성이 한 번에 격파당했다. 한강 이북에 광개토왕에 대한 소문이 퍼졌다.

"그 젊은 왕이 그렇게 군대를 잘 부린단 말이지."

실제 그의 능력은 소문으로 더욱 배가되었다. 백제의 요새들을 지원해주는 많은 부락들이 겁을 먹고 무너졌다.

광개토왕의 기병대가 적의 방어선을 돌파하면 후위부대가 그 구멍을 따라 좁은 면을 넓혔다. 구멍을 내고 쐐기를 박는 것이다. 그것은 적을 섬멸하는 목적이 아니라 전술적인 기동을 통해 적 심장부에 타격을 가하고 연락망을 교란시켜 지휘체계를 마비시키는 전략이다. 그렇게 되면 당한 쪽은 당황하게 된다. 대규모 기병단이 후방으로 침투해 중요한 거점을 점령했다고 생각해보자. 그러면 방어하는 쪽의 병사들은 방향을 잡지 못하고 흩어질 수밖에 없다.

앞서 대왕의 백부와 아버지는 황해도지역에 있는 백제의 요새를 하나씩 하나씩 공격하여 무너뜨리고 점진적으로 백제를 잠식하려고 했다. 하지만 광개토왕은 황해도에 있는 적들을 무시하고 바로 백제의 수도권으로 진격했다. 발상과 개념 자체가 달랐다. 첫 전투는 막 즉위한 젊은 왕의 시험 무대였다. 여기서 그는 잠재되어 있던 천재적 전술 감각을 살려냈다. 사실 그것은 백부와 아버지가 백제와 힘겹게 싸우는 것을 보면서 배운 것이다. 그들 정석대로 백제의 영역을 잠식하려고만 했다. 어린 담덕은 '저렇게 하면 절대 안 되지. 전쟁은 장기화되고 보급 문제로 전세가 불리해지니까' 라고 생각했다.

이제까지 백제와 싸워 제대로 승리 한번 해보지 못한 고구려인들에게 백제는 두려운 존재였다. 하지만 왕은 대수롭지도 않게 그들을 눌렀다. 백제 진사왕은 경악했다.

"십대 후반의 어린 소년이 백제를 힘들이지 않고 요리한단 말이지. 우리를 훤하게 읽고 있는 기분이군. 섣불리 군대를 출진시켰다가는 어떻게 당할지도 몰라. 그놈은 순식간에 나타나 성을 함락시켰어. 더욱 무서운 것은 지휘체계를 교란시켜 반격할 여유도 주지 않았다는 점이야. 수도가 한강 바로 남쪽에 있는데 강 건너에 있는 요새들이 함락되었으니. 불리한 줄 알지만 우리는 전쟁을 계속해야 돼. 더욱이 그놈은 선왕이신 근구수왕에게 맞아죽은 고국원왕의 손자가 아닌가!"

백제의 수도 한성과 지척인 한강 이북의 여러 지역이 고구려의 손에 넘어갔다. 이제 백제는 전력을 수도 방어에 집중시키든지 아니면 수도를 포기할 수밖에 없다. 그것을 너무나 잘 읽고 있던 광개토왕은 백제에 대한 다음 공격 지점을 정했다.

임진강 선을 돌파한 두 달 후 일단 광개토왕은 서북방 초원으로 군대를 이동시켰다. 전마와 유목민을 포획하기 위해서였다. 앞서 378년(소수림왕 8)에 거란은 고구려의 북쪽 변경을 침범해 8개 부락을 함락시키고 많은 사람을 잡아갔다. 유목민과 가축들을 몰아갔으니 고구려의 기병력에 큰 타격이었다. 13년이 지나 광개토왕이 그 유목민 거란족을 쳤다. 고구려인들은 유목민만큼이나 기사에 능한 수렵민이었다. 그들은 유목민들을 충분히 제압할 수 있는 대상으로 보았다.

"(광개토왕) 원년 9월 북으로 거란契丹을 토벌해 남녀 500구를 노획하고, 또 초유招諭해 본국 함몰민陷沒民 1만을 데리고 돌아왔다."(『삼국사기』 권17, 광개토왕 원년 조)

광활한 평원이 펼쳐지는 곳이었다. 행군을 해도 지형이 전혀 바뀌지 않아 스트레스를 받았다. 거란족이 사는 지역에 은밀하게 접근한 광개토왕은 그들을 둘러쌌다. 고구려가 노획한 거란 포로는 남녀 500구에 불과했다. 죽은 자에 대한 기록은 보이지 않는 것으로 보아 큰 전투는 일어나지 않았다. 고구려군은 거란족의 본거지에 들어가면서 그들이 대부분 도주하도록 내버려뒀던 것 같다. 만일 전투를 한다면 피해가 따르기 마련이다. 대왕의 목적은 분명했다. 과거(378년) 거란이 데리고 간 고구려 휘하의 유목민 1만을 송환해오는 것이다. 중요한 전략적 자산의 환수였다. 그들은 과거 고구려에 기병 전력과 전마를 제공하던 사람들이었다.

초원에서 돌아온 광개토왕은 곧바로 남쪽으로 향했다. 그는 결코 백제가 군대를 재정비하고 추스를 여유도 주지 않았다. 10월, 겨울 초입이었던 당시 백제는 수도권인 한강 이북에 병력을 집중한 상태였다. 그것을 꿰고 있던 광개토왕은 한강 입구에 위치한 중요한 전략적 거점인 관미성을 공격했다. 관미성은 한강과 임진강이 합류하는 현재의 파주시 교하의 통일전망대가 위치한 오두산성이다(김정호). 밀물 때 사방에 물이 차며, 임진강이나 한강으로 들어가는 배를 감시할 수 있는 위치다.

광개토왕은 압록강에서 배를 타고 황해도 남쪽 해안과 강화도 북쪽 해안을 지나 관미성으로 접근했다. 물론 석현성 등에 주둔한 고구려 육군도 수군과의 협동작전을 위해 그곳에 와 있었다. 관미성 공격은 육지는 물론이고 배를 동원하는 공격도 필요했다.

광개토왕은 7개 방면에 병력을 나누어 성을 공격했다. 공격은 서해안 조수 간만의 차를 이용해 밀물 때 시작됐다. 백제 수군이 관미성을 구원하기 위해 진격해올 수 있기 때문에 고구려 수군도 이에 대비를 해야 했다. 그들은 서해안에서 들어올 수도 있고 한강에서 올 수도 있었다. 육지에서도 백제 증원군이 올 수 있다. 관미성은 일부 육지로도 연결돼 있어 이곳으로 백제 증원군이 올 수도 있었다. 이를 막기 위한 병력이 배치되어 있었다. 나머지 부대가 물 위에서 혹은 육지에서 관미성을 공격했다. 광개토왕이 관미성을 함락시키는 데는 20일이 소요됐다.

관미성의 상실로 백제는 서해안에서 한강으로 수로를 이용한 이동과 수송에 제약을 받게 됐다. 반대로 고구려군은 선박을 이용해 한강을 거슬러 올라가 백제 수도 부근에 상륙할 수도 있고, 임진강 상류에서 수취한 물자를 하류로 이동시켜 관미성에 보급할 수도 있었다. 백제의 동맥인 한강이 서해안과 격리된 호수가 됐다. 자국의 출입구로 알고 있었

던 관미성의 함락은 백제인들의 마음에 어두운 그늘을 드리울 수밖에 없었다.

백제 진사왕은 앞이 보이지 않았다. 고구려의 새로운 왕이 즉위한 지 다섯 달 만에 모든 것이 바뀌었다. 남쪽의 백제지역에서 선박으로 서해안을 통해 올라오는 수취물이 한강 수로를 이용할 수 없으니 전쟁을 계속하는 것도 힘들어진다. 절망적인 상황은 진사왕을 죽음으로 몰아갔다. 진사왕은 사냥을 나갔다가 행궁에서 세상을 하직했다. 관미성이 함락된 지 한 달 만의 일이다. 한강을 봉쇄하고 임진강 방어선이 확보됨으로써 황해도는 고구려 수중에 확실히 장악됐다.

백제는 해외 무역으로 부강해진 나라였다. 백제에는 신라인, 고구려인은 물론이고 왜인과 중국인들도 들어와 살고 있었다(『북사』 권94, 백제전). 일본열도와 남중국 사이에서 중개무역이 규모가 적지 않았다. 그것은 백제 배후에 생산력 높은 일본열도가 있었기 때문에 가능했다. 일본열도의 왜국은 영토가 크고 보배 같은 좋은 물산이 많이 생산되는 부유한 나라였다. 때문에 백제는 물론 신라도 왜국을 넓은 땅을 가진 큰 나라로 생각했으며 함부로 대하지 못했다(『수서』 권82, 동이 왜전). 그만큼 국제화된 사회였다. 백제는 남중국과 북중국 사이의 무역도 중개했다. 남중국에서 북중국으로의 항로는 자연조건상 불안정했다. 안전하게 항해하려면 한반도 남쪽으로 접근해 백제의 해안을 따라 북쪽으로 가야 했다. 즉 황해도 서쪽 끝에서 바다를 통해 산동으로 가든지 요동으로 갈 수 있었다. 고구려와 백제가 오랫동안 싸움을 벌인 것도 이 황해도를 둘러싼 것이었다. 그곳은 공손씨가 대방군을 설치해 남쪽의 삼한은 물론 일본열도 및 남중국과 해상무역을 하던 요충지였다. 하지만 이 모든 것을 잃었다.

광개토왕의 전격적인 군사작전은 결코 즉흥적이라고 할 수 없다. 즉위 전부터 머리에 담고 있던 생각이었다. 그는 보급을 철저히 염두에 두고 전략을 짰다. 적이 반격할 여유는 주지 않았으며 전략적 요충지를 점령해 혈을 누르는 전술을 구사했다. 전쟁에서의 승리는 치밀한 계획과 꺾이지 않는 끈질긴 의지를 요구한다.

광개토왕이 예측한 대로 이듬해인 392년 8월 백제군이 반격해왔다. 하지만 고구려 장군이 쉽게 저지했다. 이듬해인 393년 7월 백제군은 다시 공격을 개시했다. 임진강 이남에 있는 고구려의 성들을 함락시키기 위해서였다. 하지만 광개토왕은 기병 5천을 보내 백제군을 격멸했다. 살아남은 백제 군사들은 기병의 공격을 피해 밤새도록 도주했다. 광개토왕은 2년 전 거란을 격파하고 그 휘하의 유목민 1만을 송환해왔다. 이것이 효력을 발휘한 것이다. 초원에서 광개토왕의 성공적인 작전은 남쪽 백제를 치는 데 상당한 역할을 했다.

임진강 이남의 고구려 성들은 바둑판 알처럼 집을 짓고 있었다. 한 성이 공격당하면 다른 여러 성들이 군대를 출동시켜 구원해줬다. 동시에 성안에는 적의 침공에 대비해 식량과 마초, 화살 등 소모품을 비축해두었다. 구원군이 성에 들어왔을 때 소모할 군수품을 계산한 것이었다. 성이란 홀로 포위당한다면 함락은 시간문제가 된다. 광개토왕은 그 지역에 기병을 보내 백제군이 고구려 성을 포위할 기회를 주지 않았고 산성과 산성 사이의 평지에서 궤멸시켰던 것이다. 밤이 되면 기병은 안전한 성에 들어가 말에게 소금 탄 물과 마초를 먹이며 휴식을 취했다. 기반이 구축된 상태였기에 백제의 접경지역 성이 공격당할 때 기병을 출동시키는 것은 어렵지 않았다. 기병으로 백제군을 격퇴한 광개토왕은 그해 8월 임진강 이남의 거점 성 사이에 7개의 성을 더 쌓았다. 성들은 침공해올 백제군의 보급을 저지하기 위한 목적으로 신축됐다. 그 효과는 바로 나타났다.

393년 8월 가을에 백제 아신왕은 그의 외삼촌 무武에게 말했다.

"관미성은 우리 백제의 중요한 요새다. 그런데 지금 그 성을 고구려가 차지하고 있으니 분하고 애석하다."

관미성의 상실은 뼈저리게 아픈 것이었다. 백제 남쪽에 있는 영토들은 강이 바다로 흐르는 그 수로를 이용해 공물을 수취해왔다. 그런데 관미성의 상실로 그것을 육로로 수송해야 하니 운반 비용이 이만저만이 아니었다. 관미성은 백제가 꼭 되찾아야 하는 곳이었다. 그것은 석현성 등 임진강 유역에 있는 다른 성들을 되찾는 데도 꼭 필요했다.

백제왕의 외숙부 무는 군대 1만을 모집했다. 출동해 관미성을 포위했다. 성 위에서 화살과 돌이 비 오듯 쏟아졌다. 관미성은 꿈쩍도 않고 버텼고, 백제군의 식량은 떨어져갔다. 식량을 재보급하기 위해 백방으로 노력했지만 치밀하게 배치된 고구려 요새들의 방해를 받아 여의치 못했다. 결국 적지 않은 시신을 뒤로 하고 무는 병력을 되돌렸다.

이듬해인 394년 7월 수곡성 아래에서 고구려군과 백제군의 싸움이 벌어졌다. 하지만 백제군은 또 패배하고 말았다. 고구려군은 준비된 군대였다. 미리 침공을 예상하고 치밀한 작업을 했다. 8월에 임진강변에서 또 싸움이 벌어졌다. 무가 이끄는 백제군이 접근해오자 광개토왕은 7천 군대의 대열을 갖추었다. 병력은 백제군이 더 많았지만 기병 전력 면에서는 고구려가 앞서 있었다. 성 밖에서 벌어진 전투에서 기병 전력이 우세하면 적군이 쉽게 덤비지 못한다. 대기하고 있는 기병들이 언제 덮칠지 모르는 상황에서 대열을 유지해야 하기 때문이다. 기병 전력이 약한 측은 그만큼 병력 운영에 제약을 받을 수밖에 없다. 결국 백제군 8

천 명이 싸우겠다는 의지를 잃고 포로가 되었다.

초원에서 낙동강까지

395년 하북의 강국이었던 후연(선비족 모용씨)이 내몽고의 참합피에
서 북위에 참패했다. 이를 기점으로 수세에 몰린 후연은 397년 화북華北
의 대부분을 상실하고 요서의 지방 정권으로 전락했다. 북위는 선비족
탁발씨다. 당시 북위의 진취적인 수령 탁발규道武帝(386~409)의 등장과 성
공적인 팽창은 후연을 잠식하는 중이었다. 396년에 현재의 태원을, 그
다음 397년에는 보정 남쪽에 있는 중산(정주)을, 마지막으로 398년에
는 업인 창덕을 정복함으로써 자신의 부족에게 성공을 가져다줬다. 그
리고 그는 자신의 가문에 위라는 중국 왕조의 이름을 받아들이고 대동
의 동쪽에 있는 평성을 수도로 삼았다. 후연이 북위에 결정타를 맞았다
는 소문은 요하를 넘어 삽시간에 남만주와 한반도 전체에 퍼졌다. 이 소
문에 가장 긴장을 한 것은 백제의 아신왕이었다.

"뭐라! 북위의 탁발규에게 후연이 당했어? 그러면 어떻게 되나. 북쪽으로부터
족쇄가 풀린 그 독사 같은 담덕이 앞으로 더 설칠 터이고, 더구나 후연의 모용
수는 나이가 들어 죽을 날도 얼마 남지 않았는데…… 어떻게 하지?"

후연의 명운은 너무나 뻔했다. 백제도 암울해졌다. 북쪽에서 고구려
를 견제해왔던 후연이 약해진 것은 고구려와 신라에게는 청신호였지만
백제에게는 재앙이 됐다. 고구려의 발목을 잡아오던 선비족 모용씨의

쇠락은 당시 국제관계에 있어 최대의 변수였다.

광개토왕은 쇠퇴 일로에 있는 후연의 정원에서 언제 떨어질지 모르는 무르익은 과실을 보았다. 395년 광개토왕은 친히 군대를 이끌고 서북방의 초원으로 나아갔다. 부산富山과 빈산貧山을 지나 소금기가 많은 염수鹽水에 이르렀다. 요하 북쪽의 광활한 평원 초지였다. 고구려 기병들은 600~700개의 유목민 집락인 패려稗麗(거란)의 부락들을 발견하고 대대적인 약탈에 들어갔다. 「광개토왕비문」영락 5년(395)의 패려 정벌 기사를 보자.

> "패려가 고구려인에 대한 (노략질을 그치지 않으므로), 영락 5년에 왕이 친히 군사를 이끌고 가서 토벌했다. 부산, 빈산을 지나 염수에 이르러 그 3개 부락 600~700영을 격파하니, 노획한 소·말·양의 수가 이루 다 헤아릴 수 없었다."

포로로 잡거나 참수한 패려들에 대한 언급은 전혀 없고, 사상자에 대한 기록도 없다. 노획한 무수한 소·말·양에 대한 언급만 있을 뿐이다. 고구려의 약탈공격에 대해 잘 알고 있던 패려인들이 공격의 징후를 느끼자 고구려인이 원하던 것들을 놔두고 달아났던 것일까? 이는 바로 전리품에 대한 고구려인들의 관심을 보여준다. 고구려에게는 싸움보다 물자 확보가 중요했다. 적을 추적하기보다는 재산을 약탈하고 짐승을 몰아오는 편이 나았다.

고구려 군대는 초원에서 활개를 쳤다. 전에는 후연이 동북 방면의 유목민들에 대한 기득권을 주장했었지만, 후연이 급격하게 힘을 잃자 고구려가 주변 유목민을 향해 자유로운 약탈을 감행할 수 있었던 것이다.

후연이 힘을 잃지 않았다면 광개토왕은 어떻게 되었을까. 위대한 정복 군주인 그도 시대와 무관할 수 없다. 가장 큰 라이벌이 다른 이에게 정통으로 맞아 다운돼 링 위에 올라오기 힘들게 됐으니 말이다.

모든 것을 잃고 요서로 쫓겨온 후연의 왕 모용농은 잃어버린 중원 수복에 대한 꿈을 버리지 못했다. 398년 그는 일족인 모용보에게 중원으로 군대를 보내 북위와 일전을 겨루자고 제안했다. 그러자 기가 막힌 모용보가 대답했다.

> "이제 막 (북위에 패하여) 요서의 용성으로 (도주해) 왔습니다. (이렇게) 수도를 옮긴 직후인데 새롭게 마음을 가다듬어야 합니다. 남쪽으로 가서 전쟁을 다시 하는 것은 아직 이릅니다. 먼저 군대를 정비한 후 유목민인 고막해를 습격하여 그 말과 소를 얻고 군수물자를 충실히 보충해야 합니다. 그후에 다시 (북위)의 허실을 살피고, 남정을 의논하는 것이 순서입니다."(『자치통감』 권110, 진기32 안제 융안隆安 2년조)

요서의 용성龍城(조양)으로 내몰린 후연은 북위와의 전쟁을 준비하기 위해 유목부족 고막해에 대한 약탈을 고려하고 있었다. 광개토왕의 패려 약탈도 또 다른 전쟁을 준비하기 위한 군자軍資 충당이 목적이었던 것이 확실하다. 광개토왕에게서는 '유목 군주적'인 면을 볼 수 있었다. 그는 가축을 기를 것이 아니라 그것을 유목민에게서 빼앗아오면 된다고 생각했다.

전쟁 상태에서 말의 생산은 그 소모를 따라잡지 못한다. 서북방으로부터 말이 대거 유입돼야 했다. 고구려 내에서 말을 자체 생산한다고 해도 마찬가지였다. 외부에서 말이 지속적으로 유입되지 않는다면 전쟁 수행에 지장을 주지 않을 수 없다. 고구려가 백제와의 장기간 전쟁에서 우위를 차지할 수 있었던 것은 이처럼 군수물자를 외부로부터 반입하기 좋은 조건을 가졌기 때문이었다. 약탈이든 교역으로 구입하든간에 고구려의 서북쪽에는 전마가 많았다. 한반도에 중심을 둔 백제가 갖지 못한 고구려의 이점은 여기에 있다.

유목세계와 접한 고구려는 항상 타문화에 속한 사람들을 이용할 수 있었다. 395년 서북방에서 확보된 물자가 그 이듬해 남쪽의 백제를 치는 데 활용됐다. 「광개토왕비문」을 보자.

"영락永樂 6년(396년) 병신丙申에 왕이 친히 군을 이끌고 백잔국百殘國을 토벌하였다. 고구려군이 영팔성, 구모로성, 각모로성, 간저리성, □□성, 각미성, 모로성, 미사성, □사조성, 아단성, 고리성, □리성, 잡진성, 오리성, 구모성, 고모야라성, 혈□□□성, □이야라성, 전성, 어리성, □□성, 두노성, 비□□리성, 미추성, 야리성, 태산한성, 소가성, 돈발성, □□□성, 루매성, 산나성, 나단성, 세성, 모루성, 우루성, 소회성, 연루성, 석지리성, 암문□성, 임성, □□□□□□ □리성, 취추성, □발성, 고모루성, 윤노성, 관노성, 삼양성, 증□성, □□노성, 구천성 (…) 등을 공취攻取하고, 그 수도首都를 (…)했다. 백잔이 의義에 복종치 않고 감히 나와 싸우니 왕이 크게 노해 아리수를 건너 정병精兵을 보내 그 수도에 육박했다. (백잔군이 퇴각하니……) 곧 그 성을 포위했다. 이에 백잔주가 곤핍해져, 남녀 1천 명과 세포細布 1천 필을 바치면서 왕에게 항복하고, 이제부터 영구히 고구려왕의 노객奴客이 되겠다고 맹세했다. 태왕은 (백잔주가 저지른) 앞의 잘못을 용서하고 뒤에 순종해온 그 정성을 기특히 여겼다. 이에 58성 700촌을 획득하고 백잔주의 아우와 대신 10인을 데리고 수도로 개선했다."

중원고구려비.

광개토왕은 이익이 되는 전쟁을 했다. 이득 없는 영토 확장은 그에게 의미가 없다. 무엇보다 곡물의 지속적인 생산이 가능한 한강 유역의 확보는 중요한 것이었다. 그는 친히 군대를 이끌고 종군했다. 작전 규모는 거대했다. 그가 점령한 백제의 58성 700개 촌은 지금 한강 중상류(강원도와 충북)에 해당하는 광대한 지역이다(인천 포함). 남한강의 상류 충주에 세워진 「중원고구려비」의 존재는 이를 실감케 한다.

한반도에 남아 있는 유일한 고구려의 비이며, 고구려의 중원 진출을 입증하는 구체적인 자료다.

1979년 4월에 충주의 문화재 애호가들의 제보로 세상에 알려진 중원고구려비는 처음에 신라가 세운 비석으로 알려졌다. 고구려가 남쪽 충주에 비석을 세웠다는 것은 도저히 상상할 수도 없었기 때문이다. 하지만 전문가들이 정밀 판독을 하면서 고구려가 세운 비석임이 확인됐고, 이는 학계는 물론 충주 문화재 애호가들에게도 큰 충격을 안겨줬다.

건립 연대를 확인할 수 있는 부분이 마멸돼서 정확한 시기를 알 수 없지만 현재 5세기 전반 광개토왕대부터 6세기 중·후반 평원왕대(559~590)까지 다양한 의견이 제시됐다. 최근에 앞면 첫째 줄의 "고려태왕의 할아버지 왕이 령을 내렸다高麗太王祖王令"라는 구절이 새롭게 판독됐고, "12월 3일 갑인十二月三日甲寅"이란 간지와 날짜를 고려해 449년(장수왕 37)으로 보는 견해가 폭넓게 지지를 받고 있다. 광개토왕대 고구려의 중원 진출을 아들 장수왕이 기념하기 위해 비를 건립한 것으로 생각된다. '신라 영토 내 고구려 군부대의 장군新羅土內幢主'이라는 표현은 고구려 군대가 신라 영토 내에 주둔했다는 점을 알려준다.

고구려군은 이미 임진강을 돌파해 석현성과 10개 성을 확보했고, 7개의 요새를 신축해 방어력을 강화했다. 또 관미성을 점령해 한강과 임진강 하구를 봉쇄했다. 이제 나아가 춘천에서 충주에 이르는 한강 중상류 지역을 모조리 장악했다. 당시 물자 수송은 강을 주로 이용했으며, 수취된 물자는 물의 흐름을 따라 상류에서 하류로 내려왔다. 한강 하류에 위치한 백제의 수도 한성은 서해안의 바다도 이용했지만 강을 이용해 내륙의 곡물과 물자를 수취해왔다.

이로써 백제는 서해안과 한강 중상류의 배후지역으로부터 지원은 기대할 수 없게 됐고, 고구려에 대한 저항도 약해졌다. 고구려군이 한성 부근에 육박하자 한성에서 백제군이 성문을 열고 나와 저항했다. 하지만 고구려군의 상대가 되지 못했다. 백제군이 퇴각하고 고구려가 강을 건너 한성을 포위했다. 백제 한성은 고구려군의 봉쇄로 식량이 바닥난 상태였다.

396년 고구려는 백제를 공격해 왕의 항복을 받아냈다. 광개토왕 앞에서 성대한 항복의식이 거행되었다. 백제왕은 남녀 1천 명과 세포 1천 필을 의식의 제물로 바치고, 이제부터 영구히 고구려왕의 노객奴客이 되겠다고 맹세했다. 광개토왕은 자신의 조부를 죽인 자의 손자인 백제왕을 결코 감정으로 대하지 않았다.

조부 고국원왕의 죽음은 전쟁 가운데 일어난 우발적인 사고였지 모욕적인 처형은 아니었다. 대왕이 백제의 아신왕을 처형한다고 한들 또 다른 백제왕이 들어설 것이고 고구려에 대한 원한만 키우게 된다. 한성을 완전히 점령하고 백제왕을 포로로 잡아가 감금시킨 후 남진을 계속한다면 백제는 멸망시킬 수 있을지도 모른다. 하지만 적어도 10년 이상의 전쟁이 지속되어야 한다. 그것은 이익이 되는 싸움이 아니라 아무 소득이 없는 늪에 깊이 말려드는 것이다.

광개토왕은 백제와의 전쟁이 장기적인 소모전으로 전환되는 것을 원치 않았다. 한성 백제가 제 기능을 발휘 못하도록 한강의 중상류와 하구를 봉쇄해 살기 힘든 곳으로 만들면 되는 것이다. 그러면 백제인들은 한성에 대한 미련 때문에 그곳을 떠나지 않으려고 할 것이고 이전과 같이 국력이 완전히 회복되는 것은 힘들다. 움직임을 둔화시키고, 자라나지 못할 정도로 누르면 족한 것이다. 물론 백제왕이 항복을 번복하고 다시 고구려에 대항할 가능성이 있다는 것도 알았다. 하지만 남쪽에 주력을 주둔시키는 것은 전체적으로 이익이 되지 않았다. 대왕은 고정된 것이 아니라 움직이는 기동 속에서 해답을 찾고 있었고, 몽골고원에 유목제국이 형성되지 않은 상황에서 북쪽에서 얻을 것이 아직 많았다.

이익을 확보하기 위해 단행해야 할 다른 작전이 북쪽에서 기다리고 있었다. 그래서 광개토왕은 강자의 관대함을 베풀었고, 항복의식을 즐겁게 받아들일 수 있었다. 의식이 끝나고 광개토왕은 본국의 백성들에게 백제의 항복을 받았다는 증표인 백제왕의 아우와 대신 10인을 데리고 국내성으로 개선했다.

하지만 그들이 증표에 머무는 것은 아니다. 백제 중앙의 핵심시스템을 운영했던 경험이 있는 사람들이다. 그들로부터 백제에 관한 고급 정보는 물론이고 왜국의 구조나 움직임에 관한 것도 충분히 파악할 수 있다. 무엇보다 백제왕의 동생은 가치가 있는 인질이었다. 보통 누구나가 생각할 수 있는 것은 적이 쳐들어왔을 때 인질을 죽이겠다며 적의 움직임을 견제하는 수법이다. 그러나 대왕은 인질인 백제 왕제를 그렇게 써먹으려고 하지 않았다. 그는 백제가 고구려를 침략할 움직임을 보인다면 대군을 이끌고 백제 왕제를 앞세워 한성으로 쳐들어가겠다고 생각했다. 백제 궁정 안에는 속으로 그 왕제를 따르는 가신들이 적지 않을 것이다. 동생이 광개토왕의 손아귀에 존재하고 있다는 그 자체가 백제왕에게 부담이었다. 아신왕 그 자신도 왜국의 지원을 받아 즉위하지 않았던가(『일본서기』).

398년 광개토왕은 군대를 북쪽의 말갈지역(백신帛愼: 식신息愼과 숙신肅愼)에 파견했다. 산림이 매우 울창한 곳이었다. 말갈지역의 땅과 골짜기를 다니면서 고구려의 지배력을 확인했다. 물론 이 지역에는 저항적인 말갈인들도 있었다. 대왕은 모口라성莫口羅城 가태라곡加太羅谷의 남녀 300여 인을 잡아서 끌고 왔다. 그 지역에서의 상층집단이었다. 이후로 말갈[帛愼]은 고구려 조정에 조공朝貢을 하고, 그 내부의 일을 보고하며 고구려의 명을 받았다. 광개토왕은 북쪽에서 약탈전을 감행하거나 공납을 받는 사람들을 점검하고 군대를 수도인 국내성으로 돌렸다. 국왕이란 항상 전쟁 전에 전비가 얼마나 있는지 챙겨봐야 했다. 재원이 없으면 정말 전쟁을 해야 할 때 할 수 없기 때문이다.

대왕은 앞서 강원도지역과 충북지역을 장악함으로써 신라와 영토를 확실히 접하게 됐고, 백제를 약화시킬 수 있었다. 이제 고구려는 남진하는 데 있어 철원에서 시작해 춘천을 거쳐 홍천, 원주, 충주 또는 단양으로 이어지는 유사 구조곡의 길을 이용할 수 있게 됐다. 이 루트는 늪이 거의 없어 기병이 빠르게 이동할 수 있었다.

하지만 예상대로 백제는 포기하지 않았다. 397년 아신왕은 자신의 태자 전지를 왜국에 볼모로 보내 적극적인 지원을 요청했다. 대규모의 문화적·물질적 지원을 약속했을 뿐만 아니라 기존에 가야지역에 대하여 백제가 가지고 있던 기득권을 왜국에 이양하겠다고 했다. 이로써 왜국에게 가야지역을 차지할 수 있는 길이 열렸다. 백제는 그곳에서 철을 가져가던 왜인들에게 희망을 줘 고구려와의 전쟁에 그들을 끌어들이려고 했다. 이것이 왜인들이 한반도 남부를 지배했다고 하는 임나일본부설이 생겨나는 배경이다. 왜인들도 매우 긍정적으로 생각했다.

"북쪽의 담덕(광개토왕)이 아무리 강하다고 해도 여기 남쪽 끝까지 내려와 설치지는 못할 것이니 앞으로 신라도 우리가 주무를 수 있을 것이야."

하지만 그것은 오산이었다. 고구려의 광개토왕은 그들의 상식을 뛰어넘는 사람이었다.

신라에 몰려온 왜군의 선단

400년 신라의 해안이었다. 푸르른 바다 수평선 너머에 뭔가 검은 점들이 보이기 시작했다. 그리고 그 점들의 면적이 넓어지고 있었고, 그러다 바다에 뭔가가 새까맣게 뒤덮였다. 그것은 왜군의 선단이었다. 왜의 대군이 상륙을 하고 신라 왕경을 향해 진군해왔다. 기세가 등등해진 왜군들에게 지휘관의 능력은 문제가 되지 않았다. 열세를 깨달은 신라 장군들은 포기했다. 노도처럼 난입한 왜군은 순식간에 양산 일대를 제압한다. 전령이 도착하여 보고했다.

"양산에 있는 거점 성들은 모두 적들의 마구간으로 변했습니다. 장군들이 병사들의 질서를 잡으려고 노력했습니다만, 왜군들의 기세에 눌려 어떻게 할 수도 없었습니다. 주민들 가운데 몸값이 될 만한 사람들은 다 포로가 되고, 그렇지 않거나 조금이라도 반항하는 자는 살해됐습니다."

상황이 다급해지자 내물왕은 북쪽에 사신을 보냈다. 광개토왕에게 상황의 급박함을 알렸다. "왜군이 신라의 성들을 함락시키고 우리 신라인들을 그들의 노예로 삼으려고 합니다. 우리 신라는 왕께 귀의하여 구원을 요청합니다."

이로써 광개토왕의 고구려군과 왜군이 신라의 땅에서 격돌하게 된다.

신라가 이렇게 고구려에 군사 요청을 할 수 있었던 것은 전부터 관계가 있었고, 고구려가 신라에 군사를 원조할 여력이 충분히 갖춰져 있었기 때문이다. 내물왕은 인질(실성)을 보내고 고구려와 굳게 손을 잡고 있었다. 그는 신라 역사상 드물게 47년이나 재위했던 왕으로 고구려와의 관계 강화에 일생을 바쳤다. 당시 신라는 고구려를 통해 중국과 최초로 접촉할 수 있었다. 377년 봄 내물왕이 보낸 신라 사절이 고구려 사신과 함께 중국 전진前秦의 부견을 만났고, 382년에도 그러했다. 내물왕은 중국의 기록에 자신의 이름을 남긴 최초의 신라왕이었다. 당시 백제와 경쟁하고 있던 고구려에게 신라는 이용가치가 있는 상대였다.

광개토왕은 신라에 침입한 왜군을 몰아내기 위해 군대 5만을 동원했다. 철원에서 충주와 단양에 이르는 한강 중상류지역에 대한 고구려의 지배시스템이 안정적으로 가동되기 시작할 즈음이었다. 국내성에서 출발한 고구려 군대는 남쪽으로 내려오면서 지속적으로 보급받을 수 있었고, 소백산맥을 넘어선 이후에는 신라가 보급을 담당했다.

　왜군들은 신라군을 상대로 위력을 보여줬다. 하지만 만성적인 전쟁을 경험한 고구려군을 만난 왜군들은 처음부터 힘을 쓰지 못했다. 고구려 군대는 초원을 누비며 호전적인 유목민과 싸운 경험이 있는 역전의 노장들이었다. 고구려군이 이 남쪽까지 내려올 것이라고 생각지도 못했던 왜군들은 그 출현 자체에 놀랐다. 그들은 무너졌고, 남쪽으로 달아나기 시작했다. 고구려군은 그들을 지금의 경남 함안까지 추격해 전멸시켰다. 그 결과 신라에서 왜군은 완전히 일소됐다. 이때부터 신라는 고구려의 지배하에 들어간 것이나 마찬가지였다. 하지만 당시 신라왕들에게는 고구려가 보호막이었다. 내물왕과 실성왕은 고구려의 대리인으로서 자신의 자리를 안전하게 구축할 수 있었다. 고구려는 신라의 왕위가 성골 또는 진골이라 불리는 내물왕의 후손들에게 고정될 수 있었던 하나의 환경을 제공했다.

　당시 고구려와 신라의 긴밀한 관계는 고고학 유물에도 반영돼 있다. 1946년 경북 경주시 소재 신라 고분 노서동 140호분 호우총에서 광개토왕의 이름이 새겨진 청동제 그릇(호우)이 발견됐다. 그릇 밑바닥에 "을묘년 국강상광개토지호태왕 호우 십十"이라는 명문銘文이 있다. 호우총의 주인은 신라의 중상급 귀족으로 추정된다. 호우는 고구려 415년(장수왕 3)에 만들어졌는데, 명문의 서체書體는「광개토왕릉비」와 같다. 광개토왕을 장사 지낸 1년 뒤에 왕릉에서 크게 제사를 지내고 그것

호우의 바닥에 새겨진 명문.

을 기념하기 위해 호우를 제조했던 것 같다. 그

제사의식에 조공국의 사절로 참석했던 신라 사신이 기념품으로 받아 경주에 가져왔던 것으로 여겨진다. 신라와 고구려 사이의 관계를 생생하게 증언하고 있는 유물이다.

후연에 들어선 고구려인 정권

후연이 쇠퇴하고 있었지만 그렇다고 완전히 사라진 것은 아니었다. 고구려가 가야지역의 왜군을 격퇴하기 위해 출동하기 직전인 399년 정월 모용성이 직접 군대 3만을 이끌고 고구려를 습격했는데 모용희가 그 선봉을 맡았다. 고구려의 신성과 남소성이 함락됐고, 고구려인 5천여 호를 잡아갔다. 불시에 일어난 후연의 급습에 고구려는 큰 피해를 보았다.

하지만 401년 북서쪽에서 북위가 후연의 뒤통수를 쳤다. 후연의 전략적 요충지인 영지令支를 공격해 함락시켰던 것이다. 후연의 장군 우문발宇文拔은 즉시 반격을 가했다. 하지만 영지를 탈환하지는 못했다. 이듬해에 탈환을 재시도했다. 모용발이 이끄는 후연군이 영지에 도착해 승리를 거뒀다. 후연은 북위로부터 영지를 되찾았다. 하지만 언제 북위가 재침할지 몰랐다. 군대의 주력이 서쪽에 묶여 있는 가운데 후연의 왕 모용성은 세상을 하직했다.

후연이 북위와 싸우는 데 병력을 집중할 수밖에 없었던 상황은 고구려에게 절호의 기회를 제공했다. 남쪽 가야지방의 왜군을 몰아낸 광개토왕은 401년 북위가 후연의 영지를 함락시키자 즉시 북상해 후연의 숙군성을 공격해 함락시켰다. 성주였던 후연의 평주자사 모용귀는 성을 버리고 달아났다. 많은 사람과 재물이 고구려의 손으로 들어왔다. 숙군성은 후연의 수도와 가까운 곳이었다. 이는 35년 후 그의 아들 장수왕에게 큰 선물이 되었다. 장수왕이 북위군과 일촉즉발의 대치 상태에서 버팀목이 되어주었던 배후의 요새가 요서의 숙군성이었다.

숙군성은 403년 11월 광개토왕이 또다시 후연을 공격해 요하 동쪽의 땅 요동을 확보하는 데도 중요한 역할을 했다. 요동의 확보는 고구려사에서 아주 중요한 의미가 있다. 고구려는 요하를 경계로 서북쪽의 중원 세력과 유목제국으로부터 안전한 방어막을 구축할 수 있었다. 요동 지역에 대한 고구려의 철옹성 구축은 이 시기부터 시작됐다고 할 수 있다.

요하 입구에서 압록강 입구에 이르는 코스는 중원에서 향후 고구려의 수도가 될 평양으로 가는 지름길이다. 바로 그 길을 따라 고구려의 가장 중요한 요새인 안시성과 오골성이 있다. 그런데 요동반도가 돌출해 바다가 멀어 적군의 해상보급이 어렵다. 대군이 침입해온다면 보급은 바다를 통해 선박으로 이뤄져야 하는데 그것이 불가능하다. 하지만 방어하는 고구려의 입장에서 보면 요동반도에서 생산되는 물자가 그 길을 지키는 요새 군락을 부양할 수 있다.

404년 정월 후연의 모용희가 반격을 해왔다. 중원의 수복을 꿈꾸던 후연이었다. 그러나 중원을 장악하고 있던 북위는 강대했고 동쪽의 고구려도 만만한 상대가 아니었다. 그렇다고 가만히 앉아 고사할 수도 없었다. 나라가 망하려고 하니 똑똑하지 못한 인물이 왕이 되는 것일까? 후연의 군주 모용희는 즉위하자 자제심을 잃었다. 그는 이기적이며 허황된 성격의 소유자였다.

고구려 요동성 공격을 지휘하면서 그의 참모습이 나타났다. 후연군

오골성과 안시성은 요하의 서쪽에 있었다. 요하 입구에서 압록강 입구로 가는 길에 고구려의 가장 중요한 요새인 안시성과 오골성이 나온다. 지도 중간에서 하얀 점으로 표시된 곳이 오골성이 있었던 봉황산이다.

의 공격에 성이 함락되려 할 때 모용희는 군대가 성 위로 오르는 것을 막았다. 그는 말했다. "먼저 성에 오르지 마라. 성을 깎아 평지가 될 때를 기다려 내가 황후와 함께 수레를 타고 들어갈 것이다."(『삼국사기』 광개토왕 14년 조).

전쟁에서는 적에게 전열을 정비할 시간을 줘서는 안 된다. 모용희의 허황된 명령이 요동성을 살렸다. 성에 주둔하고 있던 고구려 군사들은 이 귀중한 시간을 이용해 방비를 강화할 수 있었다. 요동성은 결코 함락

광개토왕의 강소국 고구려 | 161

되지 않았고, 모용희는 아무런 소득 없이 군대를 돌려야만 했다. 그는 자신의 병사들이 희생을 감수하면서 만든 절호의 기회를 스스로 포기하는 모자란 사람이요, 전쟁에 여자와 시종들을 잔뜩 데려오는 20세의 방만한 군주였다. 그는 부소의符昭儀를 지극히 총애했다고 한다.(『진서』 권124, 모용희재기)

모용희도 바보는 아니었다. 과거 중원을 지배하던 모용씨였다. 하지만 강적 북위의 등장으로 그가 물려받은 나라는 침몰하고 있는 배였다. 배에 물이 차고 있는데 바람까지 거세게 불었고, 앞이 보이지 않았다. 주도권을 가지고 있는 융성기에는 시대가 편을 들어주니 간단하다. 하지만 하강기가 되면 시대가 편을 들어주리라고 기대할 수 없을 뿐만 아니라, 밀리는 처지에 놓이게 되면 벌써 주도권은 넘어가고 없다. 신이 멸망시키기로 예비한 자는 감각에 혼란을 일으킨다.

그러한 순간에 모용희는 어떤 여자를 만났고 마음에 안식처를 얻었다. 인간이 누구를 좋아한다는 것은 분명 어리석은 짓이지만 그렇기에 행복한 것이다. 모용희는 모든 것을 다 잃을 것 같은 상황에서 위안을 얻을 수 있는 자리를 찾았다. 잃어버린 것이 많은 자는 남은 것에 의지해 살아가고자 하는 의욕 또한 강해지는 법이다. 만약 모용희가 고구려의 요동성을 함락시켰다 하더라도 후연은 과거와 같이 되살아날 수는 없었다.

그해 북쪽에서 후연과 전쟁을 하고 있는 사이 백제의 인도를 받은 왜군이 남쪽 황해도지역(대방帶方)에 상륙했다. 이때 백제군도 고구려의 임진강 방어전선을 돌파해 북진하려는 기존의 작전 개념을 바꾸었다. 선박으로 대규모 병력을 적진 깊숙이 수송해 황해도지역을 확보하려고 했다. 거기서 보급을 끊으면 임진강 이남의 고구려의 요새들이 저절로 무너질 것이기 때문이다. 그것도 왜군을 대규모로 동원해 한꺼번에 많은 병력을 황해도의 전략적 거점에 투입하는 것이 효과적이다. 하지만 그들은 해상에서 보급이 끊기면 장기적인 작전이 불가능하다는 위험을 가지고 있었다. 그렇게 되면 전략적 거점을 확보하는 것보다 먹기 위하여 싸워야 한다. 보급을 위한 또 다른 불필요한 전쟁을 해야 하는 것이다.

"14년(404년) 갑진甲辰에 왜가 법도를 지키지 않고 대방지역에 침입했다. (…) 석성石城(을 공격하고), (…) 연선(連船 : 수군을 동원했다는 뜻인 듯) (…) (이에 왕이 군대를 끌고) 평양을 거쳐 (…로 나아가) 서로 맞부딪치게 되었다. 왕의 군대가 적의 길을 끊고 막아 좌우로 공격하니 왜구가 궤멸했다. (왜구를) 참살한 것이 헤아릴 수 없었다."(『광개토왕비문』)

404년 광개토왕은 군대를 남쪽으로 돌렸다. 먼저 그는 수군을 압록강에서 선발대로 발진시켰다(연선連船). 육군만으로는 불가능했다. 왜군이 선박을 이용해 황해도로 왔기 때문이다. 그들을 압박해 궤멸시키려면 바다에서 그들이 타고 온 선박을 파괴하고 이어지는 보급 선박을 막아야 한다. 대왕은 육군을 이끌고 평양으로 갔다. 배후 병참 기반을 확실히 마련한 후 작전지역으로 향하기 위해서였다. 평양은 육로와 해로 모두 전선에 병력과 물자를 보낼 수 있는 곳이었다. 특히 보급물자는 평양성 앞 대동강에서 배를 띄워 황해도로 들어가는 재령강載寧江을 이용하면 된다. 재령강은 황해도 북서부(은파, 황주, 황남, 신원, 재령, 은천)를 북류하는 대동강의 지류다. 강의 길이는 129킬로미터이고 유역 면적도 3671제곱킬로미터에 이른다. 지대가 낮아 평야부에서는 심한

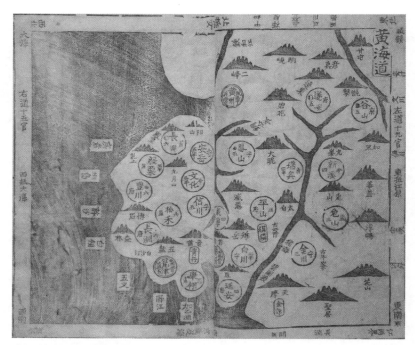

여지도의 황해도 부분. 가운데 접혀서 잘 안 보이는 강줄기가 은파, 황주, 재령, 은천 등을 거쳐 큰 선박을 날랐던 재령강이다.

자유곡류를 보이며 연안에 우각호와 배후습지 등이 산재한다. 유량이 풍부해서 상해포上海浦까지 300톤급 선박의 운항이 가능해 곡물·광산물 등의 물자 수송과 관개용수 공급에 큰 몫을 했다.

황해도 어느 지역에서 고구려군은 왜군과 대치했다. "왕의 군대가 적의 길을 끊고 막아 좌우로 공격하니"라는 기록의 표현은 왕이 군대를 셋으로 나누었다는 것을 의미한다. 한 군단이 먼저 그들을 막아섰다. 나머지 2개 군단이 돌아서 협공을 했던 것이다. 대왕은 사냥하듯이 왜군을 도살 지점으로 몰았다. 사냥꾼 손에 왜인 칼잡이들이 수없이 죽어나갔다.

왜인들이 이 위험한 작전에 뛰어든 것은 백제의 대가 지불 약속, 하나의 요인만으로 볼 수는 없다. 당시 왜국에서 병력을 내놓을 수 있는 호족들은 백제와의 교역에 많은 이권이 걸려 있었다. 백제가 고구려에 밀려 북쪽의 영토를 잃고, 해상 운영권을 상실하면 그들도 적지 않은 손해를 보게 된다. 그것은 백제가 멸망할 때까지 지속된 왜의 관심과 군사적 지원에서도 알 수 있다. 하지만 왜군들은 운이 좋지 못했다. 뛰어난 군사적 자질을 지닌 고구려의 군주와 너무나 잘 훈련된 군대를 만났던 것이다. 남쪽에서 올라온 왜군 가운데 많은 사람이 그곳에 자신의 뼈를 묻었다.

왜군이 대왕의 군대 공격을 받고 큰 타격을 입었지만 전멸 상태로 가지는 않았던 것 같다. 후연의 위협 때문에 대왕은 황해도에서 장기적인 작전을 수행할 수 없었기 때문이다. 이제 막 차지한 요동이 후연에 넘어간다면 무엇보다 큰 손실이다. 백제가 과감하게 황해도에 왜군을 상륙시킨 것은 이러한 전략적 판단을 염두에 둔 것이었다.

하지만 후연의 군주는 한 여자만을 너무나 좋아하고 있었다. 405년 가물었던 그해 겨울 모용희는 거란을 약탈하기 위해 군대를 움직였다. 현재 길림성 농안의 북쪽에 위치한 형북陘北에 도착했다. 하지만 거란족의 규모가 너무나 거대했다. 정면충돌을 했다가는 후연의 군대가 패배할 것이 너무나 뻔했다. 모용희는 군대를 돌렸다. 하지만 총애하던 부소의가 모용희에게 왜 군대를 돌리냐고 떼를 썼다. 병사들의 목숨을 담보로 감행하는 전쟁에 철없는 여자가 간섭했고, 모용희는 그녀의 말을 무시하지 못하는 노예가 돼 있었다. 모용희는 거란을 치는 대신 군대를 동쪽으로 돌려 고구려를 공격하는 것이 어떠냐고 부소의에게 제안했다. 전쟁을 놀이로 아는 왕과 왕비였다. 모든 병사에게 무거운 짐을 다 버리고 가볍게 하라고 명령을 내렸다. 그리고 고구려를 공격했다. 하지만 3천여 리를 행군하느라 병사들은 지쳐 있었고, 도중에 하나둘씩 쓰러져 갔다. 많은 병사가 추위에 동사했던 것이다.(『자치통감』 권114, 진기36 의희 2년 정월 조) 병사들은 겨울에 병든 개처럼 풀이 죽어 있었다. 고구려의 목저성을 공격했지만 함락될 리가 없었다.

407년 모용희가 수도를 비운 사이에 쿠데타가 일어난 것도 당연했다. 정신없는 군주 때문에 쇠약해진 나라가 당장 망하겠다는 우려가 후연에 팽배해 있었기 때문이다. 후연의 정쟁에 연루돼 도망갔던 풍발馮拔이 그의 종형 만니萬泥 등 22인과 공모했다. 풍발은 모용운을 추대하고 병력 5천 명을 동원해 성문을 걸고 지켰다. 이 사실을 알게 된 모용희가 군대를 이끌고 용성의 북문을 공격했다. 하지만 도리어 패했다. 왕좌에서 밀려나 거지가 된 모용희는 꼬리를 내리고 도망쳤다. 실제 그는 남루한 옷으로 갈아입고 숲속으로 도망가 숨었다. 하지만 곧 체포됐다.

그해 7월경 망국 왕실의 종말을 보여주는 전형적인 광경이 펼쳐졌다. 모용희는 끌려가 살해됐고, 그가 뿌린 씨앗으로 세상에 나온 많은 남자 아이들도 화룡성의 북쪽에 매장됐다. 아마도 여자 아이들은 노비로 팔렸을 것이다. 모용희는 그토록 사랑했던 부소의의 무덤에 함께 묻혔다. 풍발이 모용희의 마지막 소원은 들어준 셈이다. 모용수가 후연을 일으킨 24년 만의 일이었다. 풍발은 허수아비 왕을 세웠다. 모용운이라 불리는 고구려인이었다. 후연에는 332년 모용황의 고구려 침공 때 잡혀간 고구려인이 많이 살고 있었다. 모용운은 그들의 후손이자 본명은 고운이었다.

고운의 할아버지 고화高和는 자신이 고구려인이라 자처하고 살았다. 고운은 모용수의 넷째 아들인 모용보가 태자였을 때 궁에서 시위했던

길림성 집안현에 위치한 광개토대왕릉.

시동이었다. 모용보의 눈에 들어 양자가 됐고 모용씨의 성을 하사받았다. 미래가 약속됐다. 하지만 398년 모용보가 사망하자 그의 운명은 아래로 굴러 바닥을 쳤다. 그로부터 세월이 흐른 후 풍발이 쿠데타를 일으켰고 고운은 왕위에 옹립됐다. 하지만 그것은 불안한 자리였다.

　407년 후연의 모용희가 실각하고 고구려계 고운의 정권이 들어서자 광개토왕은 곧바로 사절을 파견했다. 『삼국사기』는 "사신을 북연(후연)에 보내 종족의 정을 베풀었다"라고 기록하고 있다. 광개토왕은 그해 편안한 마음으로 군대를 남쪽으로 돌릴 수 있었다. 대규모 병력을 집중해 마음 놓고 백제를 절단내겠다는 생각이었다.

　"17년(407년) 정미丁未에 왕의 명령으로 보군과 마군 도합 5만 명을 파견했다.

(…) 합전合戰해 모조리 살상하고 분쇄했다. 노획한 (적병의) 갑옷이 만여 벌이며, 그밖에 군수물자는 그 수를 헤아릴 수 없이 많았다. 또 사구성沙溝城 루성婁城 □주성□住城 등을 파하였다." (「광개토왕비문」)

이 전투에서 왜군이 참여했는지는 확실하지 않다. 다만 광개토왕이 기병과 보병 5만 명을 동원했고, 승리한 결과 1만 벌의 갑옷과 막대한 군수물자를 노획한 것으로 보아 왜국의 병력 지원과 군수물자 보급이 있었던 것으로 판단된다. 전투의 규모가 컸다. 10만 정도의 군대가 서로 뒤엉켜 싸웠던 것으로 여겨진다. 백제군은 이 전투에서 다시 회복하기 힘든 타격을 받았다. 고구려군에게 패하여 많은 병사들이 전사했다. 고구려가 결정적인 승리를 거두자 주변에 있던 백제의 사구성 등 5개 성을 지키는 사람들도 기가 꺾여 항전의 의지를 상실하고, 고구려의 공격에 쉽게 무너졌다.

전선에서 돌아온 광개토왕은 408년 3월 북연의 왕 고운이 보낸 사절을 맞이했다(『자치통감』). 그것은 전년도에 고구려의 축하 사절단 파견에 대한 답방이었다. 하지만 고운은 얼마나 갈지도 모르는 허수아비 왕이었다. 그것을 대왕은 잘 알고 있었다.

패배의 두려움에 떤 고독한 군주

410년 광개토왕은 자신의 군대와 함께 동부여를 향해 출발했다. 과거 동부여는 고구려가 약해진 틈을 이용해 공물을 바치지 않은 적이 있었다. 물론 그것은 강자인 고구려의 논리다. 약자는 항상 윤리적 양식을 내세우지만 강자는 언제나 비양식적으로 행동하는 법이다. 그저 힘으로 누르면 된다. 저항이 없었던 것은 아니다. 대왕은 동부여의 64개 성, 1400개의 촌을 공파했다. 고구려군의 공격적인 진군에 동부여 사람들은 공포의 도가니에 빠졌고, 싸울 엄두를 내지 못하고 항복했던 것으로 보인다. 광개토왕은 철군할 때 부여의 미구루압로, 비사마압로, 타라루압로, 숙사사압로와 그 외 이름을 알 수 없는 1인을 잡아왔다. 그들은 부여의 유력한 왕족이나 귀족이었다. 그들을 없애면 그 사회는 회복되기 힘들다. 고구려는 점령지의 왕족과 귀족들을 압송함으로써 그 사회체제를 무너뜨렸다. 그것은 미래의 저항 가능성을 최소화할 수 있는 조치였다.

앞서 409년 풍발은 정해진 각본대로 고운을 제거해 후연을 장악한 후 국호를 북연北燕으로 개칭했다. 고구려에 망명해 있던 풍발의 동생 풍비馮丕는 형이 정권을 잡자 귀국했다. 이후 북연이 존속한 기간에 고구려와의 우호관계는 지속됐다. 광개토왕은 고구려계인 고운의 죽음에 대해 어떠한 토도 달지 않았다.

왜 광개토왕은 고운의 암살을 명분삼아 약해질 대로 약해진 북연을 정복하지 않았을까? 요서를 고구려의 손에 넣고 나아가 중원으로의 진출을 시도했다면 우리 역사의 범위는 넓어졌을 수도 있다. 하지만 현실적으로 볼 때 당시 중원이란 바늘 하나 꽂기도 힘든 곳이었다.

흉노, 선비, 갈, 강, 저 등 5개의 유목민이 북중국에 들어와 16개의 나라를 세우고 흥망하는 모습을 고구려는 생생히 목격했다. 북연은 그 16개의 나라 가운데 마지막 국가였다. 그들은 대부분 단명했다. 모용선비처럼 망하고 다시 나라를 일으키는 경우도 있었지만 그것은 예외였다. 북중국과 중원이 수족관이라면 다섯 종류의 유목민 오랑캐들은 그곳에

들어와 사는 물고기였다. 물론 다섯 종류라 해서 다섯 마리가 아니며 그보다 훨씬 웃도는 숫자다. 가령 선비족의 경우만 해도 모용씨, 우문씨, 탁발씨, 단씨 등 각기 다른 단위를 형성하고 있었다.

문제는 수족관 내부에 소생의 순환 사이클인 먹이사슬이란 것이 없다는 데 있었다. 왜냐하면 그들은 모두 육식성 물고기 상어였기 때문이다. 마지막 한 마리가 남을 때까지 그들은 싸웠다. 광개토왕 당시 북중국이라는 수족관에는 상어들이 서로 잡아먹다 다 사라지고 한 마리의 거대하고 난폭한 상어와 상처를 입고 언제 잡아먹힐지 모르는 작은 상어 한 마리가 남아 있었다. 전자가 북위이고 후자가 북연이었다. 고구려가 그 수족관에 들어간다면 북위라는 크고 시퍼런 육식 상어와 경쟁을 해야 했다.

한 번의 패배로 모든 것이 끝나는 투기장에 뛰어들어야 위대한 왕일까? 광개토왕은 18세에 즉위해 39세에 죽을 때까지 전쟁을 해야 했다. 그는 한시도 쉴새없이 남쪽의 한강과 북쪽의 요하 사이를 오가며 사력을 다했고, 젊은 나이에 과로로 죽었다. 414년에 장수왕은 아버지 광개토왕을 기리기 위해 광개토왕릉비를 세웠다. 현재 중국 길림성 집안현 태왕향太王鄕 구화리九華里 대비가大碑街에 위치한다. 능비의 서남쪽 약 200미터 지점에 광개토왕의 무덤으로 추정되는 태왕릉太王陵이 있다. 여기서 출토된 전명塼銘을 보면 "원하옵건대 태왕릉이 산처럼 안전하고 뫼처럼 튼튼하소서"라고 새겨져 있다. 광개토왕은 어떻게 보면 연민의 대상일 수 있는 한 사람의 인간이었던 것이다. 전쟁이란 항상 상대를 얕보면 지는 법이다. 그는 전쟁 때마다 많은 경우의 수를 놓고 끊임없이 고민했다.

그가 직접 군대를 이끌고 전쟁터를 누빈 것은 여러 가지를 생각하게 한다. 먼저 당시 고구려 군대는 그의 개인적인 카리스마에 의존했다. 그의 조부나 숙부, 아버지 치세에 생겨난 적에 대한 수세적 유산을 그가 물려받은 것이었다. 수세를 공세로 바꾸기 위해서 고구려는 영웅적인 국왕을 필요로 했다. 움츠려 있던 고구려인들의 마음에 자신감을 심어줘야 진정한 소속감과 긍지를 가질 수 있었다. 그것을 가능하게 하려면 전쟁에서 패하지 않고 승리하는 수밖에 없었다.

광개토왕은 "지는 것이 무섭다"고 항상 스스로 되뇌었을 것이다. 패하지 않아야 한다는 강박관념은 전쟁을 하는 그에게 많은 부담을 줬다. 한 번의 실수는 자신의 카리스마 상실로 이어질 수 있었고, 그를 따르며 충성하던 부하들의 마음이 돌아설 수도 있었기 때문이다. 그것이 그의 운명이었다. 운명을 걸머진 자는 강하지만 때론 슬프다.

북연은 최후의 승자 북위와 고구려 사이에서 완충지대 역할을 하는 존재였다. 광개토왕은 북연이 어떻게든 오랫동안 버텨주기를 바랐을 뿐이다. 최강의 기병단을 거느린 북위와 직접 국경을 접한다면 힘이 들기 때문이다.

거란족 등 유목민에게 나온 병력이나 재원은 남쪽의 백제와 전쟁을 하는 데 있어 중요한 토대가 됐다. 마찬가지로 남쪽에서 생산된 곡물도 북쪽의 유목민들과 교역하거나 약탈하는 데 있어 중요한 재원이었다. 그것을 가능하게 하려면 일단 백제의 입김이 강한 남쪽지역을 확보해야 했다. 백제를 치고 눌러야 고구려는 안정된 생존 기반을 마련할 수 있었다. 그가 추구한 고구려는 영토가 작지만 강한 강소국 고구려였다.

지금까지 우리는 광개토왕의 영토 확장에만 관심을 가졌다. 그런 우리에게 르네상스시대 이탈리아 피렌체에 살았던 마키아벨리의 지적은 경청할 만한 가치가 있다.

"전쟁으로 국력의 소모를 초래하는 나라는 설령 전쟁에서 승리하더라도 그 결과로 획득한 영토 확장으로 아무 이익을 얻지 못한다. 베네치아가 해상의 패권만으로 만족하고, 피렌체가 국경 6마일까지만 차지하는 것으로 만족해하던 시대보다 베네치아가 북이탈리아를 영유하게 되고 피렌체가 토스카나 지방을 차지하게 된 후 두 나라는 더 약해졌던 것이다. 왜냐하면 영토 확장의 욕심만으로 그렇게 했지 확장한 영토를 어떻게 활용할 것인지를 명확히 파악한 뒤에 한 것이 아니기 때문이다."(『정략론』)

광개토왕이 얼마나 많은 영토를 확장했느냐는 것에 주목하기보다 그의 영토 확장이 어떠한 구체적인 목적을 가지고 있었는지 생각해봐야 한다.

제4장

장수왕의 초원 진출

광개토왕이 죽고 장수왕이 지배하던 시기였다. 435년 북위의 공격이 거듭되면서 북연은 국가의 존재가 위태로운 상황에 봉착했다. 북연의 통치자 풍홍馮弘은 신하 양이陽伊를 고구려에 보냈다. 사태가 여의치 않을 때 고구려 영내로 망명하게 해줄 것을 장수왕에게 요청했다.

436년 2월 북위가 북연의 마지막 숨통을 끊기 위해 요서의 화룡성을 향해 진군했다. 북연 수도의 물자와 인력이 고스란히 북위로 넘어갈 상황이었다. 이를 결코 좌시할 수 없었던 고구려 장수왕은 군대를 파견했다. 좋은 결과가 나올지는 불확실했다. 하지만 너무나 큰 이권이 걸린 문제였다. 상대가 득세하는 것은 더욱 참을 수 없었다.

창고에 들어가지 못한 쥐, 북위의 딜레마

당시 북연은 북중국의 최강국 북위와 고구려 사이에 위치해 양국 간의 완충지대 역할을 해주던 곳이었다. 434년은 북연이 북위에게 멸망당하는 것이 확실해진 시점이었다. 차후에 고구려와 북위 사이에 완충지대가 사라짐을 의미했다. 최강국 북위와 국경을 접하는 상황은 고구려에게 엄청난 환경의 변화였다.

고구려는 향후 북위와 대결할 가능성이 높아졌다. 그렇다면 소극적으로 북연 황제의 망명만 받아들일 게 아니라, 요하遼河를 넘어가서 북연의 고급 인력과 물품(사마·호구·병기·군자) 등을 가져올 필요가 있었다. 고구려로서는 북연의 인적·물적 자원을 획득해서 중원에 비해 상대적으로 열세인 자국의 문화적·정치적·군사적 역량을 강화할 수 있었기 때문이다. 이 같은 판단이 선 장수왕은 북연에 군대를 파견했다. 물론 당시 장수왕이 의도한 대로 상황이 돌아가고, 좋은 결과가 나올지의 여부는 불확실했다.

436년 5월, 북연의 수도인 화룡성和龍城(조양)을 사이에 두고 북위군과 고구려군이 대치했다. 당시 북위는 북연을 점진적으로 잠식하다가 마지막으로 수도를 접수하러 온 상황이었다. 북위군과 고구려군이 동시에 몰려오자 북연의 수도 화룡성 안에서는 친고구려파와 친북위파 간의 내분이 일어났다. 친고구려파와 친북위파가 성 밖에 주둔하고 있는 자기편의 군대를 서로 먼저 끌어들이려 했다.

친북위파가 먼저 선수를 쳐 성문을 열어 북위군을 영입하려 했다. 그러나 의심 많은 북위군은 주저하고 움직이지 않았다. 이 틈을 타 고구려군이 돌입해들어가 성을 장악했다. 먼저 고구려군은 북연의 무기고로 향했다. 무기고를 열고 고구려에서 입고 온 옷을 다 벗고, 북연의 A급 갑옷으로 바꾸어 입었으며, 무기도 정교한 새것으로 교체했다. 성 밖에서 기다리고 있던 북위군과 전투를 염두에 둔 조치였다.

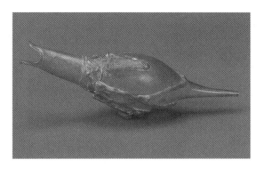

압형 파리주坡璃珠. 북연시대의 것으로 고구
려군이 챙긴 보물 가운데 하나일 것으로 짐작
된다.

북위의 군대보다 먼저 성으로 들어와 주인공이 된 고구려 군대는 맹
수로 변하여 북연의 왕궁을 향해 나아갔다. 과연 여자와 사치를 좋아하
던 후연의 모용희는 북연에게 화려한 왕궁을 물려주었다. 약탈이 허락
되었다.

"원하는 대로 가져라."

화룡성의 화려한 궁정과 중원에서 살다가 온 귀족들의 대저택이 병
사들의 사냥감으로 변했다. 출발할 때 그것은 확실히 예견된 것은 아니
었다. 북위군이 화룡성에 먼저 입성했다면 창고에 들어가지 못한 쥐가
되었을 수도 있다. 하지만 운이 좋게도 그 반대가 되었다. 고구려 장군
갈로맹광은 전시에 병사들에게 약탈만이 유일한 즐거움이란 사실을 알
고 있었다. 그들 가운데는 선왕인 광개토왕대부터 전쟁에서 고생한 사
람들도 상당수 있었다. 전장에서 수많은 고난을 겪으며 묵묵히 왕을 따
라준 것은 이러한 날이 오기만을 기다렸기 때문이다. 화룡성의 아름다
움을 두 눈으로 확인하고, 두 팔 가득 보물을 빼앗고, 가능하다면 후궁
으로 달려가 미녀를 안고 싶은 일념뿐이었다. 약탈자 무리들은 성난 파
도와 같았다. 장군, 장교, 병졸 할 것 없이 광란의 잔치에 뛰어들었다.
군대만큼 재미없는 집단은 없다. 승전 후의 약탈과 강간이란 군의 사기

북위는 너무나 강력한 국가였다. 몽골 오르콘 강 유역에 중심지를 둔 유목제국 유연을 공격하기 위해 고비사막을 거침없이 가로질렀다.

를 높이는 특효약이다.

　북위군이 밖에 있었기 때문에 고구려의 모든 군대가 약탈에 참여할 수는 없었다. 병력의 일부는 성벽에서 북연의 군대와 함께 북위군을 감시하고 있었다. 본격적인 약탈이 끝나고 약탈의 대상이던 화룡성의 북연인들을 집합시키라는 명령이 떨어졌다. 북연인들 가운데는 중원의 고급기술을 지닌 인력들이 많았다. 남녀 모두 군복을 입히고 거대한 대열을 만들었다. 모두 데리고 고구려로 향하려는 참이었다. 성 밖에 북위군이 버티고 있다고 하더라도 그렇게 북연인들을 고구려로 데리고 가지 않으면 이번 작전의 의미가 없다. 하지만 너무나 대담한 시도였다.

고구려 기병은 대열의 외부에 있고, 북연인들은 행렬의 가운데 서게 했다. 갈로맹광이 이끄는 고구려 기병이 대열의 후면을 맡았고, 수레로 움직이는 벽을 만들었다. 고구려로 향하는 80리에 달하는 장대한 행렬이었다. 일촉즉발의 상황이었지만 북위군은 고구려 기병의 행렬을 끝내 공격하지 못했다. 당시 북위는 세계 최강의 기병을 보유하고 있었던 유목민이었는데도 그러했다.

북위는 너무나 강력한 국가였다. 공격적인 성격의 소유자인 북위의 통치자들은 몽골 오르콘 강 유역에 중심지를 둔 유목제국 유연을 공격하기 위해 고비사막을 거침없이 가로질렀다. 탁발규는 황하의 만곡지역에서 유연의 가한 사륜 군대를 성공적으로 물리쳤으며, 태무제(탁발도)는 425년 기병을 이끌고 남에서 북으로 고비사막을 횡단해 유연을 습격했다. 북위의 태무제는 유연에 대한 대대적인 원정을 지휘해 엄청나게 많은 사람을 살육한 장본인이다. 섬서에 있는 혁련씨가 세운 하夏의 수도와 왕족의 야영지를 공격하고(427년), 휘하의 장군을 보내 장안을 약탈하게 했다(426년). 431년 혁련의 하국을 완전히 점령했으며, 439년 감숙에 있는 북량을 차지했다. 443년에도 그는 고비사막을 가로질러 유연인의 숫자를 줄였다. 445년 북위의 군대는 서역에서 중국으로 들어오는 길을 막고 있던 선선(롭 노르)을 보복 공격했고, 446년에는 토욕혼을 공략해 그 본거지를 초토화시켰다. 448년 북위의 장군 만도귀萬度歸는 카라르와 쿠차로 하여금 북위에 조공을 바치도록 강요했다. 449년 태무제는 유연에 대한 세번째 인간 사냥대를 조직하고 고비사막을 넘었다. 북위의 위정자 최호는 "북위가 우수한 기병을 보유하고 있어 유연을 능히 제압할 수 있다"고 한 바 있다.

바필드Barfield는 유연을 "불발의 유목제국A Failed Steppe Empire"이라 표현하기도 했다. 이보다 앞서 몽골고원을 장악했던 흉노와 비교할 때 유연은 실패했다고 볼 수밖에 없다는 것이다. 북위의 통치자들은 유연을 충분히 제어할 수 있는 유목민족으로 보기도 했다. 여기에는 북위가 유목민에 대한 이해가 있었다는 점도 한몫을 했다. 북위의 제왕이나 조정의 공경公卿, 변방의 장수들은 초원지역의 전쟁과 유목민 특유의 심리에 대해 정통한 지식을 가졌을 뿐만 아니라 중국 내지에서의 전쟁 방식도 교육받은 자들의 것이었다.

또한 그에 따르면, 북위는 유연을 성공적으로 정벌하는 과정에서 그 가한可汗의 권위를 하락시켰을 뿐만 아니라 세력의 근간이 되는 종락種落과 부속민部屬民을 막남으로 이주시켜 초원지역의 인구를 줄여나갔으며, 지속적으로 유연의 소·말·양을 약탈해 식료를 고갈시켰다고 한다. 북위는 유연에게 공급될 수 있는 물자를 철저히 차단·봉쇄하는 것을 기조로 삼고 있었으며, 그것은 유연이 견고한 유목제국을 형성할 기회를 주지 않기 위함이었다.

약탈자의 덫

436년 북위군이 고구려군을 공격하지 못한 이유는 여러 가지가 있다고 볼 수 있다. 북위군이 아무리 강력하다고 하더라도 고구려와의 전쟁을 선택하는 데는 망설임이 있었다. 북위군이 고구려군을 공격한다면 양국 간의 전면전으로 비화될 수도 있다. 북방 초원에는 유연이 북위를 노리고 있고, 남쪽에는 송이 북진을 하려고 한다. 더구나 고구려는 유연·송과 동맹을 맺고 있지 않은가. 그렇다고 북연의 수도 화룡성의 모든 인간과 물자를 가로챈 고구려군을 가만히 둔다는 것은 너무나 손실이 크다. 하지만 고구려군을 당장 공격한다고 하더라도 승리할 수 있다는 보장이 없었다.

북연의 수도인 화룡성(조양)의 서북쪽 시라무렌 강 유역은 고구려의 영향하에 있었다. 그 지방은 한마디로 고구려에 익숙한 작전구역이었다. 395년 광개토왕은 패려의 3부락 600~700영을 공파攻破하고 수많은 우마를 노획했다. 패려는 거란족을 구성하던 8부 가운데 하나인 필혈부匹頁部를 가리킨다. 고구려의 공격에 격파당한 패려는 원래 거주지인 내몽골 흥안령산맥 남쪽의 시라무렌강 유역을 떠나 난하 상류의 염호로 이동하던 거란족의 일부였다. 이를 계기로 고구려는 내몽골 초원지대로의 진출을 적극 추진했다. 내몽골지역으로의 진출은 고구려의 세력권이 북서지역으로 확대되는 계기가 되었다. 북위군이 화룡성 부근에서 싸움을 시작한다면 고구려 휘하에 있는 거란 기병의 공격을 받을 가능성이 높다. 그것도 북연 사람들을 데리고 이동하는 고구려 군대를 동쪽으로 추격하면 할수록 그렇다.

고구려군 배후에 성이 있었다는 것도 북위군의 발목을 잡았다. 숙군성(요령성 광령)은 화룡성의 동쪽에 있는 북연 평주자사의 군사기지였다. 현재 조양과 심양의 정중앙에 위치한 곳으로 화룡성과 지척의 거리였다. 401년 숙군성을 차지한 고구려 군대는 그곳을 서방의 중요한 전진기지로 활용하고 있었다. 장수왕이 화룡성을 약탈할 생각을 했다면, 충분한 식량과 마초, 병력과 전마를 비축해두지 않을 수 없는 곳이었다. 고구려 군대의 장대한 행렬도 일단 숙군성을 향했다고 봐야 한다. 북위 군대와 전투가 벌어진다면 고구려는 숙군성에 있는 병력의 지원을 얼마든지 받을 수 있었다. 전투가 장기화되면 북위군은 더욱 불리해진다. 고구려군은 배후의 성에서 쉴 수도 있고 먹을 수도 있으며, 보급을 지속적으로 받을 수 있다. 북위군에게도 배후에 금방 점령한 화룡성이 있었다. 하지만 화룡성은 고구려군의 대대적인 약탈로 텅 비어 있었고, 화염에 휩싸여 있었다. 고구려는 철수할 당시 화룡성에 불을 질러 그곳을 철저히 황폐화시켰다.

세찬 바람이 불어 불길이 사방으로 퍼져나갔고, 때로는 하늘 꼭대기로 오를 기세로 바람을 타고 솟구치기도 했으리라. 『삼국사기』는 고구려군이 떠난 후 10일 동안 불길이 꺼지지 않았다고 한다. 화룡성은 이미 안전하게 머물 수 있는 곳도 아니었고, 설사 방화가 없었다고 하더라도 먹을 수 있는 식량이 없었다. 그러한 곳은 북위군에게 의미가 없다.

436년 북위군은 고구려군 행렬을 추격하다가 결국 포기하고 돌아갔다. 이 사건의 결과로 북연의 수도에 거주하던 대부분의 고위 계층과 군인·호구들이 고구려에 이입됐다. 북위는 북연의 땅을 차지할 수 있었지만 가치 있는 인력과 물품은 고구려가 가로챘다. 그 양과 질의 측면에서 고구려사에서 최대였다. 이와 관련해 『삼국사기』 권25, 백제본기 개로왕 18년(472) 조를 보자.

"사신을 위에 보내 글월을 전해 말하기를 (…) 풍씨[北燕]의 운수가 다해 그 여류餘類(북연의 민호)가 도망해온 이래로 추류醜類(고구려)가 점차 성해져서 드디어 (백제는) 업신여김과 핍박을 당하게 되므로 원한을 맺고 화를 연속하니 30여 년을 지나 재물과 힘이 다해 점차 쇠약해졌습니다. (…) 더구나 풍족(북연)의 사마士馬(군사와 필마)는 조축의 변을 가지고 있으며……."

위의 기록을 보면 436년에 북연 사람들이 대거 유입된 이후 고구려가 강성해진 것을 알 수 있다. 이것은 북연의 군사와 필마의 유입으로 고구려의 군사적 역량이 향상됐다는 것을 의미했다. 여기서 상당 규모의 북연 기병이 고구려로 이입된 것을 상정할 수 있다.

객관적으로 봤을 때 북연은 기병을 양성하기 좋은 환경을 가지고 있었다. 북연은 선비족 모용씨가 세운 후연을 계승한 국가다. 자연히 선비계통의 사람들이 북연 기병의 많은 부분을 차지하고 있었다.

북연은 북방의 유연과 많은 교류가 있었다. 예를 들면 414년 북연의 풍발은 자신의 딸 낙랑공주를 유연의 가한 해율解律에게 시집보냈다. 앞서 해율이 풍발에게 청혼할 때 말 3천 필을 증여했으며, 해율이 실각한 후에도 북연과 유연의 관계는 변함이 없었다. 유연의 새로운 가한 대단大檀도 풍발에게 말 3천 필을 증여한 바 있다.

북연은 거란, 고막해高莫奚와 말 교역을 했다.

"거란과 고막해가 북연에 사신을 보내와 스스로 신하를 청했다. 북연 황제는 거란과 고막해의 대인大人을 귀선왕歸善王에 임명했다."

거란과 고막해는 형식적이나마 북연 황제의 통치하에 있으니 그 땅에서 교역을 자유롭게 할 수 있는 권리를 얻은 것이다. 유목민은 겨울을 넘기기 위해 곡물의 절대량이 필요했다. 어느 때는 고막해와 우출고진虞出庫眞이 3천여 부락을 거느리고 직접 와서 교시交市할 것을 청하기도 했다. 물론 북연 황제에게 바칠 말 1천 필도 가져왔다. 북연 황제 풍발은 교역을 허락했고, 3천여 부락을 그 수도 부근 영구에 거처하게 했다. 북연은 유연·거란·고막해 등으로부터 말의 공급을 받기 좋은 위치에 있었다.

북연을 둘러싼 사건(436년)이 벌어진 후 고구려와 북위 사이에 군사적 긴장관계가 조성됐다. 사건 직후 북위는 고구려에 사신을 보내 북연 왕과 그 백성, 병력의 송환을 강력히 요구했다. 북위는 북연의 땅 이상으로 사람이나 재물에 관심이 많았다. 장수왕은 일언지하에 거절했다.

이에 북위의 세조는 군사를 대대적으로 동원해 고구려를 침공하고자 했다. 하지만 이는 다음 거사를 기약하자는 북위 낙평(산동)왕 비比 등의 반대로 중지됐다. 북연 문제를 둘러싼 분쟁이 일단락된 이후, 고구려와 북위의 관계는 긴장과 대립 상태를 지속했다. 439년 이후 462년까지 양국 간에 한 차례의 사신 왕래도 없었다. 국제정세란 한 치 앞도 예측하기 어려운 것인가. 정작 군사적 충돌은 고구려와 장강 이남의 송 사이에서 일어났다. 북연의 풍홍으로 인해 그를 둘러싸고 양국 간의 분쟁이 일어난 것이다.

436년 북연을 두고 북위와 대치하는 상황에서 철저하게 실리를 취한 고구려 장수왕은 북연인들을 요동으로 옮겼다. 이용가치가 없어진 풍홍에게는 황제 대우를 해주지 않았다. 장수왕이 보낸 사신이 풍홍에게 "용성왕 풍군이 벌판에서 행차하시느라 군사와 말이 피곤했겠습니다" 라고 했다. 풍홍은 지금의 자신의 처지를 생각하니 한심했다. 하지만 그만큼 분노로 차 있었다.

"황제에게 왕이라니 나는 천자다. 너희 왕에게 이 사실을 전하라!"

그것은 허세였다. 모든 것을 잃고 고구려에 더부살이하는 황제였다. 장수왕이 벼랑에 내몰린 풍홍을 무시할 수 있었던 것은 망명객이란 본래 재기를 위해 부도수표를 남발하는 본성이 있다는 것을 알고 있었기 때문이었다. 마키아벨리가 장수왕과 거의 같은 생각을 하고 있었다는 것은 흥미롭다.

하늘에서 촬영한 심양시 주변의 현재 모습.

"망명 중인 인간의 말을 믿으면 큰 위험이 뒤따를 때가 있다. 그들이 운운하는 신의와 서약은 휴지나 다름없다고 생각해도 좋을 정도이다. 망명 중인 사람의 말이라는 것은 그들의 종국적 목적인 귀국 실현의 수단으로써, 그에 도움이 될 법한 사람의 원조를 얻어내기 위한 것이므로 실현 불가능한 일도 무엇이나 예사로 약속한다. 그런 사정인데도 당신이 그 말을 믿고 행동을 일으켰다가는 결국 헛수고로 끝나거나 더 나쁘면 당신의 파멸이 되어 돌아오는 것이 고작이다."(『정략론』)

장수왕은 풍홍에 대해 이렇게 생각했을 것이다.

북연은 중원에서 쫓겨나 요서의 지방 정권이 된 후연의 왕위를 풍홍의 형 풍발이 찬탈하고 세운 나라가 아닌가. 더구나 풍홍은 형이 죽자 친조카들을 모조리 학살하고 왕위를 차지한 도살자 백정이었다. 또한 그의 본처 아들 풍숭과 풍랑(풍태후의 아버지)은 아버지를 배신하고 생모, 동생들과 함께 북위로 망명해 북연을 망국으로 몰아가는 데 일조했다. 북연은 배신과 음모, 혈족 사이의 학살로 얼룩진 그야말로 저주받은 왕조였다.

장수왕은 풍홍의 허세에 기분이 상했던지 그의 거처를 요동만과 가까운 평곽平郭(현재 요령성 능악성熊岳城)에서 북풍(현재 요령성 심양시)으로 옮겼다. 북풍에서도 풍홍은 자신의 나라에서 하듯 허세를 부렸다. 백성들을 마음대로 처리했으며, 형벌도 북연에서 하듯 내렸다. 풍홍은 자신의 현재 처지를 부인하려고 했다. 장수왕은 가만히 둘 수 없었다. 먼저 풍홍을 북연의 망명집단과 분리시켰다. 그리고 풍홍의 비서侍人들을 빼앗고 그의 아들인 태자 풍왕인馮王仁을 인질로 데려갔다. 북연인들을 분해해 고구려사회의 조직으로 배치하는 작업이 본격적으로 시작된 것이다.

풍홍은 분개했다. 그는 고구려를 발판으로 백성들을 규합해 북연을 다시 일으켜 세울 계획이었다. 어려운 입장에 몰려 망명한 왕들이 언제나 꾸는 꿈이었다. 그렇지 않으면 현실을 한탄하다가 자포자기해 죽고 말기 때문이다. 살기 위해서는 해가 뜨면 사라지는 이슬 같은 꿈일지라도 마음속에 품어야 하는 것이다.

힘의 균형추가 낳은 암묵의 약속

풍홍은 포기하지 않았다. 그는 수천 리 바닷길을 통해 밀사를 보냈다. 풍홍의 밀서를 소지한 사신의 배가 남조 양자강남의 송[劉宋] 조정에 도착했다. 그 밀서의 내용에는 고구려 장수왕이 행한 자신에 대한 부당한 대우가 적혀 있었다. 편지의 말미에 풍홍은 송으로 망명하겠다고 요청했다. 풍홍의 밀서를 받아본 것은 송의 명군 문제文帝(407~453)였다.

송은 문제의 아버지 유유가 동진의 마지막 황제 공제로부터 선양받아 세운 왕조다(420년). 아버지 유유는 재위 3년 만에 죽고, 문제의 형인 소제少帝(406~424)가 17세에 즉위했는데 아주 못쓰는 방탕한 사람이었다. 유유는 어린 아들이 마음이 놓이지 않아 후견인 네 명을 선발하고 죽었다. 단도제·서선지·부량·사회 등 4인은 황제가 사춘기라 방탕함이 고쳐지기 어렵다 판단하고 그를 죽이고 동생 유의륭劉義隆을 모셔와 재위에 앉혔다. 그가 바로 송의 문제였다. 문제는 영리하고 음모를 꾸밀 줄 아는 사람이었다. 4인방의 힘으로 황제에 올랐지만 그 존재 자체가 그에게 부담이었다. 문제는 단순한 사고를 하는 무장 출신 단도제를 자기편으로 끌어들여 나머지 3대신을 죽이고 조정의 인사를 대폭적으로 교체해 정부를 새롭게 조직하는 데 성공했다. 풍홍의 밀사가 왔을 때 문제는 요동에 송의 기지를 설치할 수 있는 절호의 기회로 생각했다.

438년 문제는 일단 고구려에 사람을 보냈다. 왕백구王白駒라는 이가 단장이었다. 그들은 고구려에 도착해서 연왕 풍홍을 송으로 보내줄 것을 요구했다. 하지만 풍홍에게 노자까지 주면서 고이 보낼 장수왕이 아니었다. 장수왕은 풍홍에게 자객을 보냈다. 풍홍과 그의 아들, 손자 10명이 비참하게 살해됐다. 그러자 왕백구 휘하의 송군을 실은 배가 요동만에 나타났고, 7천 명에 달하는 송군이 상륙을 개시했다. 송군은 풍홍이 감금돼 있는 북평北平의 안가로 진군할 작정이었다. 손수孫漱와 고구高仇가 이끄는 고구려 군대가 이를 막기 위해 출격했다. 하지만 고구려 군대는 송군에게 급습을 당했다. 고구려 역사상 양자강남의 군대와 벌인 최초의 전투였다. 고구려 장군 백구가 여기서 전사했다. 남조 송의 이 같은 행보는 풍씨집단과 연결해 고구려를 위압해서 북위의 측면에 세력 근거를 구축하려는 의도였다.

하지만 고구려에 상륙한 송군은 승리를 장담할 수 없었다. 고구려군과 그들 사이에 치열한 전투가 벌어졌고, 송의 장군 왕백구가 포로로 잡혔다. 7천 명의 송군 가운데 따뜻한 남쪽 고향 땅을 밟을 수 있었던 사람은 많지 않았다.

고구려 장수왕은 풍홍을 결코 송에게 넘겨주지 않았다. 이로써 장수왕은 북연의 망명집단을 내세워 북중국 방면으로 진공할 의도가 없음을 북위에게 분명히 밝혔다. 아울러 송과 풍홍의 결합을 방기하려고도 하지 않았다. 당시 고구려는 국제관계에서 자신의 이익을 포기하려고 하지도 않았지만 동시에 어느 나라에도 이용당하지 않는 중립적인 자세를 견지하고 있었다.

장수왕은 송의 장군 왕백구를 귀환시켰다. 패장이 된 왕백구는 고구려 사절단과 함께 배를 타고 송으로 향했다. 고구려 사절은 송의 문제를 만나 말했다.

"왕백구 등이 제멋대로 고구려 땅을 침범해 사람을 죽였으므로 이렇게 잡아 송환합니다. 저희 왕께서 처벌을 원하십니다."

송 문제는 왕백구 등을 일단 감옥에 가두었다. 하지만 고구려 사절이 본국으로 돌아간 직후에 석방했다. 현명한 장수왕은 왕백구 등을 잡아 처형하지 않고 본국으로 송환했다. 장수왕은 송과의 관계가 파탄나는 것을 원치 않았기 때문이다. 영민한 문제도 장수왕의 의도를 간파하고 고구려 사절의 요구대로 왕백구 등을 일단 감금했다. 그도 요동에서 고구려와 군사적 충돌로 두 나라의 관계가 악화되는 것을 결코 바라지 않

았다. 고구려와 송은 서로에게 필요한 상대였다. 강적 북위를 두고 양국
은 싸울 수 없었다.

　고구려는 이때 군사강국 북위와 적대관계에 있는 나라들(유연·송)과
연결을 도모해 이를 포위·견제하는 정책을 취하고 있었다. 고구려는
북위와 대립관계를 지속하면서 남조의 송·유연과 관계를 맺었을 뿐만
아니라, 장강의 송과 사막 이북의 유연을 중개해주기도 했다. 463년 송
은 장수왕을 책봉하는 문서에서 다음과 같이 기술했다.

　"고구려왕 낙랑공 연(장수왕)은 대대로 충성스럽게 우리 송을 섬기면서 바다

밖의 번병藩屛이 됐다. 우리 송의 조정에 충성을 다해 포악하고 잔악한 무리를 없애는 데 뜻을 두었고, 사막의 나라(유연)에 통역해 짐(송 황제)의 뜻을 잘 펼쳤다."(『송서』 고구려전)

송나라는 고구려를 통해 사막지역의 유목민집단(유연)에 그 뜻을 전했다. 고구려와 송과의 교섭이 지속됐고, 고구려와 유연 사이의 관계도 그러했다. 유연-고구려-송의 협력관계는 472년 백제가 북위 조정에 보낸 비방성 국서에도 보인다.

"고구려의 불의와 잘못은 한둘이 아니다. (고구려는 북위에 대해) 겉으로는 외효처럼 번병의 겸손한 말을 하면서도 속으로는 흉악한 짐승의 저돌적인 행위를 하고자 한다. (고구려는) 남으로 유씨(송)와 통호하고, 혹은 북으로 연연(유연)과 맹약해, 서로 순치의 관계를 이루면서 왕략(북위의 땅)을 짓밟으려 하고 있다."(『위서』 백제전)

당시 고구려는 유연·송과 긴밀한 관계를 맺어 북위를 견제하고 있었고, 이는 한반도 서남에 위치한 백제조차도 알고 있는 사실이었다. 고구려는 북위와 대치하면서 장강 남쪽의 송과 사막 이북의 유연을 연결해 북위를 견제했다. 이는 변함없는 고구려의 정책이었다. 북위의 북쪽 유연과 남쪽 송과의 대립 상태는 지속됐다. 송과 유연은 물론 서쪽의 토욕혼 등은 북위에 대한 포위정책을 추구했고, 특히 유연은 남조와 협력해 북위를 동시에 협격할 것을 지속적으로 시도했다.

압도적으로 많은 인구와 강력한 기병단을 소유한 북위가 회하 이남의 선을 돌파하지 못한 데는 자연의 한계도 있었다. 회하 이남에는 논농

사지역이라 기병 작전이 용이하지 못했다. 남조 송의 광활한 평지는 모두 물이 차 있어 말의 발이 진창에 빠져 꼼짝도 할 수 없다. 회하를 넘어선다고 하더라도 바다와 같은 장강이 있다. 여기에서는 기병전이 아니라 배를 이용한 수전을 펼쳐야 했다. 바다를 보지 못한 유목민 북위 사람들이 수전에 능숙할 리 만무했다. 제약은 또 있었다. 앞서 언급한 국제정세상의 불리한 조건이다. 사막 이북에 유목제국 유연이 버티고 있던 것이다.

유연의 성장 과정은 북위의 예속에서 벗어나기 위한 몸부림의 연속이었다. 북위의 지배에서 벗어나 서로는 서역의 언기焉耆에서 동으로는 만주와 접한 흥안령에 이르는 북아시아를 제패한 이후에도, 유연은 북위와 상쟁을 지속했다. 양국 간의 대결에서 때로는 유연군이 북위의 수도를 공격하기도 했고, 북위군이 고비사막을 넘어 유연을 추격하기도 했다. 유연의 존재는 북위가 493년 수도 평성의 남쪽 낙양으로 천도하기까지 직접 영향을 주었다. 옛 수도인 평성은 장성과 인접할 정도로 북쪽에 치우쳐 있어 유연의 본거지와 멀지 않았다. 더욱이 유연은 북위와 적대적인 남조를 비롯해 고구려, 토욕혼과 연결돼 있었고, 북위도 이를 잘 알고 있었다. 북위의 연주자사 목비의 발언을 들어보자.

"북으로는 험윤(유연)이 침구해올 위험이 있으며, 남으로는 형양(남조 송)이 복종해오지 않고, 서로는 토욕혼의 막힘이 있으며, 동으로는 고구려의 어려움이 있어 사방이 평온하지 못하다."(『위서』 권14, 비전)

북위는 유연과 남조를 상대로 장기적인 전쟁을 수행할 수 없었다. 구체적인 실례를 보자. 448~449년 북위는 유연에 대한 대규모 침공을 감행했다. 그러자 송이 그간 추진해오던 북벌을 구체화했다. 북위의 태무제는 우려하던 일이 발생하자 분통을 터뜨렸다. 그는 국서를 보내 송이 유연, 고구려 등과 상호 제휴하고 있음을 크게 비난했다. 카리스마를 소유한 전사 황제인 태무제도 전쟁터에서 적에게 욕을 할 수밖에 없는 바보스런 모습을 보였다.

당시 유연의 사신이 송에 도착해 북위가 해를 넘겨가며 유연과 전쟁을 하고 있으니 지금 북위를 공격하면 송이 승리할 것이라고 부추겼다. 그러자 북위는 유연과의 전쟁을 중단할 수밖에 없었다. 450년 7월 송은 북위를 공격했다. 북위는 여기에 반격을 가해 송군을 격퇴했고, 그해 9월 태무제는 송에 대한 원정에 착수했다. 송군이 밀렸고, 12월 북위군은 송의 수도 근방까지 진격했다. 하지만 이듬해 1월 북위는 송과 평화 협상을 체결하고 북으로 철군했다.

450년 북위는 송과의 전쟁 와중에도 유연의 침공에 대비해 북쪽에 군대를 배치해야 했다. 9월에 북위 황태자의 군대는 사막의 남쪽에 주둔해 있었고, 12월에 양자강 부근에 있던 북위 황제는 추가로 손소라는 장군 휘하의 병력을 북으로 보냈다. 451년 1월 남쪽에서 회군한 북위군은 그해 6월과 10월에 북쪽 음산으로 이동해 유연에 대한 무력시위를 했다. 북위군이 송에 대승한 후 곧 회군한 주된 요인은 송과 장기전을 벌일 경우 염려되는 유연과 고구려의 침공을 의식한 것이었다. 당시 고구려와 북위는 외교단절 상태였다.

『삼국사기』권18, 고구려본기 장수왕 50년(462) 3월 조를 보면 고구려가 23년 만에 북위에 사신을 파견한 기록이 나온다. 462년에 이어 465년 이후부터 고구려에서 매년 사신을 파견했고, 그에 부응해 북위 사신이 빈번하게 내방하는 등 양국 간의 관계가 급속히 개선됐다. 436

년 북연을 둘러싼 분쟁 이후 26년 이상 서로 대립하던 두 나라가 그 이후 긴밀한 관계를 가지게 됐다. 이 시기에 고구려가 북위와 관계 개선을 위해 노력한 것은 인정할 수 있다. 사신 파견 횟수로 보아도 양국 간의 관계가 급속히 개선됐다는 것은 명백했다.

그런데 465년 북위 문성제(452~465)가 죽고 풍태후馮太后가 막후 실력자로 등장하면서 분위기가 달라졌다. 태후 풍씨는 북연 황제 풍홍의 손녀다. 고구려 장수왕은 438년에 풍홍과 그의 자손 10명을 참살한 바 있었다. 고령이던 장수왕의 입장에서 풍태후의 존재 자체가 늘 부담스러웠던 것이 확실했다.

내실의 음모꾼 풍태후

472년 8월, 백제 사신이 북위 조정에 도착했다. 북위에 온 최초의 백제 사신이었다. 사신은 북위에게 고구려로부터 군사적으로 구원해줄 것을 호소했다. 그는 북연北燕(411~436)의 유민을 받아들인 후 고구려가 강성해졌고, 그 때문에 30여 년간 백제가 지속적인 피해를 입었다고 말했다. 436년 고구려 장수왕이 북위의 이익을 침해한 사건을 백제가 들춰내는 것이나 다름없다.

그러나 백제가 북위에 청병을 한 472년에 고구려와 북위의 관계는 이미 정상궤도에 올라 있었다. 462년에 고구려가 북위에 사신을 보낸 이후 두 나라의 관계는 급속히 개선됐다. 그렇다면 백제가 이 사실을 모르고 북위에 청병을 했던 것일까? 속단은 이르다. 『위서』(권100, 백제전)를 다시 보자.

"고구려는 남쪽으로는 유씨劉氏(송)와 통하고 북쪽으로는 연연蠕蠕(유연)과 맹약하기도 하며 서로 순치脣齒의 관계를 이루면서 왕략王略(북위의 땅)을 짓밟으려 하고 있습니다."

백제는 당시 국제정세를 예리하게 꿰뚫어보고 있었다. 고구려가 남조南朝 송과 통하고 북방의 유목민 유연과 맹약해 북위를 포위하고 있는 상황을 정확히 파악하고 있었던 것이다.

백제는 북위 내정에 대해서도 역시 잘 알고 있었다. 사실 471년 북위 조정에 정치적 변화가 있었다. 헌 문제의 퇴위가 논의되고 있었고, 결국 태자 굉宏이 효孝 문제文帝로 즉위했다. 풍태후가 1차 임조청정臨朝聽政 이후 490년 사망할 때까지 실질적인 영향력을 행사했던 점을 감안한다면, 그녀가 헌 문제의 퇴위를 사주했을 가능성은 충분하다. 북위 조정에서 풍태후의 득세는 백제에게 반가운 소식이었다. 왜냐하면 풍태후는 438년에 고구려 장수왕에게 살해된 북연의 황제 풍홍의 손녀이기 때문이다.

풍태후 본인이 어떻게 생각했건간에 472년 당시 백제는 그녀가 장수왕에게 유감을 가지고 있다고 생각했다. 청병표에서 언급된 '풍씨'는 이와 관련이 있다.

"지금 연璉(장수왕)의 죄로 나라는 어육魚肉이 됐고, 대신들과 호족들이 살해됨이 끝이 없어 죄악이 가득 쌓였으며, 백성들은 이리저리 흩어지고 있습니다. 이는 멸망의 시기이며 도움을 받아야 할 때입니다. 또 풍족馮族의 사마에게는 조축지연鳥畜之戀이 있고, 낙랑 등 여러 군은 수구지심首丘之心을 품고 있습니다. 폐하의 위엄을 한번 발동하면 정벌만이 있고 전쟁은 없을 것입니다."(『위

　　백제 청병표에 '풍족의 사마土馬'라는 표현이 보인다. 북연 황제 풍홍은 436년 고구려에 망명할 때 자신의 신하들도 동반했다. 그들이 그리워하는 대상은 당시 북위의 천자 헌 문제(현조)였을까. 정황상 그렇게는 볼 수는 없다. 헌 문제는 북연을 멸망시킨 장본인인 북위 태무제의 손자가 아닌가. 그렇다면 고구려에 망명한 북연인들이 그리워하는 대상은 풍홍의 손녀 풍태후가 확실하다. '낙랑 제군의 수구지심' 운운한 대목도 마찬가지 의미다.

　　『위서』권30, '문명황후 풍씨전'을 보면 그녀의 어머니는 낙랑왕씨樂浪王氏로 기록돼 있다. 낙랑왕씨는 평양 부근의 유력 가문이었으며, 광개토왕 당시에도 고구려에 남아 명맥을 유지했던 사실이 확인된다. 467년 이후 풍홍의 손녀 풍태후가 북위에서 막후 실력자로 군림했다는 사실이 고구려에 살고 있는 북연인들과 낙랑인들에게 이미 알려져 있었다.

　　중국의 황제에게 보내는 외교문서에는 형식과 절차가 있었다. 공식적으로 북위의 태상황 헌 문제에게 보낸 청병표인 만큼, 백제는 그 형식 절차를 준수했다. 하지만 청병서의 내용은 사실상 풍태후를 의식하고 만들어졌다. 그렇더라도 그것은 어디까지나 백제의 생각이었다. 당시 북위 조정 내부의 권력투쟁에 몰두하던 풍태후가 백제에서 보내온 청병표의 내용을 어떻게 받아들였는지는 알 수 없다.

　　앞에서 고구려로 망명한 풍홍 일족의 운명을 간략히 더듬어봤다. 이제 북위로 망명한 풍태후의 가족에 대해 이야기해보겠다. 432년 11월 북연에 내분이 일어났다. 폐출된 태자 풍숭馬崇이 요서지방에서 자립했던 것이다. 풍숭은 풍홍의 첫째 부인元妻 왕씨가 낳은 아들이다. 후처 모

용씨 소생 풍왕인이 태자에 책봉되자 풍숭은 어머니 왕씨와 동생 풍랑·풍막과 함께 요서로 도망가서 북위에 도움을 청했다. 이 풍숭이 바로 풍태후의 큰아버지가 된다. 당시 북연을 공격하고 있던 북위에게 풍숭의 귀순은 좋은 기회였다. 북위는 풍숭에게 작위를 수여하고 우대했다. 그러나 436년 북연이 멸망하자 풍숭과 그 가족들의 정치적 이용가치는 사라졌다.

풍숭과 함께 북위에 귀순한 풍랑이 바로 풍태후의 아버지다. 풍태후는 442년에 장안에서 태어났다. 그녀가 7세가 되던 해(449년)에 집안에 불행이 밀어닥쳤다. 삼촌 풍막이 전쟁 와중에 유연으로 투항한 것이다. 아버지 풍랑은 이 일에 연좌돼 죽임을 당하고, 계모는 오빠인 풍희馮熙를 데리고 저강氐羌지역으로 도피했다. 어린 풍태후는 여자라서 함께 데려가지 않은 듯하다.

역설적으로 고난은 풍태후에게 권력으로 향하는 계단이 됐다. 망국의 왕녀에서 버림받은 여아로 그리고 노비로, 그러나 455년에는 황제를 모시는 귀인으로, 다시 그 이듬해엔 황후가 됐다. 그러나 황후가 된 기쁨도 잠시, 곧 불행이 찾아왔다. 465년 남편 문성제가 죽고 20대 초반에 과부가 된 것이다.

문성제의 죽음이라는 불행은 그녀에게 또 다른 상승 기회를 가져다주었다. 그녀는 24세에 황실 최고의 어른 황태후 자리에 올랐다. 풍태후가 이렇게 화려한 변신을 하게 된 데는 태무제의 좌소의左昭儀였던 고모의 배려가 있었기 때문이다. 그녀가 죄인으로 궁궐로 가게 된 것도 고모가 미리 손을 써놓았기 때문이었다. 풍좌소의는 연화 2년(433) 6월 이후 어느 시기에 북위의 궁정에 들어왔다. 그때는 북연이 풍전등화의 상황에 처한 시기였다. 풍좌소의는 436년에 북연의 수도 화룡성이 함락되고, 친정아버지와 형제들이 고구려로 집단 망명했으며, 2년 후에 장수왕에 의해 아버지 풍홍과 형제들이 학살당했다는 사실을 북위에서 알게 됐다. 7세에 북위 궁정에 들어와 고모의 후광 아래에서 성장한 풍태후도 풍씨 일족의 이산과 고구려에서의 비극에 대해 들어 알고 있었다.

백제의 청병을 받고 최초로 고구려에 압력을 행사한 사람은 풍태후가 아니라 헌 문제였다. 그는 고구려에 사신을 파견해 실상을 조사했다. 472년, 북위의 사신 예禮 등이 평양에 파견됐다. 북위 사신의 질의가 있었고, 고구려는 이에 대해 적절히 답변했다. 어쨌든 고구려는 이를 원만히 해결했다. 그후 고구려의 계청啓請이 북위로 갔고, 다시 태상황의 조서가 고구려로 내려왔다. 그러고 나서 북위 사절단은 고구려에서 철수했다.

북위의 조사단 파견은 고구려의 입장에서 외교적 압력으로 느껴졌다. 당시 북위는 토욕혼吐谷渾을 토벌하는 중이었다. 450년부터 토욕혼을 두고 송과 지루한 외교전을 벌여온 북위가 결국 무력을 선택한 것이었다. 북위는 470년 토욕혼에 밀어닥친 대기근을 알아차리고 초토화작전을 감행, 473년 8월에 가서 항복을 받아냈다.

헌 문제는 백제로 파견할 자신의 사신을 백제 사신과 함께 고구려 영내를 통과시키려고 했다. 토욕혼 정벌의 기세를 몰아 다시 고구려에 압력을 가하려는 심산이었다. 북위와 백제 사신이 고구려 영토를 통과한다면 사람들이 그것을 목도할 것이고, 장수왕이 북위 황제에게 굴복한 사실이 만천하에 알려질 것이었다.

당시 장수왕은 귀족들과의 불협화음과 그로부터 파생된 사회불안 등 내부적인 문제에 시달리고 있었다. 이때 북위의 압력에 굴복한다면 고령인 그의 입지는 손상될 것이 확실하며, 반대로 백제 개로왕은 북위와의 성공적인 외교를 이끌어낸 것이 된다. 장수왕은 고구려 영내 통과를 허락하라는 헌 문제의 요구를 단호히 거절했다. 북위와 백제의 사신은 요하遼河를 넘지 못하고 되돌아왔다. 헌 문제는 장수왕의 이 같은 조치에 대해 조서를 내려 엄하게 질책했다. 그러나 그것은 그저 서한일 뿐이었다. 실질적인 조치가 이어지지 않는다면 백제 사신 앞에서 북위의 무력함이 드러나게 되고, 나아가 대내외적으로 헌 문제의 위신이 실추될 상황이었다.

물론 이런 상황은 백제의 청병이 사건의 발단이 되고, 헌 문제가 고구려에 외교적 압력을 행사하는 과정에서 우연히 만들어진 것이었다. 그런데 이어 연흥 말延興末(474년 이후) 헌 문제의 정적이던 풍태후가 장수왕에게 '납비'를 요구하고 나왔다.

유산된 정략결혼과 의도된 사산

북위와의 통혼은 고구려의 내정과 지형을 노출하는 계기가 될 수 있다. 이는 앞서 북연의 경우를 보면 알 수 있다. 고구려는 북위가 동으로 세력을 뻗어오려는 의도를 가진 게 아닌가 의심했다. 과거 북량北涼 (397~439)은 북위와 이중 통혼을 한 바 있다. 북량왕 저거목건沮渠牧犍의 누이가 북위 황실에 시집을 갔고, 북위 태무제의 누이 무위 공주가 북량 황실에 시집을 갔다. 그러나 북량은 439년 북위에게 멸망당했다. 그렇다면 풍태후의 납비 요구는 고구려의 입장에서 일종의 외압이었다.

풍홍이 장수왕에게 피살된 시점은 438년이다. 풍태후가 장수왕에게 납비를 요구한 시기와 대략 35년 이상의 시차가 난다. 풍태후는 정중하게 요청을 한 게 아니라 강자로서 오만하게 요구했으며, 최소한 장수왕의 입장에서는 사적인 감정이 어느 정도 포함돼 있다고 느낄 수밖에 없었다. 장수왕은 자신이 살해한 자의 손녀로부터 혼사를 강요받은 셈이기 때문이다. 가해자인 장수왕의 입장에서 확실히 풍태후는 거북한 상대였다. 물론 이 같은 상황은 혼인 당사자인 헌 문제 쪽에서도 어딘가 석연치 않았다.

여기서 헌 문제와 풍태후 사이에 벌어진 북위 궁정 내부의 암투에 대해 잠시 언급할 필요가 있다. 막후 실력자로서 풍태후가 등장한 시기는 465년 문성제가 죽고 헌 문제가 즉위한 시점으로 거슬러 올라간다. 그때 헌 문제는 12세에 불과했다. 정치와는 거리가 멀 수밖에 없는 연령이었다. 당연히 권력을 행사할 위정자가 필요했다. 이때 그 지위에 오른 자가 거기대장군車騎大將軍 을혼乙渾이다. 을혼은 덕망 있는 관료를 독살하는 등 권력을 마구 휘둘렀다. 그러자 풍태후가 나섰다. 그녀는 을혼에 대해 악화될 대로 악화된 궁정 내 여론을 이용해 주변 대신들의 지원을 받아 466년 을혼을 주살했다. 풍태후는 자연스럽게 임조청정의 형식으로 정치 일선에 발을 내디뎠다. 그러나 467년 효 문제가 태어나자 풍태후는 효 문제를 양육한다는 명분으로 후궁으로 물러나 앉았고, 표면적으로 정권은 14세의 헌 문제에게 환원됐다.

이에 대해서는 헌 문제 및 주변 대신들의 압박 때문으로 보는 견해가 있다. 이는 풍태후의 반대파 인물들이 부상한 사실을 봐도 알 수 있다. 468년 4월 헌 문제는 효 문제의 생모 사황후思皇后의 아버지 이혜李惠를 왕에 봉했고, 헌 문제의 총신인 이혼李訢이 정치적으로 부상했다.

정치 일선에서 물러난 풍태후는 한 남자를 알게 된다. 이혁李奕이라는 잘생긴 귀족 청년이었다. 그때 그녀는 20대 중반의 나이였다. 어린 시절 아버지가 역적으로 몰려 처형되고 집안이 풍비박산난 후 버림받은 여자 아이였던 그녀는 노비에서 궁인으로, 궁인에서 황후에까지 오르자 남편이 죽고 과부가 되었다. 태후가 된 후에는 대신 을혼과 권력투쟁을 벌여야 했고, 황제가 나이가 들자 정적이 되었다. 한시도 긴장을 늦출 수 없었던 그녀의 내면은 황폐화되었다. 하지만 그때 좋아하는 남자를 만났던 것이다. 사막에도 잠시 비가 내린다. 그리고 꽃이 핀다. 황제는 그녀를 그렇게 여자로 살게 내버려둬야 했다.

그러나 그녀의 정인情人 이혁은 470년 10월 헌 문제에 의해 주살된다. 헌 문제는 풍태후의 소중한 연인 이혁을 죽였을 뿐만 아니라 그녀의 방심과 경솔함도 함께 죽였다. 풍태후가 '지략이 많고 시인한[多智略 猜忍]' 어두운 정치가로 변신한 것은 바로 이때부터라고 생각된다. 이혁의 죽음은 그녀의 영혼을 억누르고 있었다.

1년 후인 471년 8월경, 북위 조정에서는 헌 문제의 양위 논의가 진행되고 있었다. 헌 문제의 퇴위는 풍태후의 압박 때문이었다. 그때 헌 문제의 나이는 불과 18세였다. 풍태후의 품에서 효 문제가 자라나고 있었지만, 태상황 헌 문제는 너무나 젊었다. 게다가 퇴위했다고는 하지만 그의 측근들이 요직을 차지하고 있었고, 측근들은 오히려 이전보다 더 활발하게 정벌과 순행활동을 했다. 헌 문제의 퇴위를 그의 권력 상실로 직결시킬 수 없는 이유도 이 때문이다. 당시 헌 문제는 풍태후의 독단을 견제하고 있었다.

공존이 불가능한 정적 사이였던 헌 문제와 풍태후가 고구려 장수왕에 대해서만은 같은 목소리를 냈다는 점은 의미심장하다. 헌 문제는 풍태후의 1차 임조청정을 종료시키는 데 관여했고, 그녀의 정부마저 죽였다. 이에 지지 않고 풍태후는 헌 문제를 황제의 자리에서 끌어내렸다. 거듭 말하자면 두 사람은 반목하던 정치적 라이벌이었다. 따라서 고구려에 대한 풍태후의 혼사 요구는 가식적인 친절로 보였다.

그러나 앞서 살펴본 대로, 백제의 청병은 34년 전 풍홍 일족이 고구려에서 겪은 비극을 떠올리게 했다. 그것은 고구려 장수왕에 대한 풍태후의 사적 원한을 새삼 알리는 계기가 됐고, 풍태후가 혼사를 빌미로 고구려를 압박하는 것을 타인들이 심정적으로 이해하게 했다. 나아가 장수왕이 헌 문제의 고구려 영내 통과 요청을 단호히 거절한 사건은 풍태후의 사적 원한을 명분으로 포장시켰다. 헌 문제를 위해 풍태후가 직접 나선 고구려와의 혼사 문제는 북위 조정에서 화제가 되기에 충분했고, 그것이 장기화되면서 그녀에 대한 의심도 엷어져갔다.

앞서 언급한 바와 같이, 먼저 풍태후가 장수왕에게 조칙을 내려 그의 딸을 보내라고 했다. 이에 장수왕은 표를 올려 "딸은 출가했으므로 아우의 딸 가운데 구해 조칙에 응하겠다"고 했다. 풍태후는 이를 허락했다. 그리고는 안락왕 진眞 등에게 예물을 고구려 국경까지 보내게 했다. 그러자 장수왕이 말을 바꿨다. 조카딸이 죽었다는 것이다. 안락왕 등은 북위로 되돌아왔고, 그 사실이 보고됐다.

다시 정준程駿을 필두로 하는 북위의 사절단이 고구려에 파견됐다. 그들의 목적은 진상 조사와 통혼 강청強請이었다. 정준이 가지고 간 칙서는 고구려 종실의 딸도 허락한다는 내용을 담고 있었다.

그후 정준은 상당 기간 평양에 체류했다. 정준은 해를 넘겨가면서 지속적으로 장수왕을 문책했다. 마침내 진노한 장수왕이 북위 사절의 주식酒食을 단절하는 사태에 이르렀다. 고구려는 공주를 북위로 시집보내 정보가 유출되는 것을 극히 꺼렸다. 자신의 정보를 누출하지 않기 위해 고구려는 북위와 전쟁도 불사하겠다는 의지를 보였다.

그런데 납비 문제 해결의 단초는 고구려가 아니라 북위에서 열렸다. 육궁의 주인인 태상황 헌 문제가 476년 6월 23세의 젊은 나이에 급사急死한 것이다. 그것은 분명히 풍태후가 의도한 결과였다.

여기서 "문명태후(풍태후)가 현조(헌 문제)의 육궁이 채워지지 못했다 해, 조칙으로 연(장수왕)에게 그의 딸을 보내라고 했다"고 한 『위서』

짐.

고구려전의 내용을 다시 한번 상기할 필요가 있다. 특히 풍태후가 직접 헌 문제의 육궁에 비빈妃嬪의 결원을 채우는 역할을 하고 있었다는 점에 주목해야 한다. 이는 그녀가 태상황 헌 문제의 사생활 공간인 육궁에 어떤 형태로든 관여하고 있었음을 암시한다. 풍태후가 고구려와 혼사 문제를 놓고 시간을 끈 이유는 육궁의 실무적 운영에 자신의 영향력을 확대하기 위해서가 아니었을까?

476년 6월에 헌 문제가 돌연사했다. 짐독鴆毒에 화를 당했기 때문이라고 기록돼 있다. 헌 문제는 풍태후에게 독살당한 것이다. 짐鴆은 중국 광동성에 사는 독조毒鳥를 말한다. 올빼밋과의 새로서 깃털에는 독이 있다. 독이 있는 뱀을 잡아먹고사는 이 새는 몸에 독을 축적한다. 그리고 그 독이 깃에 스며들게 된다. 깃을 술에 담그면 독이 녹아들어 짐독이 된다. 짐의 깃털은 휴대하기가 간편하며 발각될 우려도 적었다.

기만欺瞞 위의 누각樓閣

풍태후가 고구려와 혼인 문제에 몰두하는 사이에 헌 문제는 제거됐다. 그 결과로 풍태후가 북위 궁정의 암투에서 최후의 승리자가 됐다. 정준이 억류되는 등 고구려와 외교적 마찰이 계속되는 사이에 풍태후는 헌 문제를 독살하기 위한 음모를 진행하고 있었다. 풍태후의 납비 요구와 헌 문제의 죽음은 '성동격서聲東擊西'의 형세였다. 한비자韓非子의 표현 그대로 "귀인은 겉으로는 어떤 일을 하는 척하나 실제로는 다른 일을 꾸미고 있다."

권력을 장악한 후 풍태후가 고구려에 대해서는 너무나 관대했고, 반대로 북위 내부의 정적들에 대해서는 가혹했다는 점은 이런 해석을 뒷받침한다. 그녀는 과거에 집착하지 않고 앞을 바라보는 냉혹한 현실주의자였다.

476년 이후 고구려가 북위에 보내는 공물을 두 배로 늘리자, 보답으로 북위가 내린 물건 역시 그에 따라 늘어났다. 태화太和(477~499)연간 초에 물길勿吉 사신이 북위 조정에 와서 백제와 힘을 합쳐 고구려를 치자고 제의했다. 그러나 풍태후는 "세 나라는 같은 번신으로 서로 화순和順해야 할 것이며, 서로 침입하지 말라"는 조칙을 내리게 했다. 뿐만 아니라 489년에는 각국 사신들이 모인 원회元會에서 고구려의 사신을 남제南齊의 사신과 나란히 앉게 했다.

반면 헌 문제가 신뢰한 사람들은 누구나 그에 대한 벌을 받았다. 경조왕京兆王 자추子推는 476년 11월 좌천돼 청주자사青州刺史로 부임하는 길에 의문의 죽음을 당했고, 풍태후의 정인 이혁의 죄목을 헌 문제에게 상주한 이흔은 477년 2월 적국인 송과 내통했다는 외반죄外叛罪로 주살됐다. 이는 풍태후가 이혁을 추념追念한 직후의 일인 듯하다. 헌 문제의 장인 이혜李惠도 478년 12월에 같은 죄목으로 처형됐다. 물론 이들의 가족과 수족들도 무사하지 못했다.

한편 이보다 앞서 한반도에서는 또 다른 패배자인 백제 개로왕과 그의 가족들이 한순간에 몰살당했다. 장수왕은 모두가 다 보라는 듯이 그렇게 했다. 개로왕은 북위에 사신을 보내 장수왕을 비방했을 뿐만 아니라, 장수왕과 개인적인 원한이 있는 북위의 풍태후를 자극했다. 풍태후가 보낸 사신이 지금의 평양에서 장수왕에게 왕실의 여자를 보내라고 강청하고 있다. 무엇보다 백제왕은 북위에 보내는 국서에서 장수왕의 증조부인 고국원왕을 능욕했다. 그 국서의 내용 일부를 보자.

> "신은 고구려와 함께 부여에서 나왔으므로 선대에는 우의가 매우 돈독했습니다. 그런데 고구려의 선조인 고국원왕이 이웃 간의 우호를 가볍게 깨뜨리고 몸소 많은 군사를 거느리고 우리 백제의 국경을 짓밟았습니다. 그리하여 신의 선조인 근구수왕께서 군사를 정돈하여 번개처럼 달려가서 화살과 돌이 오고 간 지 잠깐 만에 쇠(고국원왕)의 머리를 베어 높이 달았습니다. 그 이후부터 감히 남쪽을 엿보지 못했습니다."(『위서』 백제전)

백제왕은 과거(375년)에 고구려 고국원왕을 죽인 사실을 북위 조정에 자랑스럽게 떠벌렸다. 장수왕에게 그것은 자존심이 걸린 문제가 돼버렸다.

> "불과 80년 전 나의 선왕이신 광개토왕이 백제 한성을 점령해 항복한 백제 아신왕을 죽이지 않고 용서해주었다. 증조부가 백제 근구수왕과 싸우다 전사했

는데도 말이다. 그런데 지금 그들은 나의 증조부를 잡아 죽여 머리를 창끝에 꽂아 매달았다는 등의 막말을 하고 있다. 이렇게 무례한 놈들이 어디에 있겠는가. 돌아가신 분을 그렇게 국제적으로 능욕하다니."

장수왕은 고구려의 자존심을 건드리면 어떻게 된다는 것을 주변 나라에 보여주고 싶었다. 475년 초겨울(9월) 장수왕이 고구려군 3만을 동원해 백제의 수도를 급습했다. 북위 사신 정준이 평양에 체류하던 때였다. 고구려 군대는 단번에 한성을 포위했다. 백제의 개로왕은 성문을 열고 나아가 고구려 군대와 대결할 자신이 없었다. 거련(장수왕)이 보낸 북방의 무시무시한 도살자인 백정 기병과 싸운다는 것이 소름이 끼쳤다.

"거련 저놈이 이렇게 직접 오다니, 나를 죽이려 온 것인가. 북위 조정에 국서를 보내 군사를 일으켜 함께 치자고 그렇게 말을 했건만 헌 문제와 풍태후는 말로만 고구려에 압력을 넣고 행동을 하지 않는구나. 오히려 내가 돌이킬 수 없는 심각한 실수를 한 것이 돼버렸다. 이렇게 북쪽에서 무시무시한 놈들만 잔뜩 몰려오게 됐으니 말이다."

고구려 군대는 4개의 군단으로 나뉘어 있었다. 2개의 군단은 한성의 배후 요새인 북성을 공격했다. 성벽을 사방에서 7일 밤낮으로 두드렸다. 거대한 돌이 날아오고 화살이 비처럼 쏟아지고 나면 고구려군들이 성벽에 포도송이처럼 매달려 기어올라오는 것이 반복됐다. 수비하던 백제군들은 진이 빠져갔다. 북성이 먼저 함락됐다.

이제 고구려 군대는 모든 전력을 동원해 이미 포위된 개로왕이 살고 있는 한성을 공격했다. 지금의 서울 송파의 몽촌토성이다. 겨울 바람이 북서쪽에서 불자 그것을 정면으로 맞는 성문 쪽에 장작을 가득 쌓았다. 백제가 방해하기 위해 수없이 많은 활을 쏘고 돌을 던졌지만 소용이 없었다.

고구려는 불을 질러 성문을 태워버릴 작정이었다. 바람을 타고 불길이 활활 타오르자 시시각각 공포는 고조되었고, 저항의 의지가 꺾여서 항복하려는 자도 나타났다. 불에 탄 성문이 무너지고 고구려군이 물밀듯이 몰려갔다. 함락 직전에 이르자 개로왕은 수십 명의 기병을 이끌고 성을 빠져나갔다. 그러나 고구려군 내부에는 그의 얼굴을 알고 있는 재증걸루再曾桀婁와 고이만년古爾萬年이 있었다. 개로왕은 그들에게 발각됐다.

"저 사람이 바로 백제왕이다."

재증걸루와 고이만년은 고구려로 망명했던 백제 장군이었다. 적에게 투항한 배신자들의 가족이 무사할 리 없었다. 그들은 백제왕에게 개인적인 감정을 갖고 있었다. 개로왕은 그들에 의해 곧바로 체포됐다. 『삼국사기』 백제본기 개로왕 조는 이 장면을 이렇게 전하고 있다.

"왕이 성을 나가 도망하자 걸루 등은 왕을 보고 말에서 내려 절한 다음에 왕의 얼굴을 향해 세 번 침을 뱉고는 그 죄를 꾸짖었다. 그리고는 왕을 포박해 아차성 아래로 보내 죽였다."

고구려군에 쫓겨 왕성을 탈출하려고 했는데 그것도 마음대로 되지 않았다. 그리고 얼굴을 알아본 과거의 신하들에게 체포됐다. 그들의 손에 포박되고 얼굴에 침이 날아왔다. 그것도 세 번씩이나 말이다. 게다가 혼자만 잡힌 것이 아니다. 『일본서기』 웅략기 5년 조를 보자.

> "『백제기百濟記』가 전한다. 개로왕이 을묘년(475) 겨울에 고구려의 대군이 와
> 서 대성大城(한성)을 7일 밤낮으로 공격해 함락하고, 드디어 위례를 잃고, 국왕
> 및 대후와 왕자들이 모두 적의 손에 죽었다."

고구려군이 성을 점령한 이후 대대적인 수색이 뒤따랐다. 개로왕의
어머니와 그리고 그 자식들을 검거하기 위해서 얼굴을 아는 자들이 앞
장을 섰을 것이다. 변장을 해도 소용이 없었다. 결국 한성에 있던 백제
왕실의 구성원들은 이렇게 모두 체포됐다. 한성에서 나룻배에 실려 강
을 건넜다. 백성들은 가슴을 조이면서 결박당한 한 남자를 바라보았다.
아차산, 지금의 서울 쉐라톤 워커힐 호텔 자리였다. 궁정에서 태어나
백제라는 국가를 이끌었던 자신만만하던 사람이 형장의 구경거리로 전
락했다. 강 건너 자신이 살던 왕궁이 눈에 들어왔고, 한성 하늘 아래에
는 개로왕 자신이 즉위할 때 환호하던 백성들이 슬픈 표정을 짓고 있었
으리라.
이제는 밑바닥이요, 길은 막다른 골목이었다. 운명이 만들어 놓은 대
조적인 비극이 실현된 것이다. 함께 끌려온 자신의 처자식들을 바라보
면서 그는 무슨 생각을 했을까. 이 최후의 시련만 참으면 끝이라는 것
을 알고 있었고, 몇 분만 지나면 그다음엔 불멸이 온다는 것을 알고 있
었다.

아차산의 비극

백제의 왕도가 훤히 바라다보이는 곳에서 고귀한 신분의 왕과 그 가족들이 모욕적인 치죄를 당하는 드문 풍경이 펼쳐졌다. 장수왕은 백제왕과 그 가족들을 고이 죽이려 하지 않았다. 백성들이 보는 앞에서 온갖 모욕을 주려고 작정했다. 개로왕의 죄목이 장황하게 나열됐고, 결코 짧지 않은 시간을 그 처형의식에 할애했다. 형리가 포박된 그를 잡아채서 모루 위에 머리를 고정시켰다. 연장은 둔탁한 소리를 냈고, 피가 떨어지는 머리가 땅바닥에 뒹굴었다.

백제왕과 그 가족들의 처형의식이 끝나고 한성 사람들 가운데 젊고 쓸 만한 사람들은 모두 줄줄이 묶여 한강을 건넜다. 8천 명이나 되는 사람을 잡아 호송하는데 온 들판은 울음으로 가득 찼다.

백제 개로왕은 풍태후가 장수왕에게 사적 원한을 품었다고 생각하고 이를 이용하려 했다. 그러나 의도대로 되지 않았고, 결과적으로는 재앙이 되고 말았다. 『일본서기』「웅략기」20년 조를 보면 "(475년) 백제는 망했다"고 표현하고 있다. 478년에 왜의 웅략천황(武)이 남조 송의 순제順帝에게 올린 상표문이 대부분 일관되게 한반도 정세에 관한 내용을 담고 있으며, 상표한 동기는 틀림없이 백제 멸망의 충격 때문이었다. 바다 건너의 일본 천황이 이 정도 놀랐다면 소백산맥을 경계로 고구려와 접하고 있던 신라 국왕은 어떠했을까.

백제의 태자가 군대를 요청하자 신라 자비왕(458~478)은 병력을 한성으로 파견했다. 하지만 신라군이 그곳에 도착했을 때 모든 상황은 종료됐고 고구려군은 철수한 상태였다. 백제를 구원하러 갔던 신라 장군이 왕경에 돌아와 백제 왕가의 참극을 보고했다. 그 소식을 접한 자비왕

아차산에서 바라본 서울 시가지. 멀리 백제왕이 머물렀던 풍납토성이 보인다. 그가 처형당한 곳은 아차산 자락으로 지금은 워커힐호텔이 들어서 있다.

은 노이로제에 걸렸다.

"자비왕의 입이 쩍 벌어졌다. 온몸의 근육이 풀어지고 아래턱이 빠져버린 것 같았다. 장수왕이 백제왕과 그 가족을 잡아서 모두 학살했다고! 고구려 장수왕의 분노가 그 정도일 줄은 상상도 못했다. 자비왕은 벌어진 턱밑에 자신의 목이 붙어 있는지 확인해보고 공포 서린 눈빛으로 자신의 가족들을 쳐다보았다. 그는 '다음은 우리 차례가 분명해!' 라고 생각했다. 곧 고구려군이 신라로 들어와 왕성(반월성)을 함락시키고 나와 가족들을 다 죽일 것이야!'

자비왕은 그 후 신경쇠약증에 시달렸다. 이듬해인 476년 1월에 자비

왕은 반월성을 버리고 명활산성으로 숨었다. 그후 488년(소지왕 10)까
지 근 15년간 왕궁의 역할을 했다. 사실 당시의 정세로 보아 그러한 감
은 충분히 가질 수 있는 분위기였다. 참사는 이미 예견된 문제였다. 하

지만 방법이 너무나 잔인했다. 당시 백제와 신라를 굳건한 동맹관계로 묶어준 것은 고구려에 대한 공포였다.

그렇다면 백제가 472년에 북위에 대해 펼친 외교는 백제 지배층의 오판일까? 동기야 어떻든 결과가 좋지 않기 때문에 그렇다고 볼 수도 있다. 승자로부터는 성공할 수밖에 없는 이유만 찾고, 패자에게는 실패할 수밖에 없는 이유만 든다면 말이다. 그러나 패자에게도 그 나름대로 이유가 있었다.

주지하다시피 427년에 평양으로 천도한 고구려는 적극적으로 남진을 추구했다. 백제에 대한 고구려의 군사적 압박은 436년 북연이 멸망한 후 더욱 가속화되었다. 백제는 고구려와 끊임없이 국지전을 벌이면서 국력이 극심하게 소모됐다. 당시 백제는 가만히 있어도 한강 하류를 상실할 상황에 처했던 것으로 생각된다.

백제의 입장에서는 어떻게든 이 같은 상황을 타개해야 했다. 472년 최강국 북위에 대한 청병은 고구려의 남하 때문에 후퇴할 수밖에 없었던 백제로서는 국운을 건 걸사운동乞師運動이었다. 하지만 북위 내부의 권력투쟁에 몰두하던 풍태후는 백제의 청병에 관심이 전혀 없었다. 다만 어떻게 그것을 이용해 권력을 잡는 데 관심이 있었을 뿐이다.

어느 사회에서나 실력자의 움직임은 사람들의 주목을 받는다. 고구려와의 혼사 문제는 북위 조정에서 화제가 됐다. 내부의 암투에 몰입했던 풍태후가 국가 외적으로 관여한 최초의 문제가 아닌가. 타인이 보기에 그것은 일종의 변화였고, 그들의 시선을 빼앗기에 충분했다. 중요한 건 풍태후 자신이 아니라 타자가 바라보는 시선이었다. 고구려와 대외적인 문제가 장기화되면서 장수왕이 풍태후의 조부를 살해한 사실이 타인들에게 더욱 광범위하게 알려졌고, 헌 문제도 그 사실을 알게 된 타인들 중 하나였다. 장수왕과 풍태후 간의 사적 원한관계가 널리 알려지면서, 통혼 요구의 정황은 내부 정적들의 감시망을 느슨하게 만들 뿐만 아니라 헌 문제의 생활공간인 육궁에 그녀의 손이 점점 뻗쳐오는 것을 눈치 채지 못하게 하는 연막 효과를 냈다.

풍태후는 조부 풍홍의 비극을 방패로 삼아 예리한 의혹의 시선이 자기 머리 위로 떨어지는 것을 막았던 게 아닐까. 만일 그렇다면 납비 문제를 두고 시간을 끈 것은 풍태후가 자신의 본심을 감추고, 정치적 라이벌들을 안심시키려는 계산의 결과였다. 풍태후의 가식은 악마적인 설득력을 얻고 있었다.

정치가에게 가식이란 확실히 인내에 바탕을 두고 있다. 476년 6월에 정권을 장악한 풍태후가 개각을 단행했을 때 그녀의 가식은 절정에 달했다. 풍태후는 남부상서南部尙書 이혼을 삼공三公의 하나인 사공司空으로 특진시켰다. 이혼이 누구인가. 헌 문제의 총신寵臣으로 풍태후의 연인 이혁을 죽음으로 몰고 간 장본인이 아닌가. 풍태후가 이혁을 잃고 비탄에 잠겼을 때, 이혼은 더욱 헌 문제의 총애를 받았고, 군국대의軍國大義를 참결參決하고 선거도 담당하는 막강한 권세를 누렸다.

헌 문제가 독살되고 풍태후가 정권을 장악했을 때 이혼은 자기 앞에 펼쳐질 운명을 직감했다. 그런데 막상 그에게 내려진 것은 사약이 아니라 범양공范陽公이란 작호였다. 그다음 달에 그는 시중侍中에 임명됐고, 이어서 서주자사徐州刺史로 부임해갔다. 이혼은 477년 2월 외반죄로 주살되기 전까지 같은 직책에 있었다.

물론 그의 죽음은 풍태후와 관련된다. 풍태후가 이혼에게 사적인 감정을 갖고 있음은 누구나 다 아는 사실이었다. 그러기에 그녀는 더욱 자신의 속마음을 드러내길 꺼렸고, 주변 사람들로부터 사적인 감정으로

알선동에서 발견된 축문.

이혼을 주살했다고 여겨지는 것을 극히 경계했다. 이혼을 적대국인 송과 접경한 서주에 자사로 파견한 일은 그 사전 작업이었다. 그녀는 끈기 있게 누군가가 이혼을 고발해줄 때까지 기다렸다. 헌 문제와 풍태후 사이의 치열한 암투가 계속되던 시기의 정치란 기만 위에 세워진 누각 같은 것이었다.

476년 6월 헌 문제가 돌연사함으로써 막후 실력자였던 풍태후는 최강국 북위의 실질적인 통치자가 됐다. 하지만 고구려와 북위 사이에 전쟁은 결코 없었다. 태후로서 전 황제 문성제를 독살하고 비정상적으로 권력을 장악한 그녀는 외정에 신경을 쓸 수 없었다. 당시 황제인 효 문제는 어렸다. 혹시 다른 황족이 외정에 성공한다면 그는 명망을 얻을 것이고 북위의 군대를 장악할 수도 있었다. 하지만 그것은 풍태후 정권에 위협이 된다. 고구려 장수왕은 풍태후 정권의 이러한 약점을 정확히 간파하고 있었다.

479년 장수왕은 고구려 기병을 북방 초원으로 보냈다. 그는 북방의 유목제국 유연과 모의해 유목민인 지두우족을 분할하고자 했다. 장수왕은 지두우와 거란의 땅만 탐낸 것이 아니라 그들의 인력과 가축도 원했다. 지두우족에 대한 고구려의 무자비한 약탈과 납치가 행해졌다. 고구려는 거란족도 약탈했다. 공포에 질린 거란족 1만 명이 3천 대의 수레를 끌고 북위에 투항했다. 그들 가축의 상당수는 고구려의 손에 넘어갔다. 파장은 의외로 컸다. 고구려의 공격을 받은 지두우족은 거란과 인접한 고막해의 영역으로도 들어갔다. 고구려에 약탈당해 어려워진 지두우족들이 이제 고막해를 약탈했다.

고막해가 북위의 국경으로 밀려들어오자 상황은 어지러워졌다. 북위는 밀려오는 그들을 저지하고 자국의 북쪽 국경을 안정시키는 데 주력했다. 소극적인 대응책이었다. 적극적으로 주변 유목민족들을 통제하거나 보호하지 못하고 밀려오는 여파를 수습하기에 급급했다.

이는 동부 내몽고지역에 대한 북위의 영향력과 위신을 실추시키는 것이었다. 특히 흥안령 동북부지역은 북위를 세운 선비족의 발상지였다. 근래 1980년 여름 치치하르 북쪽의 오르촌족 자치기의 아라하지 서북 알선동嘎仙洞에서 443년 북위에서 파견한 중서시랑 이창 등이 탁발선비족인 북위 왕실의 조상에 대한 제사를 지내며 새겨 놓은 축문祝文 200여 자가 발견됐다.

그런데 고구려가 유연과 지두우족을 분할함에 따라 북위 조상의 발상지와 북위 사이가 차단됐다. 동부내몽고에서 북위의 최대 적수인 유연과 공동으로 벌이는 고구려의 그러한 군사적 행동은 북위에게 불쾌하고 도전적인 것으로 여겨졌다.

그래도 풍태후는 자신의 정권 유지에만 신경을 썼다. 북위 조상의 발원지가 고구려에 넘어가든 어떻게 되든 상관이 없었다. 고구려는 풍태후 정권의 이러한 속성을 적극 이용했다.

유연과 고구려 사이는 이러한 공동의 이해를 같이 하는 군사작전을 통해서 더욱 긴밀해졌다. 양국의 곡물과 말 교역이 원활해졌다. 유연은 북위를 견제하게 위해서는 정기적인 곡물이 필요했고, 고구려는 기병을 유지하기 위해 안정적인 말의 공급이 필요했다.

제5장

북위의 분열과 경쟁자 돌궐의 등장

내란은 6세기 초반 동북아 주요 국가들에 유행병처럼 번졌다. 523년에 북위를 파국으로 몰고간 군인들의 반란이 시작됐다. 10년의 내란 끝에 북위는 우문태의 동위와 고환의 서위로 나뉘었다. 비슷한 시기인 520년 초원에 유연의 가한 아나괴와 그 삼촌 사이에 벌어진 내란은 유연의 국력을 소진시켰다. 그 틈을 노리고 철륵부족이 반란을 일으켰고, 유연은 그것을 진압하는 과정에서 돌궐의 도움을 받았다. 그것은 유연이 쇠약해지고 신흥 돌궐이 초원에 주인으로 등장하는 환경을 제공했다. 돌궐은 서위와 손잡고 유연을 멸망시킨다.

530년 고구려에서 왕의 피살로 시작된 내란도 장기화되었다. 장기적인 내란은 30년 이상 고구려의 국력을 소진시켰다.

특히 북위의 내란은 고구려에 영향을 주지 않을 수 없었다. 고구려는 북위와 상당한 규모의 공무역을 해왔다. 고구려는 북위의 최대 수혜국이었다. 476년 이후 고구려는 북위와 교역 규모를 2배로 늘렸다. 양국의 공무역은 지속되었다. 고구려에 들어온 북위의 물자는 국왕이 그 자리를 유지하는 데 적지 않은 도움을 주었을 것으로 생각된다. 고구려 국왕은 귀족들에게 그 물자를 분배하면서 자신의 위치를 확인하고 유지했다. 귀족들은 사절이 북위로 향할 때 왕에게 금이나 귀금속 등을 헌상했고, 고구려 사절이 북위에서 받은 물품을 가져오면 국왕은 하사의 형식으로 재분배했다. 그러나 523년 이후 북위가 파국을 맞이하자 모든 것이 바뀌었다. 고구려 국왕과 북위와의 공무역이 완전히 마비되었다.

약탈자가 된 고구려의 거란 기병

고구려 문자왕(492~518)의 치세였다. 유목민 거란족 기병이 북위의 동북방 국경지역을 급습했다. 어느 마을에 대한 약탈이 자행됐고 사람 60여 명을 잡아서 동쪽으로 돌아갔다. 순식간에 일어난 사건이라 북위의 군대도 어떻게 할 수 없었다. 492년에서 499년 사이에 발생한 사건이었다. 그 지역의 북위 정부 관리로 부임한 봉궤라는 사람이 있었다. 그는 상황을 보고받고 진상을 조사했다. 변민을 잡아간 거란족들은 고구려 휘하에 있는 자들이라는 사실을 알게 됐다. 그 거란족들은 고구려에 소속된 기병이었다. 장수왕대(479년)에 고구려의 휘하에 들어왔던 자들이었던 것으로 보인다.

거란족은 본래 요서와 가까운 시라무렌강 유역의 광활한 초원에서 유목생활을 하던 종족이었다. 유목민들은 그들 사이에 내분이 심해서 툭하면 이 나라 저 나라로 옮겨다니며 살았다. 그들 가운데 상당수가 고구려 세력권으로 넘어가 생활하고 있었다. 당시 고구려 군 조직 내부에는 거란족 기병이 상당수 있었다. 물론 그들이 고구려군에 들어와 병영

막사에서 생활하는 상비군은 아니었
을 것이다. 고구려의 세력권 내의 어
느 초원에서 그들의 부락 조직을 온전
히 유지한 상태로 살았다. 만일 고구
려가 그들을 병영에 묶어놓는다면 유
목민 고유의 기마능력이 감퇴하기 때
문이다. 본성을 그대로 유지시키는 가
운데 언제든지 전쟁에 동원하는 방식
을 취했다. 대신 그들의 추장은 고구
려의 명령을 받았음이 분명하다.

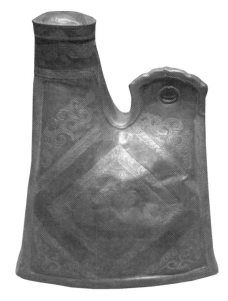

거란인이 썼던 금제모.

북위의 관리 봉궤는 거란족에게 납
치된 사람들을 돌려받는 것은 어렵다고 생각했다. 그는 거란족을 상대
하지 않고 바로 고구려국왕에게 서신을 보냈다. 납치된 사람들의 송환
을 부탁한다는 내용이었다. 고구려 문자왕의 입장에서 북위의 지방 장
관이 보낸 그 서신은 가벼이 볼 수 있는 것이 아니었다. 그들을 송환하
지 않는다면 이는 국제적 문제로 비화되어 고구려와 북위 사이에 불편
한 관계가 생길 수도 있다. 거란인들이 북위의 변경으로 침입하여 사람
들을 납치했고, 고구려가 그 배후 조정자였다는 사실이 북위 황제에게
알려지면 결과는 뻔하다. 그것이 사실이든 아니든 결과가 있기 때문에
변명의 여지는 없다.

고구려 문자왕은 북위 관리의 요구에 따라 납치해온 북위인들과 재
물을 모두 반환했다. 북위 정부에 어떠한 반환의 대가도 요구하지 않았
다. 그것은 무조건적인 것이었다. 이 사건에서 초기 고구려의 모습은 볼
수 없다. 하지만 고구려가 북위의 무력에 눌려서 그렇게 했다고 보기는

힘들다. 문자왕대 고구려는 고도로 정비된 국가로 탈바꿈한 상태였다.

당시 고구려는 북위와 상당히 활발한 조공무역을 하고 있었다. 공무역에 막대한 이익이 걸려 있는데 변방에서 고작 60명의 인신 약탈로 북위와 외교 문제가 일어난다면 더 큰 손해를 볼 수밖에 없다. 고구려는 건국 초기의 음성적 약탈을 통해 영위해왔던 생활을 청산하고 양성적인 국제 외교와 공무역의 장에 들어가 있었다. 물량도 적지 않았고, 그이익은 엄청났다. 문자왕대에 한정해보더라도 고구려와 북위 사이에는 총 35회의 사신 왕래가 있었다. 522년 북위가 끝이 보이지 않은 내란기로 접어든 후 이 공무역은 단절됐다. 이로부터 8년 후 고구려 국왕이 피살되고 고구려도 장기적인 내부 쟁투에 휘말린다. 인간이 경제적으로 쪼들리게 되면 기다렸다는 듯이 풍파가 일어나는 것은 당연한 이치다. 여기에 대해서는 뒤에서 상세히 언급하겠다.

문자왕대에 고구려 초기의 역동성이 엷어졌다. 하지만 그렇다고 해서 고구려가 힘이 없어진 것은 아니었다. 오히려 시스템적으로 완성된 고구려는 전보다 더욱 강력한 국가가 되어 있었다. 문자왕의 증조부 광개토왕과 조부 장수왕이 만들어놓은 체제는 왕이 크게 잘못하지 않는 이상 스스로의 힘으로 굴러갈 것이었다.

523년 북위의 북방에서 유연을 방어하던 군인들이 반란을 일으켰다. 이듬해 반란의 불길은 고구려와 인접한 요서의 영주로 번졌고, 영주와 인접한 평주와 안주도 그 전화戰火에 무사하지 못했다. 무력해진 북위 조정은 진화할 수도 없었고, 영주에 대한 어떠한 통치력도 발휘하지 못했다.

바로 강 건너에 있는 고구려에게는 기회였다. 북위의 붕괴가 고구려에게 향후 어떠한 영향을 미칠지는 생각할 필요도 없었다. 고구려는 파

탄이 난 집에 들어가 물건을 챙겨오면 되는 것이다. 고구려가 무작정 영주에 들어가 사람을 납치해온 것은 아니었다. 필요로 하는 인물이 있었다. 그는 한상韓詳이라는 영주지역의 호족이었다. 고구려가 거란 기병들에게 영주에 들어가 그와 그 일족을 잡아오라는 지령을 내린 시기는 525~528년 사이다(『한기묘지명』). 거란 기병들이 요하를 넘었고, 영주의 용성현(현재의 조양)으로 들어갔다. 그들을 확실하게 저지하는 세력도 없었고, 아무런 법도 없는 무정부 상태였다.

거란 기병은 명망가인 한상의 집을 금방 찾을 수 있었고, 그와 그의 가솔들과 하호인 500가구를 고구려로 데리고 갔다. 한상이 납치를 거부했을 수도 있다. 하지만 그의 가솔들은 전화의 불길이 맹렬히 타고 있는 그곳을 떠나 고구려로 가는 것이 안전하다고 여겼을 것이다. 고구려의 입장에서는 그를 구출한다고 생각했을까.

거란 기병과 한상의 일행이 고구려에 도착했다. 고구려 정부의 그에 대한 대우는 파격적이었다. 한상에게 6관등 대사자의 관등을 주려고 했고, 고구려의 대상大相이 그를 만났다. 대하는 예도 보통과 달랐다. 한상의 가솔들과 그 아래 사람들의 자치권도 인정되었다. 한상은 고구려에게 이용가치가 있는 인물임이 틀림이 없었다.

그의 집안은 용성에 근거지를 둔 봉건세가였다. 주변에 상당한 땅과 가축을 소유하고 있었다. 그 아래의 500가구는 숫자로 환산하자면 대체로 2500명 이상이 되었고, 그들이 한상의 가축과 땅을 키우고 일구었다. 거대하지는 않지만 자신의 영지를 가진 영주였다. 고구려가 그를 대우한 것은 이것 때문만은 아니었다. 한상의 집안은 대대로 거란 및 해족과 긴밀한 관계를 맺고 있었으며, 북위 조정과 거란·해족 사이에 입장을 조절하고 있었던 것으로 보인다. 한상의 아들 한기도 수나라대에 가서 이들 유목민들을 관리하는 변경 정책 전문가로서 종사했다.

고구려의 군사행동은 확실한 목표 아래에 이루어지고 있었고, 한상과 그 집안의 고구려 이주는 더 많은 인적자원의 확보에 초점이 맞춰져 있었다. 그렇다고 고구려가 요서지역이라는 영역을 탐낸 것은 아니었다. 쓸데없는 영역의 확장은 국가의 힘을 고갈시키기 때문이다. 점령으로 확실한 재원을 확보할 수 있는 영토 확장이 아니라면 확실히 그러하다.

고구려는 한상과 그의 집안사람들을 이용해서 과거 북위의 영향 아래에 있던 거란·해족을 자신의 아래로 끌어들이고자 했다. 북위가 망했는데 그 기회를 이용해 자신을 보조할 수 있는 보다 많은 유목민들을 확보할 필요가 있었다. 나아가 한상과 그 집안을 통해 영주지역의 사람들을 고구려에 더 많이 유치할 수 있었다.

528년 무렵이었다. 고구려 휘하의 거란 기병은 또 다른 임무를 부여받았다. 이번에는 영주 서쪽에 있는 안주로의 출동이었다. 안주에 도착했을 때 안주부성安州府城이 약탈을 목적으로 하는 반란군에 포위되어 있었다. 그곳에는 대를 이어 안주자사와 도독의 직책을 맡고 있는 강과江果라는 사람이 살고 있었다. 갑자기 고구려의 거란기병이 나타나자 반란군의 포위가 느슨해졌고, 결국 그것이 풀렸다. 지쳐있던 그들은 고구려기병과 싸움을 하려고 하지 않았다. 성으로 입성한 고구려는 안주의 자사 겸 도독인 강과에게 고구려로 이주할 것을 권했다. 강과는 휘하의 성민들에게 안전한 고구려로 가자고 설득했다. 그리고 안주부성의 모든 사람들이 짐을 꾸리고 행렬을 만들었다. 고구려 기병이 그들을 호위했다. 안주에서 영주를 지나 고구려로 가는 유민들의 행렬이 펼쳐졌다. 요하를 건넜고, 고구려에 입국했다. 고구려에는 그들이 바라던 안전한

질서가 있었다. 고구려는 강과를 중심으로 안주부성 사람들의 자치를 허용했다. 강과를 통해 그들에 대한 지배가 이루어졌다. 그들은 552년 북제로 송환될 때까지 24년간 고구려에 살았다.

그 지방의 핵심이 되는 인물이 고구려에서 일정한 위치를 차지하고 있으며, 이로 인해 그들의 안정이 보장된다면 더욱 많은 사람들이 자진 해서 고구려로 이주해올 것이다. 중요한 하나의 꼭지를 잡고 당기면 다른 것은 자연스럽게 따라오는 이치다. 고구려는 이주민을 이용해 더 많은 이주민을 유치하려고 했다. 기록을 보면 당시에 고구려에 유입된 북위 사람들은 모두 합쳐 5천 호를 헤아린다. 그것은 계량적으로 2만 5천 이상의 인구다.

고구려에 이주해온 그들은 약속대로 안전하게 살아갈 수 있는 환경 을 제공받았다. 원하는 곡물과 철, 생필품이 안정적으로 지급되었고, 필요한 경작지와 가축 등도 주어졌다. 그들의 안정적이고 윤택한 삶이 외부에 알려져야 더 많은 유민을 유치할 수 있기 때문이다.

고구려의 형편이 좋고 주변 상황이 안정되었을 때 양자 사이의 관계 는 원활했다. 곡물을 안정적으로 공급해 주고 말이나 가축을 받아오는, 이주민과 고구려의 관계는 자연적 재앙이 닥쳤을 때 문제가 발생한다. 초원에 가뭄이 들면 인접한 고구려도 영향을 받는다. 이는 고구려 곡물 수확의 감소를 가져올 것이고 유목민들에게 돌아갈 것이 없다. 고구려 의 정치적인 안정이 흔들려도 마찬가지다. 이는 양자의 전쟁으로까지 발전한다.

북위의 해체

5세기에서 6세기 중반까지 고구려를 둘러싼 국제환경은 안정적이었다. 이 기간에 북위와 고구려가 첨예하게 대립한 적은 있어도 직접적인 무력 충돌로는 가지 않았다. 하지만 523년 북위에 내란이 시작되면서 그 절묘한 균형이 깨지려 하고 있었다.

북위를 파국으로 몰고 간 내란은 군인들의 반란으로부터 시작됐다. 국가가 안정기에 접어들고 오랜 평화가 지속되면 일찍이 창업시대에 인기 있는 존재로 각광받던 군인은 있어도 그만 없어도 그만인 무용지물이 되어, 정부에서도 세간에서도 관심을 가지지 않게 되고, 결국 시대에 뒤쳐진 존재가 되어버린다. 그 군인 가운데서도 황제의 친위대 등은 나은 편이었다. 조정을 향해 불만을 호소하고 대우를 향상시켜달라는 요구를 할 기회가 있었기 때문이다. 하지만 전방에 배속된 부대는 시대가 지나면서 그 지위가 저하될 뿐이며, 결국 사회의 최하층민과 다르지 않은 곤궁한 상태로 전락했다. 북방 초원에는 오랫동안 북위를 괴롭혀왔던 유연이라는 유목제국이 있었다. 북위는 이들을 막아내기 위해 그 전면에 6개의 군사기지를 세웠다. 서쪽으로부터 열거하면 회삭, 무천, 무명, 회황, 유현, 어이였다. 반달 모양을 이루며 북위의 옛 도읍지인 평성을 에워쌌다.

유연이 북위를 쳐들어올 때는 사막을 건너야 한다. 인간과 말의 체력이 상당히 소진된다. 그 상태에서 잠시 쉴 수 있는 초원이 시작되는 곳에 6개의 진이 있었다. 사막을 바다라고 한다면 6진은 항구였다. 6진은 체력이 소모된 유연의 군대를 상대하여 유리한 싸움을 할 수 있는 위치에 있었다.

북위의 도읍지인 평성平城 기와
에 새겨진 글자. 앞의 것은 발발
이고 뒤의 것은 전筌이다.

　북위의 수도가 평성에 있을 때 육진에 배속된 장교들은 사람들의 선
망의 대상이 되기도 했다. 무공을 세워 출세할 기회가 많은 자리여서 명
예가 따랐다. 그러나 북위가 수도를 남쪽 낙양으로 옮긴 후 그들은 변방
주둔군이 되어버렸다. 교대병이 보내지지 않았고, 장교와 병졸도 모두
토착화되어 세습적으로 그 지위를 잇지 않으면 안 됐다. 다만 고급 지휘
관은 중앙정부에서 임명됐다. 낙양 조정에서 부임해온 그들은 중국화
된 귀족으로서 원래 같은 선비족이었다. 그럼에도 상관이라는 티를 내
면서 선비인의 원시 습속을 그대로 가지고 있는 토착인을 업신여기고,
군사비를 착복하거나 병사들을 모진 노역으로 혹사시키는 것을 꺼리지
않았다.

　523년 유연이 회황진에 침입해 약탈을 해갔다. 굶주린 진민들이 양식
을 요청했으나 거부당했다. 그러자 진장인 우경于景을 죽이고 반란을 일
으켰다. 이미 이때 가장 서쪽에 있는 옥야진민인 파륙한발릉이라는 자
도 무리를 이끌고 진장을 죽여 반란을 일으켰으며, 북위 정부군을 계속
격파했다. 이때에 우직한 6진의 병사들은 정부를 위해 싸웠다. 하지만
526년 반란이 진압된 후 병사들은 누구를 위한 싸움인가 회의를 품기
시작했고, 그들은 곧 중앙을 배반하고 동란에 가담했다. 그 가운데 가장

큰 세력을 얻은 사람이 갈영葛榮이다. 그는 계속적으로 정부군을 격파하며 하북지방 일대를 점령했다.

북위 조정 내부의 권력투쟁도 끊이지 않았다. 호태후와 친아들인 효명제가 서로 적대시했다. 조정은 호태후의 당파가 장악하고 있었다. 압박감에 시달리던 효 명제는 외부의 군벌을 끌어들이려 하고 있었다. 북위에는 유목적인 봉건제도가 잔존했다. 영민추장領民酋長으로 불리는 영주들이 세습적으로 그 지위를 자손에게 물려주고 그 부민部民도 세습적으로 예속됐다. 효 명제가 주목한 것은 그 가운데 가장 강성한 이주영爾朱榮이라는 영주추장이었다. 산서성의 북부에 광대한 영토를 거느렸고, 소와 말 등의 가축이 골짜기 단위로 많았다.

528년 효 명제는 이주영에게 밀사를 파견해 수도로 와서 황제를 도와줄 것을 청했다. 이주영은 군사를 이끌고 낙양으로 향했는데, 그 선봉을 맡은 자가 회삭진의 호걸 고환高歡이었다. 토착 선비족인 그도 낙양을 드나들며 중앙에 연줄을 만들어 입신출세의 끈을 잡으려고 애를 쓰는 시기가 있었다. 하지만 처우 개선을 요구하고 일어난 황제의 친위대인 우림영의 폭동을 직접 목격하고 북위의 장래가 끝났다고 판단했다. 이미 한물이 가버린 조정에 입신해봤자 전망이 없는 것이라고 생각한 그는 처세 방법을 완전히 바꿔버렸다. 집에 돌아오자마자 재물을 아끼지 않고 대접하여 가신을 거느리기 시작했다. 사람들이 그 이유를 물으면 그는 이렇게 대답했다.

"살기 힘든 세상이 된 것입니다. 지금에 일어나고 있는 일들을 알아야 합니다. 황제의 친위대가 파벌을 조직하고 대신의 집에 불을 질러 태우는데도 조정은 두려워서 그 죄를 바로잡으려고 하지 않고 있습니다. 왜 그러한 일이 생겨났

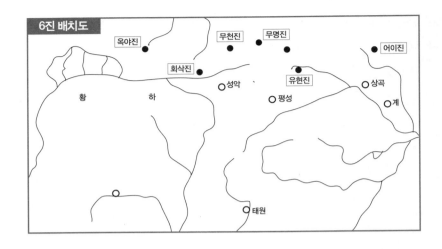

6진 배치도

옥야진

무천진 무명진 어이진

회삭진

성악 유현진 상곡

황 하 평성 계

태원

겠습니까? 이러한 시대에 재산 따위가 있어도 누가 그것을 지켜주겠소? 자신이 자신의 몸을 지킬 수밖에 없는 시절이 된 것입니다."

후일 이는 선견지명이 있는 태도였음이 판명됐다. 고환은 그의 조상이 중국의 명족 고씨의 한 지파라며 스스로 주장했다. 그가 바로 553년 주먹으로 고구려 양원왕의 '아구통'을 날린 거친 사신을 파견한 북제의 문 선제 고양高洋의 아버지였다. 하지만 그것은 25년 후에 일어날 미래의 일이었다. 당시는 한 치 앞도 알 수 없는 파란이 시작되었을 뿐이다.

이주영이 군대를 이끌고 낙양으로 오고 있다는 소식을 듣고 당황한 것은 황제의 어머니 호태후였다. 호태후는 황제인 효 명제에게 사정해 이주영의 남하를 중지시키게 했다. 효 명제는 일단 이주영에게 편지를 보내 진군을 막았다. 호태후는 자기의 야심을 위해서라면 친아들에 대한 정도 잘라내는 무서운 여자였다. 호태후는 측근을 시켜 효 명제를 독살하고 효 문제의 손자인 3살의 어린아이 원쇠元釗를 황제로 세웠다. 이 소식을 들은 이주영은 크게 노했다. 즉시 호태후에게 서신을 보냈다.

"나는 이제부터 실력으로 조정으로 들어갈 것입니다. 그리고 황제의 측근들을 문초하여 효 명제가 죽은 원인을 규명하고, 그 죽음을 방관한 황제의 친위군에 대해서는 그 책임을 물으려고 합니다. 호태후 마마! 악한 자들을 재판에 회부하여 국가의 치욕을 씻고 백성의 울분을 풀어 주고, 그 다음에 현자를 골라 황제의 자리에 앉히도록 합시다."

이주영은 진양에서 군사를 일으켜 동지를 규합하고 위풍당당하게 낙양을 향했다. 행렬이 황하에 도착했을 때 효 문제의 조카 원자유元子攸가 낙양에서 탈출해왔다. 이주영은 그를 맞이하여 황제로 세웠다. 이가 효 장제이다. 호태후는 군대를 출전시켜 이주영의 침입을 방어했으나 도리어 모두 적에게 항복했다. 그러자 호태후는 머리를 깎고 여승이 되어 사죄했다. 자식을 죽여서라도 권력을 장악하려 했던 잔인한 여자가 비겁하게 목숨을 구걸했다. 하지만 이주영은 저승의 지옥관이 되어 있었다. 호태후와 그녀가 세운 젖먹이 황제를 체포해 물에 던져버렸다. 심판의 날을 맞이한 낙양의 모든 관리들이 떨었다. 이주영은 새 황제를 맞이하러 온 백관들을 정렬시키고, 효 명제의 독살을 비판하지 않고 방관만 하고 있었던 죄를 열

아들과 함께 물속에 던져진 호태후

거했다. 그리고 승상이하 2천여 명의 관리들을 모두 처형했다. 이주영은 자신만만했다.

그런데 하북의 대부분을 완전히 복종시킨 반란군의 장수 갈영이 곧바로 들고 일어났다. 그는 북위의 반란을 기회로 100만이라 자칭하는 대군을 투입하여 하남으로 향했다. 군사상의 거점인 업을 포위 공격했다. 이주영은 포위된 업을 지원하기 위해 직접 출동했다. 후경을 선봉으로 삼아, 선발된 정예기병을 이끌고는 적진을 종횡으로 돌파해 갈영을 생포했다. 갈영은 낙양으로 보내졌고 사형당했다. 이제까지 맞설 적이 없었던 갈영의 군대를 대수롭지 않게 대파하고 완전한 승리를 거둔 것이다. 세상 사람들의 입이 쩍 벌어졌다.

이주영의 딸이 효 장제의 황후가 되었다. 시골에서 자란 그녀는 거칠고 기세가 등등했다. 고급 교육을 받은 황실의 후손은 그 여자의 촌스럽고 거만한 태도가 역겨웠다. 조정이 이주영에게 좌우되니 황제는 황제가 아니었다. 황후에게 휘둘리고 장인에게 압박을 받던 효 장제는 비참한 상황을 타개하려고 했다. 황제는 측근들과 도모하여 이주영을 궁중으로 불러들여 죽이고 말았다. 하지만 그것은 너무 성급한 악수惡手였다. 싫다고 바로 행동을 해버리는 어린애와 같은 짓을 했다. 자신을 허수아비로 만든 수괴를 죽인다고 모든 것이 해결될 수는 없었다.

이주영의 무력은 그 혼자만의 것이 아니고 북위의 개국 당시부터 시작해 오랜 세월에 걸쳐 쌓아올린 봉건세력이었다. 이에 반하여 낙양천도 이후 고립된 채 귀족화한 북위 조정은 의지할 무력을 완전히 상실해버리고 있었다. 531년 이주영의 일족인 이주조와 이주세륭爾朱世隆 등이 산서성의 본거지로부터 군대를 이끌고 낙양으로 향하자, 효 장제의 친위대는 어이없이 패주하고 황제 또한 체포되어 살해당했다. 이주씨에

당 제국이 장악하기 전까지 장안의 주인은 수시로 바뀌었다. 장안시의 현재 모습.

의해 효 장제의 사촌 중의 한 사람이 세워져 절민제가 됐다.

내란도 전염성이 있는 것 같다. 같은 해 고구려에서도 같은 일이 벌어지고 있었다. 어느 대신의 손에 안장왕이 살해되고 그 동생 안원왕이 옹립되었다. 안원왕을 추대한 이들은 추군과 세군이라 불리는 2대 세력이었다. 그들은 각각 딸을 안원왕에게 2, 3번째 부인으로 삼게 했다.

이주영이 죽어버리자 고환은 이주씨 일족의 전도가 끝이 났다고 생각했다. 세상이 유동적인 난세가 돼 급격히 형세가 변할 때 개인적인 능력이 큰 힘을 발휘한다. 이주영이 죽은 뒤 이주조와 이주세륭은 군웅을 통솔하여 그 역량을 충분히 발휘할 수 있는 재능이 없었다. 532년 고환은 북위로부터 받은 기주冀州라는 작은 지방을 발판으로 부근의 군인·장군들을 회유하고 이주씨 토벌을 선언했다. 그는 곧 하남의 요지인 업을 점령했다. 소식을 들은 이주씨 일족은 힘을 합쳐 대군을 일으켜 업으로 몰려왔다. 하지만 고환은 만만한 사람이 아니었다. 업을 탈환하려고 온 이주씨의 군대는 동원된 장졸의 규모가 무상하게 대파되고 말았다. 나아가 그는 낙양으로 진군하여 절민제를 폐위시키고 효 문제의 손자 효 무제(510~534)를 황제로 세웠다.

효 무제는 나약하고 비겁한 성격의 소유자였다. 운명에 떠밀려 황제가 되자 그 자리를 다른 일족에게 빼앗기지 않으려고 했다. 그래서 앞서 폐위된 절민제와 그밖에 자신의 경쟁자가 될 듯한 동족을 마구 죽였다. 그다음에 고환에게 적대감을 가지기 시작했다. 고환에 의해 자신이 황제의 자리에 올라 자유롭게 군주권을 행사할 수 없는 것을 불만으로 느꼈다. 효 무제는 낙양의 조정에 와 있는 고환의 심복 부하를 미워해서 그를 죽이고 진양에 주둔하고 있는 고환을 토벌하기 위해 군대를 모집했다.

이주영의 부하 가운데 쟁쟁한 자, 후경侯景이라든가 모용소종慕容紹宗 같은 자는 고환의 부하가 되어 있었다. 단지 한 사람의 예외는 우문태宇文泰였다. 그는 6진의 하나인 무천진武川鎭 출신으로, 섬서 방면의 반란을 평정하고 세력을 늘려 장안에 군대를 주둔한 뒤 조용히 천하의 형세를 지켜보고 있었다. 후에 일어난 수와 당도 모두 무천진 출신이었다. 수와 당을 세운 이들의 선조가 이때 우문태의 휘하에 있었을 가능성도 있다. 우문태는 당연히 고환의 적이었다.

효 무제가 고환의 토벌을 결의한 이상 우문태를 자기편으로 포섭해야 했다. 그런데 효 무제의 이 계획을 알아버린 고환은 수도를 우문태의 근거지에서 멀리 떨어진 업으로 천도하려고 했다. 효 무제는 위험이 닥쳐오는 것을 보고 우문태에게 구원을 요청했다. 그런데 구원병이 오지 않는 사이에 고환이 진양에서 병사를 이끌고 낙양으로 육박했다. 그러자 효 무제는 장안으로 달아나 우문태 휘하에 숨었다(534년). 고환은 낙양에 들어오자, 북위 왕족 중에서 효 문제의 증손을 찾아내어 황제의 자리에 앉혔다. 그가 효 정제다. 그리고 곧바로 고환은 계획대로 효 정제의 조정을 업으로 이전시켰다.

효 무제는 장안으로 달아난 지 반년도 되지 않아 우문태에게 독살되고 말았다. 쫓겨온 못난 황제는 우문태의 눈에 차지 않았던 것이다. 그를 대신해 사촌 형이 황제로 옹립되었다. 그가 문제文帝였다. 이렇게 되어 북위에는 두 사람의 황제가 출현하게 됐다. 고환의 아래에 있는 효 정제의 국가는 동위東魏라 불리고, 우문태의 비호를 받고 있는 문제의 국가는 서위西魏라 불렀다. 당시의 실제 형세를 비교해 보면 동위 쪽이 훨씬 영토도 넓고 인구도 많으며, 문화도 앞서 있었다.

북위가 서위와 동위로 분열됐다고 하는 것은 단지 명목적인 표현법에 지나지 않았다. 실은 고환과 우문태의 양 세력이 대치하는 것에 불과했다. 대략 지금의 섬서성과 산서성 두 변경을 따라 북쪽에서 남쪽으로 흐르는 황하를 경계로 했다. 동위는 업으로 천도한 이후 고환은 스스로 상국相國이 되고, 장남인 고징이 실권을 잡았다. 이후 여러 차례 서위와 교전을 하였다. 쌍방은 각각 전투에 능한 북방의 선비군을 거느리고 있었다.

낙양 서쪽의 황하 남북이 주 전장이 되었다. 우세함을 자랑하던 고환은 일거에 장안을 점령하려고 공격을 했다가 실패했다. 한편 우문태도 낙양을 손에 넣고 전략상 우위를 확보하려고 출병했다. 양군은 처참한 혈투를 되풀이했는데 어느 쪽도 결정적인 승리를 거둘 수 없었다. 547년 고환이 죽고 정권을 잡은 장남 고징高澄이 진양晋陽(산서의 태원)으로 되돌아왔다. 하지만 2년 뒤 동위의 실권자 고징은 뜻하지 않은 죽음을 맞이한다. 직전에 고징은 양나라의 혼란을 틈타 남진을 했다. 회수 이남을 점령한 그는 난경蘭京이라는 자를 포로로 잡아 요리를 하는 가내노예로 삼아 부리고 있었다. 방면된 관리로 있었던 나경의 아버지는 아들을 해방시켜달라고 탄원을 올렸다. 하지만 고징은 들어주지 않았다. 나경은 고징을 원망해 6명의 동료와 함께 고징의 허점을 엿보다 그를 찔러 죽였다.

폭행당한 고구려 국왕

552년 9월 고구려 평양에 북제의 황제 고양高洋이 보낸 사자가 도착했다. 그는 박릉博陵 출신의 최유崔柳라는 사람이었다. 당시 17세였던 양원왕은 그가 고구려에 온 이유를 알고 있었다. 왕은 북제 사신 최유의 요구를 거절했다. 그러자 최유의 눈에 핏줄이 섰다. 그는 눈을 부릅뜨고 왕에게 욕설을 퍼부었다. 그것도 모자라 주먹을 불끈 쥐고 거리낌 없이 왕에게 다가갔다. 퍽! 하고 소리가 났다. 왕이 그 자리에서 떨어졌다. 더욱 기이한 장면은 그다음에 벌어졌다.

왕이 최유의 주먹에 맞아 용상에서 떨어졌는데도 누구 하나 그 불경한 사신을 제재하지 않았다. 대전에 있던 모든 고구려의 신하들이 숨소리를 죽이고 감히 꼼짝하지도 못한 채 사죄를 한 것이다. 이는 당시 왕을 바라보는 신하들의 심정을 임상적으로 보여준다. 도리어 사과를 받아야 할 사람들이 사과를 했다. 그리고 왕을 폭행한 사신이 요구한대로 과거 북위에서 넘어온 유민 5천 호를 되돌려줬다.

왜 이러한 일이 일어났을까. 이야기의 무대를 북제의 조정으로 옮겨

보자. 고징의 동생 고양은 평소 형에게 경쟁자로 지목되어 미움을 받고 있었다. 그것을 알아차린 고양은 자신이 백치인양 행세했다. 세상 사람들의 눈을 속였을 뿐만 아니라 처자까지도 진짜라고 믿어버릴 정도였다. 그런데 그의 형이 횡사했다는 소식을 듣자마자 곧 본래의 모습으로 돌아와 부하를 지휘하여 암살자를 체포하고, 시의적절한 명령을 내리는 한편 전국의 관리를 그대로 자기의 휘하에 넣어 미동도 하지 못하게 만들었다. 실로 돋보이는 수단이었다. 이듬해인 550년 고양은 동위의 천자 효 정제를 폐하고 스스로 황제의 자리에 올랐다. 역사에서 그를 북제의 문선제라고 부른다.

고양은 군사적 재능도 탁월했다. 그가 황제를 칭하자 서위의 실권자 우문태가 북제에 쳐들어왔다. 우문태는 산서성 태원 부근에서 고양의 군대와 대진했다. 조금 높은 언덕에 올라가 고양의 군대를 보니 진용은 대오가 잘 정돈되어 허점이 전혀 없었다. 젖 냄새 나는 어린아이라고 깔보고 덤볐다가 전혀 다른 모습을 보고 놀랐다.

"참으로 의외로다. 고환의 시대와 상황이 조금도 변하지 않았구나."

우문태는 혀를 차며 그대로 군사를 되돌렸다.

그즈음 몽골지방에서는 유연이 쇠퇴하고 돌궐이 번성하고 있었다. 본래 돌궐은 유연에게 예속되어 철공업에 사역되던 부족으로 셀렝가강 유역에 살고 있었다. 552년 2월 돌궐의 군주 토문土門은 유연을 격파했다. 그가 돌궐 최초의 가한이다. 이듬해 12월 전쟁에서 패한 유연은 북제에게 구원을 요청했다. 고양은 친히 출병하여 돌궐을 토벌하고, 그의 항복을 받아들여 화친할 것을 허락했다.

고양은 당시 동아시아 최고의 군주였다. 그는 친정→약탈→분배의 공식이 나타나는 '유목형 군주'의 특성을 그대로 지닌 인물이었다. 고양은 전투 시에 항상 용감하게 선두에 나서서 군대를 직접 진두지휘하였다. 고양의 성격은 그의 후계자 지목에서도 나타난다. 550년에 고양은 장남인 고은을 황태자에서 폐위시키려 했다. 그 이유는 태자가 중국인과 같은 성격[漢家性質]을 가지고 있다는 것이었다. 자신과 같은 호전적인 모습을 닮지 않았다는 것에 항상 못마땅해했다. 고양은 자신의 '선비족 기질'에 자부심을 느끼고 있었다. 552년 1월 고양은 대군에 있는 해족을 약탈해 수많은 가축을 노획했고, 그 사람들을 산동으로 이주시켰다. 그해 9월 고양은 거란을 약탈하고 군대를 물리지 않고 고구려와 가까운 영주에 군대를 주둔시켰다. 선비족 특유의 거친 자를 사신으로 고구려에 보내면서 모든 재량권을 위임했다. 목적은 북위 말 내란기에 고구려로 넘어간 사람들(5천 호)을 송환해오는 것이었다.

북제의 사신은 고구려에게 넘어온 그들의 유민들을 돌려달라고 요구했다. 너무나 당당한 어투였다. 어릴 적부터 그를 왕위에 올린 외가의 사람들에게 둘러싸여 자라온 양원왕은 눈치가 전혀 없지는 않았다. 북제사신의 표정이 너무 무서워 양원왕은 요구한 대로 들어주고 싶었을 것이다.

외국 사신에 폭행을 당한 양원왕의 나약한 인격은 상상을 초월한다. 그는 외가 쪽 사람들이 차는 공이나 마찬가지였다. 그에게 결단이란 끔찍하기 이를 데 없는 당혹을 뜻하는 것이었고, 그는 실권자 외삼촌들이 하자는 일을 따라할 줄밖에 몰랐다. 그 자신은 평온밖에는 아무것도 원하는 것이 없었으며, 외가 사람들이 무엇을 요구하면 놀랍고 괴로워서 그러하마 하고 약속했고, 또 반대의 것을 요구하는 다른 외가의 사람에게도 되는 대로 그러하마 하고 대답하는 그러한 사람이었다. 자부심도, 욕망도, 품위도 없이 15년 동안 거의 무심한 채로 왕관을 쓰고 있었다.

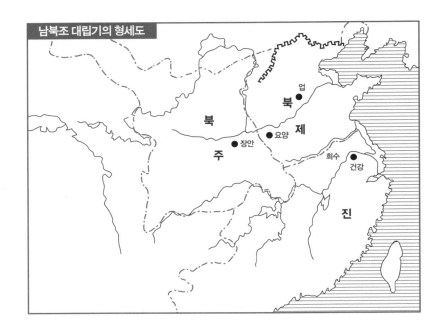

남북조 대립기의 형세도

그의 인품은 남성성의 빈약에서 비롯된 것이라기보다 후천적인 환경에서 비롯된 측면이 크다. 그는 왕에 어울리는 행동과 의사표현을 애초에 배우기 힘들어 했으며, 그것을 관철시킬 줄은 더더욱 몰랐다. 그의 이러한 약점을 아는 외가 사람들의 존재는 그의 행동을 위축시키고 또 위축시켰던 것이 확실하다. 단 하나 일관된 것이 있다면 그의 외삼촌들이 합의한 것은 시키는 그대로 하는 관성이 그의 몸에 붙어 있었다.

고구려사에서 이렇게 외국의 사신에게 수모를 당한 왕은 없었다. 이러한 북제 사신의 노골적이고 극단적인 행동에는 이유가 있다. 북제의 고양은 거란을 대대적으로 소탕한 후 그 군대를 서쪽으로 철수시키지 않고 영주에 주둔시키고 있었다. 여차하면 고구려로 쳐들어올 기세였다. 당시 황제 고양은 유목제국 유연을 밀어내고 등장한 돌궐도 벌벌 떠는 존재였다. 적어도 초기에는 그러했다. 고구려도 마찬가지였으리라. 하지만 고구려가 굴욕을 당한 진정한 원인은 그 내부로부터 출발했다. 당시 고구려는 내분으로 약해질 대로 약해진 상태였다.

고구려의 불행은 531년 안장왕의 피살로까지 거슬러 올라간다. 이 시기 고구려의 정치적 상황은 『삼국사기』 고구려본기에는 전혀 나타나지 않고, 지금은 사라진 백제의 기록을 인용한 일본의 기록에 전하고 있다. 당시 정적 고구려에 가졌던 백제의 집요한 관심을 반영하고 있다. 백제의 간첩이 평양에서 암약하면서 본국에 보내온 정보가 기록에 남았고 그것이 일본의 기록에 인용된 것이다. 안장왕의 피살과 안원왕의 즉위는 고구려에서 왕권의 쇠락과 귀족들의 득세를 반영하는 지표일 것이다. 여기에다 한 여자의 출산 문제가 정쟁의 불씨에 기름을 부었다.

양원왕의 아버지 안원왕에게는 3명의 왕비가 있었다. 각각 세력이 있는 집안의 딸들이었다. 불행하게도 정부인은 아들을 낳지 못했다. 그러니 왕위를 이을 왕자는 중부인과 소부인의 소생으로 돌아갈 수밖에 없었다. 중부인이 먼저 왕자를 낳았고, 이어 소부인도 왕자를 낳았다. 중부인의 왕자가 일단 왕위를 이을 후계자로 결정됐다. 하지만 소부인 측에서도 왕위에 대한 미련을 버리지 못했던 것 같다. 양원왕이 임종의 침상에 눕자 왕위 계승을 놓고 분쟁이 터졌다. 각각 중부인과 소부인의 친정 집안사람들이 병력을 거느리고 궁문에 도착했다. 『일본서기』 흠명기 6년(545) 조와 7년(546) 조에 다음의 두 기록이 전한다.

"이해에 고구려에서 대란이 일어나 죽임을 당한 자가 많았다. 백제본기에 이르기를, (545년) 12월 갑오 고려국에서 세군과 추군(안원왕의 외가)이 궁문에서 크게 싸워 3일간 전투를 벌였는데, 세군이 패하였다. 세군 측의 자손들을 모두 잡아 죽였다. 무술에 고려의 곡향강상왕(안원왕)이 죽었다."

"이해에 고구려에서 대란이 있었다. 무릇 죽은 자가 2천여 인이었다. 백제본기에 이르기를, 고구려에서 (546년) 병오에 중부인의 아들을 세워 왕으로 삼았다. (안원왕은) 나이가 8세이다. 고구려왕의 부인이 3명인데, 정부인은 아들이 없다. 중부인이 세자를 낳았는데, 그 외가를 추군이라 한다. 소부인도 아들을 낳았는데, 그 외가를 세군이라 한다. 고려왕의 병이 위독하자, 세군과 추군이 각각 자기 쪽 부인의 아들을 세우려 해 싸움이 벌어졌다."

평양의 궁궐 앞 정문에서 중부인의 군대(추군)와 소부인이 군대(세군)가 대진했다. 왕궁을 선점하는 것이 전략적 목표였다. 아마도 이미 세자로 책봉된 중부인 소생의 아들과 그 외가 사람들이 왕궁에 주둔해 있었을 가능성이 높다. 추군이 왕궁을 지키고 있는 가운데 세군이 소부인 소생의 왕자를 데리고 궁문 앞에 나타난 듯하다. 병력의 규모는 수천 명으로 추산된다. 서로 자신들이 세운 왕자가 정당한 왕위 계승자라는 주장이 오고 갔다. 큰 방패를 든 병사들이 전열의 앞에서 서 있었고, 화살이 오고가는 가운데 세군은 궁문에 난입하기 위해 필사적으로 노력했다. 결과적으로 볼 때 세군은 궁문을 돌파하지 못했다. 궁궐의 문 앞에서 벌어진 시가전은 야전에서 벌어진 전투와 양상이 다르다. 그만큼 장소가 협소하기 때문에 단병접전이 주로 벌어진다. 이때는 긴 창보다 짧은 검이나 도끼가 주로 사용된다. 그러니 전투는 그야 말로 피를 튀기는 백병전 양상을 보일 수밖에 없고, 단시간에 많은 희생자 나온다. 3일간 벌어진 전투는 짧다고 볼 수도 있지만 직접 싸우는 입장에서 볼 때 너무나 긴 시간이다. 먹을 수도 쉴 수도 없이, 용변을 볼 시간도 없이 밤낮으로 싸운다고 생각해보라.

문제는 이러한 깡패 행각을 바라보는 백성들의 눈이다. 신성하게 여겨 왔던 왕실을 어떻게 바라보겠는가. 귀족사회의 연대감에도 많은 타격을 줬을 것이다. 귀족들 가운데 사병을 이끌고 추군이나 세군에 가담하는 자들도 있었겠지만 자신의 집 문을 걸어 잠그고 사태를 관망하는 자들도 있었을 것이다. 추군이 승리를 거뒀을 때 대대적으로 행해졌던 학살과 보복도 백성들의 눈에는 추잡하게 느껴졌을 것이다. 추군은 세군 측 다시 말해 소부인 친정 집안사람들을 모조리 색출해 살해했다. 어린아이부터 노인까지 죄 없이 죽어간 사람들이 많았을 것이다. 보복의 범위가 소부인 친정에 한정되었다면 그래도 다행이다. 하지만 여기에 가담한 다른 귀족들 집안으로 그 범위가 확대되었다면 문제다. 귀족들은 서로 결혼으로 얽혀 있으니. 세군 측과 거기에 가담한 사람들의 재산이 몰수됐을 수도 있고, 많은 사람들이 왕경에서 터전을 잃고 추방되었을 가능성도 있다. 나아가 지방의 장관들이나 성주들 가운데 세군 측과 연계된 사람들도 그 자리에서 쫓겨났을 수도 있다. 그야말로 외척과 여기에 연루된 귀족사회, 나아가 그 예속민들에 이르기까지 왕위 계승 쟁탈전에 영향을 받은 사람은 무척 많았을 것으로 생각된다. 중추인 왕궁에서의 전투는 고구려 국가의 풍비박산을 의미했던 것이 확실하다. 그래도 빨리 수습이 되었다면 다행이다.

하지만 고구려의 내전이 장기화되었다는 것이 사료에서 포착된다. 551년 젊은 시절 고구려에서 승려로 암약했던 신라 진골귀족 출신 장군 거칠부가 스승으로 모셨던 고구려 승려 혜량을 만났다. 그가 거칠부에게 말했다.

"지금 우리나라는 정란(정치적인 내분)으로 언제 망할지 모르겠으니,

원컨대 그대의 나라로 가고자 한다."

1963년에 경남 의령군 대의면 하촌리의 돌무더기 속에서 고구려에서 539년에 제작된 금동불상[延嘉七年銘金銅如來立像]이 거의 완전한 형태로 발견됐다. 불신佛身 · 대좌臺座 · 광배光背가 함께 주조됐고, 전체 높이는 16.2센티미터로 들고 다닐 수 있는 정도다. 적지 않은 고구려 승려들이 불상을 품고 신라로 망명했다는 것을 알 수 있다. 더구나 당시 신라의 국왕인 법흥왕은 불교를 공인한 열혈 불교 신자가 아니었던가. 광배의 뒷면에 육조풍의 해서로 4행 47자의 명문이 음각돼 있다.

"연가延嘉 7년인 기미년(539년 고구려 안원왕 9년)에 고(구)려국 낙랑동사樂良東寺의 부처님을 공경하는 제자인 승연僧演을 비롯한 사도師徒 40인이 불법을 세상에 널리 퍼뜨리고자 천 개의 불상을 만들기 시작했는데, 이것은 그 가운데 29번째 것이다."

연가칠년명금동여래입상.

당시 시주를 받아 많은 불상이 제작되었던 것 같다. 경남 의령에서 발견된 이 금동불상은 비구 승려인 법영의 공양으로 29번째로 제작된 현겁천불이었다.

신앙이란 위기의 시대에 힘을 발휘하는 것이다.

당시의 사실을 전하는 『주서』 고구려전을 보면 고구려에 있어 내란은 구조적인 면이 있었다.

"대대로大對盧는 세력의 강약에 따라 서로 싸우다 이기면 빼앗아 스스로 그 지위에 오르고 왕의 임명을 거치지 않는다."

수상직인 대대로 자리를 놓고 귀족들은 끊임없이 싸웠다. 왕은 아무런 힘도 없었고, 오로지 칼의 논리가 판을 치고 있었다. 『구당서』 고구려전은 좀더 상세하게 그 사실을 전하고 있다.

"그 나라의 관제는 가장 높은 것이 '대대로'로서 1품에 해당하는데 국사의 전반을 총괄한다. 임기는 3년으로 되어 있으나 적격한 자라면 임기에 구애를 받지 않는다. 교체하는 날에 더러 순순히 내어놓지 않기도 해 양편이 군사를 이끌고 서로 싸워 이긴 자가 차지한다. 왕은 다만 궁궐의 문을 걸어 닫고 스스로 지킬 뿐 제어하지 못한다."

고구려 귀족사회는 대대로 자리를 놓고 분열되어 있었다고 봐야 한다. 대대로직을 차지하고 있는 자와 그것을 새롭게 차지하려는 자의 뒷쪽에는 많은 줄을 서고 있었다. 방관적인 자들도 있었겠지만 많은 자들이 줄을 대고 주군의 대대로 취임을 기도했다고 생각된다. 국가가 아니라 직속상관에게 복종하는 풍조가 이 시기에 만들어졌을 것이다.

백제에게 숙적 고구려의 불행은 행복이었고, 그들이 잃어버린 한강 유역을 다시 수복할 수 있는 기회였다. 이전부터 백제는 신라에 적극적으로 접근했다. 549년 백제의 노력으로 신라는 남조 양나라에서 가져온 부처의 진신사리를 흥륜사에 모실 수 있었다. 물론 당시 백제가 신라에게 간절히 요구한 것은 군사적 연합이었다. 신라의 협조가 없다고 해도 한성 탈환은 가능했겠지만, 백제가 고구려의 공격으로부터 그것을 유지하기 위해서는 신라의 협력이 필요했다.

551년 백제는 신라와 함께 동시에 북진하여 고구려의 남쪽 땅을 점령하자고 제의했다. 그해 백제의 제의를 받아들일 것인지 아닌지 결정을 놓고 신라 수뇌부의 회의가 열렸다. 진흥왕 초기, 당시 고구려가 내분에 들어갔다고 해도 신라의 북진 결정은 쉽지 않았다. 고구려는 얼마 전까지 백제와 힘을 합쳐서도 막아내기 급급했던 강국이었다. 지금 서로 죽이는 내전이 벌어졌다고 하지만 갑자기 붕괴하거나 사라질 나라는 아니었다. 언젠가 서서히 힘을 되찾고 일어날 것이 분명하다. 그러면 고구려 군대가 신라에 쳐들어와 왕경을 포위하고 중신들과 왕족들을 모조리 학살할 수도 있다.

하지만 신라가 팽창을 멈추고 소백산맥 안에 안주한다면 고사할 가능성이 크다. 소백산맥 바깥으로 진출하느냐 못 하느냐는 생존이 갈리는 분수령이었다. 소백산맥 안에 고립된다면 아무리 체제 정비를 해도 성장의 한계가 있었다. 그렇게 된다면 고구려와 백제에게 신라가 멸망당하는 것은 시간문제였다.

당시 고구려군은 남한강의 상류인 충주 단양지역에 들어와 있었다. 백제가 일시 한강 하류를 점령했다고 하더라도 상류에 고구려군이 주둔하고 있다면, 한강 하류는 쉽게 고구려군에게 넘어갈 수밖에 없다. 상류에 위치한 고구려군은 그곳에서 보급품을 모아 강을 타고 하류로 진군하기 용이하다. 반대로 하류에서 상류로 거슬러 올라가는 것은 4배이상의 힘이 든다. 이 때문에 무녕왕대 백제가 한성을 탈환하고도 오래 유지할 수 없었다. 강의 흐름과 그 방향은 전쟁에 중요한 영향을 주고 역사의 흐름을 바꾸기도 한다. 하지만 이때 신라가 북진해 한강상류를 점령한다면 이야기가 달라진다.

백제가 북진하여 한강 하류를 점령했을 때 신라는 상류를 점령해야 한다. 상류를 점령한다면 향후 신라는 백제에 대해서도 고구려가 누리던 것과 같은 전략적 우위를 점할 수 있다. 신라가 한강 상류를 점령한다면 하류의 점령도 용이한 것이다. 과거 낙동강 상류를 점령한 신라는 하류에 위치한 가야를 공격할 때 강상江上 보급을 하면서 그 효과를 경험하기도 했다.

　하지만 당시 신라의 북진이 성공한다는 보장이 없었고, 다만 승산이 있다는 정도였다. 551년 마침내 백제는 거사를 결정했다. 꾸물대던 신라가 움직여준 것이다. 백제는 쉽게 승리를 거두고 한성 주변의 5개 군을 탈환했다. 꿈에 그리던 구토의 회복이었다. 신라군이 이미 소백산맥 넘어 한강 상류 일부에 배치되어 있는 상태에서 백제군이 한성을 함락시켰다는 소식을 들은 고구려군은 철수하지 않을 수 없었다. 신라의 거칠부가 승리의 기세를 타고 고구려를 공격해 죽령 이북 고현高峴 이남의 10개 군을 차지했다.

　그러나 현실은 냉혹하다. 그것도 국가 간의 현실인 국제정치는 더욱 그렇다. 553년 동맹을 맺고 북진했던 백제와 신라 사이에 싸움이 벌어졌다. 백제가 회복한 한강 하류의 한성에 대해 신라가 공격을 가했던 것이다. 백제군은 한성을 포기하고 철수했고, 신라의 장군 김무력이 이끄는 가야사단이 그곳을 점령했다. 백제와 근 120년간 손을 잡고 고구려에 대항했지만 결정적인 순간에 동맹국을 배반하고 등에 칼을 꽂은 신라였다.

　550년대 고구려의 입장에서 신라의 등장은 치명적이었다. 한강 유역을 점령하고 동해안의 함경도까지 힘을 뻗친 신라의 급격한 성장은 고구려의 방어체계에 예상치도 못한 엄청난 하중으로 작용했다. 고구려에게 신라는 후방에 새로 등장한 강력한 적이었다. 6세기란 고구려 쪽에서 본다면 신라에 의한 고구려 영역의 침식 과정이었다고 말해도 과언이 아니다. 신라는 505년에 동해안 일대로 진출했고, 552년에는 한강 하류지역을 장악했으며, 568년에 함경도 지방 예족 거주지를 확보했다. 한반도에서 고구려 전 영역에 걸쳐 신라와 국경을 접하고 군사적으로 대치하고 있었던 것이다. 신라의 팽창에 대해 고구려는 적극적인 공세를 펴지 못했다. 한마디로 겨우 방어만 하는 정도였다. 고구려는 내전을 다스리고 북방에서 돌궐과 겨루느라 한반도로 눈을 돌릴 수가 없었고, 이것이 신라의 급격한 팽창과 성장의 요인이 됐다.

경쟁자 돌궐의 등장

555년 돌궐군대가 고구려 신성으로 쳐들어왔다. 몽골에 있는 유목제국이 고구려를 이렇게 직접 공격한 것은 처음이었다. 신성이 포위됐다. 주변에 있는 고구려 성에서 지원군이 출동했지만 신성이 포위되는 것을 막을 수 없었다. 다행히 유목민 기병들은 견고한 성을 공격하는 데는 서툴렀던 것 같다. 신성에 있는 고구려군이 완강하게 버티자 돌궐은 군대의 기수를 백암성으로 돌렸다. 백암성에서 전투가 벌어졌다. 고구려 양원왕(545~559)이 구원군을 보냈다. 장군 고흘이 이끄는 1만 기병이었다. 돌궐 군대는 연이은 전투로 진이 빠져 있었다. 고구려 군대의 공격을 받은 돌궐은 1천의 전사자와 포로들을 남기고 물러났다. 돌궐이 고구려 기병과 정면충돌은 회피했던 것이다. 고구려군은 철수하는 돌궐군을 추격해 전과를 올렸다. 하지만 고구려는 이 전투로 몽골고원의

호쇼 차이담에서 발견된 비문들 가운데 가장 보존이 잘된 퀼테킨(궐특근闕特勤) 비문. 높이 3.75미터, 너비 1.22~1.33미터 규모이며 4면 중 한 면은 한문으로 적혀 있다. 6세기 후반 서방에서 문자를 받아들인 돌궐인이 8세기에 사용에 익숙해졌고, 또 당나라로부터 비를 세우는 풍습을 익혀 이 기념물을 남기게 된 것으로 추측된다. 19세기 말부터 유럽 학자들에 의해 발견된 비문은 1893년 덴마크의 V. L. 톰센이 해독을 시작한 이후 역주 사업이 진척됐다. 이 비문은 현존하는 최고最古 투르크어 기록으로, 역사·언어학상 귀중한 사료라 할 수 있다.

주인이 바뀌었다는 것을 실감했다. 몽골의 호쇼 차이담에 있는 〈퀼테킨 비문〉은 절정에 달한 돌궐의 위대함을 서사적인 어조로 찬양하고 있다.

"위로 푸른 하늘이 창조되고 아래로 거무스름한 땅이 창조되었을 때, 이 둘 사이에 사람이 창조되었다. 사람들 위에는 나의 조상 부민 가한(동돌궐), 이스테미 가한(서돌궐 실점밀)이 보위에 앉았다. 돌궐 부족민들을 통치하고 나라와 법을 정비하였다. 사방은 모두 적이었다. 오만한 자들을 머리 숙이게 하고 힘 있는 자들을 무릎 꿇게 하였다. 동쪽으로는 (고구려와 인접한) 카디르칸(흥안령산맥)에서 서쪽으로는 철문(트란스옥시아)까지 영토를 넓혔다. 두 경계 사이의 돌궐인들을 수습하고 조직하여 다스렸다. (부민과 이스테미는) 현명하고 용감한 군주들이었다. 그 휘하의 지휘관들도 그러했다. 지배층들도 부족민들도 분명 평화와 조화 속에 있었다."

돌궐인들이 자화자찬한 기록이다. 그들 나름의 우주관과 도덕관념이 반영돼 있다. 반면 돌궐인들에게 시달림을 당했던 중국인들은 돌궐인을 이렇게 묘사하고 있다.

"그들은 머리를 길게 늘어뜨리고 펠트로 된 천막에 거주한다. 물과 풀을 찾을 수 있는 곳을 따라서 야영지를 옮겨다니면서 산다. 그들의 생업은 목축과 사냥이다. 노인을 존중하지 않고, 혈기가 왕성할 때 우대를 받는다. 염치와 예의를 모르고 이런 점에서 흉노와 비슷하다."

신흥 돌궐의 등장은 동아시아는 물론 유라시아 전체의 변화를 강요했다. 유연은 그 공격을 받고 완전히 멸망했고, 북중국에서 치열하게 싸웠던 북주와 북제 양국은 돌궐에게 서로 경쟁적으로 아부했다. 고구려는 돌궐과 대치하느라 남쪽의 신라가 북진하는 것을 방치할 수밖에 없었으며, 비단 중개무역권을 상실한 사산조 페르시아는 동로마와 서돌궐 양측으로부터 공격을 받고 국력이 소진되었다. 고구려도 유연이라는 우방을 잃고 돌궐이라는 강적을 만났다. 돌궐의 고구려 침공에는 이유가 있었다.

공교롭게도 그 해답은 동로마의 역사학자 시모카테스Theophylactos de Simocattes의 저술에 기록돼 있다.

"유연 잔당들이 북제로 도망을 쳤고 그곳에서 다시 반란을 일으켰다가, 북제의 공격을 받아 쫓겨 동쪽의 무크리Moukri로 도망쳤다. 무크리는 북제에 인접해 있다. 무크리인들은 위험에 대처하는 강인한 정신력과 매일매일의 신체단련으로 그들의 투지는 매우 높았다."

이 기록은 『북제서』(권4, 문선제 천보 5년 5~6월 조)의 그것과 정확히 일치한다.

"북으로 유연을 토벌했다. 유연이 무리를 이끌고 동으로 옮겨가 장차 남침하려 하자, 황제(고양)가 경기병을 지휘해 이를 요격하려 했다. 유연이 이를 듣고 멀리 달아났다."

일본의 어느 학자(岩佐精一郎)는 무크리Moukri를 맥구려貊句麗로 풀이했다. 그는 무크리가 오르콘비문에 보이는 Bökli와 동일하며 바로 고구려라고 보고 북제군에 쫓긴 이들이 최후로 모습을 드러낸 곳이 영주자사 왕준에게 격파당한 조양朝陽과 우문일두귀 등이 동쪽으로 도망한 것을 예로 들었다. 당대의 돌궐인들은 고구려를 맥구려라고 불렀다. 고구려로 망명한 유연의 잔당에 대한 것이 동로마제국의 기록에 남았다는 것은 흥미로운 일이다. 그와 관련하여 520년대 이후 몽골 초원으로 시선을 돌려 돌궐이 일어서고 유연이 멸망하는 과정을 살펴볼 필요가 있다.

유연의 내분은 돌궐의 등장에 아주 양호한 환경을 제공했다. 520년 초원에 내분이 있었다. 유연제국의 가한인 아나괴阿那瓌(522~552)와 그의 숙부 바라문이 충돌했다. 격심한 전투가 있었고, 양자 사이에 피해가 너무나 극심했다. 유연의 내전은 그들의 힘을 크게 약화시켰다. 그러자 이듬해 우릉구 근처 알타이 남부에서 유목하고 있던 고차高車가 반란을 일으켰다. 고차는 후에 철륵鐵勒으로 불린 회흘回紇의 조상이기도 했다. 유연의 지배로부터 벗어나기 위한 이 반란은 진압되었다. 546년 직전 그들이 또 다른 반란을 계획할 때 돌궐의 방해를 받았다. 돌궐은 같은 종족이지만 유연의 가한에게 충성스러운 신하였다. 이러한 봉사의 대가로 돌궐의 수령 토문土門은 유연 공주와의 결혼을 요구했다. 하지만 아나괴는 이를 거부했다. 그러자 토문은 장안에 본거지를 두고 있는 우문태의 서위와 손을 잡았다. 우문태는 숙적인 유연을 견제하는 데 도움이 될 수 있다는 점에서 이 동맹을 환영했다. 551년 우문태는 서위 왕실의 공주를 토문에게 주었다. 유연을 견제하기 위한 서위와의 결혼 동맹은 돌궐에게 정치적인 무기가 됐다.

552년 1~2월 유연을 이렇게 포위하고 난 후 토문은 유연의 주력군을 추격했다. 유연 가한 아나괴는 돌궐군에게 대항했으나 패했고, 지금의 하북성 북단인 회황진의 북쪽까지 달아났다. 하지만 돌궐군의 끈질긴 추격으로 이곳에서 유연군의 주력이 섬멸됐다. 아나괴는 희망을 잃고 자살했다. 5세기 초부터 몽골고원의 패자로서 남방의 북위와 날카롭게 대립하던 몽골계 유연 유목국가는 실질적으로 멸망됐다. 회황(하북성 장가구시)은 회황진을 의미하며, 이 군진은 북위가 초기에 유연의 남침에 대비해 설치한 6진 중 가장 동쪽에 위치한다.

552년 10월 돌궐군이 남하했다. 만리장성을 넘어서 북제의 중서부 영역 깊숙한 지역까지 남진했다. 북제의 고양이 친히 군대를 거느리고 반격에 나섰다. 그는 남하한 돌궐군을 물리친 후, 황로령黃櫨嶺에 도착하여 도수사자都水使者인 양비陽斐에게 장성을 쌓도록 명령했다. 그 결과 북제 서북방의 황로령에서 북으로 사간술社干戌까지 400여 리에 걸쳐 장성이 만들어졌다. 황로령은 지금의 산서성 서중부 지대인 분양현汾陽縣의 서북부에 위치한다.

돌궐의 초대 가한인 토문은 즉위한 지 얼마 지나지 않아서 죽었고, 그 아들 혹은 아우인 과라科羅가 가한에 등극한다. 새 가한 과라는 유연의 잔여 세력 중의 하나인 등숙자鄧叔子가 거느리고 있는 집단의 소탕에 나선다. 등숙자는 유연의 마지막 가한인 아나괴의 숙부로서, 552년 1～2월경 아나괴가 자살하고, 그 태자인 암라진마저 남하해 북제의 북방지역으로 달아난 이후, 사막의 이북漠北에 남아있던 일부 유연 세력에 의해 가한에 추대됐다. 등숙자 집단은 돌궐군의 공격을 받자 남쪽으로 달아났으나 돌궐군의 계속된 추격을 받은 끝에 옥야진沃野鎭의 북방 목뢰산木賴山에서 꼬리가 잡혀 막심한 피해를 입었다. 옥야진 역시 북위 초에 유연의 침입에 대비해 설치된 6진 중의 하나로서 가장 서쪽에 위치한 곳이다.

553년 3월에 돌궐의 가한 과라가 병으로 죽자, 왕족 아사나씨阿史那氏 일족을 비롯한 지배 귀족들은 그의 아우인 사근俟斤을 가한에 등극시킨다. 아사나씨 귀족의 회의체 의결을 통해서 가한이 선출되었다. 그가 목한木汗이다. 돌궐의 소가한과 부족장들은 개인 소유의 독자적인 전투부대를 보유하고 있는 봉건영주적 군사 지휘자들이었다. 그들은 유목제국 돌궐에 지분을 가지고 있었던 주주였다. 그러니 가한의 제위는 그들에 의해 결정되었다.

553년 12월에 목한은 막남에서 세력을 형성하고 있던 암라진 등이 인솔하는 유연의 잔여 세력을 공격한다. 암라진 집단은 남쪽으로 달아나서 북제의 경역으로 들어갔다. 그러자 북제 고양이 북쪽으로 진격해 돌궐군을 토벌하고 이들 암라진 집단을 맞이했다. 북제의 고양은 그때까지 유연 잔당의 주군이었던 고제를 폐위시키고 암라진을 주군으로 교체했다. 그리고 그들을 마읍천馬邑川에 거주하도록 하고 식량과 의복을 지급했다. 고양이 유연의 잔당을 보호한 것은 돌궐에 대한 적개심에 불타있는 그들을 선봉으로 이용해 남진하는 돌궐군을 막기 위해서였다.

한편 목한은 555년에 사막 남쪽에서 명맥을 유지하고 있던 유연 등숙자 집단의 소탕에 나선다. 이에 등숙자는 살아남은 자들을 수습하여 서위[關中]로 달아났다. 555년 돌궐이 서위에 사자를 파견하여 유연의 잔여 집단의 하나인 등숙자 집단을 죽이라고 거듭 요청했다. 서위의 실권자인 우문태는 고민을 했다. 사람으로서 차마 못할 짓이라서가 아니었다. 우문태는 등숙자 집단을 자신의 병력으로도 활용할 수 있다. 하지만 동쪽의 북제와 대립하는 상황에서 북방의 돌궐과 불편한 관계를 갖는 것이 부담스러웠다. 우문태는 등숙자 일당에 대한 미련을 버렸다. 그리고 일당 3천 명을 체포해 돌궐의 사자에게 인계했다. 그들은 줄줄이 엮여서 처형장으로 향했다. 망국의 비극이었다. 장안성의 청문靑門 밖에서 처형이 집행됐다.

동료의 처형 장면을 보면서 자신의 차례를 기다리는 사람들은 무엇을 생각했을까. 손이 묶인 상태에서 죽음의 줄을 선 그들의 좌절과 공포는 어땠을까. 잘려진 거목의 그루터기 위에 피가 마르지 않고 흘렀다. 돌궐인들이 밧줄에 꽁꽁 묶여 고함을 지르며 발버둥치는 유연인들을 하나씩 하나씩 데리고 와 머리를 그루터기 위에 고정시켰다. 도끼가 단두대의 칼처럼 내리 찍혀 머리와 몸이 분리되었다.

이보다 앞서 북제 고양의 비호를 받던 유연의 잔당인 암라진 집단도 코너에 몰렸다. 기록을 보면 554년 3월에 그들이 돌연히 북제에 반기를 들었다고 한다.

초원에 불어닥친 살육의 광풍

하지만 그것은 논리상 수긍이 되지 않는다. 북제의 보호를 고맙게 여기고 있던 그들이 반란을 일으켰다면 무언가 생존의 문제와 직결되기 때문이었을 것이다. 북제 고양의 입장에서는 최대 적수인 북주와 동맹한 돌궐의 압력을 받고 암라진 집단을 제거하기로 마음먹었던 것은 아닐까. 돌궐의 요청을 거절할 경우 북제는 북쪽과 서쪽에서 양면 공격을 받는 상황에 처할 수도 있는 것이다. 고양은 암라진 집단을 모두 체포해 돌궐에 넘겨야 했다. 하지만 북주에서 동족인 등숙자 집단이 집단 처형된 사실을 알고 있던 암라진 집단이 순순히 자신을 포박하라고 손을 내밀지는 않았을 것이다. 죽을 바에야 도주하는 것에 희망이 있다. 암라진 집단은 북제 고양으로부터 공격을 받고 544년 6월 동쪽으로 달아나 요서의 영주營州 근처에 도착했다. 고구려로 망명하려는 의도에서였다. 하지만 북제의 영주자사 왕준이 동쪽으로 가는 길을 막았다. 그들은 다시 북제의 고양에게 추격을 당했다. 그해 9월에 고양은 친히 5천 기병을 인솔하여 암라진 집단을 따라잡아 마침내 지금의 내몽고자치구 음산산맥 남록의 매금산梅今山에서 그 꼬리를 잡았다. 서쪽으로 나아가 옥야진(지금의 내몽고자치구)에 이르러서는 암라진 집단 2만여 명 및 소와 양 수십만 두를 사로잡거나 노획한다. 하지만 유연인 모두가 돌궐과 북제 그리고 북주의 포위망에 걸려들지는 않았다. 일부는 고구려에 망명했지만 다른 일부는 동로마제국의 영내로 들어갔다.

567~568년 돌궐의 사신이 콘스탄티노플에 있는 동로마궁정에 나타났다. 그들은 동로마 황제에게 거세게 항의했다.

"폐하께서는 어찌하여 우리를 배반하고 반란을 일으킨 유연 족속들

을 보호하고 있습니까. 그들은 우리가 지배할 권리를 갖고 있는 자들입니다." (룩 콴텐)

목한은 대단히 호전적인 성격의 소유자였다. 동서남북에 걸쳐 광대한 영역을 개척한 정복 군주로서 돌궐 제일 가한국의 기반을 다졌다. 당시 돌궐의 영역은 동로마와 접촉할 수 있는 지역까지 팽창했다. 목한 가한대 돌궐은 실크로드 교역의 막대한 이익을 차지하게 위해 엄청난 팽창을 했다. 서로는 에프탈, 북으로는 키르기스, 동으로는 거란 등을 복속시켰다. 이제 돌궐의 영역은 동으로는 고구려와 인접한 요동만까지 왔고, 서로는 중국에서 저 멀리 1만 리나 떨어져 있는 카스피 해까지 이르렀다. 서쪽의 영역은 목한의 삼촌인 실점밀瑟帝米(이스테미)에 의해 확보되었다. 돌궐의 영향력이 동로마제국에 인접한 볼가강 유역까지 미쳤고, 일부 유연인들이 돌궐의 추격을 피해 동로마로 들어갔다.

562년 동로마 주변까지 쫓겨온 유연인들을 받아준 것은 지금의 유고슬라비아 출신 군인황제 유스티니안(Justinian 재위:527~565)이었다. 유연인들은 지금의 루마니아 지방에 정착했다. 그들은 동로마 사람들에 의해서 아바르Avar 족이라고 불렸다. 보호를 대가로 아바르 인들은 동로마에 충실한 기병이 되었다. 그들은 볼가강 유역에서 동로마 부근으로 이주한 불가리아 족을 막아내는 첨병으로 활동했다.

돌궐 사신의 이러한 단순한 항의가 동로마인들에게 깊은 인상을 줘 기록에 남았던 것은 아니다. 더 중요한 것이 있었다. 돌궐의 사신은 당시 중앙아시아에서 탁월한 대상大商이었던 소그드인 마니악Maniakh이었다. 그는 앞서 서돌궐의 가한 실점밀의 명령을 받고 사산조 페르시아에 다녀왔다. 당시 옥서스강 유역에 있었던 서돌궐은 사산조 페르시아와 국경을 접하고 있었다. 실점밀은 중국의 국경에서 페르시아를 경유해 동로마제국으로 이어지는 자유로운 비단 교역을 원했다. 소그드인 마니악이 이러한 서돌궐 가한의 의사를 사산조 페르시아 궁정에 전했다. 하지만 중국과 동로마제국 사이에 비단 중개교역의 독점권을 누리던 페르시아왕은 이를 거절했다.

앞서 서돌궐은 에프탈(Ephtalites, 압달)을 협공하기 위해 사산조 페르시아의 군주인 호스로우 1세Khosraw Anuchirvan I와 동맹을 체결한 바 있다. 페르시아와 서돌궐에게 동서로 협공당한 에프탈은 붕괴됐다(565). 에프탈 멸망 이후 페르시아는 옛 고토인 박트리아(Bactria, 대하大夏)를 회복했고, 서돌궐은 소그디아나와 트란스옥시아나, 비단길의 중추였던 호탄과 카슈가르를 차지해 실크로드의 지배권을 획득하게 됐다. 서돌궐과의 연합으로 에프탈을 멸하고 고토를 회복한 사산조 페르시아는 서돌궐이 장악한 실크로드의 지배권에 그 야욕을 드러내기 시작했다. 호스로우 1세는 고의적으로 실크로드를 차단하고 트란스옥시아나의 지배권을 얻기 위해 서돌궐에 대해 공공연히 적대감을 표출했다.

그러자 실점밀은 페르시아에 대항하기 위해 동로마제국과 직접적인 교역을 결심했다. 마니악을 동로마제국으로 보냈다. 동로마 측에서는 강력한 유목기병을 보유한 서돌궐이 사산조 페르시아와 국경을 접하고 있다는 사실에 흥미를 보였다. 서로 우호적인 대화가 오고갔다. 마니악이 서돌궐로 떠나갈 때 동로마제국의 사신 제마르코스Zemarchos가 동행했다. 실점밀은 동로마 사신을 천산 북부에 있는 야영지에서 만났다. 공동의 적인 사산조 페르시아에 대항하기 위해 확고한 동맹이 이루어졌다. 때마침 그곳에 도착하여 실점밀을 만난 페르시아 사신은 추방됐다.

실점밀은 곧바로 사산조 페르시아에 선전포고했다. 572년 동로마도 그 뒤를 이었다. 동로마는 그후 20년간 페르시아와 전쟁을 지속한다.

같은 적을 앞에 둔 서돌궐과 동로마의 동맹관계는 굳건했다. 양측의 사신이 빈번하게 오고갔고, 엄청난 양의 비단 직교역도 있었다. 사신과 상인들을 통해 동로마는 돌궐에 대해 정확한 이해를 갖게 됐다.

목한이 지배하는 돌궐제국의 새로운 근거지는 오르콘 강 상류였다. 몽골고원은 세계 최대·최량의 대초원이다. 흉노·동호·선비·유연·돌궐·위구르·몽골 등 세계사에 이름을 남긴 유목국가의 대부분은 여기서 일어났다. 이곳을 장악하지 못하면 대형의 유목국가로 발전할 수 없었다. 몽골고원은 유목민과 그 국가에게는 '요람'의 땅이었다. 하지만 그 남쪽에 비단의 최대 생산국인 중국이 없었다면 이러한 유목제국은 생겨나지 않았다. 돌궐은 서로 적대적인 북주와 북제의 분쟁을 최대한 이용해 그들로부터 엄청난 비단을 갈취했다. 돌궐제국이 중국과 한 무역은 중국에게 말을 주고 비단을 가져오는 경우가 대부분이었는데, 돌궐이 그들의 물건을 가져다가 강제로 떠맡기듯이 하는 억지 무역이 많이 이뤄졌다.

돌궐과의 충돌을 원치 않은 중국은 대부분 그 요구에 응했다. 북주와 북제 두 나라는 돌궐이 한쪽을 편들까봐 두려워했다. 힘의 균형 축이 어느 한쪽에 쏠려도 둘 중 하나는 멸망할 수도 있었다. 두 나라는 돌궐에게 넙죽 엎드렸다. 특히 북주는 창업자 우문태 이래 오로지 돌궐에 공손하게 굴복했다. 돌궐의 도움 없이는 북제와 싸울 수도 없었고, 싸우더라도 승산이 없었다. 북제 측에서도 돌궐과 북주 연합군의 공세를 피하기 위해 돌궐의 환심을 사려고 노력했다. 양국의 엄청난 비단이 몽골고원으로 들어갔고, 목한은 그 비단을 삼촌인 서돌궐 가한 실점밀에게 넘겼다. 서돌궐은 동로마와 비단을 직교역해 큰 이익을 올렸고, 동로마는 페르시아의 중개를 거치지 않은 이전보다 저렴한 비단을 구입할 수 있었다. 물론 서돌궐의 가한은 조카인 동돌궐의 목한과 이익을 분배했다. 둘 사이는 서로 공존하는 굳건한 관계였다(르네 그루쎄).

북주의 침공과 온달의 등장

이 시기에 고구려는 거란과 고막해가 유목을 하는 지역인 동몽골의 지배권을 둘러싸고 돌궐 및 북제와 상호 충돌이 잦았다. 북제가 여기서 일찍 탈락한다. 559년 고양이 죽고 무절제하고 무능한 군주들이 연이어 등장하면서 북제가 급속히 쇠퇴했다. 이윽고 577년에 북제가 멸망했다. 전쟁에서 패한 북제의 황제 후주가 북주의 수도인 장안에 포로로 잡혀왔다. 북주군의 공격으로 북제의 수도 업이 함락되자 그 우매한 군주는 태자에게 자리를 물려주고 도망쳤다. 하지만 사로 잡혀 북주의 수도 장안의 승전 개선식 때 개처럼 끌려왔다.

그리고 처형이 있었다. 모든 사람들이 볼 수 있도록 높은 단 위에 북제의 황제를 꿇어앉혔다. 북제 황제의 죄가 열거되었다. 백정과 같은 사람이 그 처형장의 단위에 올라왔다. 칼에 물을 적시고 칼이 번뜩였다. 북제 황제의 목이 떨어졌다. 장안의 사람들은 땅에 떨어진 피 묻은 황제의 머리를 보면서 북주에 의해 북제가 멸망당한 것을 실감했다. 중국이 재통일되는 서막은 이렇게 도살장의 축제 분위기였다.

578년 북주는 고구려와 요동에서 격돌했다. 우리 측의 기록인 『삼국사기』 온달전은 이렇게 전하고 있다.

"북주後周 무제武帝(561~578)가 군사를 보내 요동을 치니, (평원)왕이 군사를

거느리고 나아가 이산의 들에서 싸울 때 온달이 선봉장이 되어 날쌔게 싸워 수십 명을 베자, 여러 군사가 승세를 타고 분발하여 쳐서 크게 이겼다. 공을 논할 때에 온달을 제일로 삼지 않은 자가 없었다. 왕이 가상히 여기고 칭찬하여 말하기를 [이 사람이 나의 사위다] 하고 예를 갖춰 맞이해 작위를 주고 대형大兄으로 삼았다."

고구려와 북주 사이의 대규모 기병전이 벌어졌던 것으로 보인다. 이 기록에서는 온달의 영웅적인 활략만 보인다. 하지만 고구려의 5부 병력과 휘하의 유목민 기병이 대거 동원되었던 것으로 짐작된다. 평원왕의 딸 평강공주와 결혼한 온달은 과거 고구려의 격심한 내분 기간에 몰락한 귀족의 자제였다. 그의 파격적인 결혼과 장군으로의 등용은 수가 북중국을 통일하자 분열됐던 고구려의 귀족들이 평원왕 아래에 뭉쳤다는 것을 상징적으로 말해준다. 외부의 증가하는 위협이 고구려사회 전체를 파괴할 수 있다는 것을 그들 모두가 인식하게 됐던 것이다. 사실 평원왕은 요동 방어에만 매달렸던 것이 아니다. 그는 공격적인 정책을 펼쳤다. 기병을 파견하여 수나라가 지배하던 요서에 대한 약탈을 때때로 단행해 거란족에 대한 수의 회유정책에 강력히 반발했다. 아마도 온달이 그 선봉장을 맡았을 것이다.

제6장

고구려의 전마戰馬 생산과 유목민

고구려는 강력한 기병을 소유하고 있는 북중국의 강국이나 초원의 유목민족들과 인접해 있었다. 자국을 방어하거나 그들에 대한 공격력을 갖기 위해서는 기병을 체계적으로 양성해야 했다. 그것을 가능하게 하려면 숙련된 기수를 양성해야 하고, 일정한 기량을 가진 전마戰馬를 키우고 그 적정 수를 유지하는 시스템이 필요했다. 기병의 구성요소는 기병 장비와 기수 그리고 말이다.

　한 마리의 전마를 훈련시키는 데는 많은 시간과 비용이 소요된다. 능숙한 기마궁사도 마찬가지다. 유년기부터 말을 능숙하게 다룰 줄 알아야 하며, 적어도 18세까지 말 위에서 활을 쏘는 연습을 계속해야 한다. 기병은 공산품처럼 생산되는 것이 아니라 장기간의 시간과 노력 그리고 비용의 산물이다.

　말도 그 종자, 연령, 훈련 정도에 따라 다르다. 전체적으로 어느 정도 균질한 기량을 가진 전마들을 양성하기 위해서는 끊임없는 종자 개량과 조련의 체계가 필요하다. 말에 대한 국가의 장기적·조직적 관리가

덕흥리 벽화에 나타난 승마 모습.

요구되는 것은 말할 필요도 없다.

말과 관련하여 지금까지 주목하지 않은 자료의 단편이 있다. 『삼국사기』 온달전이 그것이다. 온달전은 아내의 내조로 남편이 성공하는 이야기를 담고 있다. 그 내용은 평강공주가 선택하게 하고 직접 양육한 '국마'로 상징될 수 있다. 국마國馬란 명칭은 고구려 국가가 생산하고 관리하는 말이 존재했다는 사실을 암시한다.

하지만 고구려 국마를 설명해주는 기록은 거의 없으며, 『삼국사기』에 국마라는 명칭이 단 2건만 전하고 있다. 국마의 용례를 전하고 있는 중국 측의 기록도 극히 드물다. 『사기』의 주석에서 1건, 『자치통감』에서 3건 있을 뿐이다. 『삼국사기』 온달전의 국마에 관한 기록을 분석하는 데 있어 중국 측의 여러 기록을 참고하지 않을 수 없는 것이다.

말을 사육하거나 훈련시키는 방식은 지역 간의 차이가 있다고 해도 매우 미소하다. 다양한 욕망을 지닌 인간에 비해 동물은 비교적 제한된 욕망을 갖고 있다. 그렇기에 중국의 사례는 고구려와 그렇게 많이 차이가 나지 않으며, 일반화된 시각을 투여하는 것이 가능하다. 고구려에서 훌륭한 조련사는 중국에 가서도 훌륭한 조련사가 될 수 있다.

371년 백제 근초고왕 26년의 일이다. 고구려와 백제의 공방전이 가열되던 시기였다. 그해 고구려 고국원왕의 침공 첩보를 접한 근초고왕이 패하浿河의 기슭에 군대를 매복시켰다. 고구려군은 백제군의 급습을 받고 패했다. 그 해 겨울 백제 근초고왕은 태자(근구수왕)와 함께 3만 대군으로 고구려 평양성을 공격했다. 이 전투에서 고구려 고국원왕이 전사했다. 백제군이 대승을 거두는 데 있어 고구려에서 귀순한 사기斯紀라는 자의 정보가 결정적인 역할을 했다.

그는 본래 백제왕이 쓰는 국마를 관리하는 마부였다. 어느 날 말의 발굽이 부러졌다. 왕이 타던 말의 발굽을 상하게 했으니 처벌을 피할 수 없었다. 그는 고구려로 도망을 갔다. 숨어 지내다 고구려와 백제의 전쟁이 일어나자 중요한 정보를 가지고 돌아왔다. 이 이야기에서 백제에도 국마가 존재했다는 것을 알 수 있다.

고구려의 귀중한 재산 국마

사기가 상하게 한 것은 아마도 말 앞발굽이었던 것 같다. 400~500킬로그램 체중의 말이 약 60킬로미터 정도로 달릴 때 앞다리에 실리는 충격은 자기 몸무게의 10배 이상이 된다. 그래서 운동으로 인한 말의 질환은 뒷다리보다 앞다리에 많이 발생한다. 그것은 앞다리가 머리와 목의 무게를 더 많이 지탱하기 때문이다. 이러니 국마를 양육하고 훈련시키는 데 소요되는 비용과 시간은 엄청났다. 말은 중요한 전쟁 장비로서 소홀히 다룰 수 없었으며, 그 파손에 대해 처벌이 가해지는 것은 상식이다. 백제에서 국마가 법적인 보호를 받고 있었을 가능성을 배제할 수 없다.

국마의 '국國'은 원래 수도를 의미한다. 고구려 관련 기록을 보자. "국의 동쪽에 수혈이란 큰 굴이 있다. 10월 국중대회 때 이곳에서 수신을 맞이해 국의 동편 강 위에 모셔 와 제사를 지내는데……"라는 구절이 나온다. 여기서 말하는 국중대회란 수도에서 큰 제의를 개최한다는 말이다. 따라서 국마는 수도의 말이란 뜻도 된다.

이와 유사한 사례는 중국에서도 보인다. 『사기』를 보면 왕성에서 5백리 이내 천자의 복치전服治田에 대한 납세 품목을 100리 단위로 다르게 규정하고 있다.

"왕성에서 100리 거리의 지역은 총總을 부납賦納해야 한다. 총은 왕경 주변에 사는 사람들이 국마를 먹이기 위해 국가에 납부해야 하는 볏짚을 말한다."

왕성에서 100리에 사는 납세자들이 볏짚을 100리 떨어진 왕성으로 직접 옮겨, 국마의 사료로 이용할 수 있게 했다고만 단정할 수 없다. 왕성에서 100리 거리에 있는 국마 목장에 부납하는 것으로도 볼 수도 있기 때문이다. 여기서 말하는 국마는 왕경이나 그 교외에서 사육하는 말이다.

하지만 수도의 이름이 국가의 이름이 되듯이 '국'은 팽창하는 것이며, 이와 함께 그것이 갖는 지역적 의미보다 확대된다. 국가의 전 영토를 포괄하는 의미로 바뀔 수도 있다. 중국의 경우를 보자. 고구려 침공에 실패한 수나라가 망할 시기였다. 국가의 통제력이 급격히 약해졌다. 국영목장의 국마들도 안전할 수가 없었다. 주변의 유목민들이 국마를 약탈했다. 국마는 거의 사라졌다.

수 말의 혼란이 수습된 당 초에 와서 다시 국마의 증산이 시작되었다.

안악 3호분에 그려진 고구려 마구간의 모습.

그 소임을 맡은 이는 태복 장만예였다. 그는 씨수마와 씨암마 3천 필을 초원과 인접한 중국의 서북방 목장(농우의 서쪽)에서 키웠다. 그는 말 증산에 성공했다. 665년경에는 당의 국영목장 48개에 배치된 말이 70만 필로 늘어났다. 가격도 내려가 비단 한필이면 말 한 마리를 살 수 있었다.

국영목장의 위치는 당연히 수도를 벗어난 변방의 목초지였다. 섬서성 농현隴縣의 서쪽은 중국의 전통적인 말 생산지로 한대漢代부터 국영목장이 집중된 곳이었다. 한무제는 유목민인 흉노와 전쟁을 수행하기 위해 이곳에서 전마 생산에 박차를 가했다.

국마는 전쟁을 염두에 두고 국영목장에서 조련·생산한 전마戰馬다. 하지만 국마가 모두 전마로 활용되었다고 볼 수 없다. 고구려에는 역제驛制가 운영되고 있었다. 669년 고구려가 멸망한 직후였다. 당의 대장군 이적이 고구려의 여러 지방에 도독과 주현 등의 행정조직을 설치했다. 이 시기에 작성된 문서에 다음과 같은 기록이 있다.

"압록강 이북의 이미 항복한 성이 열 하나요, 그중의 하나가 국내성인데 평양으로부터 이곳까지 17역이다."

고구려에는 국내성에 수도를 둔 시기부터 역제가 있었던 것으로 보인다. 평양에서 국내성까지 이르는 17개의 역은 평양-희천-강계-집안으로 이어지는 현재의 철도 노선과 나란히 놓여졌을 것으로 생각된다. 그 거리는 200킬로미터가 넘고 12~13킬로미터를 전후해 역을 설치한 셈이 된다. 충분한 여물을 먹고 휴식을 취한 파발마가 질주할 수 있는 거리이다. 고구려의 국마는 역마로도 이용되었을 가능성이 있다. 중국 측의 기록에도 이러한 사례가 보인다.

"관마를 특정 사람에게 증여·하사하는 경우는 '사賜' 자를 찍고, 각 군에 배속되거나 역마로 충당되는 경우는 '출出' 자를 찍는데, 모두 좌우 뺨에 찍는다."

당의 경우 관마(국가의 말)를 역마로 충당한 것을 알 수 있다. 역마의 경우 말의 양쪽 뺨에 표시가 되어 있어 한눈에 알아볼 수 있다. 그것은 역마가 주어진 공무 외에 개인적으로 사역되는 것을 방지하기 위한 것이다.

신·구 수도인 평양과 국내성 사이의 간선도로는 고구려에서 가장 중요한 국도國道였다. 더구나 국내성은 만주의 곳곳에서 도착한 정보가 집중되는 곳이다. 취합된 정보는 신속하게 평양의 대본영에 보고되어야 한다. 국내성과 평양 사이의 역의 이용률은 당연히 높을 수밖에 없다. 아주 날쌘 말을 타고 쏜살같이 달려온 전령의 지친 모습이 상상된다.

"전령들은 종이 달린 넓은 허리띠를 두르고 있어 달릴 때 소리는 아주 멀리까지 들린다. 역에 근무하는 자들에게 전령이 온다는 신호를 보내 미리 준비를 할 수 있게 하기 위해서다. 도착한 전령이 날카롭게 무언가 외친다. 역에 근무하는 자들이 물과 간단한 먹거리를 가져 나와 파발마의 기수에게 준다. 마패를 보여주자 타고 왔던 말은 역의 마구간으로 데리고 가고 싱싱한 말이 나온다. 전령은 역에 대기하고 있던 다른 전령에게 서신을 인계한다. 이 과정이 끝나면 임무를 넘겨받은 전령은 역의 관리자가 주는 나뭇조각(문자가 새겨진 목간)을 하나 받아들고 즉시 출발한다. 역의 관리자는 전령의 도착 시간과 새로운 전령의 출발 시간을 기록한다. 그다음 역에서 일하는 사람들은 달려오는 전령의 종소리가 들리는 즉시 다른 말을 준비해두고 역에 대기하고 있던 다른 전령에게 새로운 임무가 부과되었음을 알린다."

양 도시 사이 관도가 지나는 곳에 몇 개의 행정 소재지가 있었는지는 알 수 없다. 하지만 각각의 행정 소재지에는 책임져야 할 역이 있었고, 국마를 국가에서 제공해준다고 하더라도 세금의 상당수가 사료비, 급사急使의 수고비, 마구, 말 사육 관련 비용으로 지출됐을 것이다. 말을 치료하거나 특별한 경우 말 구입 비용의 지출도 상정할 수 있다. 당시 고구려의 시장에서는 말이 활발하게 유통되고 있었다.

"병든 말을 사와야 합니다"

온달에게 시집 온 평강공주는 자신이 소지한 귀금속을 팔아 전택田宅과 노비, 우마, 기물 등을 구입했다. 앞서 말을 구입할 때 공주는 온달에게 특별히 당부했다.

"시장인의 말市人馬을 사지 말고 꼭 국마를 택하되 병들고 파리해서 내다 파는 것을 사오도록 하시오."

온달은 공주가 시킨 그대로 병든 국마를 구입했다. 공주가 말에 정성을 들이고 잘 먹여 말이 날마다 살지고 또 건장해졌다.

'시인마' 란 표현에서 고구려의 시장에는 말이 유통되고 있었으며, 말을 거래하는 상인들이 존재했다는 것을 짐작케 한다. 고구려의 민간인들에게 말의 수요가 상시적으로 있었다. 「고구려 고분벽화」에서 알 수 있듯이 개인들이 적지 않은 말을 보유하고 있었다. 고구려에서는 초기부터 개인들이 말을 키우고 훈련시켰던 것이 확실하다. 그렇다면 평강공주가 건강하고 보기도 좋은 시인마를 권유하지 않았던 이유는 무엇일까. 여기에 대한 설명은 나중에 하기로 하고 먼저 국마가 어떻게 민간 시장에서 유통되었는지 살펴보자.

온달은 시장에서 국마를 구입했다. 고구려 정부가 양육한 말들이 시장에서 처분되고 있었기에 그것은 가능했다. 이와 관련해 중국의 사례는 주목된다. 『당육전』 권5, 상서병부 조를 보자.

"각 도독부에 상비된 말은 그 수가 매우 많았다. 개원 25년(737) 칙을 내려 '천하가 무사한데도 (상비의 마필이 너무 많아) 노고와 비용이 자못 번다하니 마땅히 경성과 동도에 가까운 지역에 편의에 따라 3천 필을 남겨 천자의 행차 및 가사의 승용乘用으로 충당하고 나머지는 일체 중지하라' 고 하였다."

곡물을 기준으로 보았을 때 말은 사람보다 12배 이상을 먹는다. 평화시 국가에서 말을 유지한다는 것은 큰 부담이었다. 특히 풀이 없는 겨울철에 말의 곡물 소비량은 엄청났다. 국가에서 말을 시장에 처분하고 있었던 것은 바로 이 때문이다. 하자가 있는 말들은 지속적으로 처분됐을 것이다. 그것은 경제적인 측면에서 유지 비용을 절감할 뿐만 아니라 국마의 질을 유지하는 데 필수불가결한 요소였다.

한편 온달은 어떻게 평강공주의 당부대로 국마를 구입할 수 있었을까. 시인마와 국마는 육안으로 구별이 가능하다. 국영목장의 말에는 모두 낙인이 찍혀 있다. 국가의 소유를 나타내는 '관' 자가 말의 오른발에 찍혀 있고, 말의 나이를 밝혀놓기 위한 출생년도와 그것을 관리하는 목장의 이름이 낙인되어 있다. 온달이 시장에서 국마를 구분하고 그것을 구입할 수 있었던 것도 그 낙인 때문인 것으로 생각된다.

오늘날 고급 자동차 도난 사고가 빈번하듯 고대에도 말 도둑이 극성이었다. 말 도둑을 예방하고 색출하기 위해 고안해낸 것이 '낙인'이다. 낙인은 쇠붙이로 도장을 만들어 불에 달군 후 말의 엉덩이나 허벅지 등에 찍어 흉터를 내는 것으로, 소유주를 구분하기 위해 사용한 방법이다. 화상을 입은 자리에는 털도 자라지 않아 숨길 수 없는 이름표가 되었다. 최선의 도난 방지책이었던 셈이다. 조선시대 최대의 국영목장이었던 제주도에서는 수많은 말의 수효를 헤아리기 위하여 천자문 낙인을 찍어 말을 100마리 단위로 관리했다고 한다.

평강공주는 국마를 택하되 병들고 파리해서 내다 파는 것을 구입하라고 온달에게 당부했다. 병든 말의 가격이 저렴하기 때문일 수도 있다. 하지만 온달을 국왕친임 사냥대회에 내보낼 생각을 가졌던 평강공주가 가격 때문에 그렇게 했다고 보기는 어렵다. 같은 상황을 두 번 이상 경험할 수 없는 험한 사냥터를 누벼야 하는 말은 뭔가 달라야 했다. 경마에서도 우승 요인은 '마칠인삼馬七人三'이다. 경주에서 승패를 좌우하는 힘은 말이 70퍼센트이고 기수가 30퍼센트인 것이다. 마권을 구입할 때에도 말의 능력이 70퍼센트의 비중을 차지한다고 한다.

공주가 국마를 구입하되, 병든 말을 구입하라고 당부한 것에는 이중의 의미가 있다. 첫째로 건강한 국마라고 해도 시장에 내다 파는 것이 있다는 점이다. 둘째로 병든 국마가 더 좋은 말이라는 점이다. 어떻게 해서 건강한 국마보다 병든 국마를 구입하라고 했을까. 또 다시 중국 측의 사례를 보자.

국마의 치밀한 관리와 훈련

말이 두 살이 되어 등뼈를 세우면 그 힘을 헤아려 '비飛'자 낙인을 왼쪽 넓적다리와 앞발에 찍는다. 좋은 말과 그 다음가는 말은 용龍 모양의 낙인을 그 목의 왼쪽에 찍는다. 상승국에 보내는 말은 꼬리 곁에 좌우에 따라 '삼화三花'라고 새긴 낙인을 찍는다. 그 나머지 잡마雜馬로 상승국에 보내는 경우는 '풍風'자 낙인을 왼쪽 앞발에 찍고, 비飛자의 낙인을 왼쪽 넓적다리에 찍는다. 말이 두 살이 되면 일단 그 힘을 시험한다. 그 가운데에는 아주 좋은 말이 있고 그 다음으로 좋은 말이 있으며, 잡마로 분류될 정도로 질이 떨어지는 말도 있다. 훈련을 시키기에 앞서 말을 분류해내는 것이다.

그 기준은 말의 우수한 혈통과 훌륭한 체격이었다. 경마의 상식에서 좋은 말을 고르는 요령은 다음과 같다.

말이 서 있을 때 △체고와 체장이 거의 비슷한 정방형의 말 △길고 폭넓은 정강이와 어깨를 가진 말 △골반 안쪽의 근육이 발달한 말

말이 보행중일 때 △굽의 회전이 잘 되고 경쾌한 보행을 하는 말 △말굽이 지면에 착지함과 동시에 떨어지는 말 △말굽의 바닥이 완전히 보이도록 반전되는 말 △포폭이 넓은 말

장래가 촉망되는 마필은 보편적으로 철저한 마체 검사를 받아 신체의 능력이 격렬한 운동을 감당할 수 있는지 확인한다. 마체 검사는 말의 취약한 곳을 미리 발견하고 이를 훈련 계획에 반영하여 말이 상처 입는 것을 미리 방지하기 위한 것이다. 말은 너무 이른 나이에 훈련을 시킬 수 없다. 거의 세 살은 되어야 가능하며 네 살이 적령기다.

잡마로 분류되는 것들은 국영목장이 말을 도태시킬 때 첫 대상으로 삼았을 것이다. 먹이만 축내고 효율적으로 부릴 수 없기 때문이다. 시장에 처분되는 건강한 국마는 잡마로 분류된 그것이었을 가능성이 있다. 다시 말해 공주가 국마를 구입하되, 병든 말을 구입하라고 당부한 것은 국영목장에서 좋은 말이 처분된다면 병이 들어 파리해진 그것이 선택되었을 가능성이 있기 때문이다.

국영목장에서 병든 말들은 재생의 기회를 가질 수 있다고 하더라도 쉽지 않다. 말을 대량으로 사육하는 입장에서 볼 때 그렇다는 것이다. 말의 나이가 다른 말에 비해 상대적으로 많다면 더욱 그러하다. 말은 이빨로 나이를 알 수 있다. 말의 나이 1세를 사람의 나이 5세로 맞추어 비교한다. 말의 나이 4세까지는 1년이 사람의 5년에 해당하고 5세 때는 1년간이 사람의 4년간, 6세 이상은 1년을 사람의 3년간으로 계산하는 것이 일반적이다. 이 기준에 따르면 말의 1세는 사람의 5세, 2세는 10세, 4세는 20세, 5세는 24세, 6세는 27세에 해당된다. 말의 평균 수명은 말의 용도, 사양, 유전 등에 따라 차이는 있지만 평균 20세에서 25세라는

것이 공인된 학설이다. 말의 20세는 사람의 69세, 25세는 84세인 고령이 된다.

좋은 말들은 훈련을 받고 그중에서도 뛰어난 말은 더 높은 수준의 훈련을 받았을 것으로 생각된다. 그야말로 조련調練하는 것이다. 특히 전마는 비교적 여러 단계의 훈련 과정을 거쳤다.

세계에서 가장 오래된 말 전문 문헌인 『키쿨리 텍스트』는 말과 교감하는 동물 교육학적 차원의 말 훈련 지침서다. 여기서는 184일간의 말의 훈련 일정을 다루고 있다. 이는 전체적으로 반년의 휴식 기간을 포함하여 3~4년간의 훈련 일정이다. 주제는 다양한 상황에서 갤럽, 속보에서 갤럽으로, 갤럽에서 속주로 넘어가기와 갤럽에서 발 순서 바꾸기이

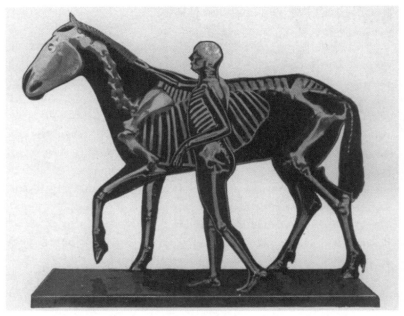

그림에서 보듯 말의 목뼈와 앞다리는 무게를 지탱하기 때문에 뒷다리보다 훨씬 튼튼하다.

며, 양 방향 및 4분의 1원, 반원, 전원으로 급격하게 방향 바꾸기이다. 말에게 매일 정해진 숙제를 부여하고, 반드시 휴식 시간을 줘야 한다. 훈련연습은 매일 변화를 주되 끊임없이 반복 학습을 시켜야 한다. 훈련이 최고의 성과를 올리기 위해서는 조련사가 풍부한 생리학적 전문 지식을 가져야 한다. 그리고 조련사는 말과의 심리적인 교감 능력을 갖춰야 하며, 일정정도의 정식 커리큘럼도 가지고 있어야 한다. 온달은 국왕 친임 사냥대회에 참여해 출중한 기량을 발휘했다. 여기서 국마가 중요한 역할을 했다는 것은 말할 필요가 없을 것이다. 훈련을 제대로 받지 않은 말은 사냥에서도 기량을 발휘하기 어렵다.

『당육전』 권17 태복사 노거輅車 조를 보면 "무릇 노거의 말은 어사馭士들에게 미리 훈련하고 길들이게 한 다음 노와 거를 끌게 했다"라고 한다. 말은 천성적으로 수레를 끌기에는 부적합한 동물이다. 말은 똑바로 달리지 않는다. 앞발과 뒷발이 직선이 아니기 때문이다. 따라서 말을 일직선으로 달리도록 훈련을 시켜야 한다. 또 보통은 앞발에 더 무게가 실리기 때문에 기수가 말에 타거나 마차를 끌 때는 무게를 일부 뒷다리로 옮기는 훈련을 시켜야 한다. 주인이 고삐를 이용해 명령을 내리면 놀라거나 경련을 일으키는 일 없이 고분고분 따르도록 가르쳐야 한다. 말은 극도로 예민하고 겁이 많은 동물이기 때문에 마차를 모는 사람이 말과 신뢰를 쌓아야 한다. 말에게 인간 파트너를 완전히 신뢰하게 하고 그의 지시와 도움을 믿을 수 있다는 느낌을 줘야 한다. 폭력을 행사하여 말을 훈련시킬 수도 있지만 그렇게 할 경우 자세 불량과 계속되는 경련으로 단기간에 말의 근육과 관절이 마모돼버린다.

"우마를 죽인 자는 노비로 삼는다"

한편 시인마의 존재에서 알 수 있듯이 고구려의 민간에서는 개인들이 말을 보유하고 있었다. 시장에서 유통될 정도로 광범위한 것이었다. 이는 고구려의 대규모 기병 동원력에서도 짐작할 수 있다. 645년 당태종이 고구려를 침공할 때의 일이다. 그해 4월 계모성과 비사성을 함락시킨 당군이 요동성을 포위했다. 이적李勣 예하의 당군이었다. 원군이 없는 농성전은 의미가 없다.

평양의 고구려 본부에서 국내성과 신성에 명령을 내렸다. 포위된 요동성을 구원하라는 것이다. 고구려 기병 4만이 여기에 동원됐다. 국내성은 옛 수도이고 평양 다음으로 규모가 크다. 신성도 고구려에서 큰 성이다. 그렇다 하더라도 단 2개의 성에서 차출할 수 있는 기병으로는 상당한 규모에 해당한다. 여기에는 적지 않은 개인들의 말이 징발됐을 수도 있다.

전해지는 고구려의 법률 가운데 "우마를 죽인 자는 노비로 삼는다"라는 구절이 보인다. 국가가 민가의 우마를 파악하고 있었다는 것을 말해준다. 이는 비상시 국가가 민간에서 사육되는 우마를 동원·징발하는 것을 염두에 둔 법령일 수 있으며, 우마에 대한 행정적인 관리가 이루어졌던 것을 암시한다. 개인이 소유한 말 중에도 상당한 훈련을 거친 것이 있었다.

고위 귀족의 말들은 얼마나 좋았을까. 그들은 좋은 혈통의 말을 소유했을 뿐만 아니라 노련한 조련사들에게 훈련을 시키게 했다. 그것은 국마 이상의 기량을 가졌다고 봐야 한다. 말은 많은 시간과 애정이 투여되는 장기간 훈련을 받아야 한다. 물론 주변의 환경도 좋아야 한다. 여유를 갖고 많은 시간을 들여 단계적으로 차근차근 훈련을 시켜야 하는 것이다.

하지만 고위층이 아닌 일반인들은 사정이 다르다. 많은 노력과 비용이 소요되는 훈련 과정을 일반 개인이 수행하기는 쉽지 않을 것이다. 설사 그렇다고 하더라도 시장에 내다 파는 것은 훈련 과정을 모두 통과한 것이 아니라 낙오하여 도태된 것일 가능성이 있다.

온달전에 보이는 국마와 시인마의 차이는 그것의 훈련 상태였을 가능성이 높다. 훈련을 제대로 받지 않은 말은 애초에 가능성이 없다. 파리하고 야위었지만 훈련받은 국마는 건강해진다면 예전의 기량을 회복할 수 있다.

또한 국마와 개인들이 소유한 시인마는 혈통에서도 차이가 있었을 것으로 생각된다. 고구려가 우수한 말을 생산하기 위해 노력했다면 국마 가운데 부진한 씨암말을 도태시키는 작업을 끊임없이 시도했고, 보다 좋은 씨수말을 유목민으로부터 도입해야 했을 것이다. 부진한 씨암말의 도태와 좋은 씨수마의 수입은 수십 년 이상의 시간과 비용이 소요되는 중장기적인 작업이며, 일반인들에게 쉽지 않은 일이다. 일반인들은 좋은 씨수마를 구할 수 있다고 하더라도 씨암말을 도태시키는 것은 어렵다. 그것은 그들에게 당장 이익이 되지 않는다.

『삼국사기』온달전에서 평강공주는 좋은 말을 선택하고 사육하는 능력의 소유자였다. 공주는 온달에게 시인들의 말을 사지 말고 국마를 구입하라고 충고한다. 국마 가운데서도 파리한 것을 권유한다. 처음에 건강치 못한 국마는 공주가 사육한 후에는 기력을 되찾는다.

궁중에서 자란 평강공주가 어떻게 말에 대해 잘 알고 있었을까. 그것이 꾸며낸 말이더라도 최소한 말을 고르는 고구려 여성들의 안목이 온달전에 반영되었다고 여겨진다. 「동명왕편」에 의하면 주몽은 어머니 유화柳花의 도움으로 날랜 말을 알아내어 이것을 획득하기도 한다.

국마의 수급과 유목민

대체로 숙련된 조련사들의 많은 수가 국가의 관리하에 있었다. 말을 훈련시키는 기술이 개인의 그것보다 국가가 평균적으로 높았다고 볼 수 있다. 온달이 살았던 당시 고구려 국가의 말 양성 환경은 양호했다. 고구려 평원왕대(559~589)에 거란인 1만가가 고구려에 들어와 있었다. 『수서』 권84 거란전을 보자.

"그후 돌궐의 핍박을 받자 (거란) 1만 가가 고구려에 기탁했다."

돌궐이 팽창하면서 거란족이 그 압력에 시달리게 된 것이다. 근 4~5만 명 이상의 거란인들이 고구려에 유입됐다. 유목민인 그들은 빈손으로 고구려에 들어오지는 않았다. 최소한 10만여 두 이상의 가축을 이끌고 왔다. 이후 거란인 자치구가 고구려의 유용한 말 공급처가 되었을 것임은 자명하다.

앞서 문자왕대(492~518)에도 고구려는 거란족 일부를 지배하에 두고 있었다. 그들은 고구려 국가의 통제에 철저히 복종하고 있었다. 거란이 북위의 변민을 잡아갔다. 그런데 북위의 관리 봉궤는 고구려 문자왕에게 변민들의 인도를 요청한다. 북위는 고구려가 거란을 조정하는 배후인 것을 잘 알고 있었다. 고구려의 영토 안에 생활 기반을 가지고 있었던 거란인들이 고구려를 위해 북위의 변민을 납치했고, 문자왕의 명으로 북위인들을 송환해줬다. 이러한 정도의 통제력이라면 고구려는 거란족에게 말을 길들이고 양성할 수 있는 의무를 충분히 부과할 수 있다.

국마의 증식과 질을 유지하는 방법에는 여러 가지가 있을 수 있다. 그 가운데 초원으로부터 융마戎馬를 유입하는 게 가장 효과적이었다. 중국의 경우를 보자. 현종대 당은 호시互市를 통해 돌궐의 말을 본격적으로 수입하기 시작했다. 그로 말미암아 말 증식에 탄력이 붙었고 국마의 질도 향상됐다.

당시 당은 기병 양성에 몰두하지 않을 수 없는 상황이었다. 당은 숙적 토번과의 만성적인 전쟁 상태에 있었다. 실크로드를 놓고 벌어진 당과 토번의 전쟁은 치열했다.

과거 유목국가 토욕혼을 병합한(660~667) 토번의 기병 전력은 크게 향상되어 있었다. 토번과의 대결에서 승리하기 위해 좋은 전마의 증산이 절실했지만 그 소모를 따라잡지 못했다. 당은 국마의 증식을 위해 서북방으로부터 말을 대거 수입해야 했던 것이다.

전쟁이 지속될 때 자국에서 생산된 말이 많다 하더라도 그 소모를 결코 따라잡지 못한다. 고구려 내에서 유목민들이 말을 생산한다고 해도 마찬가지다. 외부에서 말이 지속적으로 유입되지 않는다면 전쟁 수행에 지장을 주지 않을 수 없다.

현종대 당의 국마가 20만 필에서 43만 필로 증가했다. 물론 태복경 왕모중과 소경 장경순 등의 노력이 있었기에 가능했다. 하지만 돌궐 말의 수입이 보다 큰 요인이었다.

앞서 태종·고종기 국마의 증식도 마찬가지였다. 다 아는 바와 같이 630년 돌궐이 자체 붕괴된 이후 부족민을 거느린 돌궐 추장들이 중국으

오르도스는 내몽고 자치구 남부의 고원에 자리하고 있는 건조지역이다. 토양의 대부분이 진흙과 모래로 되어 있기 때문에 농경에 적합지 않지만 전마들을 생산해내는 최대의 목장이었다.

로 대거 이동했다. 그 규모는 10만으로 추산된다. 말을 거래하는 시장이 개설됐고 당 정부는 이들로부터 막대한 수를 구입했다.

605년의 기록을 보면 고구려와 돌궐 사이에 대규모 교역시장이 존재했다는 것을 알 수 있다. 돌궐 상단의 규모는 수만에 달했고, 그들은 어느 시기만 되면 정기적으로 교역을 하기 위해 왔다. 유성은 이전부터 중원의 제품, 고구려의 생필품, 유목민의 말이 상호 교환되는 장소였다. 유목민들과 상호 밀접한 관계를 가졌던 고구려는 그들이 원하는 곡물과 철, 생필품 등을 안정적으로 공급해주고, 말을 포함한 가축을 받았다.

다만 고구려가 몽골고원의 유목민에게 전마를 수입할 때 유성이 그 교역의 장소가 되었는지는 단정할 수 없다. 그 말들을 받아들일 수 있는 고구려의 국영목장은 사막과 인접한 북서쪽에 위치해 있었을 가능성이 높기 때문이다.

말들은 사막을 넘어오거나 광활한 초원을 가로질러야 한다. 이동시 말들이 느끼는 피로는 크며, 무엇보다 고구려는 그들에게 확연히 달라진 환경이다. 말들을 바로 고구려 내지로 가져오면 죽거나 병이 드는 부

추운 지역에서 훈련받으며 전쟁을 치러야 했던 몽골리아 융마들은 털이 온몸을 뒤덮고 있다. 이런 환경에 적응한 말을 따뜻한 남중국으로 가져가면 적응하지 못해 죽기 십상이다.

작용이 생긴다. 고구려는 말들이 자라난 원주지와 가까운 북쪽에 대규모 목장을 만들어 현지 적응 훈련을 시켜야 한다. 서식 환경이 달라도 점차적으로 적응시키면 사망률을 줄일 수 있기 때문이다.

낙양으로 수도를 옮긴 이후 북위의 예를 보자. 북위 정부는 융마의 최대 목축지역인 하서목장河西牧場(오르도스)에서 키운 말을 바로 낙양으로 가져오지 않았다. 중계지인 병주목장幷州牧場(산서성 태원)으로 일단 이동시킨 후 점차로 남쪽으로 옮겨 수토水土에 익숙해지게 했다. 그후 하양목장河陽牧場(하남성 황하연변)으로 옮겨서 전마로 사용했다(『위서』 식화지). 당나라 전기에 유목민에게 구입한 말을 농우·삭방朔方 지역에서 풍토에 적응시킨 후 장안지역인 관중關中으로 데리고 오면 사망률을 줄일 수 있었다. 하지만 사망률은 본지本地에 비해 세 배가 높은 20퍼센트 가량이었다고 한다. 고구려의 국영목장도 북쪽에서 남쪽으로 말들의 수입 경로를 따라 배치되었을 가능성이 높으며, 말을 양육하고 조련하는 데 있어 높은 기량을 지녔던 거란인들은 여기에 종사했을 것이다.

송에 말을 수출하다

고구려는 외부에 전마를 수출하기도 했다. 439년 유송은 당시 북위와 전쟁 중이어서 고구려에 말을 요청했고, 이에 고구려 장수왕은 말 800필을 송에 보냈다. 당시 송이 말을 구입할 수 있는 곳은 고구려에 한정되었다고 볼 수 없다. 송은 서쪽의 유목민인 토욕혼과도 왕래가 있었다.

송의 요청은 고구려의 말이 더 우수하다고 널리 알려져 있었기 때문일 수도 있다. 하지만 그 말들이 이미 온대지방에서 적응한 말들이기 때문이기도 하다.

토욕혼의 차이담분지나 몽골 초원에서 아열대인 양자강남으로 말을 바로 옮긴다고 생각해보라. 말의 사망률이 높아질 것이 확실하다. 송이 가져간 고구려의 말은 전쟁을 위해 조련된 기병용 말이었을 가능성이 높다. 그만큼 훈련시키는 데 많은 시간과 비용이 들어간 완성도가 있는 작품들이다. 당시 고구려는 최대의 기마 보유국 북위와 긴장관계에 있었다. 기병 전력의 강화가 절실했고, 상당한 전마의 생산과 외부유입이 동시에 이루어지고 있었다.

고구려가 유목민에게 항상 평화적으로 말을 공급받았던 것은 아니었다. 강제로 빼앗기도 했다. 고구려인에게 가축을 길러서 군자로 삼아야 한다는 강박관념은 없었다. 고구려의 장수왕은 북방의 유목제국 유연과 모의하여 유목민인 지두우족을 분할하고자 했다. 479년 장수왕은 고구려 기병을 북방 초원으로 보냈다. 당시 지두우는 많은 가축을 보유하고 있었을 뿐만 아니라 기량이 뛰어난 명마가 생산되고 있었다. 장수왕은 지두우의 땅만을 탐낸 것이 아니라 그들의 인력과 가축도 원했다.

유연과 고구려 사이에 위치한 유목민들에 대한 군사작전은 양국의 곡물과 말 교역을 원활히 하기 위한 목적도 있었다. 북위라는 강국이 북중국에 버티고 있는 상황에서 고구려와 유연은 동일한 이해관계를 가질 수밖에 없다. 유연은 북위를 견제하기 위해 정기적인 곡물이 필요했고, 고구려는 북위의 침공에 대비하기 위해 안정적인 말의 공급이 필요했다.

초원에서 지속적인 가축을 수입한 결과 고구려는 상당한 말을 보유하게 되었다. 645년 당군이 고구려의 요동성을 함락시키고 안시성에 다다른 예를 보자. 고구려의 연개소문은 북부욕살 고연수와 남부욕살 고혜진을 필두로 하는 15만의 고구려·말갈 혼성군을 동원하여 안시성을 구원하고자 했다. 고구려군은 수만의 기병과 그와 같은 비슷한 수의 보병 그리고 보급품을 가득 적재한 수레를 이끌고 달려들었다. 하지만 일이 생각대로 돌아가지 않아 당의 유인술에 걸려 격파되었다. 이때 당군이 노획한 우마만 해도 10만이었다.

고구려는 일반인들로부터 상당수 우마를 징발했다고 볼 수 있다. 하지만 우마 10만 이상을 동원하는 데 백성들로부터 징발하는 것만으로는 어렵다. 개인이 사육한 말은 훈련 상태나 질의 균질성이 떨어져 모두 전쟁에 동원할 수 있는 상태가 아니었다.

고구려가 유목민으로부터 말을 가져오든, 자체에서 양육하든간에 그것을 관리하고 양육할 수 있는 시스템이 있어야 한다. 다시 말하지만 초원과 인접한 고구려의 북부지역에 대규모 국영목장들이 운영되고 있었을 가능성이 높다.

　고구려는 유목민들로부터 말을 조달받을 수 있었다. 휘하에 직접 유목민을 거느리거나, 최소한 그들과 긴밀한 동맹관계를 유지하기도 했다. 고구려는 유목민들의 이탈을 방지하기 위해 노력했으며, 이탈했다고 하더라도 되찾아오기 위해 노력했다. 때로는 그 형태가 습격이 되더라도 말이다.

제7장

돌궐을 둘러싼 수와 고구려의 대결

고구려의 반격과 수의 통일

582년 어느 시기에 고구려는 돌궐에 대해 대대적인 반격을 실시했다. 그들은 휘하에 거대한 말갈 기병단을 소집했다. 그리고 동몽고로 향했다. 거대한 언덕의 초원인 대흥안령산맥을 넘었다. 고구려에서 동몽골로 가는 길 주변에는 거대한 초원이 펼쳐져 있어 말을 먹이는 데 어려움이 없었다.

대흥안령산맥은 중국 몽골 고원과 만주의 동북대평원의 경계를 이루고 있다. 길이는 장장 1500킬로미터에 이르는 거대한 산맥이지만 산맥이라 전혀 느낄 수 없는 평탄한 초원도 적지 않다. 전반적으로 해발고도 1000~1500미터 정도이다. 고구려는 이번 기회에 돌궐군을 급습해 거란과 말갈에 대한 지배권을 확립하려고 했다. 돌궐은 초원에서 고구려의 구역을 끊임없이 잠식해왔다. 거란과 말갈이 모두 돌궐 휘하에 들어간다면 고구려는 국가의 안위를 보장할 수 없었다. 고구려 자신의 기병 전력을 상실할 뿐만 아니라, 그들이 돌궐에 이끌려 고구려를 공격해오는 수도 있다. 거란과 말갈은 칼이었다. 자신이 소유하면 유용한 무기가 되지만 그것이 남에게 넘어갈 때 가슴을 겨눈 비수가 됐다.

　고구려가 돌궐을 격파한 배경으로 수의 통일 과정을 알아둘 필요가 있다. 사건의 발단은 582년 5월 23일 수 문제가 북주의 정제靜帝를 살해하면서부터였다. 수 문제 양견은 북주 왕실의 외척이었다가 그 왕위를 찬탈했다. 이 사건은 돌궐이 수를 침공하는 빌미로 이용됐다. 이쉬바라[시파라始波羅] 가한을 비롯한 5명의 가한이 이끄는 40만의 돌궐 기병과 북제의 잔당인 고보령高寶寧의 군대가 장성을 넘었다. 10월에 가서 수문제의 황태자 양용이 함양咸陽에 군대를 주둔해 대비할 정도로 전황은 불

대흥안령산맥

리해졌다.

동에서 북제의 잔당 고보령이 유주幽州를 위협하고, 서에서는 타르두Tardu[달두達頭] 가한과 번라蕃羅 가한이 공격해왔다. 582년 12월 홍화弘化에서 방어하던 수군의 부장 달계장유達溪長儒가 패하고 난주蘭州도 함락돼 그 지역이 심한 약탈을 당했다. 이는 수에게 큰 타격을 입혔고, 수도권인 관중지역

수 문제

까지 위협받는 심각한 사태에 이르렀다.

그런데 상황이 바뀌었다. 돌궐 서군의 주력을 이룬 타르두 가한이 본거지로 철수했고, 중군中軍의 이쉬바라 가한 역시 막북으로 귀환했다. 타르두 가한이 철수한 까닭은 그가 수의 주천酒泉을 공격할 때 중앙아시아 방면의 호탄, 이란의 사산조 페르시아, 남러시아의 에프탈 등이 서돌궐의 본거지를 공격해왔기 때문이다. 서돌궐이 중국 원정에 나선 틈을 타 서방에서 세 뭉치의 먹구름 같은 거대한 군대가 움직였던 것이다.

사산조 페르시아 등 서방에서 일어난 대 돌궐 공세에 동방의 고구려도 호응했다. 그것은 고구려에게 놓칠 수 없는 기회였다. 고구려는 말갈 기병을 이끌고 동돌궐 이계찰移稽察의 기병을 격파했다. 동시에 북방의 키르키스도 돌궐의 사비설沙毗設을 공격했다. 동돌궐의 이쉬바라 가한은 동부에서 대결을 벌이던 고구려에게 공격당했을 뿐만 아니라 몽골 초원 북쪽의 키르키스와의 싸움에서도 패배했다. 돌궐이 중국을 공격하는 사이에 사산조 페르시아, 에프탈, 호탄은 서쪽에서, 고구려와 키

르키즈는 동북 쪽에서 각각 협공을 가했다. 유라시아대륙 전체를 상대로 벌인 수의 엄청난 대외공작이 성공을 거둔 것이다. 돌궐을 사방에서 공격한 나라들은 돌궐이 팽창하면서 많은 피해를 입은 전력이 있는 곳이었다. 특히 사산조 페르시아는 돌궐이 동로마제국과 비단을 직교역하면서 중간 이익을 상실하고 재정이 바닥을 쳤다.

사방에서 화살처럼 날아오는 동시다발적인 공격으로 돌궐은 크게 동요할 수밖에 없었고, 이는 돌궐 가한들의 권위를 실추시켰다. 583년 돌궐에 복속된 부족들이 반란을 일으켰고, 초원에는 기근이 일어나 악재가 겹쳤다. 이를 알아차린 수 문제는 대대적인 돌궐 공격을 감행한다. 4월에 백도천白道川에서 수 문제는 이쉬바라 가한을 크게 무찌르고, 나아가 585년에 막북에서 벌어진 돌궐 가한들 간의 내분에 개입했다. 이로써 수 문제는 북방의 문제를 해결할 수 있었고, 남조 진陳을 성공적으로 병합해 통일을 이뤘다.

589년에 수가 남조의 진을 멸하고 중국 통일을 달성하면서 고구려를 둘러싼 국제환경은 더욱 악화됐다. 수는 후한 말 이후 근 400년간 지속된 분열을 종식시켰다. 당시 사람들에게는 중국의 분립 상태가 익숙했고, 통일이 오히려 비정상적인 상태였다. 물론 중국의 통일은 수가 북방의 돌궐을 격파한 결과이며, 여기에는 고구려도 관련돼 있다. 당시 수와 돌궐 사이의 전쟁에서 고구려가 수의 편을 드는 것은 자연스러웠다. 고구려는 돌궐의 세력이 약화되면 거란과 말갈에 대한 영향력을 확대·유지할 수 있다고 판단했다. 하지만 돌궐의 몰락과 수의 중국 통일은 고구려에게 불리하게 작용했다. 돌궐의 세력이 약화되자 거란과 말갈에 대해 영향력을 확대한 것은 고구려가 아니라 수였다.

그러자 고구려의 평원왕(559~590)은 요동에 병력을 증강했고, 기병

돌궐 제1제국 왕위계보

동돌궐

1. 부민[이리가한伊利可汗, 아사나阿史那, 토문土門] 552~553
2. 을식기가한乙息記可汗[과라科羅] 553
3. 무한[목한木汗, 사근俟斤] 553~572
4. 타파르[타발他鉢] 572~581
5. 이쉬바라[시파라始波羅, 사발략沙鉢略] 581~587
6. 야브구[엽호葉護] 587
7. 툴란[도람都藍] 587~600
8. 계민啓民[돌리突利] 600~609
9. 시피[시필始畢] 609~619
10. 출로[처라處羅] 619~621
11. 실리[힐리詰利] 621~630

서돌궐

1. 이스테미[실점밀室點密] 562~576
2. 타르두[달두達頭] 576~603
3. 닐리[니리泥利] 587
4. 니카이출로[니개처라泥槪處羅] 587~611
   니궐처라泥橛處羅(『신당서』)
   니궤처라泥匱處羅(『북사』『수서』서돌궐 전)
5. 사귀[사궤射匱] 611~619
6. 통야브구[통엽호統葉護] 619~630
7. 세야브구[엽호葉護] 628~632
8. 툴루[졸육拙陸] 632~634
9. 샤폴루[사발라沙鉢羅] 634~639
10. 이피툴루[을비졸륙乙毗拙陸] 638~642
11. 샤폴루 야브구[사발라沙鉢羅 엽호葉護] 639~641
12. 이피사귀[을비사귀乙毗射貴] 642~651
13. 샤폴루 651

※ 한자 이름이 문헌마다 다르게 기록된 경우 모두 표기했음

을 동원해 부정기적으로 요서 약탈을 감행했고 변경민을 죽이기까지
했다. 고구려 기병은 요서 사람들에게 본격적인 위해를 가하기에 앞서
먼저 공포의 씨앗을 뿌렸다.『수서』권81 고려전은 그것을 이렇게 표현
하고 있다.

"(고구려 평원왕 탕湯은) 종종 기마병을 보내어 변경 사람들을 살해하고, 여러
차례 간계를 부려 유언비어[邪說]를 지어냈으니, 신하로서 마음가짐이 없소."

고구려 기병이 언제 쳐들어올지도 모른다는 소문이 그곳 사람들 사
이에서 회자하고 있었다. 그것은 평원왕이 수로 넘어가려는 마음을 가
지고 있던 휘하의 거란과 말갈인들을 철저히 단속하기 위한 조치였다.
또한『수서』고려전은 "왕(평원왕)이 남의 신하가 되었으면 모름지기 짐
(수 문제)과 덕을 같이 베풀어야 할 터인데 오히려 말갈을 몰아치고 거
란을 완강히 막았소"라고 하고 있다.

내홍의 불씨에 기름을 부은 사람들

수 조정에 장손성長孫晟이란 자가 있었다. 그는 거기장군車騎將軍으로
서 초원의 사정에 정통한 사람이었다. 그는 언제나 유목민들의 분열과
반목을 조장하기 위한 공작을 주도하는 어두운 성격의 소유자였다. 그
는 앞서 581년경부터 돌궐의 여러 가한들 사이에 이간책을 썼다. 돌궐
의 돌리설突利設 처라후處羅侯라 불리는 봉건제후에게 접근하기 위해 돌
궐의 지배 아래 있던 거란·습·해 등의 유목민 수장들에게 뇌물을 줬

다. 그리고 그들의 인도를 받아 처라후의 천막궁전[牙帳]에 들어갔다.

돌궐의 경우 가한 아래서 소가한과 돌리설이라 불리는 봉건제후들이 할거했다. 그들은 각각 독립적인 대규모 기병을 소유하고 있었다. 이익이 되는 약탈전쟁에는 서로 화합해 참가했지만 언제나 서로를 시기하고 있었다. 장손성은 유목제국이 항상 분열의 소지를 안고 있으며, 느슨하게 결합돼 있다는 것을 너무나 잘 알고 있었다.

583년 4월 수는 돌궐의 침공에 역전의 공세를 취했다. 돌궐에 대한 사산조페르시아, 에프탈, 키르키즈, 고구려, 수의 포위 공격이 시작됐다. 돌궐 군대는 무너지기 시작했다. 수의 군대가 마나도구와 백도에서 돌궐군을 격파하고, 조양에서 북제의 잔당으로 돌궐에 붙은 고보령의 군단을 괴멸시켰다. 서북쪽 양주凉州에서도 돌궐과 토욕혼의 연합군을 수군이 패퇴시켰다.

돌궐은 더이상 수와 전쟁을 할 수가 없었다. 초원에 자연재해와 전염병이 한꺼번에 몰아닥쳐 많은 가축이 죽었다. 사람들도 굶어죽었다. 기근이 심해 식량을 구할 수가 없었다. 유목민들은 뼈를 갈아서 먹어야 했다. 돌궐이 수를 침공하다가 역전패를 당한 상황에서 천재지변으로 경제적으로 곤궁해졌다. 어려운 상황에서 돌궐의 여러 가한들은 극도로 이기적으로 변해 있었다. 582~584년 사이에 서돌궐의 타르두Tardu가 동돌궐의 가한과 결별을 하고 스스로 가한을 칭

一箭双雕

장손성

했다.

　장손성은 돌궐 상층부를 붕괴시킬 수 있는 절호의 기회가 왔다고 판단했다. 583년 말 장손성은 돌궐 여러 가한 사이에 이간책을 쓰기 위해 초원으로 향했다. 수는 서돌궐의 타르두를 지원했다. 이것은 성공적이었다. 이로써 돌궐은 동서로 분열됐다. 둘은 결코 다시 통합되지 못했고, 향후 적대적인 관계를 지속했다.

　나아가 장손성은 동돌궐 내부의 분열을 부추겼다. 동돌궐의 이쉬바라 가한은 사촌인 엄라菴羅, 대라편大邏便과 몽골고원을 두고 다툼을 벌였다. 이쉬바라가 승리했다. 하지만 장손성이 동돌궐을 둘러싸고 있는 세력에게 공작을 했다. 그러자 이쉬바라는 서쪽에서 서돌궐의 타르두와 동쪽의 거란에게 협공을 당했다. 장손성은 역시 노련했다.

　이러한 상황에서 장손성은 동돌궐의 이쉬바라가 급격히 약해지는 것은 수나라에 도움이 되지 않는다고 황제에게 조언했다. 동돌궐의 몰락은 서돌궐 타르두의 급부상을 의미했다. 타르두가 자기에게 유리한 방향으로 돌궐 전체를 통합하면 수에게 큰 환난이 되기 때문이다. 수 문제는 갑자기 서돌궐의 타르두와 동맹 관계를 유보했다. 585년 방향을 완전히 바꾸어 서돌궐에 대항해 힘겹게 싸우던 동돌궐의 이쉬바라를 지원했다. 수는 돌궐의 분열을 조장해 끊임없이 그들의 힘을 소진시켰다.

　절망적인 내분에 휩싸인 동돌궐은 더이상 수나라의 적수가 되지 못했다. 동돌궐의 이쉬바라는 수에 화평을 요청했다. 그는 이제 수에 매년 공물을 바쳐야 했으며, 수 황제에게 신하의 예를 갖춰야 했다. 분열되어 있던 중국은 수에 의해 통일되고 돌궐은 분열돼 국제정세는 수의 우위로 완전히 역전됐다(르네 그루쎄).

　돌궐이 힘을 잃자 그 지배하에 있던 거란족들이 수에 귀속했다. 옛 거란인들의 본거지였던 영주 부근을 수가 차지한 상태였다. 거란인들의 이동 물결은 584년에서 599년까지 지속됐다. 수의 적극적인 유인책이 있었다. 수는 영주에 사람들을 보내서 거란의 추장들에게 작위와 벼슬을 주고, 이와 함께 대규모 물량공세를 취했다. 이러한 정책은 물론 장손성의 기획에 따라 이루어졌다. 수에 대한 귀속 물결에는 과거 돌궐의 지배하에 있던 거란의 별부 4천여 가와 돌궐의 착취를 피해 고구려의 지배하에 들어갔던 거란의 출복부出伏部 외에 여러 부족이었다.

유목민은 누구도 막을 수 없는 자유의지를 가진 자들이었다. 거란의 출복부는 돌궐이 심한 착취를 하자 그보다 세금이 가벼운 고구려로 들어갔고, 수가 더 나은 조건을 제시하자 미련 없이 고구려의 영역에서 이탈했다. 물론 수는 그들이 살 수 있는 초원을 펼쳐놓았다. 영주(유성)의 변경 북방이었다. 수는 거란족의 사신이 조정에 오면 적지 않은 시혜를 베풀었고, 영주에 시장을 개설해 중국 상인과 자유로운 교역도 허락했다. 나아가 족장의 통솔하에 고구려 상인들과 거래도 했다. 유성은 유목민과 고구려 그리고 중국인들이 만나는 국제교역장이었다.

이러한 조치의 이면에는 수 왕조의 현실에 대한 확고한 목표가 감추어져 있었다. 그것은 돌궐과 고구려를 더욱 약화시키자는 것이었고, 그들이 동서로 다른 종족집단과 동맹 맺는 것을 막자는 것이었으며, 심지어 가능하다면 수 왕조의 잠재적인 다른 적들에 대한 대리 공격을 감행할 용병으로 거란을 이용하고자 했다.

하지만 605년 거란이 중국으로 쳐들어와 노략질을 했다. 그 보복으로 황제는 중국인 장군을 보내 2만의 동돌궐 기병대를 지휘해 거란에 대한 급습을 가했다. 거란은 무참히 패배했으며, 수 왕조는 거란의 여자와 가축을 돌궐에 보상으로 주었다. 608년에 내륙 아시아로의 북쪽 길목에 있는, 한때 한 왕조의 주둔지였던 이오의 중앙아시아 오아시스를 공격하는 데에도 계민가한의 군대가 중국 측에 가담했다.

동돌궐의 계민가한啓民可汗(?~609)은 최초로 돌리가한이라 불렸다. 6세기 말에 돌궐은 대가한大可汗인 도람都藍 이외에 서쪽으로 달두達頭, 북쪽으로 돌리突利의 두 가한이 있어서 대립했다. 수나라는 이들을 이간시키기 위하여 돌리에 공주를 강혼降婚시키고 남쪽으로 옮겨 계민가한의 칭호를 내려 오르도스 내부에 유목지를 줬다. 도람가한이 부하에게 살해되자(599), 달두는 독립해서 북쪽 변경을 침입했다. 그러나 계민이 수나라 군대와 함께 이를 막고 역공하자, 달두는 토욕혼으로 도망했고(603), 그 민중은 계민가한에게 항복했다. 그는 고비사막의 남방에 거주하며 몽골고원의 유목민들을 지배하고 있었다.

수는 말갈족에게도 유혹의 손짓을 했다. 고구려의 부여성 서북쪽에 살던 일부 속말말갈이 고구려를 공격했다. 궐계부厥稽部 거장渠長 돌지계는 고구려의 지배를 거부하거나 노략질을 하다가 고구려의 공격을 받았다. 그는 고구려에 정면 대항하다가 패했다. 많은 말갈인이 이 싸움에서 죽었다. 586년에서 600년 사이였다. 돌지계의 부락은 부내부部內部에 8부로 나뉘어 있었다. 그들이 수에 투항할 때 병력은 수천으로 줄어 있었다. 돌지계는 수 조정에 사신을 보냈고, 수의 영내로 들어오는 것을 허락받았다. 그들은 영주의 유성에 자리를 잡았다. 그리고 영주 도독 휘하의 기병으로 배속됐다.

거란과 말갈에 대한 수의 포섭정책에 찬물을 끼얹은 것은 고구려였다. 598년 고구려 영양왕은 요서에 대한 공격을 명령했다. 그것은 장기전이 아니라 말갈 기병을 동원해 치고 빠지는 단기전이었다. 고구려 휘하의 말갈 기병 1만이 요하를 넘었다. 그리고 수의 영역인 요서에 바람

남북조시대 소   기마무사

처럼 출몰해 습격을 가했다. 무자비한 약탈과 살인이 자행됐다. 수가 거
란족·말갈족을 포섭하는 작업에 쐐기를 박기 위한 고구려의 군사행동
이었다.

　수나라도 즉각 반격에 나섰다. 수의 영주총관 위충韋沖은 휘하의 거란
과 말갈 기병을 동원했다. 그는 그들 기병으로부터 존경받는 인물이었
다. 고구려의 말갈 기병 1만과 영주도독 휘하의 거란·말갈 기병 사이에
치열한 공방전이 벌어졌다. 고구려의 급습에 위충 휘하의 병력은 사력
을 다해 싸웠고, 고구려의 말갈 기병은 신속히 철수하고 물러났다. 그것
은 순수한 기병 대 기병의 싸움이었다. 고구려 휘하 말갈 기병의 신속한
전개와 말을 타고 비가 내리는 것처럼 활을 쏘는 기사의 위력을 보여주
었던 것이다. 언제나 그렇지만 고구려도 중국도 항상 거란·말갈 기병
을 휘하에 두고 있었다.

　무엇보다 고구려의 초원 정치 개입은 수에게 위협이었다. 수 양제가

고구려와 국운을 건 전쟁을 시작한 것도 이러한 이유 때문이었다. 한마디로 고구려의 중국에 대한 잠재적인 위협은 동돌궐과의 동맹, 그리고 요서에 있는 거란에 대한 공작 시도 등에 의해 증가됐다. 거란은 다루기 힘든 이웃인 고구려와 동맹할 수 있는 가능성이 있어 수 왕조에게 위협이 되는 존재로 존속했다.

수는 서북의 북주가 모체다. 동북의 북제를 무너뜨리고 통일을 달성했다. 고구려와 인접한 북제 사람들은 수나라에 대한 반감이 컸다. 동북지역에는 북제 왕조 초기로까지 소급되는 분리주의의 감정이 아직도 강하게 남아 있었던 것이다. 수 왕조는 하북지방에 대해 군사적으로 강한 고구려가 끼칠지도 모를 영향력이 두려웠다.

고구려는 이러한 중국 내부 사정을 십분 활용했다. 대부분의 고구려 간첩은 수의 동북지역에서 암약했고, 사신을 지속적으로 보내 정보를 수집해 갔다. 고구려가 석궁(弩) 만드는 기술자를 수나라 태부太府에서 빼올 수 있었던 것도 이러한 분위기와 무관하지 않다. 『수서』고려전을 보자.

"(평원)왕은 (우리 수나라에 대한) 불신감에 젖어 시기하고 의심하여(猜疑) 사신을 보낼 때마다 소식消息을 밀탐해 갔소. 지난해 몰래 소인小人에게 뇌물을 주어 그를 움직여 사사로이 노수弩手(석궁 제작자)를 그대 나라로 빼갔소."

수 양제가 즉위한 이후 이민족에 대한 수의 포섭정책은 가속도가 붙었다. 수양제는 몸소 그들을 방문하는 적극성을 보였다. 그는 608년 멀리 서쪽으로 순행하려는 계획을 세웠고, 변경정책 전문가인 배구가 세심한 준비를 했다. 아직 섬서지방을 벗어나지 않은 어느 한 곳에서, 그는 티베트의 왕 이오伊吾의 토둔설吐屯設과 27개 이민족의 대표를 접견했다. 의례적 절차를 통해 복종한 사람들에게는 모두 금과 연옥軟玉의 장식과 능라綾羅, 그 외 직물로 된 옷이 하사됐다. 음악이 연주되고 노래를 부르고 춤추는 시끄러운 연회와 분향 등이 있었다. 그리고 두 곳의 주둔지와 여러 교역도시의 모든 남녀로 하여금 화려한 옷을 입고 그 거칠고 순박한 사람들에게 보여주도록 지시했다. 마부와 짐수레꾼은 몇십 리 주변의 장소에 함께 모여들도록 해 중국의 번영을 자랑해 보이도록 부추겼다. 배구는 중국의 풍요에 대한 이러한 과시에 훌륭한 무대연출가였으며 우둔한 목동 출신 이민족들은 감명을 받았다.

배구는 수 양제가 신뢰하는 변경정책 전문가였다. 그는 멀리 서쪽 도시인 장액張掖(감주甘州)과 돈황에 배속돼, 그의 군주를 위해 정보를 모으거나 종족 사이에서 성공적으로 음모를 꾸미고, 또 뇌물로 매수하거나 두려워하게 만들어서 중국에 복종하도록 했다. 607~608년에 있었던 수 양제의 서북 변방으로의 여행에서 배구는 주도적인 역할을 수행했다.

607년 초 수 양제는 만리장성의 서북쪽 굽이의 안쪽에 있는 유림榆林으로 향했다. 그는 이보다 앞서 배구가 포섭한 동돌궐의 계민가한과 그의 배우자인 중국인 의성공주義城公主로부터 충성의 서약을 받았다. 가한은 황제에게 말

중국 고문헌에 나타는 헬리혜성의 기록.

3천 마리를 증여했으며, 답례로 1만 3천 필의 비단을 하사받았다. 이어 상호 친선 방문이 있었다. 607년 8월 초원의 가을이었다. 수 양제는 정감 가득한 선물을 들고 계민가한의 천막궁전으로 찾아갔다.

고구려의 돌궐 포섭과 수의 침공

고구려 사신이 계민가한의 천막궁전에 도착해 있는 상태에서 마침 수 양제가 그곳을 방문했다. 계민가한은 수 양제를 기만할 수 있는 처지가 아니어서 고구려 사신의 방문 사실을 보고했다. 수 양제는 당황했다. 계민가한은 수 양제에게 고구려 사절을 의례적으로 소개함으로써 마무리를 잘 지으려고 최대한의 노력을 기울였다. 하지만 수 양제의 눈에는 가상 적국끼리 은밀히 눈에 띄지 않는 왕래가 유지되고 있었다는 증거가 포착된 것이다. 북방 초원에 잠입한 고구려 사신을 직접 목도한 그가 진노했다.

수양제는 자신의 후궁을 침범한 사내를 보듯 고구려 사자를 바라보고 있었다. 평양에서 직선거리로 1,200킬로미터 떨어진 이곳에 고구려 사신이 자신보다 먼저 와서 신임하던 계민가한과 사사로이 통하려 했다는 것은 무엇을 의미하겠는가. 10년 전(598년 2월) 감히 수나라의 영토(요서)를 유린했고, 지금 자신의 영역이라고 생각하던 이 북방 초원에까지 촉수를 뻗치고 있는 고구려는 양제에게 치욕감을 주는 존재였다. 후한이래 근 400년간의 분열을 통일한 수제국을 감히 유린하고도 무사히 존재하는 나라는 이 세상에 고구려밖에 없었다. 그해(598년) 아버지 수 문제가 고구려를 치려다 턱없이 실패한 바 있기 때문에 그의 심

사는 더욱 불편했다. 이는 양제의 고구려 침공 결심을 굳히는 확실한 계기가 됐다. 중국의 황제에게도 적발될 정도라면 북방 초원에 고구려의 사신 왕래 횟수는 짐작이 가능하다.

공교롭게도 그해(607) 헬리혜성이 출현해 하늘에 120일 이상 떠 있는 기상이변이 일어났다. 중국 역사에서는 지금까지 29회의 혜성 출현 기록이 남아 있는데, 가장 오래된 기록은 BC 467년으로까지 올라간다. 그들은 대략 기원전 1400년부터 100년까지 적어도 338개의 독립적인 혜성 출현을 기록했으며, 기원전 240년 이후로는 혜성이 나타난 사실을 딱 한 번 놓칠 정도로 정확하게 관찰하고 기록했다.

"봄 정월 병자丙子에 장성長星이 경천竟天하여, 동벽東壁에 보였다가 20일二旬 후에 사라졌다. 2월 기추己醜에 혜성彗星이 규奎(에 나타나) 문창文昌을 쓸고, 대릉大陵을 지나 태징太微으로 들어가 제좌帝坐를 쓸었다. 백여 일 후에 사라졌다."(『수서』권3, 양제 대업 3년(607년))

중국인들은 지구상의 어느 민족보다 혜성 관측에 관한 정확한 기록을 남겼다. 607년 수나라와 고구려 사이에 팽팽한 긴장감이 형성된 가운데 거대한 꼬리를 선명하게 드러낸 헬리혜성은 수 양제에게 심리적으로

수 양제

영향을 끼쳤을 가능성이 충분히 있다. 나아가 혜성은 하나의 천체이기에 세계 모든 사람이 볼 수 있어 보다 광범위하고 깊은 영향을 줄 수 있다. 혜성이 출현하면 사람들은 불안과 두려움에 떨며, 위기 상황에서는 사회적 불안 심리는 더욱 고조된다.

분노를 간신히 삭힌 수 양제가 고구려 사신에게 영을 내렸다. 즉 돌아가거든 그의 왕에게 직접 수 조정에 와서 신하의 예의를 표하라는 것이었다. 만일 고구려왕이 그렇게 하지 않으면, 수나라는 돌궐군을 지휘해 고구려를 징벌하겠다는 말도 덧붙였다. 사신은 전갈을 갖고 돌아갔는데, 고구려왕은 복종을 뜻하는 몸짓연기를 거부했다. 중국의 권위는 우롱됐으며, 조만간 그에 대한 반응은 이단자에 대한 압도적인 군사력으로 베풀어질 조짐이었다.

배구가 수양제에게 한 조언은 두 가지로 해석될 수 있다. 하나는 고구려가 곧 굴복해 적절한 속국으로서 완전히 예의바른 지역이 될 것이라고 생각한 것이었다. 다른 하나는 비록 저항할 것이라고 예상했으나 그러한 저항은 돌궐의 용병을 이용하면 쉽게 극복될 수 있다고 보았던 것이다.

배구는 수 양제에게 그의 아버지 수 문제가 고구려의 정복을 시도했으나, 야전지휘가 부적당했기 때문에 실패했다는 것을 환기시켰다. 그는 고구려가 '예의 바르고' 따라서 제국에 편입될 준비가 돼 있으나, 천박한 방랑자인 계민가한에게 비위를 맞추고 있다는 것을 지적했다. 배구는 견문이 넓었다. 하지만 동북지역의 고구려에 대한 직접적인 지식을 갖고 있지는 못했다. 그는 고구려와의 전쟁에서의 수나라의 승리가 그리 쉽지는 않을 수도 있다는 점을 수 양제에게 이야기해주지 못했다. 배구는 총명했으나 뿌리 깊은 전통적인 가치체계 흠뻑 젖어 있었다. 그는 긴장과 분쟁이 있는 몇몇 지역에 대해 매우 잘 알고 있었다. 그럼에도 불구하고 그가 적은 희생으로 쉽게 승리하리라고 확신한 고구려에 대해서는 완전히 무지했다. 사실 고구려에 온 수나라 사신은 심한 감시 때문에 어떠한 정보도 알아내기 힘들었다.

> "(고구려 평원)왕은 (수나라의) 사자를 빈 객관에 앉혀놓고 삼엄한 경계를 펴며 눈과 귀를 막아 영영 듣고 보지도 못하게 하였소. 무슨 음흉한 계획이 있기에 남에게 알리고 싶지 않아서 관원을 금제禁制하면서까지 방찰訪察을 두려워하오." (『수서』 고려전)

고구려는 장막에 철저히 가려진 나라였다. 고구려가 최대의 판도를 누렸던 광개토왕·장수왕대의 고구려 자체 기록은 거의 없으며, 당대 『삼국사기』에 기록된 것은 극히 소략할 뿐만 아니라 그마저도 중국 측의 기록을 옮겨놓았을 뿐이다. 다시 말해 『삼국사기』의 미미한 기록이 고구려에 대한 중국 측의 유일한 정보였다. 그것의 일부도 고구려에서 암약하던 백제 첩보원이 알아낸 정보였다.

배구의 계획대로 제대로 맞아들어가지 않은 첫번째 사건은 동돌궐을 고구려 침공에 동원하지 못한 것이었다. 충성스런

대운하 영제거

계민가한은 609년 수 왕조에 조공을 바치러 갔다가 낙양에서 죽었다. 그의 아들 시필始畢이 그를 계승해 즉위했으며, 수 왕조로부터 선물과 함께 결혼할 중국의 공주가 도착했다. 그러나 시필은 그의 부친보다 훨씬 더 예민했다. 배구가 자주 되풀이하던 수법으로 그의 동생을 가한 경쟁자로 세워 동돌궐을 약화시키려 하자, 시필은 적의를 갖게 돼 곧바로 수 조정에 배알하는 것을 그만뒀다. 그리하여 북방과 동북 변경에 대한 불안이 점차 증폭돼갔고 고구려에 대한 징벌은 오직 중국 혼자만이 걸머지는 운명이 돼갔다.

수가 고구려를 침공하는 데 있어 돌궐 기병을 동원하는 것을 가장 꺼려한 것은 고구려였다. 그것은 무엇보다 중요한 문제였다. 고구려가 모든 것을 운명에 맡기고 불구경하듯이 보고만 있었을까. 아니라고 말하고 싶다. 609년 수 양제가 돌궐 기병을 동원하지 못한 것은 시필가한에 대한 고구려의 공작 결과였을 가능성이 매우 높다. 고구려는 시필가한에게 수의 돌궐 분열정책을 충분히 상기시켜줬을 것이다.

"수가 시필가한 당신의 동생을 또 다른 가한으로 세워 당신과 경쟁시키려고 합니다. 지금 돌궐이 수의 공작에 의해 얼마나 분열돼 있습니까?"

고구려는 적어도 당시 수로부터 받아온 돌궐의 물질적 수혜를 자기가 일부나마 감당하겠다고 설득했을 수도 있다. 이는 충분한 개연성이 있다. 605년경의 기록을 보면 고구려가 북방 돌궐제국과 대규모 교역을 한 증거가 포착된다. 그 규모는 상단商團 수만 명에 이르는 규모였다. 수가 돌궐 계민가한 휘하의 2만 기병을 동원해 거란을 유린할 때였다. 이때 돌궐 군대는 고구려와 교역하기 위해 유성으로 이동하는 상단으로 위장했다. 돌궐인들의 대규모적인 움직임을 거란인들은 전혀 의심하지 않았다. 그것은 그들에게 아주 익숙한 일이었기 때문이다. 유성은 이전부터 중원의 제품, 고구려의 생필품, 유목민의 말이 상호 교환되는 장소였다. 유목민들과 상호 밀접한 관계를 가졌던 고구려는 그들이 원하는 곡물과 철, 생필품 등을 안정적으로 공급해주고 말을 포함한 가축을 받았다. 이러한 현실적인 관계 때문에 돌궐의 계민가한은 고구려를 절대 무시할 수 없었다. 607년 수 양제가 자신의 천막궁정에 행차한다는 소식을 듣고도 그는 마침 찾아온 고구려 사신을 결코 홀대하지 않았다.

수 양제가, 빠르고 기동성이 있으며 보급을 자급자족하는 동돌궐의 유목민 기병을 고구려 침공에 동원할 수 없게 됐다. 이는 심각한 결과를 낳았다. 수는 고구려 침공에 엄청난 보급품을 소비하는 농경민 출신 전

사들과 농민들을 동원해야 했다. 비가 내리면 고향에 있는 자신의 논에 물이 제대로 배수되는지 걱정하는 사람들이었다.

그들 대부분은 식량만 소비했지 싸움에 능하지 않았다. 그들의 숫자는 보급 부대를 모두 합쳐 100만에 달했다. 많은 군대를 먹이기 위해서는 많은 식량이 필요했다. 식량을 운반하기 위해 엄청난 사람과 짐승들이 동원됐고, 그들 또한 엄청난 식량을 소비했다. 말과 소는 사람보다 더 많은 식량을 필요로 했고, 더 많은 보급 부대가 따라가야 했다. 보급이 보급을 낳는 악순환이었다.

『삼국사기』 고구려본기 영양왕 23년 조를 보면 "모두 113만 3800명이었는데 200만이라 일컬었으며, 군량을 나르는 자가 (전투병력보다) 2배가 많았다"라고 전한다.

물론 운송 문제에 대한 수양제 나름대로의 대안은 있었다. 그는 중국의 낙양, 강남 그리고 북경을 잇는 1782킬로미터의 대운하를 완공했다. 중국에는 해하海河 · 황하 · 회하淮河 · 양자강 · 전당강錢唐江 등 동서 방향으로 흐르는 하천이 많아 예로부터 동서를 연결하는 수운이 발달했다. 대운하는 그 5개의 대하천 사이를 모두 남북으로 뚫어 연결한 수로다. 이로써 오랫동안 정치적 중심지였던 화북과 물자가 풍부했던 강남이 연결된 것이다. 그것을 북경까지 연장한 것이 바로 영제거永濟渠이다. 608년에 준공된 영제거는 고구려 침공의 전진 기지인 북경으로 중국의 모든 물자를 운반하기 위한 오직 한 가지 목적으로 만들어졌다. 그래도 북경에서 고구려까지 육로로 물자 운반은 엄청난 고역이었다.

영제거를 통해 거대한 양의 물자가 북경에 집중되었다. 그 모습이 태산과도 같았다. 612년 정월에 황제와 장군들이 이끄는 대부대는 육지로 진군하고, 해군은 바다로 공격할 준비가 됐다. 수양제는 출병에 앞서 고

살수대첩 기록화

구려왕에 대해 복종하지 않은 점, 간사한 점, 거란·말갈과 함께 수 왕조의 영토를 침범하는 데 공모한 점 등을 들어 고구려 침공의 정당성을 주장했다. 배구는 수양제의 전략적 조언자로서 그와 함께 있었으며, 위대한 기술자인 우문개宇文愷는 요하에 다리를 놓았고 그 다리를 통해 거대한 군대가 전진했다. 작전은 고구려의 수도를 재빨리 습격한다는 계획이었는데, 요하의 동쪽지방을 연이어 있던 성들은 늦은 여름 장마로 군사작전이 불가능하게 될 때까지 저항했다.

협상의 귀재, 을지문덕

612년 여름 수나라의 기동타격대(별동대) 30만이 압록강에 도착했다. 을지문덕의 고구려 군대와 수나라 군대가 남북으로 압록강을 사이에 두고 대치했다. 을지문덕이 수나라 군대에 협상을 제의했다. 그것은 말 그대로 거짓 항복협상이었다. 고구려의 수상이자 대장군이었던 을지문덕이 압록강을 건너 수나라 진영으로 갔다.

을지문덕의 진정한 목적은 시간 끌기였다. 시간을 잡아먹는 데 회의와 협상처럼 좋은 것이 없다. 시종 몇 명만 대동하고 적진에 들어간 을지문덕의 용기는 가상했다. 특권을 가진 것에 못지않게 자신의 의무와 책임에도 충실했던 것이다.

한 나라가 다른 나라에 넘어가는 항복협상은 복잡할 수밖에 없다. 얼마나 많은 조건과 협약이 필요하겠는가. 협상이 진행되는 와중에 중간 결정 상황은 그때마다 파발마로 요동성 서쪽의 육합성에 있는 양제에게 보고됐고, 양제의 허락과 수정 사안도 파발마로 회의장에 도착했다. 소식이 한 번 오가는 데 2~3일이 소요됐다. 그렇게 시간은 흘러갔다. 마지막으로 수 양제의 최후통첩이 있었다. 을지문덕은 중대한 결정 상황이라 자신이 여기서 결정할 수 없다면서 고구려 국왕과 의논해보고 하겠다고 했다. 을지문덕은 이렇게 시간을 끌면서 그럴듯한 명분을 붙여 회의장을 빠져나왔다.

그동안 시간이 흘러 수나라 군대의 식량이 떨어져가고 있었다. 많은 병사가 과중한 무게를 이기지 못해 식량을 파묻는 바람에 한 달도 못 돼 식량 부족 현상이 발생한 것이다. 상황이 어려워지자 수나라 수뇌부에서도 의견 분열이 일어났다. 철수하자는 의견과 공격하자는 의견이 대립했다. 다시 결정을 놓고 사절을 수 양제에게 보내야 했다. 곧 결정이 도착했다. 수 양제는 고구려를 공격하자고 하는 우문중 견해에 손을 들어주었다.

수나라 군대가 압록강을 건넜다. 을지문덕은 수나라 군대에게 자주

전형적인 소택지의 모습. 수나라 병사들이 뼈를 묻은 곳이다.

싸움을 걸었다. 하지만 곧 군대를 물렸다. 싸움이 시작되면 바로 도주하
는 방식으로 최대한 시간을 벌면서 적을 피곤하게 만들었다. 수나라 군
대는 하루에 일곱 번을 싸워 일곱 번 모두 이기는 전과를 올리는 것 같
았다. 고구려군은 상대가 되지 않는 것으로 비쳤고, 저항능력을 상실했
다고 판단했다. 수나라 군대는 승세를 타고 을지문덕의 고구려군을 몰
아붙여 평양성 30리쯤 떨어진 산에 진을 쳤다. 그런데 평양성 앞을 흐
르는 대동강에 상륙했던 수나라의 수군水軍이 고구려군에게 패배했다
는 소식이 들렸다. 수군을 맡은 내호아內護兒가 고구려왕의 동생 건무의
작전에 걸려 수많은 사상자를 남기고 도주했던 것이다. 양군이 합류해

평양성을 공격하려고 했는데 상황이 갑자기 꼬였다. 이를 계기로 고구려의 지연작전이 섬멸작전으로 바뀌었다.

평양 근교에 주둔하고 있던 수 군대의 진영에 고구려 사신이 찾아왔다. 군대를 철수하면 고구려왕이 친히 요동에 있는 수 양제에게 가서 항복을 하겠다는 전갈이었다. 서로가 사정을 너무나 잘 아는 상황에서 이는 후퇴의 명분을 주겠다는 의사였다. 물론 말처럼 고이 보내줄 고구려가 아니었다. 을지문덕은 청천강에서 수나라 군대를 섬멸하겠다는 작전을 이미 세워놓은 상태였다.

청천강淸川江은 현재 평안남도와 평안북도 경계를 이루는 강으로 낭림산맥의 낭림산狼林山에서 발원해 황해로 흘러들어간다. 이 강은 구조선이 거의 직선을 이뤄, 압록강이나 대동강이 감입곡류嵌入曲流가 심한 것과는 좋은 대조를 보인다.

612년 여름에서 가을로 접어드는 시점, 고구려에서 철수하기 위해 청천강가에 30만의 수나라 군대가 모여 있었다. 그 넓은 강가의 모래사장이 좁아 보였다. 가을로 접어드는 시점이라 비가 내려 물이 많았다. 초췌해진 그들은 비까지 맞았다. 굶주림과 피로에 찌든 그들은 하루라도 빨리 지긋지긋한 고구려 땅을 벗어나려고 했다. 그들은 체력적으로 심각하게 고갈돼 있었고, 정신적으로 극한 상태에 빠져 있었다. 그때까지 고구려군과 화끈한 싸움은 한 번도 없었다. 평양에서 청천강까지 오는데 밤마다 고구려군이 습격을 하고, 산등성이에 숨어 활을 쏘는 바람에 사람들이 하나둘씩 죽어가고 있었다. 굽어진 길을 돌 때마다 고개를 넘으려고 할 때마다 언제 고구려군이 공격해올지 몰라 공포에 떨었다. 고구려군의 게릴라전은 수나라 군대의 사기를 꺾었다. 북경에서 평양까지 왕복 2천 리를 행군한 그들의 땀에 젖은 더러운 군복은 너덜너덜했다. 청천강에 도착했는데 고구려군이 쓸 만한 배들을 다 태워버렸고, 주변에 뗏목을 만들 만한 나무도 하나 남기지 않았다. 하는 수 없이 상류로 다시 올라가 수심이 얕은 여울목을 찾아야 했다. 숫자가 너무 많아 여울을 건너는 데 엄청난 시간이 걸렸다.

수나라 군대가 청천강을 반쯤 건너갔을 때였다. 고구려군이 대규모로 급습해왔다. 심리적으로 수나라 군대는 저항을 할 수 없었다. 지휘관들과 자신의 동료 반 이상이 이미 강을 건넌 상황에서 어떻게든 강을 건너려는 생각뿐이었다.

"고구려군이 몰려왔다!" 하는 외침과 함께 15만의 군대가 강으로 향해 모두 달렸다.

그 와중에 많은 사람이 넘어졌고, 시체에 걸려 또 넘어졌다. 그 위를 수만의 병사가 밟고 지나갔다. 넘어지는 것은 곧 죽음을 의미했다. 고구려 군대가 도착한 그 순간에 수나라 군대는 혼란에 휩싸였고, 수많은 병사가 압사했다. 계급이란 것도 없어졌다. 위엄 있던 장군도 충성스러웠던 병사도 함께 뛰었다.

고구려 기병은 강가를 필사적으로 건너려는 수나라 군대를 양 떼 몰 듯이 했다. 고구려군은 수나라 군대를 철저히 강으로 밀어넣었다. 한꺼번에 10만 이상의 병사가 물 위로 뛰어들었다. 강물에 수나라의 군사로 가득 찼다. 넓고 푸른 강이 검게 변했고 청천강은 사람이 가득한 욕탕이 됐다. 너무나 빽빽해서 수영을 하기도 힘들었다. 그들의 옷은 물이 스며들면서 무거워졌고, 힘이 빠져 익사자가 속출했다. 그들은 고이 죽지 않았다. 모두 살려는 욕망에 동료들의 다리를 잡았다. 물에 빠져서 필사적인 물귀신이 된 것이다. 강에 들어가지 못한 병사들은 고구려 군대의 공격에 희생됐다.

이미 강을 건너간 수나라 군대는 자신의 동료들을 구하려고 하지 않았다. 그저 지옥과 같은 상황에서 죽어가던 동료들을 바라만 보고 있었다. 하지만 비참한 광경을 바라보고, 공포에 사로잡혔다. 갈 길이 아직 멀기 때문이다. 그들 앞에 건너야 할 강이 또 있었다. 청천강보다 훨씬 넓은 압록강이었다.

청천강에서 반 이상의 병력을 잃은 수나라 군대는 급속히 와해됐다. 자신들이 얼마나 약화됐는지 눈으로 보게 된 것이다. 이는 연쇄반응을 일으켜 수나라 군대는 공황 상태에 빠졌다. 병사들은 전투 대형을 갖추려고 하지 않았고, 지휘관의 명령과 통제도 듣지 않았다. 장군과 병사가 함께 제멋대로 도주하기 시작했다. 기록에는 "수군은 무리별로 흩어져 살수 청천강에서 압록강까지 밤낮으로 달아났다"고 나온다. 고구려군은 오합지졸이 된 수군을 사냥하기 시작했다. 겁먹은 상대는 너무나 다루기 쉬웠다. 청천강을 건넌 수나라 병사들은 넓은 들판에서 하나씩 하나씩 추격하는 고구려군의 공격을 받고 속절없이 죽어갔다.

생존자들이 없었던 것은 아니었다. 30만 5000명 가운데 2700명이 살아 돌아갔다. 지옥에서 살아 돌아온 병사들은 돌아오지 못한 자의 가족들에게 고구려에서의 비극을 말했다. 그들이 고구려에 대한 공포의 씨앗을 수나라 전국에 뿌렸다. 그 가운데 수나라 장군 설세웅의 경험이 기록에 남아 있다. 그는 백석산이란 곳에서 고구려군에게 겹겹이 포위됐다. 고구려 군대는 그들을 직접 공격하지 않았다. 단병접전이 벌어지면 고구려군에게도 희생자가 생기기 때문이다. 고구려군은 하늘을 가릴 정도의 활을 쏘아댔다. 포위돼 고정된 상황에서 수나라 군대는 비 오듯 쏟아지는 화살을 맞고 죽어갔다. 전멸의 위기에 봉착한 설세웅은 갑옷을 버리고 부하 200명과 함께 겨우 포위망을 빠져나왔다. 수나라 군대는 평양에서 청천강·압록강·요하까지 그들의 시체를 남겼다.

645년 고구려를 침공한 당 태종도 요하의 광활한 늪지 갈대밭에서 그
들의 흔적을 목격했다. 요하의 소택지는 사람 키가 넘는 갈대들로 무성
했다. 너무나 기름진 땅이었다. 수나라 병사들의 뼈가 광활하게 흩어져
있는 장면을 본 당나라 병사들은 거기서 자신들의 미래를 보았으리라.
전쟁터 고구려의 싸늘함이 가슴에 비수로 꽂혔다. 밤이면 해골에서 나
온 인이 빛을 뿜었고, 갈대 사이로 흐르는 물속에 박제되어 누워 있는
시신들은 곧 일어날 것 같았다.

세상의 끝을 향한 수양제의 진격

살수대첩 이후 중국인들에게 고구려는 세상의 끝이요 살아서 돌아갈
수 없는 그러한 곳이 됐다. 어느 중국 고전을 보면 한 중국 젊은이의 꿈
이야기가 나온다. 그 젊은이는 자신이 고구려 침공에 징발됐다는 말을
듣고 공포에 질려 벌벌 떤다. 잠에서 깨어나보니 온몸이 땀으로 젖어 있
었다고 한다.

하지만 수 양제는 고구려 침공을 포기하지 않았다. 613년 정월 그는
두번째 동원령을 내려, 초여름에 고구려로 진군했다. 황제는 다시 요하
를 넘어갔으나, 예부의 장관으로 영제거의 남단에서 보급의 핵심을 책
임 맡고 있던 양현감楊玄感이 일으킨 심각한 반란의 소식을 들었다. 수 양
제는 최고의 장군인 우문술을 동북의 전역에서 벗어나 그 반란을 진압하
도록 보냈다. 하지만 우문술의 군대는 패배하고, 양현감의 머리가 전장
에 있는 황제에게 보내졌다. 사회조직, 조세, 부병 및 공급 체계는 거의

붕괴됐다.

고구려에 대한 3차 침공이 시작돼 보급과 말의 부족, 순탄치 못한 신병의 차출 등에도 불구하고 수 왕조 군대는 다시금 요하를 건넜다. 또다시 수군은 평양의 변두리에까지 침투했다. 614년 말 고구려왕은 사신을 보내 항복 제의를 했으며, 이 사신은 고구려로 도망간 수 왕조의 장군을 데리고 왔다. 수 양제는 다시 한번 고구려왕에게 조공을 바치라고 요구했다. 그런데 고구려는 약속을 지키지 않았다. 황제는 군대에 제4차 원정을 대비하라고 지시했으나, 이때에는 전국이 반란으로 뒤끓고 있어서 대외원정은 이룩되지 못했다. 수 양제는 인력과 재산에 있어서 값비싼 대가를 치러야 했고, 나라는 끝이 보이지 않은 반란의 불길에 휩싸인다.

수 양제는 그가 태원 근처에 만든 분양궁汾陽宮에서 615년 여름을 보냈다. 늦은 여름에 북쪽으로 행차하던 도중에, 그는 시필가한 휘하의 동돌궐 군대에게 거의 사로잡힐 뻔해 성곽도시인 안문군성(산서성 대현)으로 피신했다. 성안의 군민은 15만이었는데 식량은 20일밖에 지탱할 수 없는 양이었다. 성안의 식량을 축내기 위해서 돌궐은 의도적으로 10여만 이상의 수나라 농민들을 성 안으로 몰아넣었던 것이 확실하다. 궁지에 몰린 양제는 인민을 괴롭혀온 고구려 원정을 포기할 것과 많은 포상을 지급할 것을 약속하여 군민을 격려하는 한편 사방에 격문을 띄어 구원병을 모집하였다. 이 모집에 응해 안문으로 달려온 사람들 가운데 16세의 이세민(당태종)도 있었다.

인접 지방에서 군대가 황제를 도우러 왔다. 포위망은 거두어졌다. 황제는 굉장히 놀랐으며 자신감은 흔들리고 말았고, 기가 꺾이게 됐다. 동돌궐이 고구려와의 전쟁에 패한 수나라에 정면도전을 한 것이다. 고구려와 동돌궐이 손을 잡았다는 것이 확실해졌다. 수 양제가 우려했던 최악의 시나리오가 현실화됐다. 동돌궐이 부활했다는 소문은 전국을 동요시켰고, 내란으로 수를 멸망으로 이끌게 했다. 618년 수양제는 목욕탕에서 그가 가장 신임했던 장군 우문술의 아들인 우문화급宇文化及에게 살해됐다.

당고조, 돌궐을 업고 장안에 입성하다

그 직전 당고조 이연은 태원의 유수를 맡고 있었다. 북쪽으로 돌궐과 인접하고 남쪽은 장안과 낙양에 연결되는 군사상의 요충지였다. 앞서 이연은 돌궐과 싸워 패배만 거듭했다. 책임을 물어 극형을 당할 수도 있었다. 617년 이연은 수에 대하여 반란을 일으켰다. 군웅들과 수많은 전투를 치르고 승리해 11월 장안에 입성했다. 여기에는 이연 자신이 쩔쩔매던 돌궐의 원조를 받은 것이 결정적으로 작용했다.

한편 아들 이세민의 활약도 있었다. 그가 서방의 위협이었던 설거를 무찌르고, 또 산서 일대를 석권해 남진의 기세를 보이던 유무주를 토멸함으로써 당왕조의 기초는 견고해졌다. 또 그는 동쪽으로 낙양 왕세충과 하북의 두건덕을 대번에 평정했다. 그리하여 621년 그가 장안에 개선했을 때 아버지 이연은 그에게 천책상장天策上將이라는 지위를 줘 막부를 개설하게 했다. 그러나 이세민도 돌궐의 위협에는 속수무책이었다.

당 왕조가 아직 군사적으로 유약한 입장에 있다는 것을 잘 아는 고조는 정기적으로 동돌궐에 뇌물을 바쳤다. 그리고 당의 영토를 침입하지 말 것과, 당 조정에 반란하고 돌궐의 신하를 자처하는 이들을 원조하지 않도록 요청했다. 돌궐의 가한에게 많은 선물을 주는 것이 고조의 통치 기간에는 일반적인 관례였다. 돈을 주고 모면하려는 고조의 정책은 그다지 성공적이지 못했다. 돌궐이 점점 더 많은 것을 요구해왔기 때문이다.

장안에 온 그의 사신들은 황제에게 별로 존경을 표하지 않았으며 수도 전역을 누비며 난폭한 행동을 하고 다녔다. 예를 든다면, 전에 당 왕조에 조공을 바쳤으며 그 당시 장안에 와 있던 서돌궐의 갈살라曷薩那 가한을 동돌궐의 사신들이 살해하는 것도 고조는 용납하지 않을 수 없었으며, 더욱이 동돌궐은 여러 북방의 반란집단과 연합해서 중국 침입을 다시 시작했다.

619년 초 중국을 침입하기로 한 전날 밤 시필가한이 죽었다. 아들은 아직 어렸으므로 동생이 가한을 계승해 620년 죽기 전까지 짧은 기간 동안 처라處羅가한으로서 지배했다. 처라가한의 뒤를 이어 다른 동생인 힐리가한(621~630)이 계승했는데, 그는 고조의 통치 기간과 태종의 초기에 걸쳐서 당 왕조에 가장 위협적인 존재였다.

622년 힐리가한은 15만 명을 헤아렸다고 일컬어지는 부대를 이끌고 당 왕조의 옛 기지인 태원의 침입에 나섰으나 황태자 이건성과 이세민이 이끄는 군대에 의해 격퇴됐다. 수도인 장안 주변 지역에 대한 돌궐의 침입은 아주 심각한 것이어서 고조는 수도를 돌궐의 침입으로부터 더욱 안전한 지역으로 옮기는 것을 신중히 고려하기도 했다.

다음해에는 돌궐의 위협에 대처하기 위해, 이미 622년에 해체했던 12개 상비금군이 재건됐다. 625년 중엽에 힐리가한이 다시 대군을 인솔해 태원을 공격하기 위해 남하해왔기 때문에 당 왕조는 큰 손실을 입었다. 심지어 고조 치세의 마지막 몇 달 동안에도 동돌궐은 계속 북쪽 변방을

공격했으며, 황제는 지방 당국에 돌궐에 대항해 도시를 강화하고 성 둘
레에 참호를 파도록 지시해야 했다.

　고조는 왕조 창건 때에 돌궐에 비굴할 수밖에 없었다. 돈을 주고 모면
하는 정책이 연속적인 돌궐의 침을 막는 데 실패했다 하더라도, 그는 아
슬아슬한 위기의 시기에 당 왕조의 안전을 확보하는 데 성공했다. 이렇
게 숨 쉴 수 있었던 여유로 말미암아 당 왕조 군대가 배후로부터의 공격
에 대한 불안 없이 수 왕조의 수도를 접수할 수 있었고, 그다음에 섬서
지방에서 군사력을 강화할 수 있는 틈을 가질 수 있었다. 이러한 여유
덕택으로 당 왕조는 또한 황태자 이건성의 지휘 아래에 북쪽 변경에 방
어 준비를 시작할 수 있게 됐는데 이로써 돌궐의 침입을 완전히 막을 수
는 없었다고 해도, 고조 통치의 남은 기간 동안 돌궐에 대해 중국이 강
력히 저항할 수 있는 기초를 마련해줬다.

제8장

유일 강대국 당의 등장과
고구려의 초원 정치

626년 6월 4일 궁중 내의 쿠데타로 정권을 장악한 이세민이 당 태종으로 즉위했다. 이른 아침이었다. 이세민의 형제인 이건성과 이원길이 장안의 궁중에 있는 현무문으로 들어섰다. 함께 온 정예병 2천 명은 문밖에 남겨둔 채였다. 경비가 엄중한 궁성에 복병이 숨어 있으리라고는 꿈에도 생각하지 못했다. 임호전까지 와서야 비로소 이상한 공기를 느낀 두 사람은 서둘러 말을 되돌리려고 했으나 때는 이미 늦었다.

　배후에서 이세민이 큰 함성을 지르며 나타나 순식간에 이건성을 찔러 죽였다. 화살을 가지고 응전한 이원길도 달려온 위지경덕에게 죽임을 당했다. 문밖에 있던 기병이 이변을 깨닫고 구원하러 달려왔을 때는 현무문이 굳게 닫혀진 상태였고, 위지경덕이 두 사람의 목을 내걸자 장병들은 혼비백산하여 모두 흩어져 도망가버렸다.

　당 고조 이연은 정변의 소식을 듣고 궁성 안의 호수 가운데로 배를 타고 도망갔으나 이건성과 원길이 죽었다는 사실을 전해 듣자 깨끗이 단념하고 이세민을 황태자로 세워 대권을 이양하겠다고 선언했다. 이세민은 즉시 병사를 보내서 이건성의 다섯 왕자와 이원길의 다섯 왕자를 남김없이 주살하여 후환을 막았다. 유라시아를 변모시킬 만큼 출중한 남자가 역사의 무대에 전면 등장했다. 하지만 그도 동돌궐이 자체 붕괴하는 기적이 일어나지 않았다면 평범한 황제로서 살아가야 했을 것이다.

돌궐의 자체붕괴

당 태종

당태종 그가 형제와 조카들을 죽이고, 아버지 이연을 연금한 후 황제의 자리에 올랐다는 소문은 즉각 북방의 초원으로 흘러들어갔다. 태종의 궁색한 상황을 동돌궐은 정확히 간파하고, 젊은 황제를 그냥 두지 않았다. 즉위한 바로 그달에 힐리가한은 10만 기병을 이끌고 장안 부근까지 진격해왔다. 이때 장안성 안에 동원할 수 있는 장정은 겨우 수만에 불과했다. 힐리가한은 위수渭水의 편교까지 진출한 후 사신을 성안으로 파견했다. 위수는 중국 위수분지를 동서 방향으로 흐르는 황하의 지류로 길이가 약 800킬로미터에 이르며 함양咸陽, 서안西安 북쪽을 지나 동관潼關 부근에서 황하로 흘러든다.

당시 정황은 압도적으로 동돌궐이 유리한 상태였다. 대군을 동원해 침입해온 유목 군대를 당 태종은 무력으로 막아낼 수가 없었다. 동돌궐은 수확 없이 절대 물러나려 하지 않을 게 확실했다. 당 태종은 어떠한 굴욕이라도 참고 전쟁을 피하지 않으면 안 됐다. 그는 장안성에 있는 재물을 모아 힐리가한에게 바치고 화의를 요청했다.

결과를 아는 지금에 와서 보면 당 태종은 냉철한 현실주의자였고, 굴욕스러운 모습이었지만 동돌궐이 원하는 바를 들어준 것은 당시의 객관적인 정세를 고려하면 탁월한 선택이었다. 만일 태종이 체면 세우기에 급급해 동돌궐과 맞섰다면 이제 막 건국한 당의 운명은 어떻게 됐을지 모른다.

이것이 동돌궐에 대한 마지막 굴욕이 될 줄은 당시에는 아무도 몰랐다. 이세민은 천운을 타고난 사람이었다. 627년 동돌궐 내부에서 돌리가한이 반란을 일으켜 힐리가한의 지배력에 상당한 타격을 입혔다. 당 조정에서는 그 기회를 이용하자는 주장이 나왔으나, 태종은 그 반란의 결과로 힐리가한이 정치적으로나 군사적으로 완전히 불리해졌다는 것이 분명해질 때까지 조심스럽게 관망하도록 했다. 여기서 동돌궐에 대한 당 태종의 공포심을 읽을 수 있다.

대신 힐리가한의 힘을 약화시키기 위해 그와 대척점에 있는 초원 서부의 두 돌궐부족, 회흘과 설연타를 지원했다. 동시에 동부에서 반란을 일으킨 돌리가한도 지원했다. 629년 한 해 동안 초원에서 내전의 불길이 맹렬하게 타오르고 있었다.

이렇게 힐리를 둘러싼 포위망을 구축한 당 태종은 629년 말에 개입할 때가 온 것을 알았고, 630년 초에 장군 이정과 이세적의 지휘하에 당군을 초원으로 출정시켰다. 당군은 산서 북부 내몽골지역에 있던 힐리의 야영지를 기습해 그의 부족민들을 궤산시키고, 힐리를 포로로 나포했다. 이로써 동돌궐은 50년(630~682) 가까이 중국에 복속됐다.

〈호쇼차이담비문〉에는 그 세월을 다음과 같이 묘사하고 있다.

"투르크의 귀족이 될 만한 아들들이 중국의 남자종이 됐고, 귀부인이 될 만한 딸들이 여자종이 돼버렸다. 귀족들은 투르크식 이름을 버리고 중국식 이름을 받아들였으며, 그(중국 황제)의 원정을 위해서 해가 뜨는 곳(고구려)으로부터 서로는 철문까지 50년 동안 봉사했다. 그러나 중국 황제는 투르크의 나라와 제도를 없애버렸다."

당 태종은 이같이 돌궐인들을 보조 군대로 사용해 향후 20년 동안 투르키스탄의 돌궐인들과 사막의 인도-유럽계 오아시스를 지배했다.

숨막히는 상황이 연출되는 가운데 고구려 영류왕(618~642) 건무建武는 사신을 당나라에 보내 태종이 돌궐의 힐리가한을 사로잡은 것을 축하하고, 고구려의 지도를 바쳤다. 마치 치마를 들어올리는 것과 같았

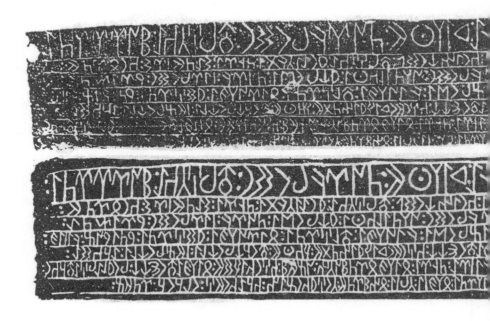

다. 최강의 돌궐이 붕괴되고 새로운 강자, 당이 등장하는 것을 목도한 고구려가 엄청난 파란을 직감하고 발 빠르게 움직였다는 것이 고작 그러한 행동이었다. 당에 대한 비굴한 저자세 외교에 영류왕 건무의 남은 나날들이 바쳐졌다. 640년 실크로드의 오아시스 국가인 고창국이 당의 수중에 떨어졌다는 소식이 들려왔다. 앞서 북방의 돌궐이 평정되었고 서역도 당의 세력 아래 들어갔다. 다음은 고구려의 차례가 분명했다. 영류왕 건무는 자신의 태자를 당에 보내 비유를 맞추었다. 엄청난 물량공세가 있었던 것으로 보인다. 그 이듬해인 641년 당에서 답방의 사절이 왔다. 건무는 당의 사절에게 특별한 대우를 해주라는 엄명을 내렸다.

『삼국사기』(권20 영류왕 24년 조)는 이렇게 전한다.

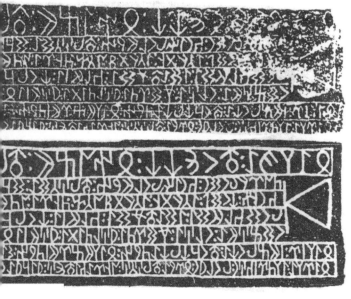

호쇼 차이담 비문은 682년 이후 동돌궐 부흥기의 이름난 군주와 공이 있는 귀족들을 언급한 내용으로 채워져 있다. 오르콘 강 유역에서 발견돼 오르콘 비문이라고 총칭하기도 한다. 대표적인 것으로는 716년 톨라강 상류에 세워진 돈욕곡啄欲谷 비문, 732년 오르콘 하류에 세워진 궐특근 비문, 735년 같은 오르콘 하류에 세워진 빌케가한毗伽可汗 비문 등이 있다. 사진은 그 가운데 돈욕곡 비문을 탁본한 것이다.

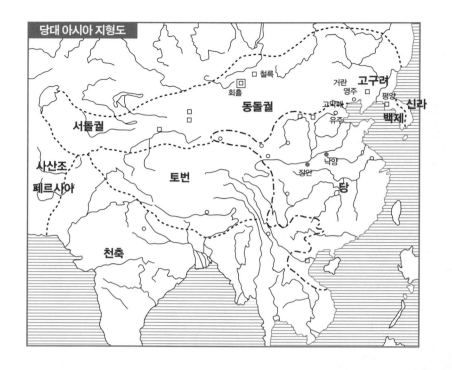

당대 아시아 지형도

철록
회흘
동돌궐
거란 고구려
영주 평양
고막해 신라
서돌궐 유주 백제
사산조
페르사아 토번 낙양
장안 당
천축

"진대덕이 (당에) 돌아와 아뢰니 황제가 기뻐하였다. 진대덕이 황제에게 그 나라가 고창高昌이 망한 것을 듣고 크게 두려워하여, 객사에서 접대하는 것이 평상시보다 더 은근합니다."

사절단장은 당나라 병부의 직방랑중 진대덕陳大德이라는 사람이었다. 지금으로 말하면 국방부 소속의 정보부장이다. 그는 막대한 공작금을 지참하고 있었다. 고구려 국경으로 들어온 그는 평양으로 향하는 성읍들을 일일이 들려 공작금을 뿌렸다. 성읍의 고구려 관리들에게 많은 비단이 안겨졌고, 그들은 자신의 관할구역에 있는 지형과 요새를 상세히 보여주었다. 이로써 국경에서 평양에 이르는 방어시설에 관한 정보가 모두 노출되었다. 고구려 역사상 처음 있는 일이었다. 영류왕 건무는 당의 정보부장이 고구려의 모든 군사시설에 대한 탐색을 하는 데도 전혀 막으려고 하지 않았다. 어떻게든 당 사절의 비유를 맞추어 태종의 귀에 좋은 말이 들어가도록 노력했다. 앞서 고구려에 왔던 수나라 사신이 그 누구와도 만나지 못했고, 심한 감시를 받은 것과 대조적이었다.

가련한 고구려 국왕, 건무

이보다 10년 전(631년) 영류왕 건무는 고구려의 군인들에게 치욕적인 수치감을 안겨주었다. 그해 평양에 온 당나라 사신 장손사는 당태종 황후 집안사람이었다. 그는 고구려의 경관京觀을 무너뜨리라는 특명을 받았다. 경관은 612년 고구려에 들어왔다가 전멸한 수나라 군대 30만의 뼈 일부를 쌓아서 만든 전승 기념탑이었다.

자국 군인들의 해골더미를 본 장손사의 기분은 어떠하였을까. 분노와 함께 고구려와의 전면전에 어떠한 대가를 지불해야 하는지도 느꼈을 것이다. 장손사는 이국땅에서 이름도 없이 죽어간 그 불쌍한 병사들을 위해서 성대한 제사를 지냈다. 그리고 그 전승 기념탑을 허물었다. 이 사건은 당시 수나라 군대와 목숨을 걸고 싸웠던 고구려 장군 이하 병졸들에게 마음의 상처를 주었다. 수군과 싸우다 전사한 전우들은 이로써 개죽음이 되었다. 그것은 국왕의 이름으로 사라져간 자들의 희생을 덧없는 것으로 만들어 살아남은 자들의 충성을 감퇴시키는 행동이었다.

이보다 838년 후에 이태리 피렌체에서 태어난 마키아벨리의 지적은 시공간을 초월하여 우리에게 공감을 자아낸다.

"군주는 스스로 권위를 해칠 우려가 있는 타협을 해서는 절대로 안 된다. 설사 그것을 참아낼 자신이 있더라도 그런 타협은 절대로 하지 않아야 한다. 양보에 양보를 거듭하는 것보다 과감하게 대결하는 편이 낫다. 설령 실패로 끝나더라도 거의 언제나 훨씬 좋은 결과를 가져온다. 오로지 정면충돌을 피하고 싶은 일념으로 양보책을 써도 실패는 어차피 회피할 수 없는 것이다. 양보에 양보를 거듭해봐야 상대편은 만족하지도 않을 것이고, 비굴해진 군주는 상대방의 경의심을 상실함으로써 그 적의는 오히려 노골화되어 더 많이 빼앗겠다는 생각을 하게 되는 것이 고작이다. 또 사려 없는 양보책에 의해서 드러난 군주의 약점은 자신의 편이 될 수 있었던 사람들마저 실망시켜 냉담하게 만들어버릴 것이다."

영류왕 건무는 당과의 전쟁을 피하고 싶은 일념에 사로잡혔다. 건무가 처음부터 그렇게 나약한 사람은 아니었다. 그는 젊은 시절 아주 기개가 있고 출중한 무장이었다. 612년 수나라 장군 내호아가 이끄는 수군이 평양성에서 60리 떨어진 대동강변에 상륙을 했을 때였다. 세계를 제패한 노련한 수나라 군대였다. 상륙을 저지하려던 고구려군이 궤산했다. 여기서 평양성을 지켜줄 병력이 현저히 줄었다. 이윽고 수나라 군대가 평양성에 들이 닥쳤다. 거대한 공성기가 조립됐고, 외성外城의 문에 공격이 집중되었다. 공성기의 타격으로 성문이 부서졌고, 수군이 성안으로 밀려들어갔다. 내호아는 그의 부하들에게 약탈을 지시했다. 장군과 병졸 구분 없이 무제한의 약탈에 가담했다. 재물을 빼앗고 여자를 겁탈했다. 흩어진 수나라의 군대가 기강이 무너져 통제할 수 없는 상태에 이르자. 건무가 결사대 5백 명을 이끌고 나타났다. 건무는 평양성이 함락되어 무너진 상태에서 약탈에 정신이 없는 수나라 군대를 빠르게 무찌르기 시작했다. 생각지도 못한 역전극이 벌어졌다는 소식이 전해지자 흩어졌던 고구려 군대도 재집결했으리라. 내호아의 군대는 대파되었고, 살아남은 자들은 그들의 배가 있는 곳으로 도망갔다.

그 용감하고 현명했던 영류왕 건무가 나이가 들면서 변했다. 그는 육체와 함께 정신도 쇠약해져 있었다. 무엇보다 정신적인 결단력이 무디어져 있었다. 당과 일전을 겨루겠다는 각오는 하기 싫었고 어떻게든 비위를 맞추어서 타협하려고 하였다. 타협은 현실을 직시하는 사람의 행위라고 단정할 수 없다. 진정한 현실주의자란 타협보다는 냉엄하고 혹독한 현실을 헤쳐가는 사람이다.

고구려 내부에서도 영류왕은 처벌을 행하는 책임정치를 회피하고 정에 이끌리는 정치만을 추구했다. 그것은 엄청난 대가를 지불하고 말았다. 630년대의 어느 날이었다. 고구려의 동부 대인 개금蓋金이 죽었다. 고구려의 최고 실력자 태대대로太大對盧인 그는 잔인한 성격의 아들을 두고 있었다. 그가 바로 바로 연개소문이다. 연개소문의 대대로직 승계 여부를 놓고 조정에서 회의가 열렸다. 연개소문도 그 자리에 참석해 있었다. 사람들은 포학한 연개소문을 미워했다. 최고 실력자의 장남인 그에게 수모를 당했거나 피해를 입은 사람들이 많았던 것이다. 회의석상에 있던 거의 모든 사람들이 반대했다. 연개소문이 대대로의 자리에 임명되는 것이 어려워졌다. 그러자 그 당당하던 연개소문이 머리를 숙이고 뭇사람들에게 사죄를 했다. 그리고 그 직을 임시로 맡기로 청했다.

"만약 옳지 못함이 생기면 대대로직에서 해임을 당해도 감수하겠습니다."

사람들의 마음이 흔들렸다. 고구려의 앞날을 책임질 영류왕은 여기
서 결단을 내려야 했다. 그가 냉정한 판단을 했다면 연개소문에게 대대
로직을 허락하지 않았을 것이고, 642년 연개소문의 손에 죽어 토막 난
시체로 도랑에 버려지지 않았을 것이다.

『삼국사기』 권49 연개소문전을 보자.

"그러나 (연개소문이) 흉악하고 잔인함이 이루 말할 수 없을 정도여서 여러 대
인이 왕과 더불어 그를 죽이기로 몰래 의논하였는데 그 일이 누설되었다. 연
개소문이 자기 부의 군사들을 모두 소집하여 장차 열병할 것처럼 하여 술과
음식을 성의 남쪽에 성대히 차려놓고 여러 대신을 불러 함께 보자고 하였다.
손들이 이르자 모두 죽이니 무릇 그 수가 100여 명에 달했다. 이어서 궁궐로
달려 들어가 왕(건무)을 죽여 여러 토막으로 잘라 도랑에 버리고 왕의 동생의
아들 장(보장왕)을 왕으로 세우고 스스로 막리지가 되었다."

포획된 전쟁기계

630년 동돌궐의 붕괴는 당에게도 커다란 변화를 가져왔다. 부족민을
거느린 돌궐 추장들이 대거 중국 내지로 유입돼왔으며, 그 규모는 10만
으로 추산된다. 태종은 이들을 중국 내지에 안치하는 부담을 안게 됐다.
당시 이른바 돌궐항호突厥降胡 문제는 조신朝臣들 사이의 최대 쟁점이었
다. 논쟁은 수년간이나 끌었고, 결국 돌궐항호의 하남분치론河南分置論
이 채택됐다.

태종은 내항한 돌궐인들에게 각별한 배려를 아끼지 않았다. 추장들에게는 전원 장군·중랑장의 관직을 수여했다. 항호 한 사람이 내항할 때마다 사물賜物 5필·포袍 1령領을 지급했다. 재정적인 어려움을 감수해가면서까지 그들을 보호했던 것이다.

이러한 조치는 돌궐인들을 군사력으로 이용해 대외 팽창하거나 주변의 위협에 대처하려는 의도와 관련이 있었다. 그들은 중국 내지로 항복해온 자들이지만 뛰어난 기동성을 보유한 무력집단이었다. 태종은 유목민의 습성을 숙지하고 있었고, 무엇보다 그들의 탁월한 전투력이 어디서 기원하는 것인지 정확히 간파해냈다. 당조는 이미 초기에 다분히 유목민의 향기가 있는 군사 조직과 기마 전력을 근간에 두고 있었다.

당 태종대 고구려와 인접한 요서에 장검이란 당나라 관리가 영주도독부사에 임명돼 왔다. 당시 영주도독부는 휘하에 거란, 고막해, 말갈, 습 등 여러 유목부족을 두고 있었다. 영주도독부는 그 지역 유목부족들에게 땅을 주고 그들이 평화롭게 살 수 있도록 치안을 확보했다. 유목부족들이 영주도독부에 지고 있는 임무도 있었다. 영주도독이 전쟁에 나갈 때 그들은 종군해야 했다. 이는 수대 영주도독부의 역할과 거의 같았다. 다만 당대의 그것은 성방이란 제도로 완비돼 있었다. 그것은 포획장치였다.

프랑스의 철학자 들뢰즈는 『천개의 고원』 제12장 '유목론 논고-전쟁기계'에서 '포획장치'란 표현을 쓰고 있다. 그에 따르면 전쟁기계(유목민)가 국가에 포획될 우려는 상존한다. 역사적으로 국가는 전쟁기계를 포획해 자신의 군대로 편성해왔으며, 이렇게 포획된 군대는 더이상 전쟁기계가 아니며, 그것은 오히려 국가에 대항하는 모든 전쟁기계에 대항하는 수단, 혹은 한 국가가 배타적으로 다른 국가를 파괴하는 수단이 됐다.

수가 그러했던 것처럼 당도 고구려 휘하에 있는 거란이나 말갈인들을 회유해 끌어들이려는 공작을 펼쳤다. 그것을 동북에서 실행에 옮긴 것이 영주도독부였다. 고구려는 이에 대한 보복을 단행했다. 642년 고구려는 휘하의 속말말갈 기병 수천을 이끌고 영주도독부가 관할하던 요서지역을 습격했다. 직접적인 습격 대상은 영주의 거란·말갈·고막해·습 등의 유목민 부락이었다.

고구려 휘하의 속말말갈 기병이 영주를 휩쓸자 영주도독 장금은 병력을 소집했다. 각 부족에게 연락이 가는 시간이 소요됐고 그 순간에도 고구려 기병의 약탈은 지속됐다. 물론 고구려는 휘하의 속말말갈 기병들에게 그들이 스스로 약탈한 것에 대한 소유를 인정해주었다. 영주도독부의 직속 병력과 여러 유목민 수령이 이끄는 기병들이 고구려 기병에 대해 반격에 나섰다. 물론 이 전투가 장기전으로 가지는 않았다. 영주도독부가 반격을 개시하자 고구려는 휘하의 속말말갈 기병을 즉시 철수시켰던 것이다. 역사는 되풀이된다. 수가 중국을 통일했을 때도 거란과 말갈 등을 회유해 포섭했고, 고구려는 여기에 무력으로 대응한 바 있다. 어떻든 이 사건은 당 태종이 고구려 침공을 결정하는 중요한 요인 가운데 하나였다.

당에 이끌려온 전쟁기계들

우려한 대로 645년 당의 고구려 침공시 돌궐 유목기병이 동원됐다. 이세적이 보기 6만 및 난주와 하주의 돌궐 기병을 이끌고 요동으로 출발했다. 돌궐 기병을 이끌었던 이는 집실사력, 계필하력, 아사나미사 3 인이었으며, 그들 휘하의 부락민이었다. 이들 외에도 대 고구려전에 참여한 번장은 또 있었다. 안시성 전투에서 아사나사이가 돌궐 기병 1 천을 통솔했으며, 그는 고구려 휘하의 말갈 기병을 유인하는 역할을 맡았다. 아사나사마는 휘하의 돌궐 기병을 이끌고 백암성 전투에 참여했다. 그는 여기서 부상당해 생을 마감했다. 서북 변경의 조주 방면에 있던 사타족 수장 발야의 기병도 참전했다. 그야말로 당의 고구려 침공에 집실사력, 계필하력, 아사나미사, 아사나사이, 아사나사마, 묵리 군사 발야 등이 통솔하는 대규모 유목기병이 종군했던 것이다.

고구려군은 수성전을 주로 했다. 그렇다면 기동력이 강한 돌궐 기병은 요동 전선에서 어떤 역할을 했을까? 말에서 내려 성벽에 올라가거나 공성기를 이용해 고구려 성을 무너뜨리는 역할을 하지는 않았다. 산성이란 바둑판의 알과 같이 점으로 연결된 집을 짓고 있다. 산성 군락은 상호 보완적이며 상호 의존적인 것이다. 어느 산성을 함락시키지 않고 앞으로 전진한다면 퇴로나 보급로가 차단될 위험성이 크다. 어느 한 성이 적의 집중 공격을 받을 때 다른 성들이 지원을 해준다.

그해 초반 요동성이 이세적이 지휘하는 당군의 집중적인 공격을 받고 있었다. 그대로 둔다면 요동성은 당군의 손에 넘어갈 것이 확실했다. 고구려는 국내성과 신성에서 기병 4만을 차출했다. 그리고 그들을 요동(성)을 구원하기 위해 급파했다. 하지만 당 태종의 조카인 강하왕 도종의 돌궐 기병 4천 명이 이들을 기다리고 있었다. 고구려 기병은 장거리를 이동해 지친 상태였다. 도종의 돌궐 기병은 충분히 힘을 비축해 고구려 기병의 공격에 대비하고 있었다. 고구려군이 10배가 많은 것 같지만 그렇지만은 않았다. 도종의 기병 뒤에는 당의 1만 유목기병들이 공격할

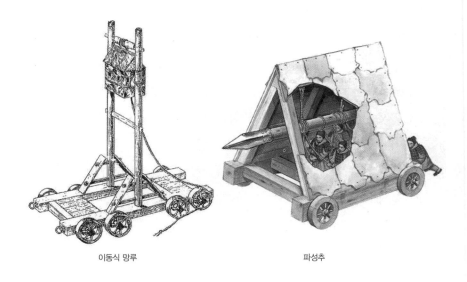

이동식 망루   파성추

태세를 갖추고 있었다. 고구려 기병은 당 기병 4천의 공격을 받고 1천
명의 전사자를 남기고 물러났다.

  고구려 기병이 패해 퇴각하자, 요동성은 당군의 공성기 공격에 그대
로 노출됐다. 더욱이 요동성은 평지성이라 공성기를 설치하기도 쉬웠
다. 뿐만 아니라 순수하게 인공으로 만들어진 성벽이기 때문에 자연성
벽인 산성보다 매우 약했다. 당시 당군의 포차는 300근 무게의 돌을
400미터쯤 날려 보낼 수 있었다. 요동성을 수비하던 고구려군은 날아드
는 돌을 막기 위해 성 위에 나무를 쌓아 누각을 만들었다. 하지만 아무
소용이 없었다. 돌이 맞는 곳마다 다 무너졌다. 어수선한 틈을 타서 망
치처럼 성벽을 때리는 당차撞車가 다가왔다. 성벽 가까이에 온 당차가
망치질을 하자 요동성의 누각들이 거침없이 무너졌다. 당 태종이 기병
1만을 거느리고 와서 요동성을 포위했다. 혹시 물러났던 고구려 기병이
다시 역습해올 수도 있기 때문이다. 마침 남풍이 불어오자 당 태종은 요
동성의 남문에 불을 질렀다. 바람을 타고 순식간에 불길이 번졌다. 성안

에 있는 집들이 모두 화염에 휩싸였다. 요동성에서 불에 타죽은 자만 해도 1만이었다. 당군이 요동성을 전면 공격했다. 요동성은 이를 이겨내지 못하고 함락되고 말았다. 대체로 적에게 포위돼 고립된 성의 함락은 시간문제였다.

외부 지원이 끊긴 상태에서 포위된 성은 공성기에 직접 노출됐고, 함락되는 수순을 밟았다. 백암성白巖城의 경우도 마찬가지였다. 요동성을 함락시킨 당군은 백암성을 공격했다. 오골성에 있는 고구려군 1만이 이를 구원하러 왔다. 하지만 고구려 구원군은 계필하력이 이끄는 유목기병 800명에 걸려 1천 명의 전사자를 남기고 물러났다. 포위된 백암성에는 화살과 돌이 비 내리듯 쏟아졌고, 결국 항복하고 말았다.

여기서 당이 이끌고 온 유목기병의 역할을 알 수 있다. 그들은 성을 구원하기 위해 오는 고구려 군대를 평지에서 차단한 것이다. 고구려 구원병들은 평지전을 피할 수 없었다. 당 기병과 유목기병의 위력은 대단했다. 수적 우세에도 불구하고 각 전투마다 유목기병을 만난 고구려군은 패했다. 유목민들은 그 주도면밀성으로 실제보다 더 많은 수로 보이게 하는 전술이 있었다. 그들은 고구려군에게 어떻게 위협을 가해야 수적인 열세를 극복하고 주도권을 장악하는지 본능적으로 알고 있었던 것이다.

한편 공성기를 다루는 것은 한인 보병이었다. 유목기병이 고구려의 구원군을 차단하고 나면 한인 보병에 의해 성은 여지없이 포위됐다. 성은 외부와 단절된 채 파괴적인 공성기의 공격을 받아야 했다. 거대한 돌이 날아와 성벽을 붕괴시키고 누각을 산산조각 냈다. 그리고 그들이 성 안으로 쳐들어와 공포에 질린 고구려인들의 항복을 받아냈던 것이다.

645년 6월 맑고 화창한 날이었다. 당군이 안시성에 임박하자 연개소문은 고연수·고혜진을 필두로 하는 15만의 구원군을 파견했다. 고구려 군은 많은 말갈 기병을 동원했다. 그들은 흑수말갈의 북부 병력으로 고 구려군의 선봉을 맡았다. 고구려군과 말갈 기병은 대열이 사방 40리에 뻗치는 규모였다. 이 광경을 본 당 태종의 얼굴에도 두려움의 기색이 스 쳐갔다.

당 태종이 가장 우려했던 것은 고연수의 고구려군이 정면대결을 벌 이지 않고 안시성에서 식량 보급을 받으며 장기전으로 가는 것이었다. 고연수의 고구려 원군이 안시성 군사와 합쳐지면 당군은 그만큼 불리 해지기 때문이다. 『신당서』 고려전을 보자.

"(당) 태종이 안시安市에 군사를 주둔시켰다. 이때 고려의 북부 욕살 고연수와 남부 욕살 고혜진 등이 고구려 군대와 말갈 군대 15만을 이끌고 와서 안시성 을 구원했다. 이때 태종이 말했다. 저들이 만약 군사를 정비해 안시성과 연합 해 성벽을 쌓고 높은 산에 의지해 성 중의 곡식을 실어 먹으면서 말갈의 무리 를 풀어놓아 우리의 우마를 약탈한다면 공격을 해도 (안시성은) 함락되지 않을 것이다."

여기서 산성의 진정한 역할을 알 수 있다. 아군의 성을 배후에 두고 싸운다는 것은 그만큼 장점이 있었다. 성에는 군사들을 먹일 식량과 말 을 먹일 마초와 물, 그리고 소금이 준비돼 있으며, 예비 병력과 말들도 있었다. 적군과 싸우다 지치면 성안으로 들어가 쉴 수 있었고, 먹을 수 도 있었다. 그들은 성내의 예비 병력과 자리를 교대했다. 지치고 다친 병사들이 들어오면 예비 병력이 그 자리를 대체했다. 말도 마찬가지다. 충분히 먹고 휴식을 취한 말들은 언제든지 전선에 투입될 수 있었다. 성의 역할이란 수성을 하기 위한 장소로만 봐서는 안 된다. 성이란 성 앞에서 벌어지는 싸움을 용이하게 하는 배후지였다. 지친 말과 사람이 휴식하고 재충전할 수 있으며, 예비 기병이 언제든지 전선에 투입될 수 있도록 준비하는 지원 병참이요 벽으로 둘러친 근거지였다.

피안개 속의 안시성

그러나 고연수의 고구려 군대는 편리한 안시성을 이용하지 않았다. 여기에는 분명한 이유가 있었다. 642년 10월 고구려의 실력자 연개소문이 왕 이하 대신 100여 명을 죽이고 보장왕을 허수아비로 세웠다. 정권을 장악한 연개소문은 지방 성주들을 자기 사람으로 대거 교체했다. 하지만 안시성주 양만춘은 이를 거부했다. 성주 이하 간부들과 백성들은 운명 공동체로서의 연대감이 있었다. 연개소문이 직접 안시성으로 쳐들어왔다. 성은 고구려 중앙군의 공격을 받고도 건재했다. 안시성은 고구려 중앙에 반기를 든 그러한 성이었고, 성주는 발령장이 없었다. 성주와 휘하 지도부가 성민들과 단합해 실력으로 성을 지키고 유지했다. 연개소문도 안시성주를 교체하지 못했다. 이 사건은 당시 고구려에 봉건적인 풍습이 있었다는 것을 암시한다. 국가보다는 그 직속상관과 주인에게 충성을 하는 풍습이 고구려사회에 존재했다는 것이다. 동시에 연개소문의 쿠데타는 국왕에 대한 도리보다도 권력을 숭배하는 풍습이 앞섰다는 것을 말해준다. 강대한 권력자 앞에서 대부분은 보신을 위해 그 횡포를 묵인하는 야수 같은 태도가, 힘 있는 자가 모든 것을 다 차지하는 것이 당연하다는 생각이 고구려 말기 사회를 지배했다.

당군으로부터 안시성을 구원하기 위해 고구려 중앙군이 파견됐지만, 안시성은 그들을 향해 문을 열어줄 마음이 없었다. 왜냐하면 고구려 중앙군이 안시성에 들어와 성주를 체포하고 점령할 수도 있기 때문이다. 안시성은 당군이든 고구려 중앙의 독재자이든 누구도 함부로 할 수 없었던 자치성이 매우 강한 성이었다. 안시성은 고구려가 망한 668년 이후에도 한동안 존속했을 정도였다.

고구려 중앙군은 선택의 여지가 없었다. 안시성과 수십 리 떨어진 곳에서 당군과 정면대결을 벌일 수밖에 없었다. 주필산 앞 평원에 당군 10만과 15만의 고구려군이 대진했다. 안시성에서 16킬로미터 지점의 그 넓은 곳이 좁아 보였다. 그 양군은 화살의 사정거리가 못 미치는 지점에 자리 잡았다. 고구려군의 고수들이 북을 치기 시작했다. 양군의 선두대열이 가까워질수록 북소리는 점점 커졌다. 고구려군의 뒤로 안시성이 솟아 있었다. 안시성은 수비대가 철통같이 지키고 있었지만 전장은 잡풀이 무성한 들판의 구릉지대에서 벌어질 참이었다.

양군이 마주보며 진용을 갖추자 기병들이 상대편 진영으로 바싹 다가가 활을 쏘았다. 기병들은 여러 대로 나뉘어 공격을 했고 공격 방향도 각기 달랐다. 기병들은 말의 옆구리에 빗자루를 달아 엄청난 먼지를 일으켜 어느 쪽을 공격할지 예측하지 못하게 연막을 피웠다.

여느 때처럼 고구려군은 이민족 출신 기병대를 선두에 세웠다. 정확히 말해 그들은 흑수말갈로 북부 연해주지역에서 왔다. 돌궐 기병을 대거 보유하고 당이 여기에 맞섰다. 그들과 말갈 기병의 싸움이 붙었다. 서로 달리면서 활을 날렸다. 서로 기마의 속력과 화살이 지면에 떨어질 시간을 감안해 발사했다. 싸움은 돌궐 기병 쪽에 불리하게 돌아갔다. 고구려의 군대가 12킬로미터 전진해 어느 산기슭에 진을 쳤다. 결과적으

로 안시성과는 거리가 멀어졌다. 석양의 하늘에는 까마귀 떼가 몰려오고 있었다.

전투는 만주평원의 찬란한 햇빛 속에서 며칠 동안 계속됐다. 키 자란 풀들은 금세 수십만 명의 인간과 말의 발에 짓밟혔고, 대기는 흙먼지와 죽음의 냄새로 자욱했다. 한 병사가 쓰러지면 다른 병사가 그 자리를 메웠다. 하지만 그것은 서막에 불과했다. 양군은 결정적인 전투를 하지 않았다.

이세적 휘하의 당군이 고구려 군대를 향해 진격해왔다. 고구려의 말갈 기병이 이적의 군대를 보고 앞으로 돌격했다. 이적의 군대가 포위됐고 수천의 사람이 전사했다. 말갈 기병들이 당군을 정신없이 살육하고 있는 사이에 당의 장군 장손무기의 돌궐 기병 1만 1천이 먼지를 일으키며 고구려 주력 군대의 배후에 나타났다. 고구려군은 급소를 맞았다. 당의 장군 이세적의 병력을 요리하던 말갈 기병들은 고구려 군대의 배후를 막으라는 명령을 받고 급하게 움직였다. 이세적의 당군에 대한 포위망이 자연스럽게 풀렸다. 순식간에 일어난 일이었다.

동시에 당 태종이 친히 기병을 이끌고 고구려 군의 측면을 쳤다. 하지만 당 태종은 고구려 군대의 배후로 돌아가던 말갈 기병과 부딪쳤다. 당 태종은 불리한 상황에 몰렸다. 짧은 순간이지만 수많은 부하의 희생을 딛고서야 겨우 살았다.

그런데 앞서 고구려 말갈 기병에 몰렸던 이적의 부대가 대열을 전개했다. 장창보졸 1만이 장창을 세웠다. 장창을 세우고 정연한 대열을 유지하고 있었다. 기동성이 있는 것은 아니었지만 고구려군의 입장에서는 당군에 의해 후면과 측면에 압박을 받고 있는 상태에서 정면에 장창을 세운 벽이 나타난 것이다. 동시에 이적 휘하의 기병 5천이 말갈 기병의 배후를 쳤다. 돌궐 기병이 고구려군에 충격을 주는 망치라면 한인으로 구성된 이적의 장창보병은 모루였다. 역시 당군은 한인 보병과 유목 기병의 전력을 절묘하게 결합시킨 무서운 군대였다.

순식간에 고구려군의 대열이 흩어졌고, 지옥 그 자체였다. 많은 고구려 병사가 죽어갔다. 당군은 고구려군이 대열을 추스를 시간을 주지 않았다. 결국 패배를 맞은 고구려 장군(고연수·고혜진)들은 병력 3만 6800명을 이끌고 항복해왔다. 고구려군과 말갈군 상당수가 전사했지만 많은 수는 흩어져 달아났다. 당은 고구려군 장교급 3500명을 잡아 중국 내지로 옮겼고, 나머지는 모두 풀어주었다. 노획한 말이 3만 필이고, 소가 5만 두였으며, 갑옷이 1만 벌이었다. 당 태종을 위협에 빠뜨린 흑수 말갈 기병 3300명에게는 가혹한 처벌이 내려졌다. 기다란 구덩이가 파였고, 그들을 모두 산채로 밀어넣었다. 흙이 떨어졌고 그대로 생매장됐다. 이는 고구려에 협력하던 말갈족에 대한 당 태종의 엄중한 경고였다. 이렇게 안시성을 구원하러 왔던 고구려 군대는 궤멸했다. 안시성은 당군에게 포위됐다.

기병 전력이 당에 밀리자 고구려의 성들은 고립돼갔으며, 하나하나 함락되기 시작했다. 당의 이세적에 의해 계모성이 함락됐고, 사람 2만 호와 식량 10만 석이 당군에게 넘어갔으며, 당의 장군 정명진은 비사성을 함락시킨 후 8천 명을 포로로 잡았다. 당 태종은 친히 백암성을 함락시키고 남녀 1만과 군사 2천을 포획했다. 당군은 대고구려전에서 그야말로 승승장구하고 있었다. 645년 8월 당군은 안시성에 대한 본격적인 공격에 들어갔다.

안시성은 지금의 요령성 해성海城시 부근에 위치하고 있었다. 정문은 서쪽으로 나 있다. 안시성은 산성이지만 산은 높지 않았다. 가장 높은

곳이 잘해봐야 200미터 정도 됐다. 산의 경사도는 상당히 완만하고, 성의 규모도 작았다. 둘레가 4킬로미터 정도였다. 토성이라 볼 만한 흔적도 없었다. 환도산성보다 내부 면적이 좁고, 성내의 평평한 땅도 훨씬 좁았다. 성 둘레도 환도산성에 훨씬 못 미쳤다. 서쪽과 동쪽을 제외하고 남북의 경사도 역시 환도산성에 비해 훨씬 완만했다. 치나 옹성구조, 적대 등 특별한 구조물의 흔적도 없었다. 10만 대군을 막아낼 수 있을지 의문이 들 정도다.

하지만 성의 규모가 작다는 것은 오히려 장점이 됐다. 성벽의 길이가 짧아 촘촘하게 병력을 배치할 수 있었고, 좁은 폭 때문에 점장대의 지휘를 받고 바로 임무를 부여받아 수행할 수 있었다. 산의 경사가 험하지 않은 것도 성민이나 병사들이 전쟁 물자를 성내에서 옮기는 데 용이하게 작용했다. 성벽의 대부분이 진흙을 판축해 만든 토성이었다. 고구려의 요동성 등의 석성과 비교해서 안시성이 초라하게 보일 수도 있었다. 하지만 투석기의 공격에는 토성이 더 강했다. 석성은 보기는 좋지만 300근의 돌이 날아와서 부딪치면 무너지기 십상이다. 석성은 토성보다 무너진 부분을 목책으로 막는 데도 불리했다.

안시성 안을 가로질러 개울이 하나 흐르는데 깊이는 주먹 하나 간신히 잠길 정도였다. 격전 당시 3~4만의 사람이 먹을 식수였고 소화수였다. 안시성 사람들은 화공에 대비해 성내를 흐르는 개울물을 충분히 비축하고 성안의 나무들을 모두 베어 목재로 만들었다. 그 목재는 공성기의 돌에 맞아 성벽이 무너지면 목책으로 사용될 소중한 자산이었다. 물론 목재에는 불이 붙지 않게 진흙을 발랐다. 물이 가득 담긴 물통은 성 전체에 고루고루 배치했다.

병사들도 돌아가면서 싸움을 했다. 아무리 치열한 싸움이 벌어져도 쉬는 시간이 필요했다. 당군의 포차 공격을 집중적으로 받는 정문의 경우 항상 목책을 비축하고 그것을 사용할 준비가 돼 있었다. 병사들이 성벽에서 힘겹게 싸우고 있는 사이 안시성 사람들은 병사들을 지원하기 위해 분주하지만 질서 있게 움직였다. 1만에 달하는 병사는 물론이고 2만의 남녀노소도 지원부대로 잘 조직돼 있었다. 그들은 일정 단위로 조직됐고, 일부가 활동을 하는 순간에도 소수는 교대로 쉬고 자고 음식을 먹었다. 그들은 성안에 비축된 화살과 창 등 소모성 무기를 성벽을 지키는 병사들에게 조직적으로 운반하는 임무를 부여받았다. 병사들이 부상당하면 치료해주고, 지쳐서 쓰러진 병사들을 데리고 와 쉬게 하고 음식도 주며 다시 싸움터로 내보내고, 전사자가 많이 발생하면 그 자리를 대신해서 맡기도 했다. 임무는 각자 사전에 정해져 있었다.

안시성에서 가장 높은 점장대에서는 성안 전체가 한눈에 보이고 성안의 백성과 군사들 역시 점장대의 움직임을 관찰할 수 있었다. 따라서 각 군대 혹은 주민 조직 사이에 정보 전달이 용이하고 적정한 병력 배치와 신속한 이동과 변동이 가능하다. 안시성주는 점장대에서 모든 전황을 관찰해가면서 거대한 메스 게임을 하는 것처럼 지휘했다. 주민과 병사들은 점장대에서 내린 명령(깃발, 횃불, 북, 호각)을 따르기만 하면 됐다. 성이란 전력이 집중 배치돼야 할 어느 한 곳이 약화되는 순간 함락된다. 물론 그것은 유동적이다. 적들이 어느 부분을 집중 공격하는지를 보고 판단해야 한다. 가령 적의 공격이 없는 곳에 병력이나 전력이 집중되면 비효율적이며, 그 반대로 적이 방어가 약한 곳을 집중 공격할 때 그곳에 전력을 신속 배치·보강해야 한다. 이러한 체계적인 조율과 전력의 집중·분산이 원활히 이루어지지 않는다면 성은 함락되고 만다. 안시성이 넓지 않았다는 것은 장점이었다. 명령과 지휘가 원활하게 병사와 백성들에게 닿을 수 있기 때문이다.

645년 8월 외부 지원이 끊긴 상태에서 포위된 안시성문 입구에 성문을 때려 부술 파성추와 성벽을 무너뜨리기 위해 투석기 등 당군의 장비가 집중 배치됐다. 그곳은 안시성에서 가장 낮은 지점인 정문이었다. 처음 투석기가 움직였다. 거대한 돌들이 성벽에 부딪쳤다. 하루에 예닐곱 차례의 공격을 받았던 성안은 안전한 곳이 없었다. 거대한 돌의 세례를 받은 성벽은 무너지기 시작했다. 그러나 안시성 수비군은 무너진 성벽을 곧 목책으로 막았다. 얇은 토기에 석회와 비소가루를 채워넣어 유독가스를 내뿜게 하는 발연탄이 터지는 소리, 하늘을 검게 덮은 화살들이 지상에 떨어지는 소리, 적군의 활에 맞아 절규하는 병사들의 소리, 죽은 남편과 아들을 끌어안고 우는 소리, 죽은 자들을 한꺼번에 모아놓고 화장할 때 피어나는 살이 타는 냄새들이 이어졌다.

안시성은 성벽의 90퍼센트 이상이 산 위의 토벽이었다. 산에는 공성기를 설치하기도 힘들고 공격을 한다 해도 무너지지 않는다. 당군이 안시성에 대한 집중 공격을 할 수 있는 곳은 인공으로 쌓은 낮은 지대 두 개의 성문 쪽이었다. 하지만 이 구간은 성벽이 엄청나게 두터웠다. 공성기의 집중적인 공격을 받을 것을 예상하고 만들어진 것이었다. 평지성인 요동성은 전 구간을 인공으로 쌓았기 때문에 약할 수밖에 없었다. 하지만 안시성은 전체의 극히 일부분인 그 구간을 특별히 강화시킬 수 있었다. 성이 무너진다 해도 그것은 두터운 벽의 바깥 부분에 불과했다. 그러니 금방 목책으로 막고 보강을 해도 성벽 자체에는 이상이 없었다.

안시성에는 출동 직전에 항상 고기 음식을 배불리 먹고 출동하는 특공대가 있었다. 특별한 군사 목적을 달성하기 위해 언제든 죽을 각오가 돼 있는 청년들이었다. 성벽에서 줄을 타고 내려와 당군의 병참에 불을 지르든가 고급 정보를 갖고 있을 법한 장교들을 납치하는 게 임무였다. 당군의 입장에서 언제 나타날지 모르는 고구려의 특공대는 공포의 대상이었으며, 사기를 꺾는 자들이었다. 특공대는 당군의 공격이 가장 집중되는 성 정문에 많이 배치돼 있었다.

당군의 거듭된 공격에도 안시성이 함락되지 않자 당 태종의 조카 강하왕 도종道宗이 성의 동남 모퉁이에 거대한 토산을 쌓았다. 당군 대부분이 이에 동원됐다. 토산은 바닥에 돌을 골고루 깔고 그 위에 흙을 올려 판축을 하며, 다시 돌을 깔고 흙으로 판축하는 식으로 하늘을 향해 올라갔다. 안시성의 정문을 바라다보는 부분의 토산은 가파르고 그 반대쪽은 완만했다. 토산을 고구려군으로부터 방어하고 정상에 병력과 물자를 수월하게 배치하기 위한 계산이었다. 토산의 정상은 평평하게 하고 그곳에 물을 머금은 나무와 가죽으로 지붕을 얹은 보루가 만들어졌다. 안시성이 훤히 내려다보이는 높이였다. 이곳에서 안시성을 향해 돌과 화살을 쉬지 않고 날렸다. 그러자 안시성을 수비하던 고구려군은 성 위에 목책을 높이 쌓고 대항했다.

비가 내린 어느 날이었다. 태종의 조카 도종과 그 부관 부복애傅伏愛가 자리를 비운 사이였다. 토산은 안시성 성벽 방향으로 무너졌다. 그쪽을 가파르게 쌓아올린 것이 화근이었다. 무너진 토산은 안시성의 정문 성벽과 이어졌다. 그러자 고구려 특공대 100명이 쳐들어와 토산을 점령해버렸다. 그것은 명령을 받은 것이 아니라 본능적으로 자신들의 임무를 충실히 이행한 것이었다. 당 태종은 인내의 한계를 넘었다. 그는 책임자인 자신의 조카 도종을 참수할 수 없어 그의 부관 부복애를 희생양으로 삼았다. 그리고 이 토산을 재점령하기 위해 나흘 동안 총공격을 감행했다. 하지만 고구려군의 방어가 치밀해 함락되지 않았다. 당군의 사기가 땅에 떨어졌다.

안시성 공방전의 일지를 간단히 정리하면 다음과 같다. 당 태종이 안시성 부근에 도착한 것은 645년 6월 병진이었다. 그리고 바로 안시성을 공격했다. 그러자 6월 정사에 고구려의 북부 욕살 고연수·고혜진이 병력 15만을 이끌고 안시성을 구하러 왔다. 전투의 승패가 판가름 나고, 고연수 등이 당 태종에게 항복한 것은 6월 기미였다. 그리고 8월 어느 시기에 당군은 안시성에 대한 총공격을 실시했다. 치열한 전투가 벌어졌고, 안시성은 버텼다. 하지만 당시 안시성이 세 달 이상을 버틴다고 장담할 수 없었다. 전세가 크게 바뀌지 않는 한 상황은 절망적이었다.

역사 속에 박힌 가시

645년 당시 고구려에서 어떤 사건의 결과가 미리 정해져 있던 것은 결코 아니었다. 그 이면에는 숱한 가능성이 놓여 있었고, 고구려 수뇌부는 그 숱한 가능성을 놓고 선택해야 했다. 물론 선택한다고 해서 그것이 그들의 의도대로 돌아가는 것은 결코 아니었다.

당의 수뇌부도 수많은 안을 놓고 결정을 내려왔다. 고구려 침공의 여부, 안시성을 함락시키고 진군할 것인가 아니면 그냥 두고 진군할 것인가의 문제 등 수많은 선택의 기로에 서 있었고, 그중 하나를 택했다. 기준은 안정성과 효율성이었다. 가령 안시성을 그냥 두고 진군하면 위험성은 크지만 효과적이었다. 안시성을 함락시키면 안전하지만 평양성으로 진군하는 시간이 지체될 것이 확실했다. 그러나 안시성 함락은 군사적 효과는 물론이고 고구려사회에 던져줄 정치적 효과도 컸다.

645년 9월에 안시성이 함락된다면, 당군은 10월에 건안성을 접수하고 오골성을 함락시킨 뒤 11월에 결빙된 압록강과 청천강을 도하해 이듬해 평양을 함락시켰을 수도 있다. 그것은 순식간에 일어날 수 있는 일이다. 쿠데타로 왕을 시해하고 정권을 장악한 연개소문은 정통성이 결여된 실질적 통치자에 불과했다. 이 점을 당 태종도 잘 알고 있었다.

안시성 앞에서 중앙군 15만이 대파된 후 연개소문에게 선택의 여지는 크게 줄었다. 당시의 전세로 보아 시간이 흐르면서 요동에 있는 여러 성이 당군에게 차례로 함락될 것이 분명했다. 연개소문 자신도 함락시키지 못했던 안시성은 완강히 버틸 것은 확실했지만 그마저 장담할 수도 없었다.

연개소문의 입장에서는 어떻게든 안시성을 사수해야 했다. 그것을 가능하게 하려면 극적인 반전이 필요했다. 당군의 사기는 하늘을 찌르고 고구려가 연전연패하는 불리한 상황에서 전세를 역전시킬 가능성은 거의 희박하며, 결정적인 반격은 더욱 힘들었다. 희망을 걸 수 있는 곳은 당의 유일한 적수인 설연타를 움직이는 길밖에 없었다. 연개소문은 설연타의 수장을 매수하기 위해 사신을 파견했다.

도박이란 마지막 판까지 거금의 돈을 건 사람에게만 기회를 준다. 연개소문의 의도대로 상황이 돌아가고, 좋은 결과가 나올지 여부는 불확실했다. 하지만 그런 만큼 설연타에 파견된 사신에게 준 공작금은 막대한 규모였다. 실패의 가능성이 큰 만큼이나 성공의 효과는 극대화된다. 국운을 건 도박이었다. 645년 6월경 연개소문은 설연타에 대해 공작을 시도했다.

"고려가 주필산駐驛山에서 패하자 막리지莫離支(연개소문)가 말갈을 파견해 (설연타의 가한) 진주眞珠에게 후리厚利의 대가를 주겠다고 했다. (하지만) 진주는 두려워해 감히 움직이지 못했다." (『자치통감』)

연개소문은 말갈인들을 시켜 상당한 물자를 보내 진주가한(이남)을 매수하려고 했다. 설연타의 군대를 움직이기 위해서였다. 6월 정사 이후에 연개소문의 지령을 받은 말갈의 사신이 출발했다면 막북에는 7~8월에 도착했을 것이다.

연개소문이 보낸 말갈 사절을 접견했지만 진주가한은 두려워 감히 움직이지 못했다. 그러나 여기서 진주가한이 645년 9월 임신에 사망한 사실을 염두에 둘 필요가 있다. 급사한 것이 아니라면 그는 고구려 사신이 도착할 시기에 임종의 병석에 누워 있었을 것이다. 고구려 사신이 도착한 상황에서 설연타의 진주가한이 사망했다. 이와 함께 고구려의 마지막 희망이 사라지는 듯 보였다. 하지만 설연타에서 쿠데타가 일어났다.

645년 9월 진주가한의 장례식이 끝나자 적자인 발작拔灼은 이복형제 예망曳莽을 습격 살해하고 그 부중을 손에 넣은 뒤 다미가한多彌可汗으로 즉위했던 것이다. 645년 9월 진주가한의 장례식이 있었다. 상주인 진주의 적자 발작이 서자인 예망을 불렀다. 예망은 이복형제인 발작이 음모를 꾸밀 것이라는 것을 직감했지만 아버지의 장례식에 참석하지 않을 수 없었다. 불안에 떨던 예망은 서둘러 자신의 근거지로 돌아갔다. 그것을 예측이라도 한 듯이 발작은 예망을 추격해 습살했다.

당은 설연타의 진주가한이 사망하기 전부터 그의 두 아들에게 경쟁 관계를 조장해 설연타를 약화시키려 했다. 637년 진주가한의 서자인 예망을 돌리실가한으로, 적자인 발작을 사엽호가한四葉護可汗으로 책봉해 각각 동방과 서방을 통할하게 했다. 당 수뇌부는 이남의 사망 후 두 아들 사이에 벌어질 소비적인 혈투를 예상하고 있었다. 문제는 시간의 길고 짧음이었다. 발작이 자신의 이복형제를 죽이고 순식간에 설연타의 부중을 장악할 줄은 몰랐다. 당이 예측한 것은 이복형제간의 장기적인 내란 상태였다.

유목사회의 내분은 끊임없이 되풀이되는 것이었다. 내분은 유목제국을 파멸시키는 요인이 되기도 하지만 야망에 찬 유능한 새 지도자가 배태되는 산고이기도 했다. 새로운 영웅적 지도자의 출현은 그를 구심점으로 한 강고한 단합을 가져와 더 강력한 유목국가의 등장을 의미한다. 내분은 유목국가를 분열 와해시키기도 하고 반대로 강화·팽창시키기도 하는 양날의 칼과 같은 것이었다.

안시성은 함락되지 않고 북쪽 초원에서 반당적인 설연타의 새 가한이 즉위했다는 소식이 들려왔을 때 태종의 마음은 어떠했을까. 고구려와 설연타가 손을 잡는 최악의 시나리오가 현실로 나타났다. 앞으로 벌어질 일들은 너무나 자명한 것이었다. 645년 9월에 정권을 장악한 설연타의 발작은 동년 12월에 가서 기마군단을 이끌고 하주夏州를 공격했다. 그 규모는 10만이었다. 발작은 당의 분열정책에 염증을 느끼고 있었고, 그의 마음은 당에 대한 적개심으로 가득 차 있었다. 막대한 공작금을 지참한 고구려의 사절이 이러한 발작을 지원했을 가능성은 충분하다.

하내지방(오르도스)은 당의 수도권과 인접한 곳이었다. 설연타의 공격에 태종은 안시성에서 철수를 하지 않을 수 없었다. 당 태종은 설연타의 공격을 막기 위해 먼저 휘하의 유목민 기병을 서쪽으로 보내야 했다. 선발대 집실사력이 요동의 안시성에서 오르도스 부근인 하주로 이동했다. 사타족의 묵리군사 발야, 계필하력, 대주도독 설만철과 영주도독 장검도 각각 휘하의 유목기병을 거느리고 출진했다. 전쟁은 이듬해인 646년까지 지속되었다.

당 태종 자신도 자신의 궁정으로 돌아가지 못하고 안시성에서 요하를 건너 오르도스의 남쪽에 위치한 영주靈州로 갔다. 거기서 설연타와 싸우는 당군을 독려하기 위해서였다. 646년 3월 전쟁터에서 돌아오던 태종을 마중나간 황태자(당 고종)가 본 것은 영웅이 아니라 병든 노인이었다.

만일 이때 당군이 안시성을 함락시켰다면 어떻게 됐을까? 안시성의 패배로 고구려는 멸망됐을까? 아닐 것이다. 당군이 안시성을 함락하고 오골성을 접수한 후 압록강을 건너 평양에 육박했다 해도 마찬가지다. 설연타의 10만 대군이 하주를 공략하고 장안·낙양으로 향한다면 당군은 어김없이 철수해야 했을 것이다. 645년 설연타의 당에 대한 공격으로 고구려는 위기를 모면했다.

단명한 유목제국 설연타

이제 시간을 630년으로 되돌려 설연타가 어떠한 존재였는지 살펴보자. 동돌궐이 자체 붕괴하자 몽골 초원에는 설연타라는 새로운 세력이 등장했다. 설연타는 북방 초원의 최강자였다. 당과 설연타의 갈등은 피할 수 없는 것이었다. 설연타는 철륵 제 부족 가운데 하나였으며, 그 원류는 흉노에까지 올라간다. 철륵의 제 부諸部는 설연타·회흘·도파·골리간·다람갈·동라·부고·발야고·사결·혼·곡설·결·아질·계필 등 15부로 이루어져 있었는데, 627년 당시 철륵의 제부를 설연타가 주도하고 있었다.

앞서 서돌궐의 사궤가한(611~619)의 군사력이 강해지자 설연타와 계필 2부는 함께 여기에 흡수됐고, 회흘 등 6부는 동쪽의 시필가한에게 넘어갔다. 철륵 제 부가 나뉘어 각각 사궤가한과 실필가한(609~619)에게 아래에 들어갔던 것이다. 후에 서돌궐의 통엽호가한(619~630) 세력이 약해지자 설연타의 이남이 그 부락 7만여 가를 이끌고 동돌궐의 힐리가한(621~630)에게 내부했다. 힐리는 626년까지 당 태종에게 공납을 강요할 만큼 힘을 떨치고 있었다.

627년 동돌궐 내부에서 계민가한이 반란을 일으켜서 힐리가한의 지배력에 상당한 타격을 주었다. 설연타와 회흘·발야고 등이 힐리가한에 대해 반기를 들자, 힐리는 조카인 욕곡설에게 십만 기(기병)를 줘서 이를 제압하려고 했다. 하지만 상황은 그의 뜻대로 돌아가지 않았다. 회흘 추장 보살이 5천 기로 마렵산에서 욕곡설의 군대를 대파했다. 욕곡설이 도주하자 회흘의 보살은 천산까지 그를 추격했다. 욕곡설 군대의 많은 수가 포로로 잡혔고, 회흘은 이를 통해 이름을 크게 떨쳤다. 설연타도 힐리의 사설을 격파했다. 힐리의 수하들과 부중들이 모두 흩어졌으며, 여기에 자연재앙까지 겹쳤다. 초원에 수척에 달하는 폭설이 내려 가축들이 대부분 죽고 사람들은 굶주렸다.

돌궐 북변의 많은 부족이 힐리에게 반기를 들고 설연타로 넘어왔고, 함께 설연타의 추장 이남을 추대해 가한으로 삼으려고 했다. 설연타의 이남이 힐리가한에게 대항하는 돌궐 제 부족의 구심점이 되자 당 태종은 그를 진주가한으로 삼았다. 물론 이는 힐리를 완전히 절멸시키려는 계략의 하나였다. 629년 8월 설연타의 사신이 당에 입공했고, 당 태종은 설연타를 북방 초원의 맹주로 인정해주었다. 그리고 당 조정에서는 힐리를 잡기 위해 군대를 이끌고 북방으로 진군할 것을 주장하는 목소리가 커졌다. 그해 말에 당 태종은 개입할 때가 온 것을 확실히 했고, 630년 초에 당군은 초원으로 침입해 봄에 힐리가한을 생포할 수 있었다. 물론 여기서 설연타의 역할이 컸다.

동돌궐이 붕괴하면서 북방 초원은 권력의 공백으로 남겨지지 않았다. 동돌궐을 대신해 설연타로 대체됐을 뿐이다. 설연타의 진주가한은 전통적으로 유목세계의 중심지라고 여겨지는 몽골 초원의 울독군산 아래에 천막궁정을 짓고, 동으로 말갈에서 서로 서돌궐에 이르는 지역을 지배했다. 회흘·발야고·아질·동라·부골 등 제부가 모두 설연타 아래에 있었다.

설연타는 철륵 15부 가운데 최강이었다. 설연타가 선도적인 구심점이 될 수 있었던 원인은 무엇일까? 설연타가 모든 방면의 전략에 뛰어났다고도 볼 수 있다. 전쟁은 정치와 마찬가지로 가능성을 찾는 기술이며, 숫자, 심리, 정치 등 모든 것이 망라돼 있다. 하지만 아무리 전략이 뛰어나도 전술적인 승리가 없다면 무용하다. 그것은 무엇보다 초원의 전쟁에서 승리한 무력적인 힘에서 찾을 수 있다.

고슴도치 장창보병의 위력

649년 당 태종은 고구려 정복에 대한 꿈을 이루지 못하고 눈을 감았다. 임종의 침상에서 그는 후계자 당 고종을 불러놓고 말했다.

"결코 고구려와 전쟁을 하지 마라! 국력만 낭비될 뿐 얻는 것은 없다."

유약한 자신의 아들이 고구려와의 전쟁에 휘말리는 것을 원치 않았다. 여기에는 분명한 이유가 있었다. 당 태종 자신이 죽었다는 사실이 북방 초원에 알려지면 당에 복속해왔던 유목민 가운데 등을 돌릴 부족이 생길 것이다. 이러한 분위기 속에서 향후 서돌궐이 강력해질 것이 확실했다.

초원에 전운이 감돌고 있었다. 당시 서돌궐은 둘로 나뉘어 있었는데, 서역의 이식쿨호수 서남부의 노실필과 동북부의 돌육이었다. 돌육의 가한 하로賀魯(651~657)는 노실필부족의 인정을 받아 서부의 칸국을 부활시켰고 곧바로 중국의 종주권에 대해 반란을 일으켰다. 이에 대응하기 위해 중국은 회흘의 파운을 가한으로 하여 항가이 산맥 주변에서 유목하던 철륵인들과 연합했다.

657년 당 고종은 서돌궐을 향해 군대를 투입했다. 지금의 키르키즈스탄을 가로지르는 천산산맥에 위치한 이쉬쿨 부근이었다. 12월 초원은 황량한 겨울이라 잿빛을 띠고 있었다. 그곳은 아직 추운 겨울이라 녹지 않은 눈도 여기저기 있었다. 당의 장군 소정방蘇定方(592~667)은 휘하의 중국인 장창보병과 함께 출진했다. 그는 630년 당의 명장 이정李靖의 사람으로 동돌궐을 정벌해 큰 공을 세웠다. 하지만 약탈 사건에 연루됐다가 해고당했는데 38세부터 27년간 아무런 관직도 없이 지냈다. 한참 활동할 젊은 시절을 우울하게 보낸 그는 65세의 초췌해진 노인이 돼서야 다시 등용됐다. 서돌궐 전투는 그가 재기할 수 있는 마지막 기회였다. 무슨 일이 있어도 승리하여 공을 세워야 했다. 물론 그의 휘하에는 적지 않은 유목민 기병도 있었다. 회흘족의 족장 파윤, 돌궐족 왕족 아사나미사·아사나보진 등의 부락민이 그들이다. 몽골 초원의 예질강 서쪽에 도착했을 때 서돌궐의 가한 하로의 기병이 이를 기다리고 있었다.

서돌궐 기병이 처음에 당군의 병력이 적은 것을 알고 진을 중앙과 좌우 양쪽으로 펼쳐 다가오다가, 사면으로 포위했다. 이때 당의 장창보병은 초원의 비교적 높은 지형에 진을 치고 대항했는데, 진 앞의 땅은 예질하의 물을 끌어들여 흠뻑 젖어 있었다.

소정방의 장창보병은 크게 창수와 노수, 궁수 셋으로 구성돼 있었다. 창수가 대열 앞에 나가 있고, 노수와 궁수는 뒤에 있었다. 서돌궐의 기병이 달려왔다. 사정거리가 긴 순서대로 노와 궁을 혼합해 발사했다. 노弩는 궁弓에 대한 숙련도가 떨어지는 병사들이 적 기병을 향해 조준·사격하고 화망火網을 구성하는 데 아주 용이했다.

노는 한꺼번에 사격하지 않았다. 여러 단계로 나눠 순서에 따라 지속적인 사격을 했다. 최전선에 장창을 들은 병사들이 무릎을 꿇은 자세로

중앙아시아 키르킨즈스탄에 위치한 이쉬쿨 호수.

앞으로 겨누고 두번째 줄에는 강궁을 든 병사가 무릎을 꿇은 자세로 대기하고, 그다음 줄에는 중거리 노를 든 병사를 배치했다. 마지막 줄은 선 자세로 적을 겨눈 단거리 노수를 배치했다. 적이 100보 정도의 거리로 접근해오면, 가장 먼저 사정거리가 긴 기계 활로 사격을 했다. 70보 거리로 접근해오면, 강궁을 든 병사가 일어서서 사격을 하고 강궁의 사격이 끝나면 노를 든 병사가 서서 사격을 했다. 이렇게 함으로써 시간적인 간격을 두지 않고 사격할 수 있었다.

　모든 일은 20초라는 짧은 시간에 일어났다. 노의 화망에 걸려 숫자가 줄어든 서돌궐 기병이 물에 젖은 땅을 밟자 속도가 줄어들었다. 그러자 당의 궁수들이 일제히 사격을 가했다. 재장전도 빨랐다.

　발사 속도가 느린 것은 노의 치명적인 약점이었다. 노는 한번 사격을 하고 난 후 다음 화살을 장전하는 데까지 시간이 소요된다. 대개 15~24 초이며, 노수들은 사정거리 내에서 한두 발 이상의 사격을 할 수 없다. 궁병이 필요하고 기병의 주파 속도를 감속시켜줄 장애물도 있어야 한다.

장창과 방패를 들고 앞줄에 있는 창병들은 인간 장벽이었다. 사격시 궁수들은 공포에 질려 제대로 조준하지 못할 때가 많다. 선두에서 창을 들고 있는 보병들은 궁수들이 도피할 수 있는 인간 벽을 만들어 사격시 심리적 안정을 주었다. 이는 적 기병에 대한 명중률을 상승시켰다. 질주해오는 적 기병 앞에 서 있는 보병들의 입장으로 돌아가보자. 달려오는 기병은 보병이 바라보기에 너무나 높고 빠르다. 기병의 주파능력은 상대 보병들에게 극단적인 공포감을

주며, 그들을 정신적 공황 상태로 내몬다. 이때 대기병 장창보병의 존재 여부는 병사들의 사기를 좌우한다.

장창보병의 창이 겨냥한 것은 사람이 아니라 말의 가슴이나 목이었다. 기병 선두 대열을 낙마시켜 전 기병대의 흐름을 정체시키는 것이 주목적이었던 것이다. 물론 장창보병들은 창의 밑동을 땅에 고정시켰다. 육중한 말이 빠른 속도로 달려올 때 창을 땅에 고정시키지 않고서는 그 힘에 밀려날 뿐만 아니라 치명상을 줄 수도 없었기 때문이다.

정체된 기병이란 기동성이 이미 사라지고 없는 무력한 존재다. 차가 밀리듯이 막혀 있는 기병이란 밀집돼 있는 형태이기 때문에 무기를 마음대로 사용할 수 없어, 상대편의 역습을 받았을 때 치명적이다. 이 상태는 보병이 기병의 위협에서 해방된 순간이며, 분노에 찬 보병의 반격이 시작되는 시점인 것이다.

서돌궐 기병이 대열 가까이에 들이닥쳤을 때 창수들은 집단적으로 창을 땅에 일정 각도(45도 이하)로 고정시키고 있었다. 가속도를 붙인 적 기병의 첫 대열이 창에 걸리고 찔려 낙마하기 시작했고, 뒤따르던 기병들이 부딪히고 넘어져 정체되기 시작했다.

그러나 서돌궐 기병들이 매번 정체돼 밀려 있는 순간에도 소정방의 장창보병은 역습을 감행하지 않고 대열을 고정시킨 채 가만히 있었다. 장창보병이 공격을 감행한다는 것은 대열이 흩어지는 것을 의미했다. 수적으로 우세한 서돌궐군 가운데는 공격에 가담하지 않고 대기하던 병력이 있었다. 이 상태에서 역습을 받는다는 것은 전멸을 의미하기 때문이다.

장창보병은 수동적이고 기동성이 떨어진다는 엄청난 단점이 있다. 그들의 지휘관은 대열이 흩어지지 않을까 가장 많은 신경을 쓴다. 전진하거나 후퇴할 때 장창보병의 대열이 흩어지는 것을 피할 수 없으며, 그것은 대부분 전멸로 이어진다. 물론 이는 장창보병 단독의 군사행동에서 나타나는 것이다.

기병의 지원이 없는 장창보병의 단독 작전은 치명적이다. 적의 기병이 언제든 돌격할 준비가 돼 있을 때 상대방 장창보병은 바짝 긴장하고 대열을 고정시키고 있을 수밖에 없다. 이때 적의 궁수로부터 화살 세례를 받는다면 어떻게 되겠는가. 장창보병들이 뒤로 물러나 움직이면 대열이 흩어질 수밖에 없고, 적의 기병의 공격을 받는다면 그들은 전멸이다. 그렇다고 해서 움직이지 않고 대열을 계속 유지하고만 있을 수도 없다. 계속되는 화살 세례를 받으면 그 자리에서 죽을 수밖에 없는 것이다. 소정방의 장창보병은 기병을 동반했다. 다만 작전상 보이지 않는 어느 곳에서 매복하고 있었다.

첫번째 공격에서 하로의 기병은 원진圓陣을 포위한 상태에서 당의 장창보병을 단숨에 쳐부수기 위해 공격해왔다. 하로가한은 수적으로 소수인 당의 보병을 얕잡아봤던 것이다. 그는 초전에 완전히 무너질 것이라고 판단했다. 서돌궐 기병들이 최고 속도로 사방에서 질주했다. 그러나 매사에 상대방을 얕보면 제대로 되는 일이 없는 법이다. 당의 보병들은 정해진 순서대로 활과 노를 발사했고, 서돌궐 기병들이 우수수 떨어졌다.

상대 보병의 진이 견고하게 버티고 있을 때 기병은 무리하게 공격을 감행하면 안 된다. 진이 동요하지 않으면 기병은 무리하게 충돌하지 말고 후퇴하며, 이러한 공격을 되풀이해 상대 보병을 지치게 해야 한다.

그러나 연이은 두번째 공격에서도 하로는 정면공격을 단행했다. 원진을 향해 질주하던 서돌궐 기병들은 당 보병의 조직적인 화살 세례를 받았다. 기병이 달려오는 속도와 화살의 속도가 만나 꿰뚫는 힘은 너무나 강력해졌고, 당 보병의 진은 여전히 빈틈이 없었다. 이번에도 많은 희생자를 내고 서돌궐 기병들은 일단 후퇴하고 말았다. 그러나 연이은 공격의 실패에도 자신의 근거지에서 싸운 서돌궐의 기병들은 수적으로 압도적인 우세를 자랑했으니, 희생자가 속출해도 물러서지 않았다.

그들의 세번째 공격은 전보다 비장한 각오로 이루어졌다. 그러나 이번에도 서돌궐 기병은 원진으로 접근하는 과정에서 당의 장창보병의 화살 세례를 받고 많은 희생자를 냈다. 그러나 돌격은 감행됐고 그들은 당 장창보병의 진에 바짝 다가갔다. 그러나 빽빽하게 밑동을 땅에 박은 장창들이 그들을 기다리고 있었다. 그것은 고슴도치와 같았다.

서돌궐 기병은 달려오던 속력 때문에 그 앞에서 멈춰 설 수 없었다. 선두 대열이 알면서도 당할 수밖에 없는 상황에 내몰렸다고 직감하는 순간, 말의 가슴과 목에 창이 찔렸고 기병들이 잇달아 낙마했다. 장창보병에 가로막힌 기병의 대열은 흩어졌고, 서로 뒤엉켰다.

마지막 세번째 공격이 실패하자 서돌궐 병사들 머리에는 "당 보병의 사격하에서 자신들이 죽거나 부상당할지도 모르며, 화살의 화망을 뚫고 나아간다 해도 장창에 걸려 생존할 수 없다"는 인식이 자리잡기 시작했다. 전장에서 병사들이 극복할 수 없는 위험을 인지하게 되면 공포감을 느끼게 되는 법이며, 그것은 주로 상대방 무기의 탁월한 성능과 그 운영능력에서 비롯된다.

공포의 근거가 무엇이든간에 그것은 병사들을 얼어붙게 하고 전투의 지를 파괴한다. 서돌궐 측에서는 불리한 상황을 유리한 방향으로 전환시켜야 병사들의 무거운 마음을 경감시킬 수 있다. 그러나 북쪽에서 기진騎陣을 치고 있던 소정방은 적에게 그러한 시간과 기회를 주지 않았다. 서돌궐 기병이 혼돈돼 정신을 못 차리는 상태에서 소정방의 기병이 예기치 않았던 급습을 가했던 것이다. 이 순간에 서돌궐 병사들에게 이미 확산된 공황의 씨앗이 확고히 뿌리를 내렸다.

소정방이 들이닥치자 하로가한의 군대는 바로 그 순간에 무너졌고, 흩어져 달아나기 시작했다. 이 상태에서 서돌궐 병사들은 자기 몸만 살리겠다는 생각을 했지, 소속 부대의 일원으로 남으려 하지 않았다. 아무리 병력이 많다 해도 침착함을 잃으면 얼마나 약해지는가를 소정방은 너무나 잘 알고 있었고, 그는 이것을 호기로 이용했다. 혼란에 빠져 있는 서돌궐군을 끈질기게 공격했고 결코 늦추지 않았다 죽은 인마가 30리 길에 늘어져 있었다.

소정방은 지휘관과 졸병 구분 없이 도주하는 그들을 집요하게 추격해 학살했다. 지휘 체계가 마비된 서돌궐의 부대들이 뒤엉켜 생존본능에 따라 움직이는 패닉 상태를 지속시키기 위해서라도 그렇게 해야 했다. 만일 소정방이 서돌궐 군대를 추적하지 않는다면 대열을 재정비할 것이 확실했기 때문이다. 소정방은 상대방이 다시 힘을 추스를 수 있는 시간을 결코 주지 않았다.

소정방이 서돌궐과 교전해 대패시키고, 대수령 도탐다달 등 200여 명을 참하는 전과를 올렸다. 하로는 궐철과 함께 도주하다가 이려강에서 많은 병마가 익사하는 피해를 봤다.

소정방의 백제침공과 신라왕 김춘추

657년 당 고종은 서돌궐을 향해 군대를 투입하였다. 신라왕 김춘추의 근심은 여기서 절정에 달했다. 이 전쟁의 향배에 따라 당의 한반도 통일 전쟁 개입이 결정되기 때문이다. 한 치 앞도 알 수 없는 전쟁이었다. 그만큼 신라의 미래도 불안했다. 여기서 당이 패배한다면 신라가 려제의 협공에 몰릴 것이 확실하다. 전쟁이 장기화되어도 마찬가지다. 서돌궐과 당의 전쟁 동안 김춘추는 기도하는 마음으로 살았다.

하지만 소정방의 당군이 서돌궐에 완승을 거뒀다. 이로써 김춘추가 당에 군사를 요청하는 것이 가능해졌다. 659년 4월 김춘추는 당에 사신을 보내 청병을 했다. 그해 10월까지 당의 답신이 없었다. 왕은 수심에 잠겼다.

"당 조정 내부에서 한반도 전쟁 개입 문제를 놓고 의견이 대립하고 있는 것이 분명해. 이렇게 결정이 늦는 것은 당이 망설이고 있기 때문일 것이야."

당시 김춘추의 모습을 『삼국사기』는 이렇게 기록하고 있다.

"왕이 조정에 앉아 있었다. 당에 군사를 청했지만 회보가 없어 왕의 얼굴에 근심의 빛이 드러나 있었다."

근 1년 후인 660년 3월 당군이 백제를 치기 위해 군대를 보낸다는 회신이 왔다. 그 규모는 육해군 13만이었다. 6월 21일 당의 장군 소정방과 김춘추의 장남 김인문이 덕물도에서 만났다. 백제를 협공하는 날짜가 7월 10일로 잡혔다. 백제의 요새는 신라를 향해 만들어져 신라군을 막아내기는 좋다. 하지만 백마강 방면으로 당의 함대가 들어온다면 막아내기가 힘들었다. 당 함대는 밀물 때 백마강을 거슬러 올라갔고 백제의 왕경 부근에 상륙했다. 백제군이 저항했으나 1만 이상의 전사자를 내고 물러났다. 이보다 하루 앞서 신라군이 황산벌로 진군했으나 백제 장군 계백의 결사대에 앞이 막혔다. 결국 계백의 무릎을 꿇렸지만 시간이 지연되었고 당군과 합류하기로 한 기일을 맞추지 못했다. 이를 빌미로 소정방은 신라 장군 김문영을 처형하려고 했다. 김유신이 당군과 전쟁도 불사하겠다는 태세로 나오자 형 집행이 취소되었다.

당군은 사비성을 점령하자 이제 주인 노릇을 하려고 했다. 일본의 후원 아래 백제 부흥운동의 불길이 맹렬하게 타올랐고, 당은 백제의 수도만 장악하고 있을 따름이었다. 그래도 수없이 많은 국가들을 멸망시키고 병합한 당은 노련했다. 660년 9월 3일 소정방은 당군 1만을 남기고 백제의 왕·왕족·귀족·백성 1만 2천 명을 당으로 잡아갔다. 이로서 백제국가 시스템 운영자들을 완전히 유리되었다.

당은 점령지의 왕족과 귀족들을 압송함으로써 그 사회체제를 무너뜨렸다. 그것은 미래의 저항 가능성을 최소화할 수 있는 조치였다. 당은 자신이 정복한 지역에서 언제나 그러했다. 백제 부흥운동의 지도부에 부여풍·복신·흑치상지 등 백제의 왕족이나 귀족이 존재했다 하더라도 중앙 핵심부의 부재는 내분을 부를 수밖에 없다.

하지만 그것은 3년 후의 일이었다. 김춘추는 백제 부흥군이 내분으로 와해되는 것을 보지 못했고, 자신이 그토록 기다리던 당군이 신라를 도와주기 위해 온 것이 아니라 점령군으로 느껴졌다. 소정방은 당군 13만 가운데 12만을 철수시키고 배의 남은 좌석을 백제인들로 채웠다. 승리의 결실은 당이 챙겼고, 신라에게는 부흥군의 거센 저항으로 들끓는 백제의 땅을 남겼을 뿐이었다. 김춘추의 눈에는 그렇게 보였다.

"국제사회에서 도와준다는 것은 없구나. 내가 너무 큰일을 저지른 것인가. 하지만 돌아가기에는 너무나 많이 왔어."

661년 6월 김춘추는 한 치 앞도 알 수 없는 불확실성 속에서 세상을 하직했다.

총알받이부대[後驅], 방효태 군단의 전멸

658년 6월 영주도독부는 휘하의 거란 기병을 이끌고 고구려를 도발했다. 국경 근처에서 벌어진 국지전이었다. 영주도독 정명진은 설인귀와 함께 휘하의 병력을 이끌고 고구려의 군기지[赤烽鎭]를 공격해 400여 명을 죽이고 (말갈) 수령과 휘하 100여 명의 사람들을 포로로 잡았다. 당군의 행군은 여기서 멈추지 않았다. 이에 고구려는 즉각 반격에 나섰다. 고구려는 병력 3만을 동원해 당군의 공격을 차단하려 했다. 그러자 영주도독 정명진이 거란 기병을 동원해 고구려군을 대파했다. 고구려군이 밀리면서 북으로 20여 리를 후퇴했다. 하지만 거란 기병의 추격은 계속됐고, 여기서 고구려군 2500명의 전사자가 나왔다.

어려워질수록 고구려는 서북방의 유목민족들과 긴밀한 관계를 가져야 했다. 고구려는 철륵의 제 부족을 선택했고, 치열한 공작을 개시했다. 당의 전면적인 고구려 침공이 임박했기 때문이다.

660년 12월 당은 고구려 침공을 위한 준비에 들어갔다. 계필하력, 소정방, 유백영劉伯英, 정명진 등이 장군에 임명됐으며, 유인궤는 해군을 맡았다. 이듬해인 661년 1월에 북방 초원과 회수 이남의 67개 주에서 4

만 4천의 병력이 소집돼 고구려의 수도 평양으로 향했고, 소사업과 회흘 등 여러 부의 유목민 기병도 고구려 전선에 투입됐다. 그해 4월 측천무후의 측근인 임아상과 계필하력 그리고 소사업이 유목민 기병을 이끌었고 소정방은 선박에 병력을 싣고 대동강을 향했다. 모두 35개 군단이었다.

661년 7월 소정방의 해군이 먼저 대동강에 상륙했다. 고구려군이 기다리고 있었다. 상륙을 하려는 당군과 이를 저지하려는 고구려군 사이에 치열한 싸움이 있었다. 중국 군대의 대동강 상륙작전은 수대부터 되풀이된 것이었고, 실패를 거듭하면서 실전 지식이 축적됐다. 당군은 강가에서 상륙을 저지하려는 고구려군의 위치와 전투 방식에 대해 잘 알고 있었던 것 같다.

그들은 고구려군을 각개격파하고 평양성으로 향했다. 소정방은 평양성 부근의 마읍산을 점령했다 그리고 평양성을 봉쇄하기 시작했다. 이 소정방의 군대가 수월하게 평양에서 작전을 전개할 수 있었던 것은 고구려의 정예 병력이 압록강 전선에 투입됐기 때문이었다. 고구려를 침공한 당의 유목기병들은 요동의 고구려 방어선을 큰 전투 없이 통과해 압록강변에 도착했다. 압록강에서 고구려군은 유목기병이 강을 도하하는 것을 막고 있었다.

그들이 압록강을 도하하려면 반드시 거쳐야 하는 곳이 있다. 고구려의 요새 박작성泊灼城이다.

박작성은 압록강변에 절벽처럼 우뚝 솟아 있는 산이다. 중국 측 압록강변은 모두 평지인데 그곳만 유난히 불거졌다. 산의 모양이 호랑이가 누워 있는 것처럼 보여 현재 중국에서는 호산산성이라고 부른다.

박작성에서 압록강이 바라다보이는 절벽 바로 앞에 5~20미터의 수로가 있다. 산성 꼭대기에서 내려와 우측으로 돌아가면 나온다. 압록강에 섬으로 이루어진 북한 땅이 있어 한 걸음만 건너뛰어도 갈 수 있다고 해서 일보과一步跨라고 하는데, 강물 앞에는 같은 이름의 돌 표석도 세워져 있다. 그곳이 바로 주소상으로 평안북도 신의주다.

박작성에는 적과의 싸움에서 목숨을 바친 한 고구려 장군의 이야기가 전해진다. 648년 6월이었다. 당의 장군 설만철이 병력 3만을 배에 태우고 산동반도 북쪽 중앙의 항구 등주를 출발했다. 하루 정도 북진하던 그는 요동반도를 북쪽으로 바라보면서 동진했다. 2~3일 후 그는 압록강 입구로 들어갔다.

어느덧 당군의 배가 병력을 가득 싣고 온다는 소식이 봉화를 통해 박작성에 전해졌다. 등주에서 북상하는 배는 요동반도 끝자락에 있는 고구려의 비사성에서 발견했고 압록강으로 들어가려는 배는 석성에서 일단 포착됐다. 척당 100명을 실었다면 300척에 달하는 대선단이다. 군사적 긴장이 고조된 상황에서 수평선 위로 새까맣게 몰려오는 모습은 발각되지 않는 게 더 어려웠으리라.

박작성이 부산해졌다. 들판에 곡식이 자라고 있었지만 수확은 할 수 없는 어려운 시기였다. 물론 주변에 채 익지도 않은 나락들은 거둬지거나 소각됐다. 이 나락들은 아군의 군마를 먹이는 유익한 자원이다. 주변에 있는 모든 식량을 다 끌어 모아야 했다. 가져올 수 없으면 태우기라도 해야 한다. 병사들이 소집됐고 주변에 사는 백성들이 성으로 몰려들었다. 이미 작성된 전쟁 시나리오가 실현되고 있었다. 병사들은 조직 내에서 조별로 나뉘었고, 백성들도 병사들을 지원하기 위해 후방에 배치됐다. 성의 대장간은 가동률이 높아졌고, 그것을 위해 나무와 철들이 대규모로 반입됐다. 하지만 당군이 요동지역의 성들을 무시하고 배를 이

압록강에서 바라본 박작성.

용해 바로 압록강으로 거슬러 올라온다는 것은 상상치도 못한 일이었다. 성을 방어하기 위한 준비 시간이 절대적으로 모자랐다.

압록강으로 들어온 설만철의 군대는 100리를 거슬러 올라와 박작성과 가까운 어느 곳에 상륙하려고 했다. 앞서 당군은 고구려군이 지키던 갈산葛山의 요새를 함락시켰고, 어둠을 틈타 정박해놓은 당군의 배를 급습해 불태우려던 고구려군들도 매복에 걸려 당했다(『신당서』 권220 고구려전). 우울한 패전의 소식이 박작성에 전해진 가운데 대규모 당의 선단이 다가오자 사람들이 두려움에 떨었고 이탈하는 자들이 속출했다. 하지만 상당수의 사람들은 박작성의 성주 소부손所夫孫 아래 굳게 뭉쳤다.

소부손은 고민에 빠졌다. 아직 박작성은 싸울 준비가 다 되지 않았는 데 성을 지키는 농성전을 하는 것은 무리다. 그렇다고 해서 성을 나가 싸우는 것도 쉽지 않다. 당군은 정예병이 3만이나 되는데 고구려는 주변의 사람들을 끌어 모은 오합지졸이 아닌가. 하지만 성 밖에서 싸우는 것이 완전히 승산이 없는 것도 아니었다. 고구려군은 당군이 가지지 못한 기병을 보유하고 있지 않은가.

소부손은 기병과 보병 1만을 거느리고 성 밖에서 당군과 싸우기로 마음먹었다. 패배한다고 하더라도 시간을 많이 잡아먹는다면 그것으로 족했다. 박작성을 제대로 수비하기 위해서는 준비 시간이 절대적으로 필요했다. 주변의 성에서 박작성으로 구원군을 보내기 위해서도 그러했다. 당군은 기병이 없었지만 소문처럼 훈련이 잘된 정예병이었다. 당의 장군 설만철은 군대를 체계적으로 나누어 진을 구성했다. 진이 서로 유기적으로 결합되어 전투의 효율을 극대화할 수 있었다.

소부손의 고구려 군대는 당군과 싸우다 대열이 흩어지고 말았고, 당군의 끈질긴 추격을 받고 도주하기 시작했다. 당군은 흩어져 달아나는 고구려 군대를 100여 리나 추격했다. 격파하여 흩어지게 하는 것은 시간이 많이 걸리지 않는다. 하지만 추격한다는 것은 상대적으로 많은 시간이 소요된다.

운이 나쁘게도 추격을 받던 소부손이 포로로 잡혔다. 그리고 당군의 진영에 끌려가 적들이 보는 앞에서 비참하게 참수됐다. 성주를 죽여 성민들의 저항 의지를 꺾기 위해서였다. 소부손은 비록 패했지만 박작성을 비롯한 주변의 다른 성에 상당한 시간을 벌어줘 자신의 책무를 다했다.

그의 죽음이 곧바로 박작성에 전해졌고 성은 당군에 의해 완전히 포위됐다. 하지만 희망은 있었다. 당군이 앞서 치러진 전투로 지쳐 있었고, 무엇보다 이번 싸움은 장기전을 염두에 두고 계획한 것이 아니었다. 게다가 박작성은 당군에 전면 노출됐다고 하더라도 함락시키기 쉽지 않은 곳이었다. 이 요새는 압록강의 수로를 등 뒤에 두고 있었다. 더구나 그곳은 절벽이었다. 정면은 절벽은 아니었지만 상당히 가파른 산이었고, 그 앞 평지는 늪지대였다. 당군이 성벽 앞으로 접근해야 하는 것도 쉽지 않았다. 무엇보다 박작성은 싸울 준비가 되어 있었다. 당군이 박작성을 공격했지만 함락시킬 수 없었다. 드디어 오골성과 안지성 등 여러 요새에서 3만의 구원병마저 도착했다.(『구당서』권69 설만철전).

하지만 그해(661) 압록강 도하를 가로막고 있던 박작성은 제 기능을 발휘하지 못했다. 음력 9월 말 혹한이 닥쳐와 압록강이 얼어붙자 계필하력의 유목 군대는 박작성을 무시하고 거침없이 압록강을 건넜다.

고구려군에게 근접 공격을 했다는 것은 전투가 그들에게 유리하게 전개됐음을 의미한다. 유목기병들은 북을 올리고 소리를 지르며 돌격해왔다. 평소에 도하점이 될 만한 곳을 지키고 있던 고구려 군대의 방어체계는 기후의 갑작스런 변화로 압록강이 빙판이 되자 의미가 없어졌다. 유목민 기병들은 초원을 누비듯이 압록강을 건넜다.

유목민들은 사람이든 동물이든 최소한의 손상을 주며 재빠르게 죽이는 방법을 알고 있었다. 무리 속에 다른 사람들에게 일어날 동요를 최대화하는 것도 알고 있었다. 빠르고 명쾌하게 단 한 번의 공격으로 살인을 하는 기술의 보유자였다. 그들은 냉혈하고 능수능란했다. 얼어붙은 압록강 위로 바람처럼 달려온 유목기병 앞에서 고구려 군대는 마치 혼란에 빠진 짐승무리와 같았다. 유목기병은 고구려인들을 혼란에 빠진 짐승을 몰듯 했다. 그들은 고구려인들을 어떻게 다루기 쉬운 안으로 갈라 넣는지, 어떻게 측면으로 돌아서 뒤로 도망가지 못하게 하는지, 어떻게 흩어진 고구려인들 속에서 그 우두머리를 고립시키는지, 또한 어떻게 선택한 일부를 죽이는데도 다른 무리가 반항을 하지 못하고 통제에 따르도록 만드는지에 대해 알고 있었다. 압록강을 지키던 고구려의 군대 3만이 유목민들에게 학살당했다. 고구려 군대를 지휘하던 남생은 겨우 목숨을 부지했다. 과거 고구려의 사냥꾼들은 유목민들을 약탈의 대상이자 사냥감으로 여겼다. 하지만 장수왕대 이후 고구려의 국가 영역이 커지면서 그 능력을 상실한 것은 아닐까. 어쨌든 후기로 갈수록 고구려 인구 비율에서 사냥꾼보다 농민이 증가율이 훨씬 높았던 것은 확실하다.

겨울의 혹독한 추위는 강물을 얼어붙게 만들어 군대가 도하하는 다리를 만들어준다. 계필하력은 압록강의 결빙시기를 계산하고 작전 일정을 잡았다. 이와 관련해『일본서기』권27, 천지천황 즉위 전(661) 12월 조의 기사가 주목된다. 고구려의 사신이 일본에 가서 전한 것이 기록으로 남았다.

"12월, 고구려는 혹한이었다. 대동강貝이 동결됐다. 이 때문에 당군은 운차轟車나 충차衝車를 연連하고 북과 징을 울리며 진격해갔다."

661년 찾아온 고구려의 혹한은 평양성을 포위한 당군에게 절호의 기회였다. 대동강의 동결은 무엇을 의미하는가. 강은 평양성의 해자垓字 기능을 했다. 고구려가 국내성에서 평양으로 수도를 옮긴 때는 427년(장수왕 15)이지만 당군이 공격한 평양성은 568년(평원왕 28)에 지어진 것이다. 현재에도 23킬로미터의 성벽이 평양 시가를 둘러싸고 있다. 평

평양성.

양성은 대동강과 지류인 보통강이 합쳐지는 자리에 세워졌다. 그것의 동결은 해자가 사라진 것을 의미하며, 성벽에 운차와 공성기의 접근을 용이하게 했다.

8월에 소정방이 대동강에서 고구려군을 격파하고 이어 마읍산을 점령한 후 평양성을 포위하는 형세였다. 9월 계필하력의 유목기병이 압록강을 넘어 평양으로 빠르게 오고 있었다. 고구려의 멸망이 눈앞에 있는 듯했다. 그러나 기적이 일어났다. 갑자기 고구려에 있는 계필하력의 유목기병에게 철수 명령이 떨어졌기 때문이다. 고구려를 궁지에 몰아넣고 마지막 최후의 일격을 앞둔 당은 왜 갑자기 유목 군대를 철수시켰을까?

계필하력의 유목기병이 철수한 후 평양 부근에는 당의 보병이 남았다. 유목민 기병이 없는 당군은 너무나 무력해졌다. 가령 당의 유목기병이 돌격 태세를 갖추고 있는 상태에서 당 보병과 고구려 보병이 싸운다고 가정해보자. 고구려 보병은 당의 유목기병이 언제 덮칠지 모르기 때문에 당 보병에 대해 공격을 함부로 할 수 없다. 당의 유목기병은 고구려군의 대열이 흩어지기만을 기다리고 있기 때문이다. 유목민 기병은 존재 그 자체로 고구려 보병에 공포를 주고 경직시킨다.

좌효위장군 방효태麗孝泰가 당군의 원활한 철수를 위한 총알받이 희생 군단으로 남았다. 평양성 앞에서 전투가 벌어졌다. 연개소문이 지휘하는 고구려가 마음놓고 방효태의 군단을 공격했다.『삼국사기』권22, 보장왕 21년(662) 정월 조는 방효태 군대의 처절한 종말을 다음과 같이 기록하고 있다.

"정월에 방효태가 연개소문과 사수蛇水에서 싸워 전군이 전사하고, 그 아들 13명도 모두 전사했다."

방효태가 이끄는 당군이 전멸했다. 측천무후가 신임했던 정계의 거물 임아상도 전사했다. 그들의 희생은 무의미한 것이 아니었다. 소정방이 이끄는 당의 해군은 안전하게 철수할 수 있었으며, 당의 다른 보병들도 전멸은 면할 수 있었다.

계필하력의 유목기병이 철수한다면 평양 부근에 잔류한 당군에게 치명적이라는 사실을 당 수뇌부가 모르고 있었을 리 없다. 그렇다면 661년 9월에 압록강에서 고구려 정병을 격파한 계필하력은 무엇 때문에 철수를 서둘렀을까? 서북방 초원에서 철륵의 제 부족이 반란을 일으켰기 때문이다. 당 태종대 안시성 앞에서 군대를 돌렸던 악몽이 되살아나는 순간이었다. 유목민족의 당에 대한 반란은 그 규모와 상관없이 상당히 민감한 것이었다. 앞서 당 조정은 이를 진압하기 위해 장군 정인태를 파견했다. 하지만 당군은 전멸을 당했다. 서북쪽에서 당을 상대로 한 전쟁에 유목민들의 승리는 값진 것이었다. 여기서 유목민의 영웅이 탄생할지도 모르고 나아가 그가 구심점이 된다면 큰일이다. 어떻게든 당은 불씨를 꺼야만 했다. 당 조정의 소환을 받은 계필하력은 구성철륵九姓鐵勒의 반란을 진압하기 위해 고구려에서 중국 서북방지역으로 이동했다. 661년에 고구려에게 절대 유리하게 전개된 서북방의 정세 변화 조차도 국제적 상황이 낳은 의도하지 않은 우연의 결과로 볼 수 있을까. 증거가 없어 알 수 없다. 하지만 고구려가 너무나 바라던 그대로 이루어졌다. 고구려의 철륵 제 부족에 대한 공작이 성공했음이 틀림이 없다.

독재자의 무능한 세 아들

665년 대외적으로 초원에 대한 정치와 대내적으로 내정을 총괄했던 연개소문의 죽음과 함께 고구려의 대외 방어시스템은 무너지기 시작했다. 왕을 비롯한 대신 100여 명을 학살하고 정권을 잡았던 연개소문의 권력은 그의 아들 세 명에게 이전됐다. 연개소문의 독재는 고구려에 줄을 서는 기회주의적인 풍조를 낳았다. 책임감 있고 진정 나라를 걱정하는 사람들은 벌써 죽임을 당하거나 숙청당했다.

연개소문은 정권을 장악한 후 중앙의 모든 요직과 지방의 주요 성주 자리를 모두 자기 사람으로 바꿔치웠다. 비합법적이고 정통성이 없는 자들이 하는 전형적인 행태였다. 고구려 5부 귀족들의 연대의식은 파괴됐고, 모두 연개소문의 휘하로 들어가야 했다. 물론 여기에 반항하는 사람도 있었다. 안시성주 양만춘은 성주 자리를 순순히 내놓지 않았다. 연개소문이 직접 안시성을 공격했지만 안시성은 함락되지 않았다. 결국 연개소문은 양만춘을 안시성주로 유임할 수밖에 없었다.

연개소문이 집권한 시기에는 그런대로 굴러갔다. 하지만 그가 나아가 들어 쇠약해져가는 가운데 후계 구도를 염두에 두고 장남 남생과 차남 남건, 그리고 삼남 남산에게 각각 접근하는 무리가 있었다. 그들은 주인이 권력을 잃거나 실각하는 것을 두려워했고 자신이 줄을 댄 주인이 권력을 잡기를 원했다.『일본서기』권27 천지천황天智天皇 3년 10월 조에 보면, 연개소문이 죽을 때 그 아들들에게 "너희 형제들은 어수魚水와 같이 화목하여 벼슬을 다투지 말라"고 유언을 남겼다고 한다. 연개소문도 죽기 전에 이미 아들들 사이의 어떤 불화의 조짐을 알고 걱정하고 있었다.

장남인 남생이 아버지의 지위를 이어받았다. 남생은 그것을 전국적으로 알리기 위해 순행을 했다. 남생은 아버지의 후계자로 키워졌다. 부친이 쿠데타에 성공해 정권을 잡은 642년에 9살의 나이로 선인先人의 관위에 올랐고, 고속 승진을 통해 15세에 중리소형中裏小兄, 18세에 중리대형中裏大兄, 24세에 장군將軍으로 별을 달았다. 당군에 의해 평양성이 포위된 661년에 28살의 나이로 삼군대 장군직을 수여받아 후계를 확실히 약속받았다. 665년 32세에 아버지 연개소문이 세상을 떠나 태막리지太莫離支(통치자 수상) 자리를 이어받았다. 그가 아버지의 야수적 기질을 물려받았다면 태막리지직에 오른 직후 평양을 비우지도 않았을 것이고, 동생들을 살려두지도 않았을 것이다.

남생은 여리고 여성스러운 사람이었던 것 같다. 그래도 그는 처음에 장남다운 면모를 보였다. 자신이 평양을 비운 사이에 동생들에게 모든 것을 맡겼다.

하지만 그 아래 줄을 선 사람들이 문제였다. 어느 한 사람이 말했다. "남생은 동생들을 제거하려고 마음먹고 있습니다. 그러기 전에 남생을 먼저 치는 것이 좋습니다. 지금 남생은 수도인 평양을 비우고 북쪽 여러 성을 돌고 있으니 절호의 기회입니다."

처음에 남건과 남산은 형을 음해하는 말을 믿으려고 하지 않았다.

하지만 일은 남생 쪽에서 시작됐다. 그의 수하들이 말했다.

"두 분의 동생이 막리지 각하가 평양으로 돌아오는 것을 원치 않습니다. 그들은 각하에게 부여받은 권력을 빼앗길까봐 노심초사해하고 있습니다."

남생은 자신이 신임하는 사람을 평양에 밀파해 사정을 살펴보게 했다. 하지만 그는 평양에 잠입하자 곧 남건과 남산의 수하에게 체포됐다. 각각의 주인에게 줄을 댄 사람들끼리는 서로에 대해서 너무나 잘 알고 있었던 것이다.

체포된 남생의 수하가 남건·남산에게 앞에 끌려갔다. 심한 고문이 가해졌다. 고통을 못 이겨 죽고 싶은 심정도 들었다. 결과적으로 둘은 형이 자신들을 제거할 음모를 꾸미고 있다는 것을 확신하게 됐다. 그리고는 허수아비 보장왕을 찾아갔다. 강제로 장남 남생을 반역자로 만들었다. 아무런 실권이 없는 보장왕은 남건·남산 형제가 요구하면 들어줄 수밖에 없었다. 남생이 그렇게 됐는데 평양의 조정 내부에 있던 그의 수하들도 무사했을 리 없다. 그다음 작업은 지방에 있는 성주들을 갈아치우는 작업이었다.

지방에 순행을 갔다가 갑자기 반역자로 몰린 남생은 국내성에 숨었다. 아직까지 국내성 이하 6개 성 10만 호가 그의 세력권 안에 있었고, 목저성 등 부여 방면의 3개 성이 그의 편에 있었다. 남생은 아들 헌성을 당나라에 보내 원군을 요청했다. 장기적인 안목을 가질 수도 없었다. 오늘 당장 생존하지 않으면 내일은 없었다. 고구려는 망해도 자신과 그를 따르는 사람들의 지위는 보장받겠다는 것이었다. 남생은 동생들에 대한 증오를 가슴 가득 품은 채 계필하력이 이끄는 돌궐군과 함께 당으로 들어갔다.

　남생은 당의 앞잡이가 돼 자신의 조국을 멸망시키는 선봉에 섰다. 차남은 장남을 믿지 못하고 반란을 일으켰고, 동생들에 대한 분노에 떨던 못난 장남은 적국인 당의 힘을 빌려 보복하려 했다. 고구려의 모든 핵심적인 군사기밀은 당에 그대로 넘어갔다. 고구려는 장막에 가려져 수대의 대외정책 전문가 장손성과 배구도 전혀 내막을 알 수 없던 곳이었다. 그런 고구려의 비밀의 빗장이 열렸다.

　나아가 내분은 고구려 군대 전체의 사기를 저하시켰다. 과거 고구려인들은 거친 전사이자 능숙한 궁수였다. 그들은 필사의 의지로 그들의 영토를 방어하려는 의지가 있었다. 하지만 독재자 연개소문이 죽고 그 아들들 사이에 내분이 일어나자 병사들은 누구를 위한 전쟁인가 의문을 품게 됐다. 뿐만이 아니다. 고구려 휘하의 말갈 기병과 거란 기병 상당수가 남생과 함께 당으로 투항했다. 이는 고구려의 방어력을 극도로 약화시켰다.

　667년 내분에 휩싸인 고구려를 향해 계필하력이 이끄는 대규모의 유목기병이 출발했다. 국내성을 중심으로 한 남생의 세력이 당군을 맞이했다. 작전은 수월하게 진행됐다. 남생은 당군을 위해 그의 세력권에 들어 있는 요동성을 보급기지로 내줬다. 화북 대평원에서 생산된 막대한 곡물들이 그곳에 집중됐다. 요동성의 곡물은 고구려 각 지역에 나가 있는 당군에게 분배됐다. 이로써 당군은 행군시 많은 식량을 지참하지 않아도 됐다. 부족한 식량은 언제든지 요동성을 통해 보급받을 수 있었던 것이다. 당시 고구려는 병력 15만을 요하에 집중시키고 당군의 도하를 막으려고 했다. 말갈 기병 수만 명도 함께 동원해 남소성에 배치시켰다.

그해 9월 신성이 함락됐다. 신성의 경우 저항도 제대로 하지 않았다. 성주와 성민들 사이에 일체감이 전혀 없었다. 신성의 성민 사부구와 그의 부하들이 성주를 묶고 당군을 향해 성문을 활짝 열어주었던 것이다. 신성은 고구려 서쪽의 가장 중요한 요충지였다. 신성이 함락되면 그에 딸린 다른 성들이 짓밟히는 것은 시간문제였다.

신성이 함락된 후 16개의 성이 차례로 무너졌다. 고구려의 연남건이 말갈 기병을 이끌고 신성을 향했다. 최후의 힘을 집중시켜 일격을 가해 신성을 회복하고 전세를 일거에 뒤집기 위해서였다. 하지만 의도대로 되지 않았다. 고구려군은 당의 장군 설인귀의 반격을 받고 물러났다. 신성을 지키고 있던 당의 장군 고간이 성 밖으로 나왔다.

휘하에 유목기병들을 이끌고 있었던 것 같다. 남소성·창암성·목저성에 배치된 고구려의 말갈 기병이 성을 비우고 나왔다. 당군이 지금의 요령성 조양 서북의 요하의 북안에 있는 금산金山이란 곳을 지나갈 때 고구려 휘하의 말갈 기병이 이를 습격해 고간의 군대에 타격을 가했다. 고간의 유목기병들은 질서정연한 전투 대형을 형성하지도 않았고, 돌이킬 수 없을 정도로 공격에 열중하지도 않았다. 언제나 후퇴를 염두에 두고 전투에 임했다. 고구려 군대의 저항에 부딪치자 그들은 지체 없이 후퇴했다. 이것은 미리 배치된 복병진 속으로 고구려군을 유인하기 위한 행동일 뿐이었다. 그런데도 고구려의 말갈 기병은 이를 추격했다. 그러면서 점차 대형이 흐트러지기 시작했다.

그때였다. 당의 장군 설인귀가 유목기병을 이끌고 와서 고구려 말갈 기병들의 측면을 급습했다. 고구려 기병은 갈팡질팡하다가 기진맥진해졌다. 아마도 당시 후퇴를 하던 고간도 뒤돌아서서 설인귀와 함께 고구려군을 협격했다. 고구려군은 포위됐고, 조직적인 도륙이 시작됐다. 고

구려군 5만이 여기서 전사했다. 말갈 군대가 자리를 비운 상태에서 남
소성·창암성·목저성 등이 쉽게 당군의 손에 넘어갈 수밖에 없었다.

668년 2월 설인귀는 승세를 타고 부여성으로 3천의 기병을 몰았다.
그는 적은 군사로 실제보다 훨씬 많아 보이게 하는 기술이 있었다. 먼저
부여성(길림성 농안) 밖에서 고구려군과 전투가 벌어졌다. 설인귀의 군
대가 고구려군을 격파했다. 적지 않은 사람이 죽었고 포로가 됐다. 이윽
고 당의 장군 이세적의 본대가 부여성으로 몰려왔다. 고구려의 부여성
이 함락됐다.

그러자 부여주에 속해 있던 40여 성이 모두 당에 투항했다. 고구려는
허무하게 무너지고 있었다. 연남건이 부여성을 다시 수복하기 위해 마
지막 반격을 가했다. 병사 5만을 동원했다. 설하수에서 이적의 당군과
만나 전투를 벌였다. 그는 시신 3만 구를 남기고 도망쳤다. 이세적은 여
세를 몰아 대행성으로 향했다. 그리고 이를 함락시켰다. 이로써 고구려
는 다시 회복할 수 없을 정도로 타격
을 입었다.

고구려는 서북방의 유목민들을
군사로 동원할 수 있는 연결의 끈
을 상실했다. 고구려는 신성을 거
점으로 서북방의 유목민들을 관리
했으며, 유목민들이 겨울을 날 수
있는 곡물과 생필품을 제공해주고
그 대가로 기병력의 지원을 받았
다. 고구려 휘하에는 거란 말갈 등
유목민 출신 기병이 많았다. 하지

설인귀 가면.

만 내분이 모든 것을 삼켰다.

반면 당은 수만의 유목민 기병을 동원할 수 있었다. 마지막까지 저항했던 설연타와 철륵 제 부족을 646년과 661년에 각각 제압한 상태였으며, 당시 북방 초원에서 당에 저항할 수 있는 유목민 세력은 없었다. 과거 고구려와 동업자 관계에 있던 설연타와 철륵 제 부족의 해체는 고구려에게 치명적인 것이었다. 이제 그들은 고구려를 침공하는 당의 첨병이 됐던 것이다.

당에 대거 이끌려온 돌궐계 유목민 기병들은 고구려의 성들이 서로 연락을 못하게 차단했을 뿐만 아니라 평지에서 구원군을 거침없이 공격했다. 668년 7월에서 8월 사이에 이세적의 당군과 계필하력의 유목민 기병이 압록강을 돌파했다. 항복하는 고구려 군대가 줄을 이었다. 그리고 이세적과 계필하력이 평양성을 포위했다. 비로소 위대한 아버지 당 태종에 대한 콤플렉스에 시달리던 당 고종이 남성적인 힘을 증명해보일 기회가 왔다.

허수아비의 선택

한편 그해 정월 신라의 왕자 김인문이 당 장군 유인궤의 부장으로 임명됐다. 당 고종이 김인문을 신라에 파견해 고구려 침공에 참여하라는 명령을 전달하기 위해서였다. 그는 장안에서 나와 낙양을 거쳐 산동의 등주로 향했다. 황사가 자욱한 황하의 수로에는 곡물을 가득 실은 배들이 동쪽으로 가고 있었고, 황하와 대운하가 만나는 지점 남쪽에서 곡물을 싣고 올라와 북경으로 향하는 배들이 끝없이 이어졌다.

수 양제가 고구려 침공을 위해 만들어놓은 운하수로가 제대로 활용되고 있었다. 물론 북경에 집산된 곡물들은 수레에 실려 요동성으로 운반됐다.

화북평원을 지나 산동으로 접어드는 주요 간선도로에는 등주로 향하는 수레들의 행렬을 볼 수 있었다. 도로는 수레를 끄는 말똥, 당나귀 똥으로 포장이 될 지경이었다. 짐을 싣고 등주로 향하는 행렬은 지속됐다. 등주에 도착했을 때다. 항만에는 고구려로 향하는 배들로 가득 차 있었다. 항만의 창고에는 장비와 무기 그리고 곡물이 가득 쌓여 있었고, 끊임없이 배에 선적이 이루어졌다. 그것들은 평양의 대동강 하구 부근에 상륙한 당군을 보급하기 위한 것이었다. 헤아릴 수도 없이 많은 배가 군수품을 가득 싣고 등주항을 빠져나갔다. 그것은 대동강에 상륙한 병력만을 위한 것이 아니었다. 압록강을 건너 평양에 도달할 당군의 주력을 먹이고 입히고 무장시킬 것도 포함돼 있었다. 막대한 곡물과 겨울을 지낼 난방복, A급 칼, 창, 방패, 활, 화살, 그리고 상상을 초월하는 양의 마초를 실은 보급함대가 산동의 등주에서 줄을 지어 출발해 평양이 지척인 대동강으로 향했다. 그것은 한 번에 그치는 것이 아니었다. 고구려가 멸망한 이듬해까지 지속됐으며, 예비 병력과 전마도 지속적으로 보충해주었다.

김인문을 실은 배가 등주항을 출발해 신라에 도착했다. 형인 문무왕을 만나 당 고종의 의사를 전달했다. 668년 6월 21일 문무왕은 20만에 달하는 군대를 일으켰다. 신라의 수도에 위치한 최정예 사단 대당大幢 대장군(대총관)에 김유신이 임명됐고, 김인문도 이 사단의 장군을 맡았다. 진순과 죽지가 수도에 본거지를 둔 경정京停사단의 장군으로, 의복과 천광이 수도에 근거지를 둔 서당誓幢사단 장군으로, 일원과 흥원이

수 문제와 양제 시대에 걸쳐 조성된 대운하가 지금도 중국 무석시 한가운데를 흐르고 있다.

계금당의 장군으로, 품일과 문순, 천품이 상주에 본거지를 둔 귀당貴幢 사단의 장군으로, 인태와 문영, 숭신 등이 서부경남에 근거지를 둔 비열 주사단의 장군으로, 도유와 용장이 서울에 본거지를 둔 한성주사단의 장군으로, 선광과 장순, 순장이 강릉에 본거지를 둔 하서주 장군으로 임명됐다.

　다음날인 22일에 지금의 서울과 황해도지역의 고구려 성들이 신라에 항복을 해왔다. 신라군이 평양으로 수월하게 행군할 수 있게 됐다. 27일 문무왕이 웅진(공주)에 위치한 당나라 군대의 군영으로 향했다. 그곳은 당나라 장군 유인궤가 책임을 맡고 있었다. 29일 경주, 상주, 서부경남, 강릉 등지에서 신라의 사단들이 출발했다. 신라군이 현재 서울 부근인 북한산성에 집결했다. 신라에서 동원할 수 있는 사람은 모두 다 모였다. 문무왕은 북한산성에 행궁을 차렸다. 7월 16일 문무왕은 한성에서 신라사단은 평양을 향해 출발하라고 명령을 내렸다. 신라군은 임진강을 건너 황해도를 지나 평양 부근에 도달했다.

15일 앞서 평양 북쪽에서 20리 떨어진 영류산에 도착한 김인문은 당의 장군들을 만났다. 평양성을 공략하는 데 있어 신라군의 역할에 대한 논의가 있었다. 7월 말 평양성은 계필하력이 이끄는 돌궐 기병이 먼저 포위했다. 기병은 성벽을 넘을 수 없었다. 하지만 평양성을 구원하러 오는 고구려군들을 차단할 수 있었다. 돌궐 기병은 평양성을 외부의 지원으로부터 철저히 고립시키는 역할을 했다. 나아가 평양성에서 문을 열고 나올지도 모르는 고구려 기병들의 급습에 대비했다. 중국인 보병들은 대동강을 거슬러 올라온 배에서 공성기를 내렸고, 그리고 평양성 앞으로 운반해 조립했다.

평양에 있는 고구려의 수뇌부는 속수무책이었다. 고구려인들은 서로 분열돼 자신의 동포를 잡아 노예로 파는 가운데 북쪽의 부여성이 함락되고 그 휘하의 성들이 모두 당에게 항복을 했다. 당군과 돌궐 기병, 영주도독부 소속의 말갈 기병, 그리고 남쪽에서 올라온 신라군이 평양성 주변에 집결했다.

평양성을 한 달 이상 포위하고 있는 동안 항복이냐 저항이냐를 놓고 다투지는 않았다. 당군의 공성기가 쏘아 보낸 거대한 돌들이 쏟아지는 가운데, 보장왕은 연개소문의 셋째 아들 남산과 수령 98명을 보내 백기를 들었다. 보장왕이 일생에서 처음으로 자신의 의지대로 내린 결정이었다.

젊은 날 연개소문이 쿠데타를 일으켜 백부인 고구려 국왕(영류왕)을 시해하고 친척뻘 되는 주요 귀족들 1백여 명을 학살했다. 그 소식을 듣고 보장왕은 공포에 떨었다. 집의 문을 쳐부수는 소리가 크게 울렸고, 연개소문의 병사들이 대거 몰려와 집을 삼중 사중으로 포위했다. 그들은 왕족인 그를 보호하기 위한 것이라 말했지만, 다른 친척들처럼 언제 잡혀가 죽을지도 모른다는 두려움에 사로잡혔다. 그러다 병사들이 자신을 연행했다. 어디로 실려가는지도 몰라 가마수레 속에서 두려움에 떨었다. 하지만 그는 처형장으로 간 것이 아니라 왕궁으로 들어갔고, 왕좌에 인도됐다. 자신의 의지와 전혀 상관없이 왕위에 올랐고, 끊임없이 연개소문의 눈치를 보고 사는 허수아비가 돼야 했다. 그는 정사에 전혀 간여할 수 없었고, 연개소문이 내린 결정에 어김없이 재가를 해주는 도장맨이었다. 연개소문이 죽자 자유를 얻기보다 더한 불안에 시달려야 했다. 자신을 왕위에 올린 연개소문은 족쇄였지만 동시에 그의 버팀목이었다. 연개소문의 아들 세 명 사이에 언제 내분이 터질지도 모르는 일이었다. 항상 강자에게 붙어 목숨을 부지했던 그의 관성이 고구려 최후의 평양성 전투에서도 나타났다. 보장왕은 당에 투항할 것을 스스로 결정했던 것이다.

하지만 연개소문의 차남인 남건은 끝까지 저항했다. 고구려의 실질적인 통치자 대막리지라는 자리가 아깝기 때문이 아니었다. 형을 반역자로 만들고 고구려를 내분의 늪에 빠지게 해 멸망으로 이끈 것이 자신이라는 것을 인정하기 싫어서였다. 남건은 최후의 발악을 했다. 성문을 열고 나와 역습을 자주 시도했다.

하지만 나오는 족족 돌궐 기병의 공격에 희생됐다. 절망감을 느꼈는지 남건의 측근 신성이 배신을 했다. 그는 승려로서 남건의 군사 일을 책임진 사람이었다. 평양성에 있는 자신의 수하들과 함께 일을 꾸몄다. 먼저 당의 장군 이적에게 사람을 보내 항복을 청했다. 그리고 평양성문

譚之將其王高藏及男建等成役
俘虜業山潛海共入隍封五部三
韓並爲臣妾遂能立義斷恩同鄭
伯之得雋父福成
庸其年与英公李勣等凱入京都
葉勳猷至歔捷之日男建將誅父
內切天倫請重闈而蓼姦之上感

천남생泉男生, 천남산泉男山, 천헌성泉獻誠 등 연개소문 가문의 묘지명이 중국 당나라 때 만들어진 모습으로 다수 발견됐다. 왼쪽 천남생묘지명에는 남생의 관직 · 품계, 조상에 관한 사적 등이 기록되어 있다. 『삼국사기』 기록 등을 통해 천남생이 46세에 사망했다는 것은 알 수 있었으나 생몰년을 알 수 없었는데 묘지의 출토로 인해 생년과 몰년을 알 수 있게 되었다. 연남생이 맞지만 당고조 이연의 이름자를 피해 천으로 바꿨다.

을 열어줄 시기를 잡았다. 그로부터 닷새 후 평양성의 문이 열렸다. 싸움이 시작됐다. 신라군이 성문으로 난입했다. 배신자가 문을 열어주었지만 고구려군의 저항도 만만찮았다. 700년에 가까운 역사를 가진 강소국 고구려가 무너지는데 소리가 나지 않을 리 없었다. 사방에서 불길이 치솟고, 당군의 북소리가 울려 퍼졌다. 병사들이 빽빽이 엉켜 도끼와 곤봉과 칼이 낭자하는 싸움이 벌어졌다. 철퇴를 맞은 병사의 머리에서 피가 뿜어져나왔고 절규하는 함성이 끝없이 이어졌다. '지옥'이었다.

성문을 열고 나와 파상적인 공격을 막아내는 데 돌궐 기병이 한몫을 했다면 평양성을 전략적으로 고립시키고, 공성기로 파괴했던 것은 당군이었다. 신라군은 만신창이가 된 평양성을 최종적으로 접수하는 데 동원됐다. 신라군이 평양성의 난투극에 대거 투입된 이유는 중국의 군대보다 좁은 지역에서 싸우는 단병접전에 강했기 때문이다. 평지보다 산악에서 초원보다 숲속에서의 싸움에 익숙한 신라인들이었다. 신라에는 기병전을 벌일 평지도 초원도 별로 없었고, 산성 아래에 펼쳐진 산의 숲속에서 여러 소규모 부대와 뒤엉켜 싸우는 형상이었다.

고구려군이 평양 군영을 급습해왔을 때 서당의 당주 김둔산이 이를 성공적으로 제압했고, 평양성 앞 사천에서 대당의 소감 본득이 영웅적인 기지를 발휘했다. 남한산 소속의 소감 김상경도 여기서 고구려군을 격퇴하는 데 공을 세웠다. 하지만 싸움이 치열해 그는 전사했다. 사천 구율은 다리 아래로 내려가 물을 건너 고구려군을 공격해 이겼다. 하지만 구율이 감행한 군사행동은 군령 없이 이루어진 자의적인 것이었다. 처벌을 받지 않았지만 포상은 없었다. 신라군은 평양성의 정문(대문), 북문, 소성, 남교 등에서 전투를 성공적으로 수행했다.

이세적은 한 달 동안의 포위 끝에 고구려의 수도인 평양성을 함락시켰다. 그리고 고구려왕을 포함한 20만여 명의 포로를 데리고 당으로 돌아갔으며, 기념으로 고구려왕을 태종의 무덤 앞에 바쳤다. 2만의 군대를 가진 당의 도호부가 정복한 왕국을 통치하기 위해 평양에 설립됐다. 낙담한 연남생은 자살을 시도했다. 칼로 배를 갈랐지만 죽지 못했다.

당 고종은 꿈에도 그리던 고구려의 멸망을 목도했다. 수나라 양제는 세 번에 걸쳐 백만대군을 이끌고 고구려 침공길에 올랐지만, 그의 시도는 모두 실패로 끝났다. 고구려에 대한 수 양제의 집착은 민생을 파탄시켰고, 그로 인해 수나라는 멸망하고 말았다. 신들에게 축복받은 정복자, 태종 황제조차도 그 작은 고구려를 굴복시킬 수 없었다. 당 고종이 고구려를 멸망시킨 사실은 의미가 컸다. 그의 승리는 과거의 어두운 기억을 지우고, 중국의 역사 속에 박힌 가시를 뽑아냈다.

난파선에서 내린 대조영

당 고종은 고구려 침공에 참여한다는 자체가 저승길 행이라 생각했던 중국인들의 마음에서 공포를 몰아냈다. 중국인들은 자존심을 회복했고 자신감을 되찾았다. 위대한 아버지 당 태종에 대한 콤플렉스에 시달리던 당 고종도 그것으로 자신의 남성적인 힘을 만천하에 증명해 보였다. 문약한 사람으로 결코 지배하기를 원치 않았고 한때 정치를 혐오했던 그가, 그의 시대가 아버지의 시대보다 더 찬란하다는 말을 믿기 시작했다.

유약한 고종이 수 양제와 당 태종 둘 다에게 비참한 실패만을 가져다주었던 대규모 군사적 원정에서 성공했다는 것은 매우 놀랄 만한 일이다. 그러나 고종은 그의 선대가 가지지 못한 두 가지 유리한 조건을 가졌다. 첫째는 연개소문의 죽음 이후 고구려에 내란이 발생해 방어력이 극도로 약해진 점이다. 둘째는 해로로 공급이 가능한 육상 기지 백제를 확보함으로써 군대가 재빨리 고구려의 심장부를 공격할 수도 있고 제2의 전선을 뚫는 것도 가능하게 됐다는 점이다. 마지막으로 당의 군대는 이제 더이상 요동을 통과하는 긴 육로에 전적으로 의지하지 않았는데, 그 길은 여름 장마 기간 동안에는 수렁이 됐고, 너무나 일찍 들이닥친 겨울의 매서운 추위로 인해 고통을 주었다. 거기다가 말갈과 거란 기병의 급습으로 언제 보급로가 차단될지 알 수도 없었다.

　고구려가 멸망한 직후 그 아래 복속해 있던 말갈인들이 당에 투항했다. 그 이유는 너무나 간단하다. 그들의 삶의 터전이자 후원자였던 고구려가 멸망하자 더이상 먹고살기가 막막했기 때문이다. 고구려의 멸망 이후 골돌부·안거골부·호실부 등의 말갈인들은 구심점을 잃고 흩어졌으며, 백산말갈인들이 대거 당으로 귀부했다. 고구려에 속해 있던 속말말갈의 일부도 당에 투항했다. 발해말갈의 대조영이라는 자는 본래 고구려 별종이었는데, 고구려가 망하자 그 가속들을 이끌고 영주로 이동했다. 여기서 가속이라는 것은 혈연 가족뿐 아니라 그가 거느리던 부중 전체를 의미할 수도 있다. 대조영은 자신의 부락민들을 이끌고 영주로 본거지를 옮겼던 것이다.

　646년 설연타에 속했던 속말말갈이 당에 귀부했고, 648년에는 거란이, 668년 직후에 고구려에 속해 있던 속말말갈의 일부와 백산말갈이 그러했다. 영주도독부의 관할하에 있던 그들은 나당전쟁기에 이근행 휘하의 병력으로 활용됐다.

공존이 불가능한 타자, 고구려

"수나라와 당나라는 왜 고구려를 붕괴시키는 데 그토록 집착했을까."

이런 화두가 필자의 머릿속을 지난 10년간 맴돌았다. 침략자가 진실을 아는 경우가 많다. 실마리는 우리 자신의 입장이 아니라 타자의 입장에서 생각해보는 데 있었다. 수는 고구려와의 전쟁에 패해 국가가 파탄이나 끝이 보이지 않은 내란으로 번졌고, 결국 국가가 망했다. 수 말의 내란을 수습하고 일어선 당도 645년부터 668년까지 전쟁으로 입은 피해는 막대하다. 그중에서 가장 큰 것은 당이 실크로드 지역의 이권을 상당히 상실했다는 점이다. 당이 만주와 한반도에 23년간 총력을 집중하는 사이에 토번(티벳)이 실크로드 지역을 잠식하는 것을 방관 했다. 토번은 670년에 천산남로를 석권했고, 이로부터 실크로드의 경영권을 두고 당과 토번 사이의 150년에 걸친 전쟁이 시작되었다. 여기서 수혜를 본 나라 가운데 하나가 신라다. 신라는 당의 주력이 실크로드로 빠지자 당에 사정없이 덤벼들었고(나당전쟁), 대동강 이남의 땅을 확보할 수 있었다. 당은 676년 토번의 공격 때문에 신라를 방치할 수밖에 없었고, 682년 돌궐의 부흥도 근절할 수 없었으며, 이로 인해 698년 만주에 발해가 들어서는 것도 막을 수 없었다. 고구려 멸망으로 당의 지배력이 파미르고원을 넘어 중앙아시아에서 한반도까지 미치는 순간 토번의 등장으로 모든 것이 와해되었다.

당은 토번을 견제하기 위해 지금의 중국 운남성에 남조南詔라는 나라의 건국을 도왔다. 하지만 남조는 토번과 동맹을 맺었고, 그 세력을 사천지방까지 확대했다. 751년 초와 754년 여름 당은 남조의 정벌에 돌입했다. 여기서 모두 당군 10만 정도가 희생되었다. 그것은 당 중앙의 권력을 잡고 있었던 양국충의 무력 기반에 치명적인 공백을 낳았고, 755년 그의 정적 안록산이 반란을 일으키는 중요한 환경을 제공했다. 안사의 반란이 수습된 후 중국 동해안에 가득 생겨난 반독립적 지방 정권인 번진藩鎭들을 서쪽 토번의 침공 때문에 당 조정은 어떻게 할 수도 없었다. 763년 토번군이 장안을 점령했다. 이 사건은 이제 막 극심한 내란을 극복한 당제국의 위신을 거침없이 추락시켰다. 당이 상상할 수도 없는 노력으로 질기디 질긴 고구려를 결국 멸망시켰지만 그것은 토번이라는 괴물을 낳았고, 역사의 이토록 깊은 상처로 되돌아왔다. 군사강국 토번이 팽창한 출발점은 고구려와 당의 전쟁이었다.

그렇다면 당의 군주들이 고구려를 침공한 것은 판단의 착오일까. 가만히 두면 되는데 왜 괜히 고구려를 침공해 엄청난 대가를 지불했을까. 고구려의 한사군 공격은 외세를 우리 땅에서 몰아내기 위한 투쟁이었고, 우리나라는 외국을 한 번도 침공한 적이 없다고 국사 교육을 받아온 우리에게는 수 양제나 당 태종의 고구려 침공이 단순한 고집이나 정복욕, 집착으로 보일 수도 있다. 하지만 수 양제 양광과 당 태종 이세민은 누구보다 뛰어난 무인이요 지성인이며, 자신의 왕조를 세우는 데 기여한 행동의 천재였다. 개인적인 야욕이 그들을 고구려와의 전쟁에 내몰았다고 단정하기 힘들다. 그들이 볼 때 초원의 유목민족들에게 끊임없이 반란을 하도록 부추기는 고구려는 너무나 위험한 존재라서 가만히 둘 수가 없었던 것이다.

수나라의 모체인 북주는 577년 동쪽의 북제를 무력으로 병합하고 북중국을 하나로 통일했다. 북제인들 사이에 북주의 통치를 마음속으로 받아들이는 이는 거의 없었다. 북제와 인접한 동북의 강국 고구려는 수나라에 대한 북제인들의 반감을 집요하게 이용했다. 나아가 607년 8월 초원의 가을 계민가한의 천막궁정에서 고구려 사신을 목격한 수양제는 진노했다.

578년 고구려 평원왕의 사위인 온달이 휘하의 고구려기병과 거란 기병을 이끌고 요서에 들어가 공포의 씨앗을 뿌렸다. 598년 고구려 영양왕 휘하의 말갈 기병 1만이 요하를 넘었다. 수의 영역인 요서에 무자비한 약탈과 살인이 자행됐다. 598년 수 문제는 고구려를 치려고 군사를 모았지만 턱없이 실패했다. 수나라의 위신을 크게 떨어뜨리는 사건이었다. 이로 말미암아 수에 반감을 품고 있던 북제지역의 사람들과 돌궐인들이 고구려의 강성함을 재인식하게 되었다.

초원에서 고구려 사신을 목격한 수 양제는 계민가한의 돌궐 기병을 동원해 고구려를 침공하려는 계획을 세웠다. 하지만 일이 꼬였다. 고구려 침공 문제를 의논하기 위해 수나라를 방문한 계민가한이 609년 낙양에서 죽었다. 그의 아들 시필始畢이 돌궐의 가한으로 즉위하자 고구려는 그를 선동해 수에 적의를 갖게 만들었다.

고구려 사신은 초원에 왕위 계승이 있을 때마다 나타났다. 몽골공화국 오르콘 강 기슭의 효소차이담에 있는 비석을 보면 552년 돌궐을 세운 부민이 죽자 고구려의 장례 사절이 온 것에 대한 기록이 있다. 645년 설연타의 진주가한 장례식에서 고구려 사신은 참석했다. 수가 중국을 통일한 후 고구려는 모든 외교 채널을 동원해 자국에 유리한 환경을 만들려고 했다. 수나라와 결탁해 고구려의 남쪽 국경을 위협하는 신라의 병력을 남해안에 묶어두기 위해, 고구려는 일본에 온갖 원조를 베풀어 신라와 가까운 큐슈九州 섬에 일본의 병력을 집중시키게 했다. 고구려의 공작 범위는 일본열도의 나라분지에서 몽골고원에 이르는 방대한 것이었다.

결과적으로 고구려는 수가 자국을 침공할 때 보급을 자급자족할 수 있는 동돌궐의 협력을 전혀 이끌어내지 못하게 만들었다. 100만의 농민을 동원하다보니 보급품은 기하급수적으로 늘어났다. 612년 식량을 지고 가느라 지친 수나라 군대 30만이 고구려군에 패하여 몰살됐다. 고구려 전쟁의 패배는 수의 정치와 경제에 파탄을 가져왔다. 그러던 가운데 고구려는 동돌궐이 수에 정면도전을 하도록 부추겼다.

615년 북쪽으로 순행을 가던 수 양제가 산서 태원에서 동돌궐군의 공격을 받았다. 당 태종 이세민은 당시 동돌궐에 의해 수 양제가 위기에 처했을 때 구원군으로 참여한 16세의 소년이었다. 그가 그곳에 자원하여 간 것은 고구려 침공을 수 양제가 중단하겠다고 약속한 것 때문이었다. 이세민 또한 '고구려 노이로제'에 걸린 중국인들 가운데 한 사람이었다.

수의 멸망을 확신한 군웅들은 동돌궐의 가한에게 원조를 요청했다. 그 원조를 받은 세력의 하나가 당나라를 건국한 이세민의 아버지 고조 이연이었다. 동돌궐의 원조가 없었다면 이연은 결코 수도인 장안을 점령할 수 없었다. 당 고조는 정기적으로 동돌궐에 뇌물을 바쳤다. 천하의 영웅 당태종도 돌궐에 대해서는 재물을 바치고 비굴하게 고개를 조아려야 했다.

고구려 침공 실패와 수의 멸망이라는 역사적 짐이 당 태종의 어깨를 짓눌렀다. 천운이 따라 630년 돌궐이 자체 붕괴하면서 당에 복속되었고, 그들을 보조 병력으로 이용해 변경을 정복하고 실크로드 지역을 차지했다. 하지만 초원에 동돌궐을 대신하여 새로이 들어선 유목제국 설연타가 있는데 이를 상대로 고구려가 또 어떤 짓을 할지도 모른다고 생각했다. 당 태종에게 고구려와의 전쟁은 피할 수 없는 운명이었다.

동쪽 고구려에서 전쟁을 하려면 서쪽의 안정이 필요했다. 641년 당 태종은 자신의 딸을 서방의 강국 토번의 국왕에게 시집보냈다. 당시 티벳 고원의 패권을 두고 양동洋同과 치열한 전쟁을 벌여야 했던 토번의 국왕 송첸캄포도 당태종의 의도를 잘 알고 있었다. 인도와 인접한 라싸 Lhasa의 궁전에 있던 송첸캄포가 요동에서 돌아온 당 태종에게 서신과 근사한 선물을 보낼 만큼 고구려와의 전쟁에 대하여 관심을 가지고 있었다(『구당서』토번전). 그 전쟁은 세계를 변모시킬 수도 있고 토번의 운명을 바꿀 수도 있었다. 당시 태종의 딸 문성공주와 함께 당의 발달된 문물과 과학기술이 토번에 유입되고 있었고, 토번의 국가시스템이 고도화되고 있었다. 고구려가 당에 빨리 굴복하면 토번의 장래도 어두워질 것이 자명하다. 전쟁의 결과도 중요하지만 고구려가 당과의 전쟁에서 얼마나 오래 버티는지도 중요했다. 고구려가 오래 버틸수록 토번은 당으로부터 지속적인 원조를 받고 티베트 고원의 통일을 달성할 수 있는 시간을 벌기 때문이다. 당시에는 토번에 대한 당의 전폭적인 원조가 부메랑이 되어 당을 조여 오는 괴물 토번을 만들어낼지 아무도 몰랐다.

30년 후 미래의 일이었으니 말이다.

645년 당 태종이 우려했던 일이 벌어졌다. 그해 그가 고구려를 침공하여 안시성을 함락 직전까지 몰아붙이자 고구려는 몽골 초원에 있는 유목제국 설연타에 거금의 공작금을 소지한 사신을 보낸다. 당에 적개심을 품은 다미가한多彌可汗이 설연타의 새로운 가한으로 등장했다. 설연타는 10만 대군을 이끌고 당의 수도와 인접한 오르도스 지역을 침공한다. 당 태종은 안시성 앞에서 병력을 돌리지 않을 수 없었다. 당 태종은 그해 12월 군을 독려하기 위해 오르도스와 인접한 영주에 도착했다. 이동 중의 가마에서 당태종은 심하게 앓았다고 한다. 그것은 살인적인 스트레스 때문이었다.

당 태종은 병이 들었고, 황태자였던 당 고종은 아버지 머리맡에서 자식의 도리를 다해야 했다. 태종은 고구려 정복에 대한 집착을 버리지 못했다. 중풍에 걸려 반신불수가 된 황제는 더욱 성마르고 의심 많은 사람으로 변해갔고, 회한도 끝없이 깊어갔다. 그리고는 결국 세상을 등졌다.

661년에도 고구려는 몽골고원 서쪽에 있는 철륵에게 공작을 했다. 당의 장군 계필하력의 유목민 기병과 대동강에 상륙한 소정방의 보병이 평양성을 포위한 상태였다. 고구려의 멸망이 눈앞에 있는 듯했다. 그러나 10월 몽골고원 서쪽 유목민 철륵의 여러 부족들이 당에 대하여 반란을 일으켰다. 고구려에서 작전을 지속한다면 고구려는 멸망시킬 수 있다. 하지만 당의 주력이 고구려에 있다는 것을 너무나 잘 알고 있는 철륵의 유목 기병들이 수도 장안으로 쳐들어올 수도 있다. 당 고종은 고구려에 있는 계필하력의 유목 기병 군단을 서북으로 돌리라고 명령을 내렸다. 고구려 평양성 앞에는 당의 보병들만 남았다. 그리고 아주 비극적

포탈라궁. 7세기 토번을 통일한 송첸캄포 왕이 당나라에서 시집온 문성공주를 위해 수도 라싸에 지은 궁이다. 토번이 무너진 후 폐허가 되었다가 훗날 티베트의 달라이라마가 재건축했다.

인 철수가 시작되었다. 남겨진 당의 방효태 군단이 여기서 전멸했다.

하지만 한반도에서 신라가 그 파트너로 선택된 것처럼 당은 자신의 편에서 싸울 수 있는 북방의 유목민세력을 끊임없이 확보해나갔다. 초원에서 유목민과의 전쟁은 당의 힘을 고갈시켰던 것이 아니라 그 군사력을 배가시켰다. 이것이 당이 중국에서 가장 위대한 나라가 될 수 있었던 비결이었다. 당은 과거에 자신을 적대하고 반란을 일으켰던 세력을 분쇄하여 현재의 자신의 힘으로 역전시키는 정교한 '포획장치'를 가지고 있었다. 당나라의 진정한 힘은 여기에 있었다. 630년 동돌궐이 붕괴된 이후 10만에 달하는 돌궐인들 당의 군대에 편입되었고, 그 병력을 이용해 645년 고구려를 침공하고 646년 설연타를 멸망시켰다. 그후 설연타 휘하에 있던 수많은 유목민들을 내세워 657년에 서돌궐을 격파하고 나아가 다시 고구려 침공에 투입시켰다. 661년 철륵의 제부를 쳐부수고도 역시 그러했다.

하지만 당의 포획장치는 고구려가 멸망한 후 14년을 가지 못했다. 682년 돌궐은 당의 지배를 벗어나 독립을 쟁취했고, 698년 말갈인들이 이탈해 옛 고구려 땅에 발해를 세웠다. 또한 심한 부작용도 일으켰다. 755년에 잡호雜胡 안록산이 당을 뿌리채 흔드는 반란을 일으켰다. 키우던 가축이 주인을 물었다. 이 모든 원인은 토번과의 전쟁으로 전비가 소모되어 당이 그들에게 지속적인 원조를 할 수 없었거나, 토번을 견제하기 위해 당이 키운 남조라는 나라와의 전쟁에서 중추 병력을 상실했기 때문이었다.

당나라보다 650년 전에 태어난 노련한 고구려에게도 '포획장치'는 있었다. 고구려의 국가 수명은 중국사에서 볼 때 한대부터 당 초기에 이르는 700년간의 장구한 세월이었다. 그 장수의 비결은 가축을 훈련시켜 자신의 보조자로 삼은 목자의 역할이 아니라 그 인간을 가축화하여 부리는 기술이 있었기 때문이었다. 고구려는 그들을 우리에 넣거나 목에 끈을 감아두는 것이 아니라 방목했다. 가둔다면 그들의 소질인 기마 전투능력과 전마를 양성하는 기술이 감퇴되기 때문에 아무런 쓸모가 없게 된다. 고구려는 그들을 자신의 가족으로 받아들였다. 밥 때가 되면 집으로 찾아오는 가축처럼 그들은 고구려에 의존적이었다.

단지 유목과 수렵생활만으로는 풍부한 잉여생산을 가져오지 못한다. 하계의 한발과 들에 불이 발생하여 목초지가 소멸되는 경우도 있다. 심한 경우에는 동계의 한파와 눈의 피해로 집단을 통째로 소멸시키는 패닉panic도 있다. 위험과 공포가 끊임없이 따라다닌다. 또한 일용하는 생활필수품부터 농업 생산물, 게다가 각종 전쟁 도구까지 완전하게 자급자족하는 것은 불가능하다. 그들은 도시와 집락, 농경 생산력을 가진 국가와 공생을 도모하지 않으면 안 된다. 거란이나 말갈인[1]들은 그들이 키운 말이나 소, 양, 돼지 그리고 모피 등을 가지고 고구려와 교역을 해야 했다. 물론 고구려에게 이것은 출혈교역이었다.

당시 고구려의 영토 안에 살고 있던 거란인과 말갈인들은 고구려 국왕의 명을 따라야 했다. 고구려는 휘하의 그들에게 직접적인 영향력을 행사하고 있었고, 그것은 즉각적으로 작동되었다. 고구려는 그들에게 안전하게 생활을 영위할 수 있는 질서를 부여했고, 겨울이 되면 그들에게 꼭 필요한 곡물을 정기적으로 지급했다. 그들이 생활을 영위하는 데 혜택을 주지 않았다면 고구려의 입김이 들어가지도 않았다. 그것은 수백 년 이상 그들과 함께 살아온 고구려인들의 관리 방식이었다. 우리는 여기서 고구려가 어떻게 그들을 다루었느냐가 아니라 어떻게 함께 했느냐를 생각해봐야 한다. 언제나 고구려를 둘러싼 국제 상황은 시련이자 기회였다. 시련은 고구려인들에게 살아남는 법과 더불어 어떻게 휘하의 그들과 공생하는지에 관한 가르침도 주었다.

거란인과 말갈인이 없다면 기병의 동원도 전마의 원활한 공급도 어려워진다. 방치하면 그들은 고구려를 떠났고, 항상 적의 편에 가담해 고구려를 괴롭혔다. 고구려의 군주들이 다른 유목민들을 약탈하거나 제압할 때도, 중원의 왕조들과 대결할 때도 그들의 도움이 필요하다는 것을 잘 알고 있었다.

그러나 중국을 통일한 수당왕조는 고구려가 거란과 말갈을 휘하에

---

1) 서문에서 밝힌 바와 같이 말갈인들은 유목민이라 말할 수 없다. 그들은 수렵과 목축 그리고 약간의 농사도 지었다. 하지만 기마능력이 뛰어났고, 전마를 양성하는 능력도 소유하고 있었다. 이러한 면에서 속말말갈이 유목민과 거의 같은 능력을 보유한 것으로 생각된다. 대조영과 그의 집단이 여기에 속한다.

두고 부리는 것을 끈질기게 방해했다. 수당의 지속적인 유인정책으로 고구려로부터 이탈이 발생하기도 했다. 수당은 사람들을 보내서 그들의 추장들에게 작위와 벼슬을 주고, 이와 함께 대규모 물량공세를 취했다. 수당은 그들이 살 수 있는 초원을 주었고, 그들의 사신이 조정에 오면 적지 않은 시혜를 베풀었다. 시장을 개설해 중국 상인과 자유로운 교역도 허락했다. 수당의 목표는 그들과 고구려의 관계를 더욱 약화시키자는 것이었고, 가능하다면 고구려에 대한 대리 공격을 감행할 용병으로 그들을 이용하고자 했다. 수당과 고구려 사이의 생존을 건 끝없는 전쟁은 여기에서 시작되었다.

668년 고구려가 멸망할 당시 북방 몽골 초원에는 당에 대항할 수 있는 유목제국이 사라졌다. 바꿔 말한다면 고구려가 동업할 수 있는 대상이 없어졌던 것이다. 당은 서북방에서 고구려와 손을 잡을 수 있는 유목민 세력들을 차례로 각개 격파했다. 630년에 동돌궐을, 646년에 설연타를, 657년에는 서돌궐을, 661년에 철륵의 여러 부족이 그 뒤를 이었다. 더구나 665년 고구려 집정자 연개소문이 죽고 그의 무능한 아들들 사이에 내분이 터지자 고구려 휘하에 그나마 남아있던 거란과 말갈인들이 대부분 당으로 붙었다. 그것이 결정적으로 고구려를 멸망으로 이끌었다.

고구려를 뿌리채 뽑은 당이 멸망하고 중국에는 오대五代라는 분열의 시대가 찾아왔다. 고구려는 사라졌지만 그 휘하에 있었던 거란족이 발해를 멸망시키고 요나라(907~1125)를 세워 북방의 초원과 북중국의 상당부분을 지배했고, 역시 고구려의 휘하였던 말갈족의 후손인 여진족이 요나라를 멸망시키고 금나라(1115~1234)를 세워 북방 초원과 북중국 전체를 지배했다. 주인이 없어지자 사나워진 가축들이 번갈아가

초원의 겨울은 한 마을이나 집단을 죽음으로 몰아넣을 만큼 춥고 척박하다.

며 아시아 최대 군사강국을 세웠다. 당시 중국인이 세운 가련한 송나라
는 북방의 두 나라에게 거액의 뇌물을 정기적으로 바치고 연명해야 했
다. 이들은 과거의 주인이었던 고구려보다는 훨씬 단명했지만, 더 위대
한 제국을 건설했던 것은 확실하다. 이는 고구려가 그들을 휘하에 두고
수백년 동안 얼마나 지능적으로 단속했는지를 여실히 말해준다.

부록1

고구려 왕위계보

부록2

오호16국 시대 유목민족 일람표

고구려 왕위 계보

1대 동명성왕 주몽	• 기원전 59년 주몽 부여 왕궁에서 탄생 • 기원전 37년 고구려 건국. 말갈족을 물리침 • 기원전 36년 6월 비류국왕 송양이 항복 • 기원전 32년 10월 동남의 행인국 정복 • 기원전 28년 11월 북옥저를 멸함 • 기원전 19년 4월 아들 유리 고구려에 옴 　9월 주몽 40세로 사망 　아들 유리 즉위
2대 유리왕	• 기원전 9년 선비족 격파하여 복속시킴 • 기원전 6년 부여왕 대소 고구려 공격하려다 물러남 • 서기 3년 국내성으로 천도 • 8년 황룡 국왕과 태자 해명의 마찰 • 9년 8월 부여왕 대소 사신을 보내 협박함 • 12년 한나라의 왕망 흉노를 치기 위해 고구려에 군사를 청하여 　고구려 병력을 파병 　중국 영내에서 고구려 기병 약탈자로 돌변 　이후 중국에 대한 고구려의 약탈이 시작됨 • 13년 부여의 침공을 막아냄 • 14년 고구려 양맥과 한나라의 고구려 현 점령 • 18년 유리왕 사망 　아들 대무신왕 즉위
3대 대무신왕	• 19년 백제인 1천여 호 투항해옴 • 부여왕이 까마귀를 보내옴 • 22년 부여와 까마귀 전쟁, 부여왕 대소를 함정에 유인하여 죽임 　고구려군 철수 • 26년 개마국 정복 • 28년 한나라의 요동 태수 고구려 침공 격퇴 • 37년 낙랑군 공격 • 44년 대무신왕 사망 　아우 민중왕 즉위
4대 민중왕	• 48년 대무신왕의 아들 해우 모본왕으로 즉위
5대 모본왕	• 서기 49년 기근이 들자 고구려 기병 북평, 어양, 상곡, 태원 등 북중국 약탈함 • 현도군에서 호시互市 개설함 　고구려와 선비의 별종 만리가 담비 가죽으로 만든 외투와 좋은 말을 　현도군에 증여하고 후한은 황제의 이름으로 그 두 배의 가치에 해당하는

대가를 줌
- 53년 모본왕 피살됨
 유리왕의 아들인 고추가 재사의 아들 태조왕(7세) 즉위

6대 태조왕	- 56년 동옥저 정복 - 68년 갈사국왕 나라를 들어 항복해옴 - 72년 조나 정복 - 56년 동옥저 정복 - 74년 주나 정복 - 105년 한나라 요동의 6개 현 약탈 - 요동 태수 경기 고구려의 '맥인' 격파 - 111년 예맥과 함께 현도군을 공격 - 118년 현도군, 화려성 공격 - 121년 봄 왕제 수성 한漢 군대를 속여 막아섬 그때 왕이 현도군 공격하여 2천 명 살상 4월 왕이 선비족과 함께 요대현 약탈 12월 왕이 기병 1만으로 현도성 공격하자 부여군 2만이 한의 현도성을 구원하러 옴 - 122년 왕이 요동을 공격함 부여가 이를 구원함 고구려가 납치해간 중국인들을 후한 정부가 비단을 대가를 주고 속환해감 어른 40필 어린아이는 20필 - 146년 고구려 서안평 공격 낙랑 태수 처자 납치 왕이 동생 수성에게 왕위를 주고 물러남 76세 수성이 차대왕으로 즉위
7대 차대왕	- 165년 태조대왕이 별궁에서 돌아감 명임답부 차대왕을 시해함 태조왕의 막내 동생 77세 백고가 신대왕으로 즉위
8대 신대왕	- 166년 명임답부 국상에 임명되어 실권 장악 고구려와 선비 흉노가 후한을 약탈 168년 12월 - 168년 선비족과 고구려(예맥)가 유주와 병주 2주를 약탈함 현도 태수 경림이 고구려 공격해옴 - 169년 현도 태수 공손도와 함께 부산적 토벌 - 172년 한나라 군대가 고구려 공격 명임답부의 계획대로 청야전술 시행 후퇴하는 한나라 군대 전멸시킴 - 179년 명임답부와 신대왕이 돌아감 신대왕의 차남 이이모 고국천왕으로 즉위 장남 발기 하호 3만 호와 함께 공손씨에 투항
9대 고국천왕	- 184년 왕의 기병이 좌원에서 한나라군 전멸시킴 - 191년 좌가려 등 4연나 반란 평정

을파소 대사자가 됨
- 197년 한나라 황건적의 반란으로 파국
많은 유민들이 고구려로 이주함
5월에 왕이 죽고 아우 연우가 산상왕으로 즉위

10대 산상왕	<ul><li>197년 왕의 형 발기가 요동 태수에게 투항함</li><li>204년 공손도公孫度의 아들 공손강公孫康이 황해도에 새로이 대방군을 세움</li><li>217년 한나라의 평주의 사람 하요가 백성 1천 가를 이끌고 투항해오자 왕이 책성에 살게 함</li><li>227년 산상왕이 돌아감 아들 위거 동천왕으로 즉위</li></ul>
11대 동천왕	<ul><li>234년 조위가 사신을 보내 화친함 그해 촉한의 승상 제갈량이 죽어 조위의 서부 전선에 안정이 찾아오자 군대를 요동으로 돌리기 위한 사전 공작이었음</li><li>236년 2월 오의 왕 손권이 사신을 보내 화친을 청함 7월 왕이 그 사신의 목을 잘라 조위에 보냄</li><li>238년 조위의 권신 사마의가 공손연을 공격하니 왕이 군사를 보내 돕게 함</li><li>239년 사마의 공손연을 일거에 무너뜨리고 여세를 몰아 바닷길로도 군대를 보내 공손씨 지배하에 있던 낙랑·대방 2군을 단숨에 접수함</li><li>240년 정월 조위의 명제가 죽고 10세의 어린 황제 조방이 즉위함 후견인은 황족인 조상으로 그는 사마의를 황실에 장애가 되는 자라 생각해 관직을 높이는 척하면서 한직으로 쫓아냄</li><li>242년 왕이 압록강 입구인 서안평을 공격</li><li>246년 조위 장군 관구검이 휘하의 병사와 선비 기병을 이끌고 고구려를 침공함 동천왕 패하여 연해주 부근으로 도주함 조위군 지금의 연변 부근에서 만주 평원을 가로질러 귀환</li><li>247년 수도를 환도성에서 평양으로 옮김</li><li>248년 신라가 사신을 보내와 화친을 맺음 가을에 왕이 돌아가고 아들 연불이 중천왕으로 즉위</li></ul>
12대 중천왕	<ul><li>250년 조위의 권신 사마의가 쿠데타로 권력 장악</li><li>259년 두눌 골짜기에서 사냥하다가 조위 군대의 침공 소식을 접하고 기병 5천을 소집 양맥 골짜기에서 조위 군대 8천을 전멸시킴</li><li>263년에 유비가 세운 촉이 망함</li><li>265년 각본대로 선양을 받아 사마씨 진晉이 들어섬</li><li>270년 왕이 사망. 아들 약로 서천왕으로 즉위</li></ul>
13대 서천왕	<ul><li>280년 겨울 10월 숙신(말갈)이 쳐들어와 변경의 백성을 살육하자 동생 달가가 숙신을 엄습하여 추장을 죽이고 600호를 부여 남쪽 오천으로 옮기고, 그 부락 17곳을 복속시킴 그해 손오가 사마씨 진의 침공에 무너짐. 중국이 재통일</li></ul>

- 291년 사마씨 진에서 왕자들의 15년 내란('팔왕의 난')이 시작됨
- 292년 사망. 아들 상부가 봉상왕으로 즉위

14대
봉상왕
	• 즉위년에 왕은 숙신을 평정한 삼촌 달가를 살해함
	• 293년 선비족 모용외가 침공해오자 왕이 피신
	  고노자의 도움을 받아 신성으로 들어감
	  그해 왕은 동생 돌고를 할복하게 함
	  돌고의 아들 을불이 몸을 숨김
	• 296년 선비족 모용외가 침입하여 서천왕의 무덤을 파헤침
	• 298년 왕이 도망간 조카 을불을 찾아내 죽이려고 함
	• 300년 흉년이 들어 백성들이 서로 잡아먹자
	  왕에게 국상 창조리가 극언을 함
	  사냥터에서 창조리 쿠데타를 일으켜 봉상왕 연금
	  창조리 을불을 미천왕으로 즉위시킴

15대
미천왕
	• 302년 왕이 군사 3만을 이끌고 현도군을 약탈하여
	  8천 명을 사로잡아 평양으로 옮김
	• 307년 유연劉淵이라는 흉노 선우의 자손이 석륵石勒 휘하의 갈족과 중국인
	  도둑 떼의 항복을 받아들여 산서성 대부분을 차지하고 스스로 황제의 자리에
	  오름
	  중국 5호16국시대 시작
	• 311년 압록강 입구인 서안평을 점령
	  모용외의 본거지인 요동으로 쳐들어가서 대대적인 약탈을 감행함
	• 312년 석륵에 의해 진나라 주력 군대 10만이 고현(苦縣, 현재 하남 녹읍현)에
	  서 전멸함
	  역사에서 서진이라 불리는 나라 멸망
	• 313년 낙랑군을 습격하여 남녀 2천을 잡아옴
	• 314년 대방군을 침
	• 315년 현도군을 공격하여 함락시키고 죽이고 사로잡은 자들이 많았음
	• 318년 3월 양자강남 건업에서 사마의의 증손인 사마예가 진왕의 자리에 오름
	  역사에서 동진이라 불리는 나라 건국
	• 319년 중국인 최비가 망명해옴
	  앞서 고구려가 선비의 우문부, 단부와 연합해 모용부의 극성棘城을 포위했다
	  해산함. 우문부와 모용부의 전쟁에서 모용부가 승리함
	• 320년 요동에서 선비족 모용씨와 싸움
	• 330년 후조의 석륵이 사신을 보내옴
	• 331년 왕 사망. 아들 사유가 고국원왕으로 즉위

16대
고국원왕
	• 334년 평양성을 증축
	• 338년 4월 후조의 석호가 전연의 수도인 극성을 포위하자 송황이 고구려로
	  피신함
	  겨울, 압록강으로 곡물을 가득 실은 배 300척이 들어옴
	  후조後趙의 왕 석호石虎가 고구려에 보낸 군량임. 전연에게 패한 바 있는

석호가 연합하여 전연을 공격하자고 제안함. 12월 단요段遼의 배신으로
병력의 6할 이상을 잃은 석호는 패배함. 이 사건은 전연의 군대가 고구려를
침공하는 직접적인 계기가 됨
- 339년 전연의 모용황이 신성으로 쳐들어옴
  왕이 맹약을 하니 물러남
- 340년 왕세자를 전연에 보내어 조회함
- 342년 환도성을 수리하고 국내성을 쌓음
  전연의 모용황이 용성(조양)으로 천도함
  모용황이 고구려를 쳐들어와 환도성을 함락
  미천왕의 시신을 파내고 왕모와 왕비, 수도의 남녀 5만이 잡혀감
- 343년 왕이 아우를 전연에 보내 막대한 물품을 바치고 미천왕의 시신을 찾아옴
- 345년 전연이 고구려의 남소성을 차지함
- 349년 송황을 전연에 되돌려 보냄
- 350년 전연이 하북의 일부를 후조로부터 빼앗고 수도를 지금의 북경 부근인
  계薊로 옮김
- 352년 모용준은 염민冉閔을 공격하고 패퇴시키고 관중을 제외한 하북을
  차지하고, 전연의 수도를 업으로 옮김
- 355년 전연이 왕모를 송환
- 369년 왕이 백제와 치양에서 싸우다 패함
  그해 전연의 왕자 모용수 전진에 투항
- 370년 전연이 전진前秦에 패하여 망함
- 371년 왕이 평양성에서 백제군과 싸우다 전사 아들 부구가 소수림왕으로
  즉위함

17대
소수림왕

- 372년 전진의 황제 부견이 불상과 불경을 보냄
- 374년 승려 아도가 중국에서 고구려에 옴
- 375년 왕경에 초문사와 이불란사를 세움
- 376년 백제가 변경을 침공해옴
- 377년 백제가 평양성을 침공해옴
- 378년 거란이 북변을 침공하여
  고구려 휘하 유목민 8개 부락을 잡아감
- 383년 전진이 비수의 전투에서 동진군에 대패함
- 384년 왕이 사망
  동생 이련이 고국양왕으로 즉위

18대
고국양왕

- 385년 요동을 습격하여 요동과 현도군을 장악하여 남녀 1만을 잡아옴
  11월 모용농이 현도군과 요동군을 다시 점령
- 386년 담덕(광개토왕)이 태자가 됨
  가을에 백제를 공격함
  모용수가 후연을 건국함
- 389년 기근이 계속되고 백제의 침공도 계속됨
- 391년 신라왕이 실성을 인질로 보내옴
  왕이 사망하고 태자 담덕이 광개토왕 즉위

19대 광개토왕	• 즉위 원년에 백제의 10성 함락시킴 　9월 거란을 정벌하여 378년에 잡아간 고구려의 유목민 1만 명을 데리고 옴 　10월 한강 입구에 있는 백제의 관미성을 점령 • 392년 장군을 보내 백제의 침공을 막아냄 • 393년 침공해온 백제군을 기병 5천으로 섬멸 • 394년 패수에서 백제군을 쳐서 이기고 8천 명을 사로잡음 • 395년 광개토왕이 거란 유목민의 일파인 패려의 700개 마을을 공격해 엄청난 　가축 무리를 노획함. 왕은 귀환할 때 사냥을 함 　그해 11월 내몽고의 참합피 부근에서 후연군이 북위군에 의해 전멸됨 • 396년 고구려는 백제를 공격해 왕의 항복을 받아냄. 항복 의식이 끝나고 광개 　토왕은 백제왕의 동생과 대신 10인을 데리고 국내성으로 개선함. 이 작전으로 　백제의 58성 700개 촌(지금의 한강 중상류 지역)을 점령 • 398년 광개토왕이 군대를 말갈지역에 파견해 고구려의 지배력을 확인함. 모ㅁ 　라성莫ㅁ羅城 가태라곡加太羅谷의 남녀 300여 인을 잡아서 끌고 옴. 이후 말 　갈帛愼은 고구려 조정에 조공하고, 그 내부의 일을 보고하며 고구려의 명을 　받음 • 399년 후연의 모용희가 신성과 남소성을 함락시키고 5천여 호를 잡아감 • 400년 왜의 대군이 가야지역에 상륙해 신라를 향해 진군해옴 신라의 요청으 　로 군대를 보내 경남 함안까지 왜군을 추격하여 전멸시킴 • 401년 후연의 수도와 인접한 숙군성 장악함 • 403년 후연을 공격함 광개토왕은 요하 동쪽의 땅 요동을 확보함 • 404년 후연이 요동성을 침공함 　황해도에 상륙한 왜군을 궤멸시킴 • 405년 후연이 목저성을 공격하였으나 실패함 • 407년 모용희가 수도를 비운 사이에 쿠데타가 일어나 풍발이 모용운을 옹립 　후연이 망하고 북연이 들어섬 • 408년 왕자 거련(장수왕)을 태자로 책봉함 　북연에 사신을 보냄 • 410년 광개토왕은 동부여 정벌하여 64개 성, 1400개 촌을 공파함 • 412년 사망 　거련이 장수왕으로 즉위함
20대 장수왕	• 424년 신라가 사신을 보내옴 • 427년 수도를 평양으로 천도함 • 435년 북위에 침공을 받고 멸망의 위기에 몰린 북연의 황제 풍홍이 망명을 　요청함 • 436년 왕이 장군 갈로맹광을 북연의 수도에 파병함. 고구려군이 북연의 　수도를 대대적으로 약탈하고 황제 풍홍과 그 주민을 모두 끌고 와 요동에 　정착시킴 • 438년 풍홍을 살해함 • 요동으로 풍홍을 구출하러 온 유송의 군대 7천과 전투가 벌어짐 　유송의 장군 왕백구 등을 송환해줌

- 455년 사신을 유송에 보냄
- 462년 3월 고구려가 23년 만에 북위에 사신을 파견함
- 466년 북위의 풍태후 고구려에 청혼
  장수왕이 완곡하게 거절함
- 468년 말갈군대 1만을 동원 신라를 공격
- 472년 백제 사신이 북위 조정에 도착
  고구려를 치기 위해 백제가 청병을 함
  그해 북위와 고구려의 교역 규모 2배 증가
- 473년 8월에 북위 토욕혼의 항복을 받음
- 475년 백제의 한성을 함락시키고 백제왕과 그 가족들 학살함. 남녀 8천을
  잡아옴
- 476년 정월에 신라 자비왕이 백제 왕실의 참상을 듣고 왕궁 반월성을 버리고
  명활산성으로 이거
  풍태후가 북위 헌 문제를 독살하고 권력 장악
- 479년 유연과 공모하여 동몽골의 유목민 지두우를 분할함
- 489년 신라의 호산성 함락
- 491년 장수왕 98세로 사망
  손자인 나운이 문자명왕으로 즉위

21대 문자왕	- 492년 북위 정부 관리 봉궤가 변민을 잡아간 거란족이 고구려 휘하에 있는 자들이라는 사실을 알고, 왕에게 송환을 요구함 - 494년 부여왕이 처자를 데리고 항복해옴 신라와 백제와 전투를 벌임 - 495년 백제의 치양성을 포위함 신라의 구원군 파견으로 물러남 - 496년 신라군에게 패함 - 497년 신라의 우산성을 함락시킴 - 499년 기근으로 백제인 8천 명 투항해옴 - 503년 백제군이 수곡성에 쳐들어옴 - 506년 백제를 공격하였으나 실패함 - 507년 왕이 장군 고노와 말갈군을 보내 백제를 공격하였으나 물러남 - 512년 백제가 가불과 원산 두성을 함락시키고 남녀 1천 명을 잡아감 - 519년 문자명왕 사망. 아들 흥안이 안장왕으로 즉위
22대 안장왕	- 520년 고구려로 향하던 양나라 사신 북위에 나포됨 그해 초원에 유연의 가한 아나괴와 그 삼촌 사이에 내란이 발생 - 523년 백제를 침 그해 북위를 파국으로 몰고 간 군인들의 반란이 시작됨 - 525년 이때부터 북위에서 유인들이 들어옴(모두 5천 호) - 529년 오곡에서 백제군을 격파하고 2천을 죽이거나 사로잡음 - 531년 궁중 내 정변이 일어나 왕이 피살됨 왕의 아우 보연이 옹립되어 안원왕으로 즉위

23대	
안원왕	• 533년 중부인의 소생 평성을 태자로 삼음
	• 540년 백제의 공격을 격퇴함
	• 545년 안원왕이 임종의 침상에 눕자 중부인 집안의 군대와 소부인 집안의 군대가 궁문에서 격돌하여 3일간의 전투가 벌어짐
	여기서 죽은 자가 2천이나 됨
	중부인의 태자 평성이 양원왕으로 즉위

24대	
양원왕	• 548년 예의 군사로 백제를 공격
	• 550년 백제가 도살성을 함락시킴
	백제 금현성을 공격했으나 신라가 틈을 타서 두성을 빼앗음
	• 551년 신라가 한강 유역을 차지함
	• 552년 평양에 장안성을 쌓음
	• 553년 북제의 사신이 왕을 폭행함
	북위의 유민 5천 호를 북제로 송환함
	• 554년 백제 웅천성을 공격
	• 555년 돌궐이 신성을 공격하다가 백암성으로 옮겨 공격 장군 고흘이 군사 1만 명을 거느리고 막아 싸워 이기고 1천여 명을 죽이고 사로잡음
	• 557년 왕자 양성을 태자로 삼음
	• 559년 왕이 사망. 양성이 평원왕으로 즉위함

25대	
평원왕	• 560년 대사면을 단행
	• 565년 왕자 원을 태자로 삼음
	• 578년 북주의 군대가 요동에 쳐들어옴
	사위 온달이 기병으로 이를 격파함
	이후 요서에 대한 약탈과 도발을 지속적으로 단행함
	• 581년 수나라에 사신을 파견하여 수의 건국을 감축함
	• 590년 수나라가 중국을 통일
	그해 왕이 죽고 아들 원이 영양왕으로 즉위

26대	
영양왕	• 598년 왕이 말갈 기병 1만을 동원하여 요서를 급습
	수 문제가 그 보복으로 요동을 공격했으나 요하에 홍수와 전염병이 돌아 철군함
	그해 백제왕이 수나라에 사신을 보내 고구려 침공에 그 길잡이로 자처함
	왕이 백제를 침공함
	• 603년 신라의 북한산성을 공격
	• 607년 고구려 사신 계민가한의 천막궁전에서 양제와 마주침
	• 609년 핼리혜성 출현
	신라의 스님 융천사 혜성가 창작
	고구려 침공에 동돌궐 기병을 동원하기 위해 의논하러 낙양에 온 계민가한 사망
	계민가한의 아들 실필가한 즉위
	• 611년 수 양제가 고구려 침공 결정함
	• 612년 왕의 동생 건무가 대동강에 상륙해 평양으로 진격해온 수나라
	수군 격퇴. 해상 보급 단절
	평양성에 임박해온 수의 육군이 철수

을지문덕 살수에서 수나라 군대 15만 전멸시킴. 압록강과 요하에서
나머지 15만 전멸. 후에 그들의 뼈로 전승 기념탑 경관 건립
- 613년 수 양제가 고구려를 침공했으나 양현감이 반란을 일으켜 철수
 양현감과 친하게 지내던 곡사정이 귀순하여 수군의 기밀을 모두 알게 됨
- 614년 수군이 침공하였으나 철수함
 고구려 동돌궐 실필가한에게 공작
- 615년 태원에서 수 양제 동돌궐의 공격을 받고 20일 동안 포위. 고구려 침공을
 중단한다는 포고문을 내려 주변의 군사를 모아 포위 해제. 16세의 당 태종 이
 세민도 구원군에 참여함
- 616년 수에 대한 동돌궐의 약탈 시작됨
- 617년 수나라 파국의 길에 들어섬
 동돌궐 반란군들을 원조함
 당 고조 동돌궐의 원조를 받고 당 건국
- 618년 영양왕 돌아감
 이복동생 건무 영류왕으로 즉위
 그해 수 양제 부하에게 암살됨

27대 영류왕	- 619년 당나라에 사신을 보내 수교함 - 622년 당과 수만 명의 포로 상호 교환 - 624년 왕이 당의 책봉을 받음 - 625년 당의 도교와 불교의 도법을 배우기 위해 유학생 파견 - 626년 백제와 신라가 당에 사신을 파견해 고구려의 침공을 막아달라고 호소함 당이 화친을 권고하자 왕이 사죄함 - 629년 신라의 김유신이 낭비성을 함락 - 630년 당이 동돌궐을 멸망시킴 영류왕 고구려의 지도를 당에 바침 - 631년 당이 사신 장손사를 파견하여 수나라군의 뼈로 만든 전승 기념탑 경관 을 무너뜨림 부여성에서 요동만에 이르는 천리장성 수축 시작 - 638년 신라의 칠중성을 공격하였으나 패함 - 640년 왕이 세자 환권을 당에 보내 조공함 서역의 고창국이 당에 의해 멸망함 - 641년 세자가 돌아오는 길에 당의 정보부장 진대덕이 입국하여 요동성에서 평양에 이르는 모든 군사시설 정보를 알아냄 그해 당 태종의 딸 문성공주가 토번으로 시집감 - 642년 연개소문이 쿠데타를 일으켜 대신 100여 명과 영류왕을 살해하고 그 조카 장藏을 보장왕으로 옹립함
28대 보장왕	- 즉위년 신라 왕족 김춘추가 와서 함께 백제를 공격하자고 청했으나 거절함 - 643년 연개소문이 당에서 도교를 수입함 신라가 당에 사신을 파견하여 고구려와 백제의 양면 공격을 받고 있음을 호소함 - 644년 당의 사신이 와서 신라에 대한 공격 중지를 요청함. 그해 당은 고구려 침공을 위해 군사를 모으고 군량을 저장함

- 645년 당이 고구려를 침공함 요동성과 백암성, 개모성을 함락시킴

  안시성 앞에서 고구려 중앙군 격파됨. 안시성에서 두 달간 공방전이 지속됨

  연개소문이 설연타에 거금의 공작금을 지참한 사신을 파견함

  설연타 내부에 쿠데타가 일어나 반당적인 가한 발작이 정권을 잡음

  설연타 기병 10만이 당의 하주를 공격하자 당 태종 안시성에서 철수

  령주에서 설연타군을 막아내는 당의 돌궐 기병들을 독려함

  당 태종 중풍이 옴
- 646년 당 태종 장안으로 돌아옴

  태종이 다시 고구려 침공 작전을 의논함
- 647년 당이 작전을 바꾸어 전쟁을 전면전에서 소모전으로 전환

  당의 장군 이세적이 남소성 부근에서 고구려 군대를 격파함

  당의 장군 우진달 등이 100회의 전투를 벌이고 석성을 함락시킴

  적리성 앞에서 당군과 싸우다 고구려군 3천 명 전사
- 648년 당군이 고구려 해안에 상륙하여 역산에서 전투가 벌어짐

  당의 장군 설만철 압록강 입구에 있는 박작성을 공격함
- 649년 당태종이 돌아감 당군의 고구려에 대한 작전이 일단 중지됨
- 650년 흉년이 들어 백성들이 굶주림
- 654년 고구려 장군 안고가 휘하의 병력과 말갈 기병을 이끌고 거란을 공격

  당 휘하의 거란족 추장 이굴가가 반격에 나서 신성까지 쳐들어옴
- 655년 말갈 기병, 백제군과 함께 신라의 북쪽 변경 33성을 함락시킴
- 656년 당에 사신을 보내 황태자 책봉을 축하함
- 657년 당의 장군 소정방이 서돌궐을 격파함
- 658년 당의 설인귀가 침공해왔으나 패퇴함
- 659년 설인귀가 침공해와 횡산에서 고구려군과 전투가 벌어짐
- 660년 당군이 신라와 함께 백제를 멸망시킴
- 661년 당의 유목민 기병과 보병이 평양성을 포위함. 연개소문의 초원지대

  공작으로 유목민 철륵의 여러 부족들이 당에 대하여 반란을 일으키자

  당의 유목민 기병들이 서북방으로 철수하여 고구려에 당의 보병만 남겨짐
- 662년 정월 당의 방효태 군단이 후위 부대로 남아 전멸함
- 665년 연개소문이 죽고 장남 천남생이 막리지가 됨
- 666년 막리지 천남생이 국내성으로 순행을 간 사이에 남건과 남산이 쿠데타

  를 일으켰다. 남생은 아들 헌성을 당에 보내어 구원병을 요청함 당군이 대규

  모 병력을 구성하여 쳐들어옴
- 667년 신성이 함락됨. 남소성, 목저성, 창함성도 연이어 함락됨

  안시성에서도 공방전이 벌어짐
- 668년 고구려 멸망

  부여성이 함락되고, 부여 주 내의 40여 성이 모두 당에 항복함. 4월에 고구려

  의 멸망을 예고나 한듯 대형급 혜성이 나타남. 9월에 고구려군이 지키던 압록

  책을 당군이 돌파함

  평양성이 1개월 이상 포위. 보장왕이 항복하고 연남건과 연남생이 포로가 됨

5호16국 시대 유목민족(국가) 일람표

4세기 초엽(304년)에서 5세기 중엽 북위가 중국 화북華北 대륙을 통일할 때까지 1백여 년간 흉노, 갈(흉노의 별종), 선비, 저(티베트계), 강(티베트계)의 이른바 5호가 잇따라 정권을 수립해 서로 흥망을 되풀이했다. 그중에는 한인이 세운 왕조도 있고 그 수도 16개국을 넘었는데 이것을 흔히 5호16국이라고 한다. 이민족에 의한 중국 지배의 최초의 형태다. 이보다 앞서 한漢제국이 주변의 이민족을 정복해한 문화를 침투시켜 나가자 중국 내륙에 거주하는 이민족이 늘어갔으나 민족의 자주성을 잃은 그들은 한민족으로부터 갖가지 압박을 받고 노예와 농노로 전락하는 자도 적지 않았다. 이와 같은 경향은 위魏·진晉시대에 이르러 더욱 심했는데 크고 작은 반항을 거듭하다가 304년 흉노의 추장인 유연이 팔왕의 난에 편승해 병사를 일으켜, 산서山西지방에 흉노 국가를 재건했대漢, 뒤에 전조前趙로 이름을 바꿈. 같은 해 저족인 이웅李雄이 사천四川에 대성황제를 자칭하며 나라를 일으켰다. 이어서 서진西晉 왕조는 한군漢軍에게 수도 낙양洛陽을 빼앗기고 멸망, 강남江南에 망명정권이 탄생했대東晉. 한은 갈족인 석륵石勒(後趙)에게 멸망되고 후조도 또한 동북 방면에서 남하한 선비족의 전연前燕과 서쪽의 저족인 전진前秦으로 갈라졌다.

전연을 평정한 전진 부견符堅의 치세는 5호시대 중에서도 가장 안정된 시기였으며 그 지배 지역은 화북 전체와 산서와 서역에까지 미쳤다. 다시 동진東晉 정복을 꾀했으나 회하淮河 남안南岸의 비수肥水에서 대패함으로써 멸망, 화북은 다시 후연後燕(선비)과 후진後秦(강)으로 분열했고 감숙甘肅 방면에서도 여러 민족의 소국가가 분립해 서로 항쟁했다. 이윽고 일어난 선비탁발부鮮卑拓跋部인 북위가 제 국가를 평정하고 북량北凉의 멸망을 끝으로 이 시대는 종지부를 찍었다. 같은 무렵 강남에서도 송宋이 진에 교체되어 새로운 단계에 들어갔으므로 이 이후를 남북조라 부른다.

오호의 국가들은 호족 중심의 국가로 유목사회 특유의 부락 제도로 호족을 묶어놓았으나 한족에게는 중국 전통의 군현제를 적용해 이른바 호한胡漢 2중 체제를 실시했다. 또한 군주 중에는 폭군도 적지 않았으나 한 문화를 존중했고 한족 사대부를 예우했으며 중국의 왕조로서의 정통성을 주장하려는 경향도 강해 반드시 야만과 무질서만의 시대는 아니었다. 불교에 관심도 많았고 불도징佛圖澄, 구마라 습鳩摩羅什 등 서역승과 도안道安 등의 한족 승려가 중국 불교 발전에 기여했다. 다만 정권의 바탕을 이루는 부락 제도의 존재가 국가의 통일성을 저해했으므로 각 왕조는 모두 단명했으며 복잡한 정국을 펼치게 되었다.

● 흉노匈奴

전조前趙(304~329)

산서성 북부에 살던 흉노족은 서진西晉의 정치가 문란해지자 족장 유연劉淵을 대선우大單于로 옹립하고, 304년 서진의 통치를 빠져나와 나라를 한漢이라 칭했다. 그 아들 총聰 때 낙양, 장안을 함락시키고 서진을 멸망시켰다. 유요劉曜가 황제가 되자 국호를 조趙라고 고치고 장안에 도읍했다. 뒤에 흉노인 석씨石氏가 세운 후조와 구별해 전조라고 불린다.

그 영역은 산서, 섬서, 하남, 하북 남부, 산동 북부에 이르렀으나, 328년 요曜는 후조의 석륵에게 피살됐으며, 다음해 태자 희熙도 체포돼 6대를 끝으로 멸망했다.

북량北凉(397~439)

397년에 흉노의 저거몽손沮渠蒙遜이 후량後凉의 단업을 옹립하여 간쑤甘肅에 세운 나라. 중국의 오호십육국 가운데 하나로서, 나중에 단업을 죽이고 독립하였으나 439년에 북위에 멸망하였다.

하夏(407~431)

흉노의 혁련발발赫連勃勃은 섬서성 북부에서 세력을 얻어, 407년 스스로를 천왕대선우天王大單于라 칭하고 대하大夏를 세웠다. 417년 장안을 공략했고, 418년 관중關中을 평정해서 제위에 올랐다. 최대 판도는 산서, 감숙을 장악해 북위와 대립했으나, 발발이 죽은 뒤 북위 태무제太武帝의 공격을 받고 멸 망했다.

● 갈갈羯

후조後趙(319~351)

조趙라고도 한다. 흉노의 별종 갈 출신인 석륵은 전조 유총劉聰의 부장으로 활약하다가, 319년 전조 로부터 자립해 대선우조왕大單于趙王이 돼 양국襄國(하북성)을 근거지로 해 화북의 일대를 지배했다. 329년 전조를 멸하고 그 연고지를 합병했다.

석륵이 죽은 뒤 334년 석호石虎(태조 · 무제)가 그 유업을 이어 업에 천도해 외정外征과 토목 사업을 대대적으로 벌였다. 349년 석호가 죽자 정변이 잇달아 일어나 한인漢人 염민에게 제위를 빼앗겼다. 그 뒤 양국에서 즉위한 석지石祗도 피살되어 멸망했다.

최대 판도는 양자강 이북의 대부분이고 서쪽은 감숙 동부에 이르렀다. 석륵 · 석호 모두 불교를 믿었 고, 특히 승려 불도징이 정교政敎 양면에서 신임을 받았던 일은 유명하다.

● 강羌

후진後秦(384~417)

진秦이라고도 한다. 전진 부견의 휘하 장군이며, 강족羌族의 추장이던 요장은 동진을 합병하기 위한 비수에서의 싸움 이후 전진에 반발해 384년 스스로를 대장군 대선우 만년 진왕(태조 · 무소제)이라 부 르고 독립했다. 이듬해에는 부견을 죽이고 장안을 빼앗아 도읍으로 했다. 요장의 뒤를 이은 요흥姚興 (고조 · 문원제)은 전진을 멸하고 이어 서진 후량, 남량, 북량, 서량 등을 모두 평정해 그 세력은 일시에 화북지방의 태반을 장악했다. 그러나 흉노와 하하夏와의 싸움에서 패한 후부터 쇠퇴하기 시작, 동진의 장군 유유劉裕(남조 송의 무제)에게 낙양, 장안을 빼앗기고 멸망했다.

● 선비鮮卑

선비족은 남만주에서 지금의 몽골과 중국 경계에 주로 살던 민족이다. 처음엔 흉노의 지배를 받으면 서 시라무렌 강 부근에서 유목민 생활을 했다. 본래 동호東胡라고 불리었다. 하지만 기원전 2세기에 흉노의 공격을 받고 북만주의 산림으로 밀려났다. 선비산으로 들어간 일파가 선비족으로 불리게 됐 고, 오환산으로 들어간 일파가 오환족으로 불렸다. 1세기 말에 한나라의 계속된 압박으로 흉노 중 일 부가 격파되자 선비족은 이 일대의 신흥 강호로 부상한다. 2세기에 단석괴가 선비의 여러 부족을 통 합해 나라를 세우고 대군장이 돼 북방 초원의 지배자로 나섰다. 단석괴가 죽은 후엔 가비능이 여러 부족을 통솔해 계속 중국으로 쳐들어갔는데 그가 조위의 자객에 의해 암살되자 3세기엔 여러 갈래로 나뉘어진다.

그리고 서역, 중국 북부와 요동으로 남하한다. 삼국을 통일했던 진나라가 팔왕의 난으로 약해지자 선 비족의 분파인 모용씨, 독발씨, 탁발씨 등이 각각 연나라와 양나라, 위나라를 중국 북부에 건국하는데 탁발씨의 위나라(북위)가 나중에 중국 북부를 통일했다. 200년간 최강대국으로 자리매김한다. 520년 대에 북위는 북주와 북제로 분열된다. 그러다 북주의 외척인 양견(수 문제)이 북제를 멸망시키고 수나라를 세웠다. 세월이 흐르면서 선비족은 한족과 피가 많이 섞여 사실상 한족이 된다. 양견과 친척인 당 태종 이세민도 선비의 피가 흐르는 사람이다. 아래에 선비족이 세운 나라를 차례대로 정리했다.

토욕혼吐谷渾(4~7세기)

선비족의 일부가 장성지대長城地帶로부터 이동해 티베트계의 현지인을 제압하고 세운 나라로 왕을 가한可汗이라 일컬었고 가한 중심으로 유목생활을 하였다. 동시에 현지인 일부는 강가나 골짜기에서 농경생활을 영위했던 것으로 보인다. 주목되는 것은 이 나라가 동서간의 국제무역 중계를 생명으로 하는 상업도시의 성격을 강하게 나타낸 점인데, 그 때문에 서쪽 타림분지에는 이를 위한 기지가 설치 됐고, 북방의 유목민 국가인 유연柔然이나 남방 티베트가 세운 여국女國과의 교섭도 활발했으며, 동 방으로는 중국 북조와 남조와도 관계를 맺고 있었다. 그러나 635년 당나라에 항복해 예속 상태에 놓 이게 되었고, 663년 티베트의 토번에게 멸망당했다.

<모용씨>

선비족의 한 일파로, 사마천의 사기에 의하면 하북성의 우북평 서쪽 상곡지역에 모용이라는 대인(대 족장)이 인솔하는 선비계 부족이 있었다고 기록되어 있다. 선비족은 대인의 이름을 부족 명으로 하는 관습이 있다. 2세기경 선비 모용 부족이 형성됐다고 추측된다. 아래는 모용부가 세운 나라이다.

전연前燕(337~370)

연燕이라고도 한다. 3세기 말 선비족의 추장 모용외는 극성棘城(요녕성)에 도읍을 정하고 대선우大單 于라 칭하는 한편, 진의 관작을 받는 반독립적 체제를 만들었다.
337년 아들 모용황 때에 연왕燕王이라 칭하고, 단씨段氏 선비를 격파해 하북성 북부를 지배하에 뒀으 며, 도읍을 용성龍城으로 정하고 고구려의 도읍 환도를 함락시켰다.
345년 진의 연호를 쓰지 않기로 해 독립을 굳혔다. 이후 자손은 황제를 칭했고, 도읍을 업에 정했다. 그 통치 영역은 한때 하북, 산동, 산서, 하남, 요녕에까지 미쳤으나, 370년 모용위 때에 전진의 부견에 게 멸망당했다.

후연後燕(384~409)

전연 유제幽帝(모용위)의 숙부인 모용수慕容垂가 부흥시킨 선비족 나라. 문무에 뛰어난 모용수(세조) 는 384년 연왕燕王이라 하고 중산中山(하북성 정현)에 도읍을 정했다. 가장 융성할 때는 영토가 중산 과 업을 중심으로 한 화북평야 일대에서 북으로는 남몽골, 동으로는 요동반도에까지 이르렀다.
그러나 북위가 강대해짐에 따라 분쟁이 잦았고, 394년 북위를 공격했으나 참합피에서 대패하여 모용 수는 죽고 북위군에게 중산이 함락돼 괴멸했다. 이후 후연의 4대왕 모용희慕容熙의 학정이 심하자 풍 발馮跋 등은 모용희를 살해하고 모용운慕容雲을 왕으로 추대했다(407). 모용운은 고구려인 고화高和 의 손자로 광개토대왕은 모용운에 사신을 보내 동족의 우의를 표하기도 했다. 409년에 모용운이 살해 되고 한인 풍발馮跋이 집권하게 됐다.

서연西燕(384~394)

존속기간이 짧기 때문에 16국 속에는 들지 않는다. 전연 최후의 황제인 모용위의 아우 홍泓은 전연이 멸망한 후 전진에 복속하였으나 비수의 싸움에서 전진이 동진에게 패하자, 선비와 규합해 전진의 도 읍 장안을 공격해 384년 연흥燕興이라고 개원했다. 홍이 피살된 뒤 아우 충沖이 옹립돼 연제燕帝가 됐고, 장안을 점령해 도읍으로 정했다. 그러나 그의 일족이 동쪽으로 돌아가기를 원해 충을 죽이고 영 永을 세웠는데 영은 장자長子(산서성 장자현)에 근거를 두었다가, 394년 후연의 모용수에게 병합됐다.

남연南燕(398~410)

후연의 왕 모용수가 북위를 공격하다가 참합파參合陂(지금의 大同 부근)에서 대패하여 분사憤死하고, 수도 중산이 북위군에게 함락되어 망하자, 골대滑臺(하남성 골현)에 있던 수의 아우 모용덕慕容德(?~405)이 398년 남연국南燕國을 창건하고 연왕燕王이라 칭했다. 그러나 북위의 공략을 받고 400년 수도를 광고廣固(산동성 익도현)로 옮긴 후 황제에 올랐다. 모용덕이 죽은 후 그의 조카 모용초慕容超가 제위를 승계했으나, 410년 진나라의 장군 유유劉裕의 공격을 받고 멸망했다. 모용초는 이때 포로가 돼 진의 수도 건강健康으로 압송된 후 살해됐다.

<걸복씨>

서진西秦(385~431)

감숙성 유중楡中지방에 있던 선비족의 추장 걸복국인乞伏國仁은 당초 진나라 부견의 신하였는데, 비수의 싸움에서 전진이 쇠퇴하자 스스로 대도독대선우령진하이주목大都督大單于領秦河二州牧이라고 칭하고 연호를 정한 뒤 반독립 체제를 취했다(385). 걸복건귀乞伏乾歸 때에는 감숙성 금성金城에 도읍하여 대선우하남왕大單于河南王이라 부르고, 저·강·선비 제 민족을 평정했으며 농서·파서를 점령했으나, 후진에게 파멸되고(400) 한때는 그의 신하가 돼 왕호를 버렸다가, 나중에 후진이 쇠퇴하자 다시 독립해 진왕秦王이라 했다. 걸복치반乞伏熾磐 때에는 토곡혼吐谷渾을 격파해 남량南涼을 병합했고 국세가 왕성했으나, 걸복모말乞伏慕末 때에 하나라에 멸망당했다.

<독발씨>

남량南涼(397~414)

선비족의 독발오고禿髮烏孤가 청해성靑海省 낙도樂都에서 독립해 세운 나라. 5호16국의 하나이다. 독발오고는 후진이 강성해지자 후진의 양주자사涼州刺史가 되었고, 세력이 약해지자 감숙성 고장姑藏을 도읍으로 다시 독립했다. 414년에 서진에게 멸망되었다.

<탁발씨>

탁발씨拓跋氏는 몽골에서 화북으로 들어왔다. 북위의 효 문제는 "토土는 만물의 근원"이라는 사상에 입각해 탁발씨를 중국식으로 원씨元氏로 고쳤지만 북주시대에는 옛 성姓으로 되돌아갔다. 수나라 때에는 토욕혼의 유력한 왕족 중에 탁발씨가 있었고 또 당나라 때에는 탕구트에 탁발씨가 있었으며 송나라 때 서하西夏의 왕가도 원래는 탁발씨로 불렸다고 기록돼 있다.

북위北魏(386~534)

선비족의 탁발부가 중국 화북지역에 세운 북조北朝 최초의 왕조. 원위元魏·후위後魏라고도 한다. 3세기 중엽 탁발부는 내몽골의 바옌타라[巴彦塔拉] 지방에서 세력을 넓혔으나, 4세기 초 이들의 세력을 이용해 북변의 보위保衛를 도모하려는 서진으로부터 산서성 북부의 땅을 얻음으로써, 그곳에서 세력을 신장했다. 315년 군장君長인 탁발의로는 서진의 관작을 받고 대왕代王으로 봉해졌다. 탁발십익건 때 전진 부견과의 싸움에 패해 정권이 와해됐지만, 부견이 비수 전투에서 패한 기회를 이용해 탁발규拓跋珪(후의 도무제)는 나라를 재건해 스스로 황제라 칭하고 국호를 위魏라고 하였다(386). 이어 내몽골 여러 부족을 평정하고 후연을 격파, 하북평야에 진출해 국도를 평성平城, 즉 지금의 산서성 대동大同에 정했다(398).

위는 중국 고래의 전통에 의한 국가 체제를 채용하기로 정하고, 화북지방을 평정하기 위하여 몽골에서 데려온 여러 유목 부족을 해산시켜 부민部民을 군현의 호적에 편입하게 했다. 그리고 훈공이 있는 부족 중의 유력자에게는 관작을 수여하고 한족의 명문과 똑같이 고급 관리로 채용하여 귀족제의 기초를 이룩했다. 명원제明元帝 때 남조의 송宋을 공략해 하남 지방의 땅을 빼앗았고, 태무제太武帝 때 하·북연·북량을 멸망시켜 5호16국의 난을 종식시키고 439년 마침내 강북지역 통일을 완성했다. 그 뒤 선비족의 한화漢化가 촉진됐는데, 특히 효 문제가 즉위하자 국도를 낙양으로 옮겨(494), 호복胡服·호어胡語를 금하고 호성胡姓을 한족처럼 단성單姓으로 고치게 했으며, 황족인 탁발씨도 원씨로 개성했다. 효 문제는 한화 정책과 함께 봉록제·삼장제三長制·균전법 등을 창시해 북위의 국력과 문화가 크게 발전했다.

그러나 한편으로는 북방민족 고유의 소박상무素朴尙武의 기풍이 쇠퇴하고, 사치스럽고 문약한 경향이 일어났다. 그리고 나이 어린 효 명제孝明帝를 섭정한 영태후靈太后가 지나치게 불교를 존숭해 사탑 건축에 국비를 낭비함으로써 국정을 어지럽게 했다. 따라서 도둑이 들끓고, 524년에는 북진北鎭 병사의 반란이 일어났다. 이 난을 진압할 때 큰 공을 세운 북방민족의 무장 세력이 강력해져, 마침내 그들의 수령 이주영爾朱榮이 정권을 전단專斷하게 됐다. 그러나 얼마 안 가서 이주씨 세력은 그의 부장인 고환高歡에게 격멸됐다. 그로부터 우문태宇文泰와 고환의 대립이 격심해졌으며, 따라서 양자는 각각 북위의 종실을 천자로 옹립했다. 534년 우문태는 고환의 전횡을 증오해 우문태에게 의지한 효무제를 살해하고, 이듬해 문제文帝를 옹립했다. 이로써 북위는 서위와 동위로 분열됐는데, 동위는 550년 고환의 아들 양양洋에게 빼앗겨 북제가 됐으며, 서위는 556년 우문태의 아들 우문각宇文覺에게 빼앗겨 북주北周가 됐다.

<우문씨>

정확한 종족·원주지原住地는 중국 사료에도 기록이 일정하지 않으나, 아마도 모용부·탁발부 등과 같은 선비의 한 부족으로서, 시라무렌(요하 상류) 유역을 중심으로 유목생활을 한 것으로 생각된다. 처음에는 모용부에 복속하였고, 모용부가 탁발부에 의해 멸망하자 북위 초 무천진武川鎭으로 옮겨 그 현민縣民이 되었다. 그러나 6세기 초부터 북위가 쇠퇴하자 그 틈을 타서, 557년 이 부족 출신 우문태宇文泰가 북주를 세웠다. 수나라를 세운 양견은 우문씨의 외척 출신이다.

<단씨>

유양漁陽에 있던 오환烏桓의 대인 밑에서 노예생활을 하던 일륙권日陸眷이 대기근 때 요서로 옮기면서 부족을 형성했으며 그의 친조카인 무목진務目塵 때는 진晉나라에 속해 3만여 가구를 통솔했다. 4세기 초 요서공遼西公에 봉해진 석륵을 격파했으나, 그후에 재공략의 실패로 내분이 일어나 350년 선비족의 모용준에게 멸망됐다. 단요라 불리기도 했다.

● 저氏

전진前秦(351~394)

진秦이라고도 한다. 351년 저족의 추장 부건이 장안을 공략하여 도읍으로 정하고 스스로 천왕대선우天王大單于라 칭하며 국호를 대진大秦이라 하였다. 제3대 부견 때는 현명한 신하 왕맹王猛을 얻고 국력을 착실히 쌓아 5호시대 왕조 중 가장 융성했다. 370년 전연을 멸망시키고 376년에는 전량을 병합했으며 또 양자강 이북의 땅을 평정했다. 부견은 화북이 아직 안정되기 전에 다시 강남의 동진에 쳐들어갔으나 383년 비수 전투에서 대패하여 멸망했다. 부견은 다른 호족 국가의 군주와 마찬가지로 불교를 보호했으며 특히 승려 도안道安을 후대한 일이 잘 알려져 있다.

후량後凉(386~403)

양凉이라고도 하나, 장궤張軌가 세운 양前凉과 구분해 후량이라고 한다. 전진의 장군으로 서역 원정에 나섰던 저족의 여광呂光(무황제)은 돌아오는 길에 비수 싸움에서 전진이 대패했다는 소식을 듣고 그대로 감숙성 고장姑臧을 점령하고 386년 양주목凉州牧 주천공酒泉公이라고 하여 하서지방에 군림했다. 태조가 죽은 후 정권이 불안정해 내분이 빈발하고, 또 배하配下에서 분리한 북량과 남량의 공격에 시달려 403년 4대 여융呂隆은 후진에게 항복했다

성한成漢(302~347)

302년에 저족의 추장 이웅李雄이 촉을 중심으로 세운 나라. 사천성 성도成都에 도읍했는데, 처음에 국호를 성成이라 하였다가 뒤에 한漢으로 고쳤으며, 347년에 동진에 망했다.

● 한漢

전량前凉(301~376)

한족 명가 출신인 장궤張軌는 301년 진나라의 양주자사로 임용되자 고장을 중심으로 점차 하서지방을 지배하에 두었다. 자손이 그 지위를 계승하고 진나라의 관작을 받아, 양주목서평공凉州牧西平公이 되었으나 반독립국의 체제를 취했다. 사서史書에서 다른 여러 양조凉朝와 구별해 이를 전량이라 기록했다.

장준張駿 때 서방으로 세력을 뻗어 고창高昌(투르판)을 정복하고, 나라를 진秦·하河·정정·양凉·상商·사沙의 6주로 나누었다. 준의 아들 중화重華 때 후조가 침공했으나 격퇴하여 나라를 구했다. 그러나 중화 이후에는 내정이 문란해져, 376년 장천석張天錫은 전진에게 항복하니 9대 만에 멸망했다.

서량西凉(400~420)

왕실은 한인漢人인 이씨李氏로 이뤄졌다. 이씨는 농서의 이름난 가문으로 대대로 군태수를 지냈다. 후량 여광呂洸의 말년에 이고李暠가 대중에게 추대돼 돈황敦煌 태수가 되어 대도독 대장군 양공 진이주목이라 자칭하고 연호를 제정해 독립체제를 취했다. 동방으로 세력을 뻗쳐 감숙성 서천酒泉으로 옮겼으나 독발선비·저거흉노 등의 압박이 심해 국세를 떨치지 못했다. 417년 고가 죽고 그의 아들 음歆이 뒤를 이었는데 저거몽손沮渠蒙遜과 싸우다 죽고 국도인 서천을 빼앗겼다(400). 그의 동생 순恂이 대중에게 추대돼 그 뒤를 이어서 돈황을 지켰으나 재차 몽손에 패해 자살함으로써 421년 멸망했다.

북연北燕(409~438)

후연의 장군 풍발馮跋이 세운 한인 왕조. 409년 연왕 모용운이 근신에 의해 살해되자, 풍발이 천왕天王으로 즉위해 북연을 세우고 도읍을 요녕성 용성龍城으로 정했다. 천왕은 거란족을 선무하여 농업을 장려했으나, 항상 북위로부터 위협을 받아 국세를 떨치지 못했다. 그의 아우 홍弘이 천왕의 자리를 잇자, 연의 백성으로 북위에 붙는 자가 많았다. 홍은 강남의 송과 동맹해 스스로 번藩으로 칭하면서 조공을 바쳐 관작을 받았는데, 당시 강남에서는 이 나라를 황룡국黃龍國이라 했다. 436년에 북위군에 의해 용성이 함락되자 고구려로 도망했으나, 438년(장수왕 26) 북풍北豊에서 장수왕에게 죽음을 당해 2대 28년으로 망했다.

● 거란契丹

퉁구스족과 몽골족의 혼혈로 형성된 유목민족이다. 5세기 이래 요하 상류인 시라무렌Siramuren 유역에서 여러 부족으로 분열되어 거주했다. 일부는 중국에 일부는 돌궐에 일부는 고구려에 복속하기도 했는데 유동적이었다. 기록을 보면 돌궐에 복속돼 있던 일부 거란족이 무거운 세금을 피해 고구려로 들어와 살다가, 좋은 조건을 제시하는 수나라로 이탈하기도 했다. 그래도 거란족 일부는 광개토왕 이후 고구려가 멸망할 때까지 휘하의 기병으로 활용됐다. 그들은 고구려에 기병만 제공한 것이 아니라 전마를 양성하기도 했다. 말갈족과 함께 고구려의 중요한 버팀목이었다. 당나라 말기에 통일의 기운이 일어나면서 916년 야율아보기耶律阿保機가 여러 부족을 통합한 다음 황제를 칭하고 거란을 건국했다. 그후 물자가 풍부한 중원으로 진출하기 위해 926년 발해를 멸망시키고 화북의 연운燕雲 16주를 획득, 947년 국호를 요遼로 개칭한 다음 계속 남진 정책을 실시했으나 960년 송이 건국됨으로써 대치하는 상태가 됐다. 대제국을 세운 거란은 북쪽의 초원지대와 남쪽의 농경지대로 구분되는 이원적 호한분치제도胡漢分治制度로 나라를 다스렸다.

● 해奚

『수서』 고막해 열전을 보면 해는 원래 고막해庫莫奚라 불렸는데, 동부호東部胡의 한 종류다. 항상 모용씨에게 깨져서 송과 막 사이에 숨어 살았다. 그 풍속은 심히 깨끗하지 못하고, 사냥에 능하고 노략질을 좋아한다. 처음에는 돌궐의 신하였는데 후에 점점 강해지더니, 5부로 나뉘었다. 욕홀왕辱紇王, 막하불莫賀弗, 계개契箇, 목곤木昆, 실득室得 각 부의 무리는 한 사람의 장수가 통솔했다. 물과 풀을 쫓아다니니 자못 돌궐과 유사했다. 아회씨阿會氏가 5부 중에서 가장 융성해 여러 부들이 모두 따랐다. 항시 거란과 서로 공격해 포로와 재물을 쌓고 빼앗겼다. 죽으면 갈대로 주검을 쌓아 나무 위에 매달아둔다. 스스로 돌궐의 변방이라 하고 역시 사신을 보내 입조하니 통하기도 하고, 끊기기도 해 가장 믿음이 없었다.

우출고진이 부족장으로 있을 때 북연과 활발히 교역했고 4~7세기 몽고 제 부족의 사회 발전에서 거란보다 고막해가 앞섰다. 거란족은 이 고막해에서 분리된 종족이다. 7세기 전반 동돌궐이 자체 붕괴한 이후 서돌궐의 부족 가운데 하나인 설연타가 초원의 지배자로 등장했다. 설연타는 시라무렌 강 북방에 있던 습이란 유목민을 압박했고, 습이 약해지자 고막해가 병합했다. 648년에는 당의 세력권으로 들어갔고, 당 왕실의 성 이씨를 하사받았다. 고막해는 거란과 같은 언어를 쓰는 종족이었다. 기록상 그들이 고구려에 복속된 적은 없다.

● 말갈靺鞨

6~7세기경 중국 수·당 시대에 만주 북동부에서 한반도 북부에 거주한 퉁구스계 민족이다.

주나라 때에는 숙신, 한나라 때에는 읍루라 불렸다. 본래 송화강 유역의 부족 물길勿吉이 가장 강해서 지배했으나 6세기 중엽 물길의 세력이 약화되자 각 부족들이 자립했는데, 이들을 총칭해 말갈이라 부른다. 이들 부족 중 대표적인 것은 유목민과 비슷한 관습을 지닌 속말粟末·백산白山과 순수 퉁구스계로 수렵에 의존하던 백돌·불녈拂涅·호실號室·흑수黑水·안차골安車骨 등 7개 부족이었다. 그들은 국가를 형성하지 못하고 일부는 중국에 일부는 돌궐에 일부는 고구려에 복속하고 있었다.

그중에 속말말갈, 백산말갈, 흑수말갈은 고구려 휘하에 기병으로 활동했다. 중국이 통일된 수와 당대에 그들의 활약이 두드러진다. 하지만 고구려가 멸망하자 후견자를 잃은 그들은 요녕성 영주로 이주했다. 당군에 편성된 그들은 나당 전쟁기에 신라를 침공하는 데 대거 동원됐다. 대조영은 그의 부락민을 이끌고 당에 투항한 속말말갈 출신이었다. 후에 발해가 성립되자 대부분의 말갈족이 발해의 지배를 받았다. 그러나 흑수부족만은 송화강과 흑룡강 하류지역에 근거를 두고 발해에 대항했고 발해 멸망 이후 흑수말갈은 거란에 복속되어 여진女眞이라 불렸으며, 그후 생여진生女眞과 숙여진熟女眞으로 나뉘었다가 생여진은 금金을 건국하는 주체가 됐다.

참고문헌

1장 　『삼국지』『후한서』『자치통감』『북사』『책부원귀』『수서』『삼국사기』
　　　김영하, 『한국 고대사회의 군사와 정치』, 고려대학교 민족문화연구원, 2002
　　　김광진, 「高句麗社會의 生産樣式」, 『보전학회논집』3, 1937
　　　노태돈, 『고구려사 연구』, 사계절, 1999
　　　서영교, 「고구려 수렵 습속과 유목민」, 『고구려연구』 21, 고구려연구회, 2005
　　　이재성, 「고구려와 읍락연맹 시기의 선비」 『東國史學』 37, 2002
　　　이기백 · 이기동, 『한국사강좌』 古代篇, 일조각, 1982
　　　스기야마 마사아키, 이진복 옮김, 『유목민이 본 세계사』, 학민사, 1999
　　　왕건군, 임동석 옮김, 『광개토왕비문연구』, 역민사, 1985
　　　잭 워터포드, 정영목 옮김, 『칭기즈칸, 잠든 유럽을 깨우다』, 사계절, 2005
　　　조너선 D. 스펜스 , 이준갑 옮김, 『사냥과 원정』, 『강희제』, 이산, 2001
　　　하자노프, 김호동 옮김, 『遊牧社會의 構造』, 지식산업사, 1990
　　　해럴드 램, 강영규 옮김, 『칭기스칸』, 현실과미래, 1998
　　　Karl A. Wittfogel and Feng Chia-sheng, *History of Chinese Society Liao(907-1125) The American Philosophical Society*, Philadelphia, 1949

2장 　『삼국지』『양서』『진서』『자치통감』『삼국사기』
　　　노태돈, 『고구려사 연구』, 사계절, 1999
　　　서영교, 「고구려 고분벽화에 보이는 고구려의 전술과 무기」, 『고구려연구』 17, 고구려연구회, 2004
　　　지배선, 『중국 동북아세아사 연구-모용왕국사』, 일조각, 1986
　　　愛宕松男, 『世界の歷史 11, アジアの征服王朝』, 東京 河出書房新社, 1969
　　　宮崎市定, 조병한 옮김, 『중국사』, 역민사, 1983
　　　傅樂成, 신승하 옮김, 『중국통사』上, 우종사, 1981
　　　미야자키 이치사다, 임중혁 · 박선희 옮김, 『중국중세사』, 신서원, 1996
　　　르네 그루쎄, 김호동 외 옮김, 『유라시아 유목제국사』, 사계절 1998
　　　스기야마 마사아키, 이진복 옮김, 『유목민이 본 세계사』, 학민사, 1999
　　　김원룡, 「낙랑문화의 역사적 위치」, 『한국사의 재조명』, 독서신문사, 1977

3장 　『진서』『자치통감』『삼국사기』『북사』『수서』「광개토왕비문」
　　　서영교, 「고구려 기병과 등자」, 『歷史學報』 181, 역사학회, 2004
　　　박경철, 「고구려 이종족 지배의 실상」, 『韓國史學報』 15, 고려사학회, 2003
　　　윤명철, 『광개토왕과 한고구려의 꿈』, 삼성경제연구소, 2005
　　　이재성, 『고대 동몽고사연구』, 법인문화사, 1996
　　　지배선, 『중국동북아세아사 연구-모용왕국사』, 일조각, 1986
　　　王健群, 임동석 옮김, 『광개토왕비문연구』, 역민사, 1985
　　　池內宏, 「高句麗滅亡後遺民叛亂及び唐新羅關係」 『滿鮮地理歷史硏究報告』 12, 東京帝國大學文

學部, 1927

르네 그루쎄, 김호동 외 옮김, 『유라시아 유목제국사』, 사계절, 1998

시오노 나나미, 오정한 옮김, 『마키아벨리 어록』, 한길사, 1996

한국고대사회연구소 엮음, 『譯註 韓國古代金石文 I』, 가락국사적개발연구원, 1992

4장 『위서』, 『진서』, 『남제서』, 『자치통감』, 『통전』, 『수서』, 『일본서기』, 『요사』, 『삼국사기』

공석구, 「5-6세기 고구려의 대외관계」, 『고구려 영역 확장사 연구』, 서경문화사, 1998

김한규, 『한중관계사』, 아르케, 1999

노태돈, 『고구려사 연구』, 사계절, 1999

박한제, 「북위의 대외정책과 호한체제」, 『중국중세호한체제연구』, 일조각, 1988

_____, 『제국으로 가는 긴 여정』, 사계절, 2003

서영교, 「북위 풍태후의 집권과 對고구려정책」, 『중국고대사연구』 11, 중국고대사학회 2004

이도학, 『새로 쓰는 백제사』, 푸른역사, 1997

이재성, 『고대 동몽고사연구』, 법인문화사, 1996

武田幸男, 『高句麗と東アジア』, 岩波書店, 1989

鈴木令夫, 「倭의 五王과 高句麗-한반도와 관계된 왜왕의 칭호와 對고구려 전쟁 계획」, 『고구려의 국제관계』, 제8회 고구려 국제학술대회 발표요지, 2002

江畑武, 「四—六世紀の朝鮮三國と日本」, 『朝鮮史研究會論文集』 4, 1968

5장 『위서』, 『진서』, 『북사』, 『북제서』, 『수서』, 『일본서기』, 『삼국사기』

노태돈, 『고구려사 연구』, 사계절, 1999

이재성, 『고대 동몽고사연구』, 법인문화사, 1996

_____, 「6세기 후반 돌궐의 남진과 고구려와의 충돌」, 『북방사논총』 5, 고구려재단, 2005

박한제, 「북위왕권과 호한체제」, 『중국중세호한체제연구』, 일조각, 1988

이기동, 「고구려사 발전의 劃期로서 4세기」, 『동국사학』, 1998

이성재, 「고구려와 북제의 관계」, 『한국고대사연구』 23, 2001

임용한, 『전쟁과 역사』 삼국편, 혜안, 2001

미야자키 이치사다, 임중혁·박선희 옮김, 『중국중세사』, 신서원, 1996

武田幸男, 「朝鮮三國の動亂」, 『週刊朝日百科 日本の歷史』 45, 1987

田中俊明, 「朝鮮古代の王都を訪れる 第四回 平壤(2)」, 『NHKラジオ-ハングル』 7月號, 日本放送出版協會, 1989

田中俊明, 「高句麗長安城の位置と遷都の有無」, 『士林』 67-4, 京都大學, 1984

田中俊明, 「高句麗長安城城壁石刻の基礎的研究」, 『士林』 68-4, 京都大學, 1985

이성시, 「고구려와 일수외교」, 『이우성정년기념논총』, 1990

스기야마 마사아키, 이진복 옮김, 『유목민이 본 세계사』, 학민사, 1999

傅樂成, 신승하 옮김, 『중국통사』 上, 우종사, 1981

룩 콴텐, 송기중 옮김, 『유목민족제국사』, 민음사, 1984

6장 『사기』, 『한서』, 『후한서』, 『위서』, 『진서』, 『송서』, 『수서』, 『구당서』, 『신당서』, 『자치통감』, 『당육전』, 『삼국사기』

강민수, 『제주 조랑말의 활용- 승마와 승마요법』, 제주대출판부, 2000

남도영, 『한국마정사』, 한국마사회, 1996

노태돈, 『고구려사연구』, 사계절, 1999

박경철, 「고구려의 이종족지배 실상」, 『한국사학보』 15, 고려사학회, 2003

서영교, 「고구려 國馬」, 『軍史』 61, 2006

이기백, 「온달전 검토」, 『한국고대정치사회사연구』, 일조각, 1996

이재성, 『고대 동몽고사연구』, 법인문화사, 1996

이완석, 「唐·回紇의 絹馬交易에 관한 研究」, 『2006 동양사학회 추계발표요지』에 대한 최진열의 「絹馬貿易 토론문」

홍대유, 『말, 기수, 그리고 인연』, 우리책, 2004

비르키트 브란다우 외, 장혜경 옮김, 조철수 감수, 『히타이트』, 중앙M&B, 2002

조너선 D. 스펜스, 이재정 옮김, 『왕 여인의 죽음』, 이산, 2002

해럴드 램, 강영규 옮김, 『칭기스칸』, 현실과미래, 1998

7장 『삼국지』『후한서』『진서』『수서』『구당서』『신당서』『자치통감』『책부원귀』『태평환우기』『삼국사기』

박경철, 「고구려의 異種族支配 실상」, 『韓國史學報』 15, 고구려사학회, 2003

서영교, 「고구려의 對唐戰爭과 내륙아시아 제민족」, 『軍史』 49, 국방군사연구소 2003

_____, 「용천사의 彗星歌 창작시기와 그 배경」, 『민족문화』 27, 2004

이재성, 『고대 동몽고사연구』, 법인문화사, 1996

임용한, 『전쟁과 역사』, 삼국편, 혜안, 2001

정재훈, 「수 문제(581~604)의 통일지향과 대외정책—서북민족에 대한 대책을 중심으로」, 『중국사연구』 13, 2001

護雅夫, 「突闕と隋·唐兩王朝」, 『古代トルコ民族史硏究 I』, 東京 山川出版社, 1967

르네 그루쎄, 김호동 외 옮김, 『유라시아 유목제국사』, 사계절, 1998

A. J. 토인비, 길현모 외 옮김, 『역사연구』 3, 동서문화원, 1974

Arthur F. Wright, *The Sui dynasty(581~617)*, *The Cambridge History of China Vol. 3*, Cambridge University Press, Cambridge, 1979

Howard J Wechsler, *The founding of T' ang dynasty: Kao-tsu*, *The Cambridge History of China Vol. 3*, Cambridge University Press, Cambridge, 1979

한국고대사회연구소 엮음, 『譯註 韓國古代金石文 I』, 가락국사적개발연구원, 1992

8장 『구당서』『신당서』『책부원귀』『大唐創業起居注』『자치통감』『삼국사기』『구오대사』「천남생묘지명」

김호동, 「당의 기미지배와 북방 유목민족의 대응」, 『역사학보』 137, 1993

서영교, 「고구려의 對唐戰爭과 내륙아시아 제민족」, 『軍史』 49, 국방군사연구소 2003

서영교, 「소정방의 長槍步兵과 對서돌궐 전투」, 『중국고중세사연구』 15, 중국고중세사학회 2006.

서영교, 『나당전쟁사연구-약자가 선택한 전쟁』, 아세아문화사, 2006

윤명철, 『말 타고 고구려 가다』, 청노루, 1997

李在成, 『古代 東蒙古史硏究』, 법인문화사, 1996

임용한, 『전쟁과 역사』 삼국편, 혜안, 2001

스기야마 마사아키, 이진복 옮김, 『유목민이 본 세계사』, 학민사, 1999

日野開三郞, 「粟末鞨鞨の對外關係-高句麗滅亡以前」, 『東北アジア民族史』中, 三一書房, 1991

진순신・오자키 호츠키, 윤소영 옮김, 『제국의 아침』, 2002

룩 콴텐, 송기중 옮김, 『유목민족 제국사』, 민음사, 1984

시오노 나나미, 오정한 옮김, 『마키아벨리 어록』, 한길사, 1996

조너선 D. 스펜스, 이준갑 옮김, 「사냥과 원정」, 『강희제』, 이산, 2001

Howard J Wechsler, *The founding of T' ang dynasty: Kao-tsu*, *The Cambridge History of China Vol. 3*, Cambridge University Press, Cambridge, 1979

Howard J Wechsler, 'Tai-tsung the Consolidator', *The Cambridge History of China Vol. 3*, Cambridge University Press, Cambridge, 1979,

G. Deleuze & F. Guattari, *A Thousand Plateaus:Capitalism and Schizophrenia*, University of Minnesota Press, 1987

J. F. Verburggen, *The art of warfare Europe during Middle Age*, North-Holland, Amsterdam, 1977

Ralph payne-Gallwey, *The Book of The Crossbow*, Dover Publication Inc., New York, 1995

Bert S. Hall, *Weapons and Warfare in Renaissance Europe*, The Johns Hopkins University Press, Baltimore&London, 1997

John Keegan, *The Face of Battle*, Viking press, New York, 1976

고구려, 전쟁의 나라
ⓒ 서영교 2007

1판 1쇄 2007년 10월 30일
1판 5쇄 2019년 4월 18일

지은이 서영교
펴낸이 강성민
편집장 이은혜
마케팅 정민호 정현민 김도윤
홍보 김희숙 김상만 이천희

펴낸곳 (주)글항아리 | 출판등록 2009년 1월 19일 제406-2009-000002호

주소 10881 경기도 파주시 회동길 210
전자우편 bookpot@hanmail.net
전화번호 031-955-8891(마케팅) 031-955-8898(편집부)
팩스 031-955-2557

ISBN 978-89-546-0418-5 03910

글항아리는 (주)문학동네의 계열사입니다.

이 도서의 국립중앙도서관 출판시도서목록(CIP)은 서지정보유통지원시스템 홈페이지(http://seoji.nl.go.kr)와 국가자료공동목
록시스템(http://www.nl.go.kr/kolisnet)에서 이용하실 수 있습니다. (CIP제어번호 : CIP2007003159)